国家出版基金资助项目

中国刑事法制建设丛书·刑事诉讼系列　总主编　陈国庆　孙茂利

监所检察制度适用

刘继国　著

（政法机关内部发行）
中国人民公安大学出版社
·北　京·

图书在版编目（CIP）数据

监所检察制度适用／刘继国著．—北京：中国人民公安大学出版社，2012.9

（中国刑事法制建设丛书／陈国庆，孙茂利主编．刑事诉讼系列）

国家出版基金资助项目

ISBN 978－7－5653－0937－3

Ⅰ.①监…　Ⅱ.①刘…　Ⅲ.①监狱－司法制度－研究－中国 ②看守所－司法制度－研究－中国　Ⅳ.①D926.34

中国版本图书馆 CIP 数据核字（2012）第 166356 号

中国刑事法制建设丛书·刑事诉讼系列　总主编　陈国庆　孙茂利

监所检察制度适用

刘继国　著

出版发行：中国人民公安大学出版社

地　　址：北京市西城区木樨地南里

邮政编码：100038

印　　刷：北京蓝空印刷厂

版　　次：2012 年 9 月第 1 版

印　　次：2012 年 9 月第 1 次

印　　张：22

开　　本：787 毫米×1092 毫米　1/16

字　　数：431 千字

书　　号：ISBN 978－7－5653－0937－3

定　　价：58.00 元　　**（政法机关内部发行）**

网　　址：www.cppsup.com.cn　www.porclub.com.cn

电子邮箱：zbs@cppsup.com　zbs@cppsu.edu.cn

营销中心电话：010－83903254

读者服务部电话（门市）：010－83903257

警官读者俱乐部电话（网购、邮购）：010－83903253

公安业务分社电话：010－83905641

本书咨询电话：（010）63485228　63453145

中国刑事法制建设丛书·刑事诉讼系列

编　委　会

前　言

刑事诉讼法律制度的健全和完善是建设法治国家的重要保障。跨入新世纪以来，随着我国经济社会发展和人权保障观念的日益深入人心，对刑事诉讼理论与实践运行问题的研究日益呈现繁荣的景象。许多研究者本着对刑事法制建设的高度社会责任感，投身于刑事诉讼理论与实务的研究，为刑事诉讼立法的完善提供了理论支持，也为司法工作者严格、准确执行法律提供了理论指引，使公正程序为实体正义的实现提供保障。

受国家出版基金资助，中国人民公安大学出版社启动了《中国刑事法制建设丛书》出版项目，将“刑事诉讼系列”作为丛书的重要组成部分。为了给广大从事刑事诉讼法学研究的专家学者提供一个高层次的交流平台，也使广大读者系统和全面地获取刑事诉讼理论和实践研究的成果，本丛书力求兼顾以下几方面特点：

第一，本丛书入选书目的内容全面覆盖从立案、侦查、提起公诉到审判和执行的各个诉讼阶段中的重要诉讼法律制度。本丛书对理论研究和司法实践中的热点问题予以充分关注，尤其是对管辖、证据、司法鉴定、强制措施适用、刑事被害人权利保障、刑事和解等方面的难点问题进行研究，力求从多角度提供更具可操作性的制度选择方案。在信息化时代，刑事诉讼法律制度必须对科学技术迅猛发展背景下的电子证据的收集、保全、证据规则、DNA 生物证据的运用等前沿问题作出回应，本丛书也吸纳了一批介绍国外先进经验，探讨新时期程序法运行中的新问题的具有开创性的作品。

第二，本丛书的出发点是在现行的刑事诉讼法律制度基础上，深入探寻刑事诉讼的基本原理、基本规律和价值取向，以期对刑事诉讼立法的完善起到参考作用，帮助广大司法工作者正确理解法律精神，在办案过程中准确解释法律。为此，本丛书选择了一批对我国现行的刑事诉讼法律及司法解释的制定背景、具体内容进行详细解读，进而研究实践操作中存在的问题并提出解决方案的著作。希望这些研究成果能直接服务于刑事诉讼立法和司法工作，尤其是对公检法机关的司法工作人员规范执法、提高办案质量发挥指导作用。

第三，本丛书由最高人民检察院、公安部等机关长期从事业务指导工作的专家担任总主编，选择了具有前瞻性、独创性、实用性和建设性的刑事诉讼领域的优秀研究成果收入本丛书。

希望在国家出版基金的资助下，《中国刑事法制建设丛书》为我国的刑事法治建设发挥积极的推动作用。

由于时间仓促，疏漏之处在所难免，欢迎广大读者批评指正。

中国刑事法制建设丛书·刑事诉讼系列编委会

2011 年 2 月

目　录

第一章　监所检察概述

人民检察院是国家的法律监督机关。监所检察是法律赋予人民检察院的一项重要法律监督职能和基本业务，它与人民检察院的其他职能共同构成国家法律监督职能完整而科学的体系。多年来，随着国家经济社会和法制建设的发展，监所检察已经成为检察机关惩治和预防职务犯罪、强化诉讼监督、维护社会稳定的重要工作。相应地，“监所检察”成为一个专门的法律名词，得到法学理论界和司法实务界广泛接受并大量使用。但长期以来，人们对监所检察的概念、特征和定位等理解还存在一些不同的认识和看法，需要对此作出科学的界定。

第一节　监所检察的概念

一、“监所检察”一词的由来

监所检察是我国检察机关的一项传统检察业务。从新中国检察机关成立之日起，检察机关就有了监所检察工作。1949 年 12 月颁布的《中央人民政府最高人民检察署试行组织条例》和 1951 年修改通过的《中央人民政府最高人民检察署暂行组织条例》分别规定最高人民检察院职权包括“检察全国司法与公安机关犯人改造所及监所之违法措施”和“检察全国监所及犯人劳动改造机构之违法措施”。最高人民检察署设立第二处，负责“关于检察各犯人改造所及监所之措施是否合法事项”。1954 年《中华人民共和国人民检察院组织法》（以下简称《人民检察院组织法》）第 4 条规定，最高人民检察院负责“对于刑事案件判决的执行和劳动改造机关的活动是否合法，实行监督”，同年 12 月最高人民检察院成立了第五厅（也称监所、劳动改造监督厅）承担这一职责。这一时期的这项检察业务称为监所、劳改监督。在“文化大革命”中，我国社会主义法制遭到了极大的破坏，包括监所检察在内的检察工作也中断了 10 年。

1978 年检察机关恢复重建后，监所检察工作作为检察机关一项基本检察业务得到了恢复和发展。1979 年《人民检察院组织法》第 20 条规定，“最高人民检察院设置刑事、法纪、监所、经济等检察厅”。最高人民检察院据此设立了监所检察厅。之后，各省、市、县级人民检察院开始设立监所检察处、科。自1984年开始，各地陆续在大型监狱、劳教所和监管场所比较集中的地区设立派出检察院，在监狱、看守所和劳教所等监管场所设立派驻检察室。监所检察部门承担的法律监督职能，统称为监所检察。

虽然新中国检察机关在建立之初就承担了监所检察任务，但“监所检察”作为一个专门的法律名词，则是在1979年7月全国人大常委会颁布《人民检察院组织法》之后，源于该法第20条关于最高人民检察院设立有关检察业务机构的规定。监所检察部门自建立之初，其所承担的职能就是对刑事案件判决、裁定的执行和监狱、看守所、劳动改造机关等监管场所的监管活动进行监督。之所以称为监所检察部门，主要是基于监狱是对罪犯执行刑罚和监管改造的主要场所，看守所是羁押被刑事拘留、逮捕的犯罪嫌疑人、被告人和执行剩余刑期较短的刑罚的主要场所。监所检察，顾名思义，就是对监狱、看守所等监管场所执行刑罚和监管执法活动进行检察。改革开放30多年来，随着国家经济社会和法制建设的发展，监所检察部门的职责有所扩大。1979年11月全国人大常委会批准颁布国务院《关于劳动教养的补充规定》之后，对劳动教养机关审批和执行、监管活动的监督也成为监所检察部门的重要职责，但监督的主要内容仍是对监管和执行活动的监督，因此，监所检察部门的名称没有改变。1978年检察机关恢复重建以后，最高人民检察院先后制定下发了《人民检察院监所检察工作试行办法》（1981年1月）、《关于监所检察工作若干问题的规定》（2001年9月）、《关于加强和改进监所检察工作的决定》（2007年3月）等一系列规范性文件，进一步明确了监所检察工作的职责、任务和具体要求，“监所检察”被广泛运用于检察工作文件之中，监所检察制度逐步建立和完善。法学理论界和司法实务部门也开始逐步重视和加强对监所检察制度的专门研究，丰富了检察理论研究的内容。

二、监所检察的基本内涵

长期以来，对监所检察内涵的理解存在一些不同的认识和看法。有的认为，监所检察，是指人民检察院对刑事案件判决、裁定的执行和监狱、未成年犯管教所、看守所活动以及劳动教养活动是否合法所实行的监督。有的认为，监所检察，是指人民检察院依法对监狱、未成年犯管教所执行刑罚，改造罪犯的各项活动实行法律监督的一项行刑司法检察制度。有的认为，监所检察的范围仅限于“墙里”的监督，即对监狱、未成年犯管教所等监管改造场所活动的监督，而不包括对在社会上执行刑事判决、裁定情况，如对判处剥夺政治权利、宣告缓刑、裁定假释和暂予监外执行罪犯的执行活动是否合法的监督。有的认为，监所检察，是指人民检察院依法对监管机关执行刑罚、羁押犯罪嫌疑人和被告人、收容劳动教养等执法工作，以及人民法院变更刑罚执行裁决是否合法实行法律监督的活动。有的认为，当前监所检察的定义，只能从字面上把“监所”理解为监管场所的简称或者是监狱、看守所的统称，从而把“监所检察”理解为人民检察院对监管场所实行派出、派驻检察。监所检察概念的不明确以及理解上产生的分歧，既影响准确把握监所检察的职能定位，也影响监所检察事业的深入、健康发展。因此，有必要对监所检察的概念作一个科学的、准确的界定。

根据《中华人民共和国刑事诉讼法》（以下简称《刑事诉讼法》）、《人民检察院组织法》、《中华人民共和国监狱法》（以下简称《监狱法》）等法律和最高人民检察院制定的《人民检察院刑事诉讼规则》、《关于加强和改进监所检察工作的决定》等监所检察规范性文件的有关规定，结合多年来的监所检察工作实践来看，监所检察，是指人民检察院依照法律规定的权限和程序，对人民法院、公安机关、监狱、未成年犯管教所、看守所、社区矫正机构等刑罚执行机关和监管场所执行刑罚和监管活动，以及劳动教养机关和劳教所决定、执行劳动教养和教育管理劳教人员的活动是否合法，实行法律监督的总称。

全面理解和准确把握监所检察的内涵，需要立足于监所检察监督的内容、监所检察职责，同时还要考虑从监所检察部门、监所检察制度等角度进行解析。

（一）从监督内容来看，监所检察是刑罚执行监督和监管活动监督

1. 刑罚执行监督。从广义上讲，执行刑罚，是指刑罚执行机关为实现已经发生法律效力的刑事判决、裁定所确定的内容，依照法定程序所进行的活动。刑罚执行涉及范围很广，包括对管制、拘役、有期徒刑、无期徒刑、死刑的执行，剥夺政治权利、没收财产、罚金等附加刑的执行等。刑罚执行机关包括人民法院、公安机关、监狱、未成年犯管教所、看守所、社区矫正机构等。刑罚执行的依据是已经发生法律效力的刑事判决和裁定。根据《刑事诉讼法》第 248 条的规定，发生法律效力的刑事判决和裁定包括：（1）已过法定期限没有上诉、抗诉的判决和裁定；（2）终审的判决和裁定；（3）最高人民法院核准的死刑判决和高级人民法院核准的死刑缓期 2 年执行的判决。刑罚执行的对象则是已被人民法院生效判决、裁定确定为有罪并判处刑罚的罪犯。检察机关对刑罚执行的监督主要是监督刑罚执行机关是否严格按照国家的有关法律、法规和政策执行刑罚，纠正各种影响和破坏正确执行刑罚的违法或不当现象和问题，包括对刑罚交付执行的监督，对减刑、假释、暂予监外执行（含保外就医）等刑罚变更执行的监督，对刑罚终止执行的监督等。

2. 监管活动监督。根据我国法律规定，监管场所包括监狱、未成年犯管教所、看守所、劳教所以及拘留所、强制隔离戒毒所、负责强制医疗、收容教育和收容教养的场所等。检察机关只是对其中的监狱、未成年犯管教所、看守所、劳教所和负责强制医疗机构的监管执法活动进行日常监督。负责行政拘留、强制隔

离戒毒、收容教育、收容教养的场所，虽然其管理教育特定对象的活动属于监管活动或具有监管性质，但并不属于检察机关日常监督的内容，检察机关只是对这些场所发生的职务犯罪案件具有立案侦查权，因此并不属于本书所探讨的监管活动监督的范畴。派驻监管场所检察人员对监管场所内的各种执法管理活动进行检察和监督，对违法和不规范的执法行为予以制止、纠正或者提出检察建议，促进监管场所依法、文明、科学管理，维护监管秩序和社会稳定，维护被监管人的合法权益。

（二）从监所检察职责来看，监所检察是检察机关法律监督职责的重要组成部分

根据《刑事诉讼法》、《人民检察院组织法》等法律和最高人民检察院《关于加强和改进监所检察工作的决定》等规范性文件的规定，监所检察的主要职责是：（1）对监狱、看守所执行刑罚和监管活动是否合法实行监督；（2）对人民法院裁定减刑、假释是否合法实行监督；（3）对监狱管理机关、公安机关、人民法院决定暂予监外执行活动是否合法实行监督；（4）对劳动教养机关的活动是否合法实行监督；（5）对公安机关管理监督剥夺政治权利罪犯和社区矫正机构对判处管制、宣告缓刑、裁定假释、决定暂予监外执行罪犯的社区矫正活动是否合法实行监督；（6）对刑罚执行和监管活动中的职务犯罪案件进行立案侦查，开展职务犯罪预防工作；（7）对发生在监狱、劳教所等监管场所的被监管犯罪嫌疑人、被告人犯罪案件审查批捕、审查起诉和出庭支持公诉，对立案、侦查和审判活动是否合法实行监督；（8）受理被监管人及其近亲属、法定代理人的控告、举报和申诉；（9）检察长交办的其他事项。根据《刑事诉讼法》的规定，对强制医疗的执行活动进行监督，也应是监所检察的重要职责。

监所检察职责主要涉及四个方面，即刑罚执行和监管活动监督；查办和预防刑罚执行和监管活动中的职务犯罪；对罪犯又犯罪案件和劳教人员犯罪案件审查批捕、审查起诉、出庭支持公诉及相关立案、侦查和审判活动监督；受理被监管人及其近亲属、法定代理人的控告、举报和申诉。其中，刑罚执行和监管活动监督是中心工作；查办和预防刑罚执行和监管活动中的职务犯罪是强化刑罚执行和监管活动监督的手段和保障；打击罪犯又犯罪和劳教人员犯罪是为了保障刑罚执行和监管活动的正常开展；受理被监管人及其近亲属、法定代理人的控告、举报和申诉是为了加强对刑罚执行和监管活动的监督，维护被监管人的合法权益。

（三）从业务分工来看，监所检察主要包括监狱检察、看守所检察、劳教检察及监外执行和社区矫正检察

目前，监所检察部门内部的业务分工主要是根据监督场所来划分的，包括监狱检察、看守所检察、劳教检察及监外执行和社区矫正检察。

监狱检察，主要是对监狱，包括未成年犯管教所执行刑罚活动和监管活动是否合法实行法律监督。监督的内容主要包括：监狱执行刑事判决、裁定以及狱政管理、教育改造和生活卫生等活动是否合法；收监和释放刑满人员的活动是否合法；办理罪犯减刑、假释是否符合法定条件和程序；办理罪犯保外就医等暂予监外执行的活动是否符合法定条件和程序；对罪犯在服刑期间死亡情况进行检察监督；受理罪犯及其法定代理人、近亲属的控告、举报和申诉；直接受理和立案侦查监狱中发生的贪污贿赂、渎职侵权等职务犯罪案件；对罪犯在服刑期间又犯罪等案件负责审查批捕、审查起诉和出庭支持公诉，以及开展相关诉讼监督活动等。

看守所检察，主要是对看守所羁押、监管被刑事拘留、逮捕的犯罪嫌疑人、被告人的活动，以及代为执行被判处有期徒刑剩余刑期在3个月以下的罪犯的刑罚和监管活动是否合法实行法律监督。既包括对看守所收押、羁押、释放和监管活动进行监督，也包括对执行刑罚活动进行监督。监督的内容主要包括：看守所收押、分管分押、释放犯罪嫌疑人、被告人、罪犯的活动是否合法；是否按照《刑事诉讼法》规定的羁押期限羁押犯罪嫌疑人、被告人；交付执行和执行刑事判决、裁定是否合法；留所服刑是否符合法定条件；对在押人员的管理、教育和改造活动是否合法；警戒设施是否安全可靠，使用械具、武器是否合法等。

劳教检察，主要是对劳动教养管理委员会和劳教所的审批和管理教育劳教人员的活动是否合法实行监督。监督的内容主要包括：劳动教养审批机关对劳动教养的审查、批准和决定是否符合法定条件和程序；劳教所的收容、解教活动，劳教期变更、所外执行、所外就医是否合法；对劳教人员的生产劳动、教育、生活、卫生等管理活动是否合法；直接受理和立案侦查劳动教养审批、执行和管理教育劳教人员活动中发生的贪污贿赂、渎职侵权等职务犯罪案件；对于劳教人员犯罪案件负责审查批捕、审查起诉、出庭支持公诉，以及开展相关诉讼监督活动等。

监外执行和社区矫正检察，是指对公安机关管理监督剥夺政治权利罪犯和社区矫正机构对判处管制、宣告缓刑、裁定假释和暂予监外执行罪犯的社区矫正活动是否合法实行法律监督。监督的内容主要包括：督促公安机关、社区矫正机构严格执行法律、行政法规和有关监督考察剥夺政治权利和社区矫正罪犯的各项规定，及时纠正执行机关的违法情况以及执法不严等问题；重点监督执行机关对监外执行和社区矫正罪犯监督管理措施落实情况，对执行机关不作为造成罪犯脱管、漏管和保外就医条件消失收监执行进行监督；直接受理和立案侦查监外执行和社区矫正活动中发生的职务犯罪案件等。

（四）从检察工作部门来看，监所检察部门是检察机关一个较为传统的业务部门

自1978年检察机关恢复重建30多年来，监所检察部门是唯一名称没有变动的检察业务部门。从人民检察院内设的检察业务部门的名称看，大致有三种类型，一是包括所有业务的名称，如反贪污贿赂、反渎职侵权、控告申诉检察、职务犯罪预防部门；二是指明主要业务，如侦查监督、公诉部门；三是指明监督场所，如监所检察部门。广义上的监所检察部门包括各级人民检察院的监所检察厅、处、科，也包括一些人民检察院设立的派出检察院和派驻检察室。人民检察院派驻监狱、看守所、劳教所等监管场所的检察室，以及一些地方探索成立的社区矫正检察室、监外执行检察室等，被视为监所检察工作的最基层单位。

监所检察部门机构的主要任务是：加强刑罚执行和监管活动监督，加大查办和预防刑罚执行和监管活动中职务犯罪的力度，加强监所检察队伍和派出、派驻监所检察机构建设，推进监所检察改革和执法规范化建设，全面履行监所检察职责，积极发挥维护刑罚执行的公平公正、维护监管秩序稳定和维护被监管人合法权益的职能作用。

（五）从工作制度来看，监所检察制度是中国特色社会主义检察制度的重要组成部分

监所检察制度主要包括刑罚执行监督工作机制、监管活动监督工作机制、纠防超期羁押工作机制、查办刑罚执行和监管活动中职务犯罪工作机制、与监管场所工作联系制度、派出派驻监所检察机构建设机制等。具体来说，在外部监督机制方面，主要包括对减刑、假释、暂予监外执行的监督机制，羁押期限预警提示、提前告知和纠正超期羁押催办督办、责任追究长效机制，人民监督员对超期羁押案件监督制度，与人民法院、公安机关、司法行政机关的工作联系制度，与监管场所信息联网制度、监管场所事故检察制度、安全防范检察制度，受理和处理被监管人及其近亲属、法定代理人的控告、举报和申诉工作制度，检察官约见制度、监所检务公开制度等。在内部工作制度方面，主要包括监所检察业务流程管理制度，即监狱检察、看守所检察、劳教检察及监外执行和社区矫正检察等四个流程管理制度、监所派出检察院建设机制、监所检察工作目标管理责任制和派驻检察岗位责任制、请示报告制度、监管场所重大事故报告制度、职务犯罪案件线索和立案侦查案件的备案审查制度、监所检察业务工作考评制度、派驻检察人员工作绩效考核机制等。

第二节　监所检察的特征

监所检察作为检察机关法律监督职能的重要组成部分，具有法律监督的一些共性特点，同时也有其自身的规律和特点。做好监所检察工作，必须正确理解监所检察的一些特征，准确把握和运用监所检察工作规律。监所检察的特征，概括起来主要有以下几个方面：

一、监督职能的综合性

监所检察主要是在监管改造场所行使检察机关的各项职权，是一项综合性的检察业务，充分体现了人民检察院的法律监督职能。与检察机关的其他业务部门相比，监所检察部门的业务比较复杂。侦查监督部门主要从事刑事立案监督、侦查监督和审查逮捕等工作职责，公诉部门从事审查起诉、出庭公诉、审判监督和一部分侦查监督工作职责，反贪污贿赂、反渎职侵权、控申检察等部门的业务工作就更加明确。监所检察部门的职责涉及检察机关法律监督职能的各个方面，既承担着对刑罚执行和监管活动是否合法进行监督的职责，也有审查逮捕、审查起诉和出庭公诉，刑事立案监督、侦查监督、审判监督的职责，同时还负有立案侦查刑罚执行和监管活动中职务犯罪案件的职责。特别是根据2004年9月最高人民检察院《关于调整人民检察院直接受理案件侦查分工的通知》的规定，监所检察部门负责监管场所发生的贪污贿赂、渎职侵权等案件的侦查工作。除发生在监管场所“四类案件”继续由监所检察部门负责侦查外，原由反贪污贿赂部门和渎职侵权检察部门负责侦查的监管场所发生的职务犯罪案件，划归监所检察部门负责侦查，使得监所检察查办职务犯罪的工作任务更加繁重。

由此可见，监所检察职能和业务具有综合性的特点。刑罚执行监督和监管活动监督是监所检察部门的主要业务，决定监所检察的职能定位，这也是其他检察业务部门所不具有的检察业务工作，是监所检察业务的特色所在，如对刑罚执行机关和监管机关减刑、假释、保外就医活动的合法性的监督，对监管场所日常监管活动是否合法的监督，对刑事羁押期限的检察监督，对被监管人劳动时间强度、生活卫生等监管情况进行监督等。

二、监督内容的广泛性

监所检察监督的内容涉及刑事诉讼的全过程，从刑事拘留、逮捕犯罪嫌疑人，变更或者解除强制措施，刑事判决、裁定交付执行，罪犯减刑、假释、暂予监外执行，直到罪犯刑满释放，都有监所检察的内容。既包括对执行刑罚活动的监督，也包括对监管活动的监督；既包括对监管场所执行刑罚情况的监督，也包括对社会上执行刑罚和开展社区矫正活动的监督。可以说，监所检察基本贯穿于刑事诉讼的整个过程，在一定程度上体现了对刑罚执行和监管活动监督的全方位性。此外，监所检察部门承担的查办刑罚执行和监管活动中职务犯罪的职责，则体现了对刑罚执行机关和监管机关工作人员职务行为的监督，以维护刑罚执行机关和监管机关正常的管理活动和工作人员职务行为的廉洁性。监所检察部门还负责对劳动教养机关审批和劳教所管理教育劳教人员的活动是否合法实行监督，使监督活动涉及行政执法领域。

三、监督对象的特定性

监所检察监督的内容是刑罚执行监督和监管活动监督，监督的对象是刑罚执行机关和监管机关、监管场所。由于人民法院发生法律效力的刑事判决、裁定的具体内容不同，刑罚执行机关、执行的场所也不相同。人民法院负责死刑、罚金刑、没收财产刑、无罪判决和免予刑事处罚判决等的执行；监狱负责有期徒刑、无期徒刑、死刑缓期 2 年执行判决的执行；看守所负责代为执行剩余刑期 3 个月以下的有期徒刑的执行；公安机关负责剥夺政治权利和拘役的执行；社区矫正机构负责对管制、缓刑、假释和暂予监外执行罪犯进行社区矫正。上述刑罚执行机关有些本身也是监管机关，监所检察部门对这些监管机关的刑罚执行活动进行监督的同时，也对其监管活动进行监督。此外，监所检察部门还对看守所羁押犯罪嫌疑人、被告人，劳教所管理教育劳动教养人员等监管机关的监管活动进行监督。

从目前刑罚执行情况来看，监所检察监督主要是在监管改造场所这个区域范围内进行检察监督。监所检察监督的对象除人民法院外，主要是监狱、看守所、劳教所等监管场所和有关监管机关。因此，监所检察监督具有监督地域范围和监督对象的特定性。囿于监管场所封闭性的特点，只有监所检察部门对于监管场所的监管活动实行全面的、经常性的监督，其他党政部门和行政执法部门的监督，社会各界包括新闻媒体的监督都不具有全面性、经常性的特点。

四、监督方式的多样性

监所检察监督内容的广泛性和监督对象的特定性，决定了监所检察监督方式具有多样性的特点，许多方面与检察机关的其他诉讼监督工作方式有所不同。主要表现在：

1. 实行派驻检察与巡回检察相结合，以派驻检察为主。

基于监所检察的主要对象是监管场所，与其他法律监督职能不同，我国监所检察实行派驻检察与巡回检察相结合的方式。其中派驻检察是检察机关开展监所检察监督工作的主要方式，包括派出检察院和派驻检察室两种组织形式。检察机关依照法律规定和监督工作的需要，在大型监管场所或监管场所相对集中的区域设立派出检察院，全面履行监所检察职责。对于没有设置派出检察院的监狱、看守所，一般由市级人民检察院设立派驻检察室。截至2011年年底，全国各级检察机关对3500多个监管场所实行了派驻检察，占监管场所总数的94%。没有设立派出检察机构的监管场所，也都实行了巡回检察。

检察机关在监管场所派驻检察工作人员实行法律监督，在世界上所有国家中只有我国是这样做的，是中国特色的检察制度的重要组成部分。派驻检察是搞好监所检察的组织保证。因此，监所检察部门与其他检察业务部门不同，实行“小机关，大派驻”，主要人员充实到派驻监管场所的检察室。

2. 实行事前、事中监督与事后监督相结合，向全程同步监督发展。

我国检察机关以往主要是事后监督，即一般在刑罚执行机关和监管机关作了有关提请、呈报、审理裁决、审批决定刑罚变更执行等决定后，才开展审查监督。近年来，监所检察部门积极探索监所检察监督的新方式，根据最高人民检察院、司法部《关于检察机关与监狱、劳教所建立工作联系制度的通知》和最高人民检察院、公安部《关于加快看守所监管信息系统与驻所检察管理信息系统联网建设推行监所网络化管理和动态监督工作的通知》等规范性文件的要求，全国检察机关监所派出检察院、派驻检察室内开始与看守所等监管场所的管理信息系统实行微机联网，实现派驻检察工作的网络化管理和动态监督。一些地方监所检察部门积极探索对刑罚执行活动实行全过程同步监督。刑罚执行机关在向人民法院提请罪犯减刑、假释之前，都主动把案卷材料送至人民检察院审查提出监督意见；人民法院对于监管场所提请减刑、假释的案件，如果有检察意见的，要求执行机关随卷移送。一些地方人民法院试行开庭审理减刑、假释案件，邀请人民检察院派员出席，使得人民检察院对人民法院减刑、假释裁定活动的监督，向前延伸到了人民法院的庭审活动。实践表明，检察机关对刑罚执行活动实行全程同步监督，既有利于维护刑罚执行公正和被监管人的合法权益，也有利于对罪犯的改造和预防犯罪，同时还有利于预防司法人员和监管民警职务犯罪。在实行全程同步监督过程中，监所检察监督只是一种启动纠错、救济程序的程序性权力，而非实体性权力，其性质仍属于刑罚执行监督活动而不是刑罚执行活动。

3. 监督的手段包括口头提出纠正意见、发出纠正违法通知书、提出检察建议、查办职务犯罪案件等多种手段。

监所检察人员在开展刑罚执行和监管活动监督中，对于轻微违法问题，及时提出口头纠正意见，并督促纠正。对于严重违法问题，经本院检察长批准后向监管场所发出《纠正违法通知书》，要求告知纠正结果，并抄报其主管机关。对于发现监管场所存在安全隐患、制度漏洞的，提出检察建议。

查办刑罚执行和监管活动中发生的职务犯罪，是监所检察部门开展监督工作的重要手段和保障。根据《中华人民共和国刑法》（以下简称《刑法》）、《刑事诉讼法》和检察机关内部分工的规定，监所检察部门直接办理监管人员殴打、体罚、虐待被监管人的案件，私放在押人员的案件，失职致使在押人员脱逃的案件，徇私舞弊办理减刑、假释、暂予监外执行的案件，以及监管民警在刑罚执行和监管活动中实施的其他渎职侵权和贪污贿赂犯罪的案件等。

派驻检察人员通过日常执法监督、受理被监管人及其法定代理人、近亲属的控告、举报和申诉，从不正常的执法行为背后等多种途径发现刑罚执行机关和监管机关的违法犯罪问题。有的派驻检察机构在监管场所设立检察官信箱，实行检察官接待日制度、在押人员约见检察官制度、与在押人员谈话制度等，依法受理和及时处理被监管人及其法定代理人、近亲属的控告、举报和申诉等。针对人民群众反映强烈的刑罚执行和监管活动中存在的突出问题，以及监所检察工作中存在的一些薄弱环节，监所检察部门还积极开展专项检察，增强监督力度和效果，如纠正和防止超期羁押专项检察，减刑、假释、保外就医专项检察，监外执行罪犯脱管、漏管专项检察等。

五、监督活动的日常性

监所检察监督的特点，在于派驻监管场所开展监督，因而强调增强监督工作主动性，做好日常执法监督工作。派驻检察人员必须经常深入劳动、学习、生活“三大现场”进行检察，并有重点地对监管场所执法、安全进行检察，发现违法情况、安全隐患的，及时提出纠正意见，防止各类事故的发生。派驻检察人员应规范、具体、真实地记载检察日志，并将被监管人变动、案件诉讼环节变动情况及时录入监所检察信息管理系统，防止和纠正超期羁押。同时，应将向有关单位提出的纠正违法意见、检察建议、催办案件等情况及时进行业务登记。派驻检察室在日常派驻检察工作中需要检察：被监管人有无增减，办理收押、收监、收容和释放的手续是否齐全、合法；监管场所带班领导、值班干警是否到岗到位，依法处理监管执法活动中出现的情况和问题；监室内外有无违禁物品，监舍、食堂、生产车间等学习、生活、劳动场所是否安全、卫生；监室内被监管人有无异常现象；办案人员、律师是否有违规提讯、会见现象等。一经发现，及时采取口头或书面方式监督纠正。经常向监管场所领导和监管民警了解监管教育、安全防范等情况；在对被监管人谈话教育时了解其本人和同监室人员的思想及改造情况；在与监管场所联席会议上向有关部门进一步了解监管场所的执法情况，以便有针对性地加强监督，发现和纠正有关违法问题和安全隐患。

六、涉及法律关系的复杂性

监所监督内容的广泛性和监督对象的特定性，决定了监所检察过程中涉及法律关系的复杂性，既主要涉及刑事法律关系，又涉及行政法律关系和民事法律关系。

《刑事诉讼法》第 8 条规定："人民检察院依法对刑事诉讼实行法律监督。"监所检察主要是对刑罚执行机关执行刑罚的活动和监管机关的监管活动实行监督，属于刑事诉讼监督的范畴，与监督对象之间是监督与被监督的关系。同时，由于监所检察还承担一些具体的刑事诉讼职能，如立案侦查、审查批捕、审查起诉、出庭支持公诉等职能，因此，在履行这些刑事诉讼职能时，还要受到《刑事诉讼法》第 7 条"人民法院、人民检察院和公安机关进行刑事诉讼，应当分工负责，互相配合，互相制约，以保证准确有效地执行法律"规定的调整。监所检察无论是与被监督单位之间的监督与被监督的关系，还是在履行立案侦查、审查批捕、审查起诉等职能时与公安机关、人民法院之间"分工负责，互相配合，互相制约"的关系，都是属于刑事法律关系的范畴，是为了完成刑事诉讼法保证准确、及时地查明犯罪事实，正确应用法律，惩罚犯罪分子，保障无罪的人不受刑事追究，教育公民自觉遵守法律，积极同犯罪行为作斗争，维护社会主义法制，尊重和保障人权，保护公民的人身权利、财产权利、民主权利和其他权利，保障社会主义建设事业顺利进行的任务。

对劳动教养机关审批和劳教所管理教育劳动教养人员活动的监督，使监所检察涉及行政执法领域，使监督的内容涉及行政法律关系。对看守所监管措施是否安全严密和对在押人员的生活、卫生、教育、管理等活动是否符合规定的监督，也属于对行政法规执行情况的法律监督。

监所检察在保障被监管人合法权益方面负有重要职责，不仅要保护被监管人的诉讼权益，也要保护其政治权利、民事权利、经济权利。在监管活动中，如果发生了侵犯被监管人政治权利、诉讼权利、财产权利、人身权利的行为，监所检察部门必须依法提出纠正意见，这使得监所检察监督的内容又涉及一些民事法律关系。

七、监督依据的广泛性

开展监所检察，既要依据《刑法》、《刑事诉讼法》、《监狱法》、《人民检察院组织法》等法律以及国务院有关行政法规，又要依据最高人民检察院关于监所检察工作的司法解释和规范性文件，以及刑罚执行机关和监管机关制定的有关司法解释和规范性文件。

《人民检察院组织法》第 5 条规定，各级人民检察院对刑事案件判决、裁定的执行和监狱、看守所的活动是否合法实行监督。《刑事诉讼法》第 8 条规定："人民检察院依法对刑事诉讼实行法律监督。"国务院《关于劳动教养的补充规定》第 5 条规定："人民检察院对劳动教养机关的活动实行监督。"《监狱法》第

6 条规定："人民检察院对监狱执行刑罚的活动是否合法，依法实行监督。"这些规定给监所检察的监督提供了法律依据。由于立法规定比较概括，目前在监所检察实践中，许多情况下，监督工作要依据最高人民检察院关于监所检察工作的司法解释和规范性文件，以及刑罚执行机关和监管机关制定的有关司法解释和规范性文件，如《人民检察院刑事诉讼规则》和《人民检察院监狱检察办法》、《人民检察院看守所检察办法》、《人民检察院劳教检察办法》、《人民检察院监外执行检察办法》（以下简称监所检察"四个办法"）等。开展监所检察监督，还需要依据一些政策性规定。比如，对劳动教养的检察监督，只有《劳动教养试行办法》，这个实施办法很多是国家对劳动教养工作的一些政策，只能按国家的政策进行监督。因此，监所检察既要保障国家《刑法》、《刑事诉讼法》等法律、法规的正确实施，也要保障党和国家的方针、政策得到正确贯彻。

第三节　监所检察的定位

监所检察业务繁杂、职能广泛的特点，决定了监所检察的定位十分重要。明确职责，准确定位，是加强和规范监所检察工作的重要前提。监所检察的定位，主要包括监所检察工作在检察事业发展中的定位、监所检察人员职责的定位、各项监所检察工作之间关系的定位、监所检察部门与派出检察机构关系的定位等。

一、监所检察工作在检察事业发展中的定位

最高人民检察院 2007 年 3 月印发的《关于加强和改进监所检察工作的决定》，对监所检察工作在检察事业发展中的定位作了明确的规定。该决定第 1 条规定，"对刑罚执行和监管活动实行监督是法律赋予检察机关的一项重要法律监督职能，是中国特色社会主义检察制度的重要内容，是检察机关惩治和预防职务犯罪、强化诉讼监督、维护社会稳定的重要工作"。该规定明确了监所检察在检察事业发展中的定位，有利于提高对监所检察工作重要性的认识。

（一）监所检察是法律赋予检察机关一项重要的法律监督职能，是刑事诉讼监督的一个重要组成部分

《宪法》第 129 条和《人民检察院组织法》第 1 条明确规定了人民检察院是国家的法律监督机关。检察机关的法律监督具有国家性、专门性、强制性、规范性和普遍性的特征，其监督范围包括刑事法律监督、民事法律监督和行政法律监督等。《刑事诉讼法》第 8 条规定："人民检察院依法对刑事诉讼实行法律监督。"刑事诉讼法律监督，包括刑事立案监督、侦查监督、审判监督和刑罚执行监督，刑罚执行监督是检察机关法律监督的重要组成部分。近年来，维护和实现

刑罚执行公正，越来越受到社会各界和人民群众的广泛关注。人民群众对刑罚执行中存在的违法减刑、假释、保外就医，监外执行人员脱管、漏管，以及服刑罪犯和劳教人员犯罪，刑释解教人员犯罪问题反映强烈。这就需要在检察工作中把监所检察摆在重要的位置，充分发挥监所检察职能，强化刑罚执行监督，维护刑罚执行公正，促进社会和谐稳定。

（二）监所检察是中国特色社会主义检察制度的重要内容

对监管场所实行派驻检察，设立派出检察院和派驻检察室，体现了我国社会主义检察制度的特色。实践表明，监所检察监督方式和机构设置的这一特色，适应了对刑罚执行和监管活动监督工作的客观需要，也符合我国国情，对于加强法律监督，维护监管场所规范文明执法、维护监管场所安全稳定和社会安定、维护刑罚执行公正、维护在押人员合法权益都发挥了重要作用。同时，也需要根据构建社会主义和谐社会的新形势，以及监狱布局调整、全面开展社区矫正工作等刑罚执行活动的有关变化，理顺一些地方派出检察院管理体制，完善监所检察工作机制，改进监督工作方式。

（三）监所检察是检察机关传统的、基本的、综合性的业务

自新中国检察机关建立之日起，就有了监所检察这项职责。监所检察也是检察机关的主要业务之一。监所检察部门与其他业务部门相比，业务比较复杂。监所检察部门的职责中不仅有侦查监督、公诉、反贪污贿赂、反渎职侵权、控申检察等部门所从事的业务工作，也有监所检察部门所特有的刑罚执行和监管活动监督的职责。因此，监所检察部门的工作部署、安排必须围绕各项检察工作的部署、安排来考虑。监所检察的主要职能是刑罚执行和监管活动监督，但同时又具有审查逮捕、审查起诉和控告申诉检察等职能，业务具有综合性的特点。这就需要监所检察部门根据人民检察院的工作部署，结合监所检察工作实际，全面加以贯彻落实。不仅要贯彻落实人民检察院关于监所检察工作的专门部署，也要注意落实关于职务犯罪侦查、审查批捕、审查起诉等工作的一些部署，这些部署同样适用于监所检察部门，如实行讯问职务犯罪嫌疑人全程同步录音录像，职务犯罪案件撤案要接受人民监督员监督等。这就需要在工作中加强与其他检察业务部门的联系和沟通，切实加强和改进监所检察部门所承担的相关业务工作。

（四）监所检察部门是专门法律监督部门

监所检察业务涉及面较广，但其主要业务是刑罚执行和监管活动监督，因此监所检察部门的定位与侦查监督、公诉、反贪污贿赂、反渎职侵权等部门不同，应当是专门监督部门而不是专职办案部门。监所检察工作的重心在于刑罚执行和监管活动监督工作，这也是监所检察的立身之本和价值所在。查办职务犯罪案件是刑罚执行和监管活动监督的有力手段和重要保障。采取以派驻检察为主的工作

方式，其目的也是为了强化监督工作，及时发现和纠正刑罚执行和监管活动中存在的违法问题。

二、监所检察人员职责的定位

监所检察由于以派驻检察为主，监所检察人员也大多在派驻检察室工作，再加上特定的工作方式、工作环境和工作条件，因而要求监所检察人员必须准确定位自己的职责，明确工作职能和任务，这是做好监所检察工作的重要前提。通俗一点讲，就是要坚持有所为，有所不为。有所为就是干法律监督的事，有所不为就是不要做监管干警职权范围内的事。

（一）监所检察人员是法律监督者，而不是刑罚执行和监管人员

检察机关在刑事诉讼中的地位和作用决定了检察机关对刑罚执行活动是监督而不是直接参与，只对刑罚执行机关和监管机关的刑罚执行活动和监管活动是否合法进行监督，本身并不直接参与刑罚执行和监管活动，不涉及实体的管理内容，监所检察部门及人员也不是具体的管理部门或管理人员，如对监管场所收押、释放活动是否合法进行监督，而不是直接参与收押、释放活动。监所检察人员的职责是审查收押的法律文书是否齐全，手续是否完备；监管场所对刑满人员及依法应予释放的罪犯，是否按期予以释放，并开具释放证明书。对应收押而不收押，不应收押而收押，应释放而不按期释放，不应释放而释放的，应当依法提出纠正意见；情节严重的，依法追究有关人员的法律责任。

监所检察干部有75%左右在派出检察院和派驻检察室。有的派驻检察人员到了监管场所，不明确自己应该干什么，不应该干什么，往往把自己作为“二看管”、“二监所”，干了一些应该是监管机关干的事情，而应该履行的一些职责，反而没有履行好。在实际工作中，一些派驻检察人员包括巡回检察人员到了监管场所后不知道自己干什么，认为派驻检察职责就是走走看看。为了明确派驻监所检察职责，最高人民检察院专门制定了监所检察“四个办法”，主要是进一步明确派驻监管场所的检察人员每天应该干什么、怎么干和干到什么程度，从制度上规范监所检察工作特别是派驻检察工作。

（二）监所检察的主要职责是监督，不管是配合还是办案，都应为监督服务

在监所检察实践中，有的监所检察人员不能正确处理配合与监督的关系。有的配合有余，监督不足。为了追求良好的工作关系，对监管场所的问题视而不见，只注意配合，而不敢监督，导致派驻检察工作围着监管场所的工作转，实际上成了监管场所的一个部门，虽然从表面上看与监管场所的关系比较协调，但却不能发挥检察监督的作用。

在监所检察实践中，也有的监所检察人员不能正确处理办案与监督的关系。有的认为，监所检察是监督部门，做好监督工作就行了，不重视办案，有的甚至怕办案会影响监督工作的正常开展。需要明确的是，查办职务犯罪与执法监督工作互为目的和手段，查办职务犯罪案件是开展执法监督的重要保障，通过查办职务犯罪案件，有利于促进执法监督工作的深入开展；通过强化执法监督，有利于发现职务犯罪案件线索。

三、各项监所检察工作之间关系的定位

监所检察工作点多面广，任务繁杂，在开展监所检察工作过程中，对各项监所检察工作的关系必须准确定位，在科学发展观的指导下，坚持既要全面发展，又要重点推进，落实好监所检察工作的各项任务。这实际也是开展监所检察工作的具体思路的问题。根据各项监所检察工作的规律、特点和要求，在监所检察工作中必须处理好重点与一般的关系、监督与办案的关系、打击与保护的关系、业务与队伍的关系，做到突出监督重点，加大办案力度，强化对被监管人的人权保护，推进规范化建设，促进监所检察工作全面、协调发展。

1. 正确处理重点工作与一般工作的关系，坚持突出监督重点，带动一般工作。监所检察职责涉及检察机关法律监督职能的各个方面，监督的内容涉及刑事诉讼的全过程，监所检察机构不仅有监所检察部门，还有派出检察院、派驻检察室。监所检察的这些鲜明特点，决定了在监所检察工作中必须正确处理好重点工作与一般工作的关系，做到统筹兼顾，突出重点。开展对刑罚变更执行的监督，防止和纠正超期羁押，被监管人死亡检察，查办刑罚执行和监管活动中的职务犯罪案件，是监所检察的重点工作，在监所检察实践中需要突出抓好这四个方面的工作，着力抓好对减刑、假释、保外就医和收押、释放以及监外执行等刑罚执行情况的检察监督工作，以此带动和促进其他监所检察监督工作的开展。这一工作定位，主要是基于监所检察监督权的构成特点和运行要求。监所检察监督内容繁杂，点多面广，如果不坚持抓重点、带全局，不善于抓住和解决主要矛盾，工作就会感到无从下手，监督力度和效果就难以保证。特别是在当前普遍存在监所检察力量不足的情况下，更要突出监督重点。

2. 正确处理办案与监督的关系，通过加大办案力度，保障和促进监督工作深入开展。监所检察工作中，监督是中心，办案是保障，这是对二者关系的基本定位。近年来，办案对监督的保障和促进作用日益凸显。实践也表明，如果不加强办案工作，就难以保证监所检察监督的力度，也不利于改进执法监督环境。为此，需要切实加大查办刑罚执行和监管活动中职务犯罪工作的力度。特别是要落实好最高人民检察院《关于调整人民检察院直接受理案件侦查分工的通知》的要求，加大查办刑罚执行和监管场所活动中职务犯罪的力度，促进监所检察监督

工作的深入开展。这一工作定位，主要是基于职务犯罪侦查权对监所检察监督工作的重要保障作用。

3. 正确处理打击与保护的关系，在有力打击不服监管、监内犯罪等违法犯罪行为的同时，注意强化对被监管人的人权保护。强化对被监管人的人权保护，就是要按照“国家尊重和保障人权”的宪法原则和刑事诉讼任务的要求，全面履行监所检察职责，充分发挥监所检察在维护被监管人合法权益方面的重要作用。这一工作定位，主要是基于监所检察部门在促进监管场所依法、文明管理方面所肩负的重要职责。监所检察部门必须牢固树立“执法为民”的思想与“尊重和保障人权”的观念，及时发现和纠正超期羁押、体罚虐待、滥用械具、超时超强度劳动、克扣囚粮囚款等侵犯被监管人合法权益的问题，注意加强对被监管人非正常死亡情况的专项检察。

4. 正确处理业务与队伍的关系，坚持立足业务抓队伍，抓队伍、促业务。开展监所检察工作，加强队伍建设是基础，是组织保证；加强业务建设是关键，是核心所在，忽视了哪一个方面，监所检察都难以深入健康发展。因此，必须紧扣监所检察业务工作，抓好检察队伍建设，大力推进规范化建设，把队伍建设的成效体现到监所检察监督和办案的力度、水平及质量上来。特别是要推进规范化建设，包括加强派出检察院规范化、派驻检察室规范化和执法办案行为规范化等。推进规范化建设，是监所检察业务和队伍建设的重要内容，是强化监督工作、加大办案力度、提高执法效果的重要保证。

四、监所检察部门与本院派出检察机构之间关系的定位

广义上的监所检察机构包括各级检察院的监所检察厅、处、科，也包括一些检察院设立的派出检察院和派驻检察室。因此，上下级监所检察部门之间的关系，相对于其他检察业务部门来说，更为复杂。上下级检察院的监所检察内设机构，即监所检察厅、处、科之间的关系是明确的，即业务指导关系，这一点与其他检察业务部门之间没有实质性的区别。主要是监所检察部门与本院派出检察机构之间的关系问题，不能简单地理解为业务指导关系。最高人民检察院《关于加强和改进监所检察工作的决定》、《关于加强人民检察院派驻监管场所检察室建设的意见》对此作了明确。一是明确了派出检察院与派出它的人民检察院监所检察部门之间的关系，规定派出检察院的各项业务工作，应当由派出它的人民检察院监所检察部门统一管理和指导。二是明确了派驻检察室与派出它的人民检察院监所检察部门之间的关系，规定派驻检察室的业务由派出它的人民检察院的监所检察部门统一管理和指导。

按照传统的说法，检察院上下级是领导关系，监所检察部门上下级是指导关系。但是监所检察部门的特点是所在的人民检察院大都有派出检察机构，监所检

察部门对本院的派出检察机构的关系不能是领导关系，但也不能仅仅是业务指导关系，而应该是一种管理关系，派出检察院和派驻检察室的各项工作应该由派出它的人民检察院监所检察部门进行管理。强化监所检察部门的管理职能，主要是基于监所检察部门设置的特点和监所检察工作的需要，目的是为了规范派驻检察监督行为，完善派驻检察机构设置，保证派驻检察工作力度，更好地发挥派驻检察职能作用。管理的主要内容是：加强案件管理，加强业务考评，规范派驻检察机构设置，规范派驻检察工作流程等。

第四节 监所检察工作面临的形势和任务

新中国成立60多年特别是1978年检察机关恢复重建30多年来，监所检察的范围、方式、手段发生了很大变化，监督对象的工作情况也发生了很大变化，人民群众和社会各界对监所检察工作的认识和要求也发生了很大变化。近年来，在各级检察院党组的重视和支持下，监所检察工作取得了令人瞩目的成绩，领导的重视程度、社会的关注程度以及监所检察自身的工作力度、规范程度和社会影响力等，较以往都有明显提高。2003年以来开展的多个全国性的专项检察活动，如纠防超期羁押，减刑、假释、保外就医专项检察，核查纠正监外执行罪犯脱管漏管专项行动、全国看守所监管执法专项检察和全国监狱“清查事故隐患，促进安全监管”专项活动，发现、纠正了一批刑罚执行和监管活动中的违法问题，社会各界给予了较高的评价，监所检察的重要性也越来越为各级党委、人大和政府认可。但2009年2月云南省晋宁县看守所在押人员李荞明非正常死亡事故之后一系列被监管人死亡事件的发生并为新闻媒体广泛报道后，使得监所检察工作面临的形势和任务又发生了新的变化。监所检察工作既面临着严峻的挑战，也有难得的发展机遇。如何在总结监所检察工作几十年发展情况、态势、经验的基础上，对新的形势作一个科学的分析和判断，是加强监所检察制度建设，做好监所检察工作必须解决好的一个重大课题。

一、国家经济社会和法制发展的大背景下监所检察工作面临的新形势

科学分析和判断监所检察工作面临的新形势，主要在于三点：一是看各方面对监所检察工作的认识、态度，或者说执法环境如何，主要是看领导的重视程度和群众的关注程度；二是看目前的发展状况，工作的力度、效果如何；三是看走势，就是发展的潜力和前景如何。应当说，改革开放30多年来，随着经济社会全面发展和依法治国深入推进，各级党委、人大、政府对监所检察工作领导、监督和支持的力度越来越大，社会各界关注刑罚执行和监管活动监督的程度越来越

高，人民群众对加强监所检察、维护公平正义的呼声也越来越强烈。无论是从各方面的认识、态度、自身发展状况，还是发展趋势看，可以说当前的监所检察工作面临着良好的历史机遇。同时，受国内外各种政治因素、国内社会治安稳定大环境以及人民群众司法需求变化的影响，监所检察工作客观上也面临一系列严峻的挑战，需要积极应对。

1. 刑罚执行和监管活动中的各种矛盾和不稳定因素明显增多。这其中有受经济社会发展大环境影响的因素，也有刑罚执行和监管活动中出现的一些新情况、新问题的因素。从大的方面讲，进入2009年以来，国际金融危机蔓延深化，我国经济发展遇到困难，经济领域的困难波及社会领域，经济领域的矛盾与社会领域的矛盾相互影响，使社会矛盾和不稳定因素明显增多。再加上一些民生问题还没有得到很好解决，一些消极腐败现象仍在滋生蔓延，由此引发了大量的社会矛盾。其中一些社会矛盾进入了诉讼领域，带到了执行环节。可谓“触点”增多、“燃点”降低，稍有不慎，小问题就可能引发大事端。云南“躲猫猫”事件之所以会产生这么大的反响，与诉讼领域折射的社会矛盾不无关系。在经济社会发展面临困难的大背景下，一些监狱生产和管理也面临许多困难，给监管安全、保障人权等带来不利因素，导致刑罚执行和监管活动中不安全、不稳定、不和谐的因素增多。监所检察部门发挥法律监督作用，维护监管秩序稳定的压力明显增大。另外，从近年来全国的情况看，在一些严重暴力犯罪案件中，刑释解教人员占很大比例，特别是在重大群体性事件中，冲在前面打、砸、抢、烧的往往是刑释解教人员和社会闲散人员。这对加强对刑释解教人员的社会管理以及提高目前的监管改造质量提出了新的要求。需要检察机关通过强化法律监督，促进监管改造质量的提高。

2. 被监管人人权保障状况日益受到关注，西方敌对势力日益把我国刑罚执行和被监管人人权保障情况作为渗透破坏的主要目标，国际人权斗争形势更加复杂。被监管人由于身处“高墙”内，其人权保障状况一直是国际人权社会最为关注的敏感问题，也是衡量和体现一个国家人权保障水平的重要方面。监所检察在保障被监管人人权方面具有特殊的职能优势。检察机关在绝大多数监管场所设置了派驻检察室，配备了一支具有专业素质和经验的派驻检察队伍，与多数监管场所实现了监管信息联网和监控联网，能够全面掌握监管动态，及时发现纠正以及防范侵犯被监管人人权的问题。从犯罪嫌疑人、被告人被羁押的第一天起直至释放，都有监所检察的内容。所以说，检察机关是保障被监管人人权的一支重要力量。监所检察与被监管人人权保障具有紧密的联系，其监督力度和成效如何，直接关系到被监管人的权益保障状况。近年来，西方敌对势力对我国的渗透破坏出现了一些新的特点，他们日益把政法机关作为实施西化、分化战略的重要突破口，把监狱、看守所、劳教所作为捣乱、破坏和渗透的重点领域，千方百计地攻击、诋毁我国的刑罚执行和被监管人人权保障工作，以此为借口攻击我国的社会主义司法制度。对此，需要立足监所检察职能，研究有效应对措施。既要监督纠正监管活动中存在的一些突出问题，又要用事实有力回击西方敌对势力的恶意攻击。

3. 刑事犯罪高发和出现的一些新特征给监管安全带来诸多不利影响。当前，全国刑事发案明显增多，犯罪的智能化、暴力化、组织化特征日益突出，黑恶势力犯罪、严重暴力犯罪时有发生，侵财犯罪、经济犯罪增幅较大。由于刑事犯罪近年来始终在高位运行，监狱、看守所等监管场所的压力很大。全国监狱关押罪犯已经超过160万人，看守所日均押量在70万人以上，且呈上升趋势。另据专家分析，由于国际金融危机等不利因素对我国经济和社会稳定的影响更加凸显，“民转刑”案件和流动人口犯罪、多发性侵财犯罪等发案可能性增大，监管场所押量将会保持上升态势。目前，一些地方看守所人满为患。在押的犯罪嫌疑人、被告人和罪犯成分日趋复杂，特别是一些“死刑犯”、重刑犯、累犯等被监管人，对抗监管、逃避改造，容易诱发“牢头狱霸”等突出问题，监管与反监管的斗争日趋尖锐，加大了监管场所的监管压力。同时，也给派驻检察室做好监督工作增加了压力，人少事多的矛盾更为突出。监管场所安全和秩序稳定是社会稳定大局的一部分，也是社会稳定的重要保证。监管场所在安全上出现一点状况都会对社会公众的安全心理造成重大影响。监管场所安全难以保证，刑事诉讼活动的推进、刑罚目的的最终实现和被监管人合法权益的保障也都难以保证。虽然检察机关与监管场所和执行机关职责不同，但在维护监管安全和秩序稳定方面负有共同责任。检察机关特别是派出检察机构必须加强日常派驻监督和安全防范检察，促进监管场所依法、科学、文明、规范管理，有效防止和减少被监管人非正常死亡、脱逃等监管事故的发生。

4. 查处刑罚执行和监管活动中职务犯罪案件工作形势依然严峻。从近年来检察机关查办的刑罚执行和监管活动中的职务犯罪案件情况来看，此类职务犯罪案件发案数较高，总体上逐年上升。一些案件性质严重，涉案金额大，涉案人员多。有的监管民警以权谋私，大搞权钱交易，为在押人员通风报信、传递信件，帮助逃避处罚，严重影响诉讼活动的正常进行。有的司法人员滥用减刑、假释、保外就医的申报权，表扬奖励的决定权，刑罚变更执行的裁决权，索贿受贿，严重损害了司法机关在群众中的威信和形象。而目前一些地方检察机关监所检察部门办案的手段和力量仍不适应形势发展的需要。

5. 刑罚执行和监管活动中执法不严、司法不公的问题还比较突出，在一些地方没有得到很好的监督纠正。究其原因，一是保障人权的意识不强。一些监管单位和人员对在押人员死伤问题长期没有引起足够重视。有的克扣囚粮囚款，违规组织劳动，巧立名目乱收费，严重侵害了在押人员的合法权益；有的体罚虐待或者纵容指使他人体罚虐待被监管人，造成严重后果和十分恶劣的社会影响。二是一些监管场所监管不严格、管理不到位、执法不文明的现象时有发生。有的监管民警不认真履行职责，玩忽职守、滥用职权，以致发生在押人员脱逃、自杀等事故。三是对牢头狱霸等突出问题防范和打击不力。一些地方牢头狱霸在监舍内为所欲为，致死在押人员的事件屡有发生，严重破坏了正常的监管秩序。这些问题的存在，客观上也反映出派驻检察的力度和效果还存在一些不足。近年来全国监管场所一系列在押人员非正常死亡和脱逃事件的发生，从一个侧面暴露了当前派驻检察工作存在的监督不到位的问题。人员配备不强，基础设施落后，严重影响和制约了派驻检察职能作用的发挥。不加强派出派驻监所检察机构建设，不及时解决派驻检察工作中存在的突出问题，势必会严重影响检察机关的声誉，严重损害检察机关的执法公信力。

6. 监所检察监督对象的工作发生了很大变化。近年来，不仅监所检察工作的大环境发生变化，监督对象的工作也发生了很大变化。国家法制建设对提高监管执法水平提出了新的更高的要求，要求改革完善现行的刑罚执行和监管制度，提高监管改造质量，采用更加有效、人道、文明的刑罚方式来对付犯罪。为此，司法、行政部门积极推进监管制度改革，采取了一些新措施。司法部积极推进监狱体制改革、监狱布局调整和监狱行刑社会化，努力实现监狱体制改革“全额保障、监企分开、收支分开、规范运行”的目标，同时，全面开展社区矫正工作。公安机关就进一步加强和改进公安监管工作，研究提出了硬措施、硬要求。有些直接涉及监所检察工作，对于检察机关重视和加强派驻检察建设具有一定的借鉴意义，同时也带来了一定的压力。例如，进一步建立和完善被监管人约见驻所检察官制度；推进看守所执法信息和监管设施与驻所检察室联网，接受检察机关的实时监督。这是对检察机关监督工作的支持，同时也是一种推动，检察机关必须有相应的举措。监督对象工作发生的一些重要变化，也是监所检察工作形势变化的重要方面，需要检察机关及时了解和应对。

7. 人民群众对加强和改进刑罚执行与监管活动法律监督的司法需求发生了很大变化。人民群众迫切希望检察机关加大法律监督力度，切实发挥派驻检察的作用，维护司法公正，保障在押人员人权。随着我国民主法制建设的逐步深入和依法治国方略的进一步实施，人民群众法律意识、维权意识，特别是借助网络媒体维权的意识明显增强。监管执法状况和被监管人员权益保障问题已经成为社会瞩目的热点，媒体关注的焦点。监管执法涉及限制人身自由、人身权利等许多敏感问题，一旦处理不当，很容易成为社会关注的热点和媒体炒作的焦点。监管场所一旦出现安全责任事故和腐败个案，再经媒体炒作放大，受损害的绝不仅仅是监管部门，人民群众也会置疑检察机关派驻检察的价值，进而影响检察机关的执法公信力。在这种状况下，检察机关的法律监督作为具有国家性、专门性的监督，如何与舆论监督形成良性互动，如何更好地发挥职能作用，是人民群众对检察工作的新要求和新期待。

二、监所检察工作面临的新任务和新要求

监所检察工作面临的新任务和新要求，也可以理解为面临的新挑战。

（一）深入推进三项重点工作，加强和创新社会管理对监所检察工作提出的新任务和新要求

深入推进社会矛盾化解、社会管理创新和公正廉洁执法，加强和创新社会管理，是党中央在准确判断社会形势的基础上对加强社会管理作出的重大部署。深入推进社会矛盾化解，要求监所检察部门特别是派驻检察室要充分履行法律监督职能，及时了解、掌握和化解监管活动中的突出矛盾和问题，维护监管秩序和社会稳定。推进社会管理创新，加强和创新社会管理，要求监所检察部门要深入研究对在押人员和监外执行罪犯等特殊人群的监管执法工作中出现的新情况、新问题，加强和改进法律监督工作，促进提高监管改造质量，预防和减少刑释解教人员犯罪的发生。同时，配合有关部门做好刑释解教人员的安置工作。深入推进公正廉洁执法，要求监所检察部门一方面要加大监督和办案力度，促进刑罚执行机关和监管场所公正廉洁执法；另一方面要加强自身建设，强化内部制约，确保监所检察权依法公正廉洁行使。具体来说，需要做好以下几个方面的工作：

1. 及时掌握和化解刑罚执行和监管活动中的各类矛盾和问题，特别是影响监管安全和社会和谐稳定的突出矛盾和问题，全面加强刑罚执行和监管活动监督，深入推进社会矛盾化解。进一步贯彻落实监所检察“四个办法”，加强和规范日常执法监督，加强巡视检察，及时掌握监管动态和刑罚执行活动中出现的新情况和苗头性、倾向性问题，有效预防、减少和及时掌握、化解各类矛盾和问题，维护监管安全和社会稳定。以清理久押不决案件为重点，推进羁押期限监督工作深入开展。对一些羁押时间长、久拖不决的案件重点进行督办，及时向有关部门通报情况，督促尽快解决。加强应对突发事件能力建设，建立健全工作程序和机制。完善在押人员死亡检察处理程序，及时查清事实，准确界定责任，依法妥善处理，有效化解矛盾，促进监管执法工作的规范化。增强工作敏锐性和主动性，保证第一时间掌握监管事故发案情况，作出妥善处置。将应对监管场所突发事件能力建设作为监所检察业务培训和专题研讨的重要内容，通过提高应对能力，保证各级监所检察部门及时、正确地应对相关突发事件，保证取得良好的社会效果。严明纪律，强化责任，防止派驻检察人员擅作主张，轻易表态，甚至帮助掩盖事实。加强派驻检察室建设，最大限度地减少和化解监管场所不和谐、不稳定的因素，切实发挥其在化解监管场所矛盾纠纷、维护刑罚执行和监管活动公平正义方面的作用。加强派出检察院、派驻检察室建设，进一步理顺派驻检察机

构的管理体制和监所检察部门与派出检察院、派驻检察室的关系，完善规范化检察室等级管理工作，加强动态管理和监督。

2. 深入研究对在押人员和监外执行罪犯监管执法工作面临的新形势、新问题，积极参与对这些特殊人群的帮教管理，加强和改进法律监督工作，促进社会管理创新。充分发挥刑罚执行和监管活动监督职能，促使监管场所强化对在押人员的就业技能培训和心理矫治，促进提高监管改造质量，为罪犯顺利回归社会创造条件，同时注意加强对涉黑涉恶涉毒等八类罪犯的重点监督和逐人建档，加强法制宣传教育，从源头上防止和减少刑释解教人员违法犯罪的发生。发挥派驻检察/掌握情况的优势，积极参与刑释解教人员帮教安置工作，建立衔接机制，配合有关部门落实安置政策。认真贯彻《关于加强和规范监外执行工作的意见》和《社区矫正实施办法》的规定，加强监外执行检察和社区矫正法律监督工作，强化对监外执行罪犯的监督管理，加强对社区矫正各执法环节的法律监督，有效预防和减少监外执行罪犯脱管漏管。

3. 通过加大查办刑罚执行和监管活动中职务犯罪的力度，加大日常执法监督的力度，加大专项检察的力度，促进刑罚执行机关和监管场所公正廉洁执法。同时，通过加强自身建设，包括执法监督能力建设、执法规范化建设和党风廉政建设等，加强内部监督制约，确保刑罚执行和监管活动监督权依法公正廉洁行使。着力抓好重大典型案件的办理，集中力量查办一批职务犯罪大要案，保持办案工作平稳发展的良好势头。加强与有关部门的沟通，尽快规范统一换押制度，建立久押不决案件备案制度，进一步提升纠防超期羁押工作水平。探索建立监所检察业务巡视检查制度。加强监所检察队伍职业道德建设、纪律作风建设和自身反腐倡廉建设，进一步落实派驻检察干部轮岗交流制度，进一步强化内部监督制约，促进公正廉洁执法。以提高办案和执法监督能力为重点培训内容，加强专题业务培训，更加注重培训的针对性和实效性。认真落实最高人民检察院、公安部《关于做好看守所与驻所检察室监控联网建设工作的通知》精神，积极推进派驻检察室与看守所监控联网工作。进一步推进派驻检察室与监管场所信息联网。探索在全国逐步推行统一的监所检察“四个办法”工作软件。加强监外执行和社区矫正检察软件开发和应用。

（二）《刑法》和《刑事诉讼法》修改对监所检察工作提出的新任务和新要求

2011 年 2 月全国人大常委会通过了《中华人民共和国刑法修正案（八）》（以下简称《刑法修正案（八）》），2012 年 3 月全国人大通过了《关于修改〈中华人民共和国刑事诉讼法〉的决定》，其中很多内容涉及监所检察。

2011 年 5 月 1 日起施行的《刑法修正案（八）》被认为是我国自 1997 年全面修订《刑法》以来进行的一次范围最广、力度最大的修正。根据《刑法修正案（八）》的规定，对判处管制、宣告缓刑和裁定假释的犯罪分子，依法实行社区矫正。判处死刑缓期执行的，在死刑缓期执行期间，如果没有故意犯罪，2 年期满以后，减为无期徒刑；如果确有重大立功表现，2 年期满以后，减为 25 年有期徒刑；如果故意犯罪，查证属实的，由最高人民法院核准，执行死刑。对被判处死刑缓期执行的累犯以及因故意杀人、强奸、抢劫、绑架、放火、爆炸、投放危险物质或者有组织的暴力性犯罪被判处死刑缓期执行的犯罪分子，人民法院根据犯罪情节等情况可以同时决定对其限制减刑。判决宣告以前一人犯数罪的，除判处死刑和无期徒刑的以外，应当在总和刑期以下、数刑中最高刑期以上，酌情决定执行的刑期，但是管制最高不能超过 3 年，拘役最高不能超过 1 年，有期徒刑总和刑期不满 35 年的，最高不能超过 20 年，总和刑期在 35 年以上的，最高不能超过 25 年。减刑以后实际执行的刑期不能少于下列期限：（1）判处管制、拘役、有期徒刑的，不能少于原判刑期的 1/2；（2）判处无期徒刑的，不能少于 13 年；（3）人民法院依照《刑法》第 50 条第 2 款规定限制减刑的死刑缓期执行的犯罪分子，缓期执行期满后依法减为无期徒刑的，不能少于 25 年，缓期执行期满后依法减为 25 年有期徒刑的，不能少于 20 年。对累犯以及因故意杀人、强奸、抢劫、绑架、放火、爆炸、投放危险物质或者有组织的暴力性犯罪被判处 10 年以上有期徒刑、无期徒刑的犯罪分子，不得假释。对犯罪分子决定假释时，应当考虑其假释后对所居住社区的影响。与监所检察相关的主要是较大幅度地调整了刑罚的结构，解决了我国刑事法律中“死刑偏重、生刑偏轻”的问题。提高了有期徒刑数罪并罚的执行上限，增加了监禁刑罪犯实际服刑的期限，增加了不得假释的罪名及需要考虑的特殊情形，这些都将导致监狱押犯绝对数量增大，罪犯危险系数和改造难度增大，给提高监管改造质量和确保监管安全提出了新的挑战和要求。《刑法修正案（八）》还确立了社区矫正的刑罚性质，为实行社区矫正制度提供了法律依据。另外，修改了缓刑、假释标准，将缓刑的适用标准具体细化为“犯罪情节较轻、有悔罪表现、没有再犯罪的危险、宣告缓刑对所居住社区没有重大不良影响”四个条件，将假释的标准之一“不致再危害社会”修改为“没有再犯罪危险”。这些方面的修改将促使法院广泛适用管制、缓刑和假释，对更多符合条件的罪犯进行社区矫正。这些修改和将要出现的新情况、新变化，相应地对检察机关做好刑罚执行监督工作都提出了新的挑战和要求。

全国人大《关于修改〈中华人民共和国刑事诉讼法〉的决定》有许多新规定、新要求。一是第一次将“尊重和保障人权”写入《刑事诉讼法》，作为《刑事诉讼法》的一项重要任务。在刑事诉讼活动中，保障被监管人的人权是保障人权的重要方面，需要检察机关进一步发挥监所检察在保障人权方面的职能作用。二是第一次规定犯罪嫌疑人、被告人被逮捕后，人民检察院仍应当对羁押的必要性进行审查。对不需要继续羁押的，应当建议予以释放或者变更强制措施。有关机关应当在10日以内将处理情况通知人民检察院。监所检察部门在开展羁押必要性审查中需要发挥什么样的职能作用，需要很好的研究。三是对侦查羁押期限和刑事审判期限作出新的规定，需要监所检察部门适应这些新的变化，进一步加强和改进刑事羁押期限监督工作。四是对刑罚交付执行和看守所留所服刑作了新的规定，需要检察机关加强相关执行监督工作。如规定罪犯被交付执行刑罚的时候，应当由交付执行的人民法院在判决生效后10日以内将有关的法律文书送达公安机关、监狱或者其他执行机关。对被判处死刑缓期2年执行、无期徒刑、有期徒刑的罪犯，由公安机关依法将该罪犯送交监狱执行刑罚。对被判处有期徒刑的罪犯，在被交付执行刑罚前，剩余刑期在3个月以下的，由看守所代为执行。对被判处拘役的罪犯，由公安机关执行。五是第一次在《刑事诉讼法》中对社区矫正作出规定，这需要检察机关研究如何加强和改进社区矫正检察工作。六是对刑罚变更执行的监督作出新的规定，需要检察机关进一步加强对刑罚变更执行的同步监督工作。如规定监狱、看守所提出暂予监外执行的书面意见的，应当将书面意见的副本抄送人民检察院。人民检察院可以向决定或者批准机关提出书面意见。被判处管制、拘役、有期徒刑或者无期徒刑的罪犯，在执行期间确有悔改或者立功表现，应当依法予以减刑、假释的时候，由执行机关提出建议书，报请人民法院审核裁定，并将建议书副本抄送人民检察院。人民检察院可以向人民法院提出书面意见。七是第一次在《刑事诉讼法》中规定，对被拘留、逮捕和执行刑罚的未成年人与成年人应当分别关押、分别管理、分别教育，这就需要检察机关加强相关监督工作。八是规定人民检察院对强制医疗的决定和执行实行监督。监所检察部门如何加强对强制医疗执行的监督，需要认真进行研究。

以上还只是《刑法修正案（八）》和全国人大《关于修改〈中华人民共和国刑事诉讼法〉的决定》中与监所检察直接相关的部分内容。随着《刑法修正案（八）》的实施，以及全国人大《关于修改〈中华人民共和国刑事诉讼法〉的决定》将于2013年1月1日起实施，刑罚执行和监管活动中必然出现一些新情况、新问题，检察机关特别是监所检察部门必须注意及时掌握，及时研究采取对策措施。一些地方法院对减刑、假释案件实行开庭审理的案件数量大幅提高，需要很好地研究如何履行好监督职责。

（三）贯彻宽严相济刑事政策对监所检察工作提出的新任务和新要求

宽严相济是我们党和国家的重要刑事政策，在加强社会管理的新形势下，必须准确把握和落实这一政策，既要监督纠正监管部门不严格执法，放纵违法犯罪的问题，又要监督纠正监管部门滥用执法权，侵犯在押人员合法权益的问题，实现法律效果和社会效果的有机统一。

1. 依法查办服刑罪犯又犯罪案件和劳教人员犯罪案件。依法严厉打击在押人员犯罪。同时，注意对犯罪嫌疑人、被告人主观恶性不大、社会危害性较小的犯罪，采取轻缓的刑事政策。加强对未成年在押人员羁押和监管情况的专项检察，积极采取措施，有效防止其重新犯罪，促使其早日回归社会。

2. 依法查办刑罚执行和监管活动中的职务犯罪。把查办刑罚执行和监管活动中的职务犯罪工作摆在更加突出的位置，进一步加大办案力度，促进刑罚执行监督和监管活动监督工作深入开展。对罪行严重、拒不认罪或者妨害诉讼活动的，要果断采取必要的侦查手段和强制措施。对于罪行较轻，真诚悔罪的，可以依法不予逮捕或者及时变更强制措施。

3. 切实加强和改进刑罚执行监督和监管活动监督工作。重点加强对职务犯罪罪犯、涉黑涉恶涉毒罪犯、破坏社会主义市场经济秩序犯罪中的侵财罪犯，以及在服刑中从事事务性活动的罪犯、多次获得减刑的罪犯、留所服刑罪犯、调换监管场所服刑的罪犯等七类人员刑罚执行情况的监督，依法监督纠正监管不严、随意变更执行方式等问题。加强对减刑、假释和暂予监外执行情况的监督。既要重视对违法减刑、假释、暂予监外执行情况的监督，又要重视对符合法定条件而没有减刑、假释、暂予监外执行情况的监督，依法及时提出纠正意见。适应监外执行、社区矫正人员可能增多的趋势，切实加强法律监督，及时发现和纠正脱管、漏管和违法管理等问题。加强对交付执行、收押、释放和监管活动的监督。把防止和纠正超期羁押作为贯彻宽严相济刑事司法政策的重要内容，坚决防止超期羁押出现反弹。加强与监管部门的协作配合，依法严厉打击"牢头狱霸"，防止和纠正违法会见、违法提审和"跑风漏气"等问题。加强监管场所事故和安全防范检察工作，对发现的事故和安全隐患，及时提出纠正意见或者检察建议。

（四）经济社会发展和法制建设特别是牢固树立社会主义法治理念和检察工作发展理念、执法理念对监所检察工作理念提出的新任务和新要求

最高人民检察院检察长曹建明在2011年11月召开的全国检察机关派出派驻监所检察机构建设工作会议上首次提出，要牢固树立维护刑罚执行和监管活动的公平公正、维护监管秩序稳定、维护被监管人合法权益"三个维护"有机统一的监所检察工作理念。这一工作理念，是科学发展观和社会主义法治理念、检察工作"六观"在监所检察工作中的具体化，对于引导广大监所检察人员进一步树立与经济社会发展和法治建设相适应的执法理念，推进新形势下监所检察工作深入健康发展具有重要意义。监所检察工作中一些问题和不足的存在，原因是多方面的，其中执法理念不适应工作需要、不适应形势发展、不适应群众需求是重要方面。当前，基于监所检察工作面临的新形势、新任务和新要求，必须牢固树立"三个维护"有机统一的监所检察工作理念。

1. 从人民群众对保证刑罚执行公正性和严肃性的迫切需求来看，必须把维护刑罚的公平公正摆在监所检察工作的突出位置来抓，上升到重要的执法理念来

树立。维护刑罚执行的公平公正，是在监所检察工作中落实“强化法律监督，维护公平正义”的检察工作主题和“三个强化”的检察工作总的要求的具体体现。监所检察的主要职能是刑罚执行和监管活动监督，监督的主要目的之一就是要维护刑罚执行的公平公正。刑罚执行是刑事诉讼的最后环节，关系到刑罚目的的最终实现。检察机关对刑事诉讼活动的法律监督，是对刑事立案、侦查、审判和刑罚执行全过程的监督，缺少对任何一个环节的监督或监督不到位，法律监督职能就体现得不完整、不全面。如果公检法机关作了大量工作，把罪犯抓了、诉了、判了，但是如果因为刑罚执行和监管中执法不严格、不规范、不公正，该依法收监执行的却不依法收监，不该减刑、假释的却被违法减刑、假释，那么社会主义法制就失去了应有的权威。特别是把那些没有改造好的罪犯放到社会上，往往会重新犯罪，甚至变本加厉，严重影响社会稳定，危害人民群众的生命财产安全。因此，监所检察工作在维护刑罚执行的公正性和严肃性，保证刑事法律统一正确实施等方面发挥着不可替代的重要作用。随着社会主义法制建设的推进，人民群众更加迫切希望检察机关更好地发挥法律监督作用，维护刑罚执行的公平公正。维护刑罚执行的公平公正也是监所检察职能的法律监督属性的重要体现。基于此，必须把维护刑罚执行的公平公正确立为监所检察工作的重要理念。

2. 从监管安全和社会稳定面临的形势来看，必须把维护监管秩序稳定作为监所检察工作的重要任务来抓，作为重要的执法理念来树立。监管场所安全难以保证，刑事诉讼活动的推进、刑罚目的的最终实现和被监管人合法权益的保障也都难以保证。虽然检察机关与监管场所和执行机关职责不同，但在维护监管安全和秩序稳定方面负有共同责任。这也是维护刑罚执行和监管活动公平公正以及被监管人合法权益的客观需要，监管秩序不稳，执法的公平公正就难以保证，执法的公平公正难以保证，会直接影响到监管秩序稳定。监管秩序不稳，被监管人的合法权益就难以保证，被监管人合法权益得不到保证，也势必影响监管秩序稳定。基于此，必须把维护监管秩序稳定确立为监所检察工作的重要理念。

3. 从保障被监管人人权面临的形势来看，被监管人人权保障状况在国家民主法制建设中的重要性日益凸显，各方面关注程度和要求不断提高，必须把维护被监管人合法权益作为监所检察工作的重要任务来抓，作为重要的执法理念来树立。监所检察与被监管人人权保障具有紧密的联系，其监督力度和成效如何，直接关系到被监管人的权益保障状况。基于此，必须把维护被监管人合法权益确立为监所检察工作的重要理念。全国人大《关于修改〈中华人民共和国刑事诉讼法〉的决定》第一次将“尊重和保障人权”写入《刑事诉讼法》总则，刑罚执行和监管活动中大量涉及人权保障的内容，在这一形势下，更要重视被监管人的权益保障，牢固树立维护被监管人合法权益的执法理念。

4. 从加强和创新社会管理、贯彻宽严相济刑事政策对监所检察工作提出的新任务和新要求来看，必须把维护刑罚执行的公平公正、维护监管秩序稳定、维护被监管人合法权益有机统一起来，全面树立“三个维护”有机统一的工作理念。在加强社会管理的新形势下，必须坚持以维护刑罚执行的公平公正为切入点，以维护被监管人的合法权益为着力点，以维护监管秩序稳定为重要目标，深入贯彻和落实好宽严相济刑事政策。

第二章　监所检察制度的产生和发展

我国对现代检察制度的探索已有百年历史，在这一历史进程中，监所检察也取得了明显的发展。自我国建立现代检察制度以来，监所检察业务就存在，只是称谓和具体内涵上与当前的监所检察制度有所不同。作为一项传统的检察业务，如何承继历史精神，结合时代发展要求，实现创新发展，是监所检察制度建设的重要方面。

第一节　中国近代检察制度中的监所检察

一、清末和北洋政府时期检察制度中的监所检察

1840 年鸦片战争以后，帝国主义入侵我国，在国内外矛盾尖锐的情况下，清朝政府实行“新政”、“立宪”，颁布了一系列法律，在司法制度上进行了重大改革。1906 年，清政府把原刑部改为法部，专门负责司法行政；把大理寺改为大理院，专门负责审判，同时确定在大理院和地方各级审判厅内设检察厅，建立了我国最初的检察制度，实行“检审合署制”，即检察机关附属于大理院和地方各级审判厅之内。1906 年颁布的《大理院审判编制法》第 12 条规定，“凡大理院以下审判厅局均需设有检察官，其检察局附属该衙署之内”。

当时的检察制度中没有“监所检察”这一称谓，但在检察职能中，就有现代意义上的“监所检察”职能。例如，1906 年颁布的《大理院审判编制法》第 12 条规定的检察官职权中，有“检察官监视判决后正当施行”的规定。1910 年制定的《法院编制法》第 90 条规定，“遵照刑事诉讼法律及其他法令所规定实行搜查处分，提起公诉，实行公诉，并监察判断之执行”。该法明确规定了检察官对刑事判决执行有监察责任。在《高等以下各级审判厅试行办章程》中，对于检察官监视判决执行还作了具体规定。该章程第 114 条、第 115 条分别规定：“凡判决之执行，则检察官监督指挥之。”“凡死刑经法部宣告后，由起诉检察官监视行刑。”清末对监狱制度也提出了改革方案，《大清监狱律》中规定，“法部

累进处遇条例》等法律、法规规定，检察官可以随时考察监狱，并有一些具体规定，如受刑缩短刑期执行期满释放时，典狱长将受刑人实际服刑完毕日期告知指挥执行的检察官；服刑人假释的，由典狱长出具声请书，然后由各省高等法院首席检察官办理；狱犯保外服役，由典狱长提出，地方法院首席检察官审核，呈报高等法院首席检察官核准；受刑人不服监狱的处分，经由典狱长申诉于监督机关或检察官等视察人员；受刑人在监狱死亡，监狱长应通知检察官检验等。

国民党政府先后颁布了《看守所暂行规则》、《羁押法》等规定，高等以下法院为羁押刑事被告人，设立了看守所。“凡属法院监所由监察处派检察官每两个月前往之”、“检察官得随时视察看守所”、“羁押被告之处所，检察官应勤加视察”。看守所羁押的刑事被告人撤销押票停止羁押，请求在外医治等，须经检察官核定。刑事被告人对于看守所处遇不当提出申诉的，在看守所死亡的，都须报告检察官。这一时期，检察制度中有关检察官对刑事判决执行的监督和对监狱、看守所的监督规定得比较具体。

第二节　革命根据地时期检察制度中的监所检察

在十月社会主义革命和我国1919年“五四”运动的影响下，在马克思列宁主义同中国工人运动相合的基础上，中国共产党于1921年诞生了，中国革命由旧民主主义革命走向新民主主义革命阶段。中国共产党1931年在江西建立了中央革命根据地，1931年11月7日在江西瑞金召开了中华工农兵苏维埃第一次全国代表大会，宣告中华苏维埃共和国中央苏维埃组织成立，并组成临时中央政府。

根据1934年《中华苏维埃共和国中央苏维埃组织法》的规定，在中央执行委员会下，设立最高法院，最高法院设检察长1人，副检察长2人，检察员若干人。根据1934年《裁判部暂行组织及裁判条例》的规定，省裁判部设正副检察员各1人，县裁判部设检察员1人。检察员的职责主要是管理案件的预审事宜，转交法庭审判；在处理案件中，检察员有预先逮捕之权；在开庭审判时，检察员作为代表国家的原告人，出庭告发等。当时检察员的职责主要是对刑事案件的侦查和提起公诉，没有明确规定检察员对于刑事判决的执行负有监督的职责。但根据《中华苏维埃共和国地方苏维埃暂行组织法》（草案）的规定，当时的工农检察委员会担负着重要的法律监督任务，设在裁判部中的检察员，对于一切犯法行为，有检察之权，检察职权中包括对执行机关执行刑事判决以及监狱、看守所等工作人员犯法行为进行检察的职责。“当时，由于战争环境的限制和政法体系上的简陋、混乱，检察机关的法定职权的落实十分有限，并且存在着仿效当时的苏联工农检察院建立起来的四级苏维埃工农检察部，负责对法律实施情况的监督。”①

抗日战争时期，中国共产党领导的陕甘宁、晋察冀等抗日根据地，在司法机构体系中都有检察机关的设置，实行“审检合一”制度，在边区高等法院内设检察处，检察机构设置在法院。《陕甘宁边区高等法院组织条例》规定，高等法院检察处设检察长及检察员，独立行使检察权。检察员的职责是：“一、关于案件之侦查；二、关于案件之裁定；三、关于证据之搜集；四、提起公诉，撰拟公诉书；五、协助担当自诉；六、为诉讼当事人，或公益代表人；七、监督判决之执行；八、在执行任务时如有必要，得咨请当地军警帮助。”上述规定的检察官职责比较广泛，其中第7项是对于刑事判决执行的监督。《晋察冀边区法院组织法》第17条规定，各级法院各设首席检察员1人，检察官若干人。第18条规定，检察员的职权中有“指挥刑事裁判之执行”。从以上规定可以看出在这一时期的检察制度中就有监所检察的内容。

解放战争时期，在东北解放区也有检察机关的设置。1947年6月制定的《关东各级司法机关暂行组织条例草案》规定，高等法院设首席检察官及检察员若干人，地方法院或司法处（科）设检察官。检察员的职责为实施侦查、提起公诉、实行上诉、指挥刑事裁判之执行等。从关东地区高等法院各部门的工作条例看，这个时期检察机关的监所检察内容除指挥刑事案件裁判之执行外，还对看守所、监狱负有监督之责。司法行政处处长秉承院长及首席检察官意旨，监督所属各科监狱及法警队，并处理司法行政事宜。1949年1月制定的《犯人劳改委员会组织条例》第2条规定，劳动改造委员会属高等法院首席检察官直接领导。检察官在这方面的具体职责有：凡属刑事案件的裁判，由检察官监督其执行；凡属犯罪嫌疑人、被告人之拘押、释放、财产之查封、没收等，因有关政策须经法院院长、检察官审核批准；凡属在监犯人有重大疾病并为监狱医生所不能治疗，需要保外就医的，得由监狱转请法院院长或检察官核定等。这方面的监所检察职责也是与检察官在审检合一机构中的地位，同最高法院首席检察官对监狱、看守所的领导相联系的。

从以上情况看，在人民革命政权初建时期，在已经建立的人民检察制度雏形中，就有了监所检察的规定。

① 孙谦主编：《中国检察制度论纲》，人民出版社2004年版，第36页。

第三节　新中国人民检察制度中的监所检察

一、新中国成立初期至1954年《宪法》颁布前的检察制度中的监所检察

1949年中华人民共和国成立，同年召开的第一届中国人民政治协商会议通过的《中华人民共和国中央人民政府组织法》第28条规定："最高人民检察署对政府机关、公务人员和全国国民之严格遵守法律，负最高的检察责任。"1949年12月，经中央人民政府主席毛泽东批准公布了《中央人民政府最高人民检察署试行组织条例》。1951年9月，中央人民政府委员会第十二次会议通过了《中央人民政府最高人民检察署暂行组织条例》和《各级地方人民检察署组织通则》，中共中央发出了建立检察机关的指示。根据《中华人民共和国中央人民政府组织法》的规定，在司法体制上，改变了新民主主义时期"审检合一"的制度，检察机关不再设立在法院内，而成为独立的国家机关。关于检察院的职权，《中央人民政府最高人民检察署试行组织条例》第3条规定："最高人民检察署受中央人民政府委员会之直辖，直接行使并领导下级检察署行使下列职权：（1）检察全国各级政府机关及公务人员和全国国民是否严格遵守人民政协共同纲领及人民政府的政策方针与法律、法令；（2）对各级司法机关之违法判决提起抗议；（3）对刑事案件实行侦查，提起公诉；（4）检察全国司法与公安机关犯人改造所及监所之违法措施；（5）对于全国与劳动人民利益有关之民事案件及一切行政诉讼，均得代表国家公益参与之；（6）处理人民不服下级检察署不起诉处分之申请复议案件。"

1953年10月8日《中央人民政府最高人民检察署关于检查监所和劳改队的几个问题的通知》指出，各省人民检察署、各省分署和条件许可的已将检查监所、劳改队列入第四季度工作计划之内的县人民检察署，在第四季度内应各检查一个监所或劳改队。第一，检查监所工作是人民检察署的经常工作之一，也是司法监督工作的主要方面之一。第二，检查监所和劳改队的重点是：（1）检查有无错捕、错押、错判的案件；（2）检查是否存在久押不问、刑期已满应放未放、有人无卷无判、对犯人加刑、减刑不经过一定的司法手续等现象；（3）检查犯人的守法情况和检查监所、劳改队在管教制度方面有无违法现象。第三，在检查上述问题时应注意全面地分析各个问题的具体情况及其客观的历史的原因，并和有关机关研究解决的办法，报请党政领导批准，交由有关部门处理。

这一时期，一些地方开始建立监所检察制度，检察监所及犯人劳动改造机关违法措施，从中发现错押、错放现象，予以纠正。1954年《中华人民共和国劳

动改造条例》第6条规定，劳动改造机关受人民公安机关的领导，受各级人民检察署的监督，在有关司法业务上受各级人民法院的指导。

从以上规定可以看出，虽然明确规定检察“犯人改造所及监所之违法措施”是检察机关的一项重要职权，但没有规定对于刑事裁决执行的监督。“建国初期的犯人改造所、监狱和看守所多隶属于法院，刑事拘留所由公安机关领导。因此，当时规定‘检察全国司法与公安机关犯人改造所及监所之违法措施’。”① 根据上述规定，最高人民检察署暂设三个处，由第二处负责对各犯人改造所、监所的措施是否合法进行检察。这一时期检察机关的组织还不健全，全国相当一部分的检察机关还没有建立起来，监所检察这一职权，当时叫劳改监督，只是在建立检察机关的地方有重点地开展了这项工作，各级检察机关都还没有建立单独的劳改监督业务机构，这一工作是与审判监督业务合并在一起的。

1951年年底开展“三反”运动之后，各级人民检察署结合司法改革运动和其他中心工作，检察纠正了一些错捕、错押、错判的案件。法院和公安部门的错捕、错押、错判和其他有关部门的乱捕、乱押现象，虽有其他方面的原因，但缺乏检察机关的监督也是一个重要原因。从检察制度方面对侦讯、捕押、审判、监管以及判决的执行进行经常的监督工作，是逐步减少错捕、错押、错判现象和杜绝乱捕、乱押现象，保证正确地惩罚犯罪和保护人民的民主权利的重要环节之一。1952年，某地方检察分署负责对监所及劳改机构进行检察。检察纠正了一起因刑期计算错误，造成罪犯提前释放1年的案件，原因是专署公安处在填写释放通知书时，误将刑期1954年3月写成1952年3月，后经监督将罪犯重新收监执行。当时，一些犯人自己都不知道刑期多长，不同程度地存在错捕、错押、错判的现象。检察机关主要是配合公安部门整顿看守所、劳改队，发现和纠正错捕、错判现象。1954年第二届全国检察工作会议的决议提出，建立监所监督制度，通过定期检查和重点抽查的方法，检察监所及罪犯劳动改造机关之违法措施及从中发现错押、错放现象。

二、1954年《宪法》颁布至1966年“文化大革命”时期检察制度中的监所检察

1954年9月，第一届全国人民代表大会第一次会议通过了我国第一部社会主义宪法，对我国的检察制度作了规定。1954年第一届全国人民代表大会第一次会议通过了《人民检察院组织法》，比较系统地规定了检察机关的设置、职权、行使职权的程序、组织原则和活动原则以及检察人员任免等。《人民检察院组织法》对各级人民检察院的职权作了明确规定：“最高人民检察院对于国务院

① 张永恩主编：《监所检察教程》，中国检察出版社1991年版，第43页。

所属各部门、地方各级国家机关、国家机关工作人员和公民是否遵守法律，行使检察权。”“地方各级人民检察院，依照本法第二章规定的程序行使下列职权：(1) 对于地方国家机关的决议、命令和措施是否合法，国家机关工作人员和公民是否遵守法律，实行监督；(2) 对于刑事案件进行侦查，提起公诉，支持公诉；(3) 对于侦查机关的侦查活动是否合法，实行监督；(4) 对于人民法院的审判活动是否合法，实行监督；(5) 对于刑事案件判决的执行和劳动改造机关的活动是否合法，实行监督；(6) 对于有关国家和人民利益的重要民事案件有权提起诉讼或者参加诉讼。”《人民检察院组织法》与1951年有关检察工作的立法相比有了明显进步。在检察职权方面，根据当时的实践经验作了调整，如关于监所检察职责，1951年《各级地方人民检察署组织通则》只规定了“检察监所及犯人劳动改造机构之违法措施”，遗漏了对刑事判决执行的监督，在1954年的《人民检察院组织法》中对此作了补充规定，[①] 并对行使监所检察监督的程序作了规定。《人民检察院组织法》第18条规定，人民检察院监督刑事判决的执行，如果发现有违法的情况，应当通知执行机关给予纠正。人民检察院监督劳动改造机关的活动，如果发现有违法的情况，应当通知主管机关给予纠正。

1954年《宪法》及一批重要法律的颁布实施，标志着我国社会主义法制建设进入了一个新的阶段。1954年《人民检察院组织法》的实施，标志着我国人民检察制度的建设进入一个新的时期。《宪法》和《人民检察院组织法》颁布后，党中央又指示各级人民检察院的组织及工作必须普遍建立起来，这一时期各地普遍建立了检察机关，监所检察工作也随着检察事业的发展取得了新的进步。

1954年12月，最高人民检察院建立了第五厅，当时也称监所、劳动改造监督厅，专门负责对监所、劳动改造机关的监督事宜。厅内下设3个业务组、1个秘书组，3个业务组是按地区划分的，即东北、西北1个业务组，中南、西南1个业务组，华东、华北1个业务组。在省院和分院也开始建立相应的机构，在省、直辖市、自治区一级人民检察院有2/3以上设立了劳改监督处，也称为第五处，专门负责对监所、劳动改造机关工作的监督。小部分没有建立劳改监督业务处的，劳改监督业务由审判监督或侦查监督机构兼管。小部分省级检察院分院、省辖市院建立了劳改监督科或组。

1955年7月22日，最高人民检察院检察长张鼎臣在第一届全国人民代表大会第二次会议上的发言指出，对于监所和劳动改造机关的工作，各级人民检察院有重点地进行了检察，协同有关部门严厉处理在押罪犯的破坏活动，并检察纠正对犯人的看管教育中的不当措施。1956年，一些地方监所检察部门开始承担劳改犯再犯罪案件的起诉任务，并对监管干部的违法情况进行检察，提请有关部门

① 王桂五著：《王桂五论检察》，中国检察出版社2008年版，第9页。

处理。通过对监所、劳改单位检察，纠正了看守所民警干部中存在的任意体罚罪犯、克扣囚粮、侵占犯人财物、管理人员贪污等违法乱纪现象。协助看守所建立健全犯罪嫌疑人、被告人收押、释放登记及管理教育制度，纠正违法案件。

1956年2月，刘少奇在对检察工作的指示中指出："你们应当到劳改农场中去检察，现在执行方针政策上有毛病。我们劳改的基本目的是为了把这些犯人改造好，将来不再做坏事。但是现在有些地方只注意生产，放松了教育改造，因此产生了一些或'左'或'右'的错误偏向，这是应当引起我们注意并加以纠正的。"

1956年2月10日印发的《1956年至1957年检察工作规划》提出，加强对监所和劳动改造机关的监督工作，切实防止和减少在押犯罪嫌疑人、被告人的违法破坏活动和狱政管理工作上的违法措施。建立对监狱、看守所和劳动改造队的经常检查制度，对监狱、看守所和劳动改造队应每季或半年检察一次。同时根据情况和需要进行临时检察，及时地处理监狱、看守所和劳动改造队临时发生的重大问题。在1956年内和公安机关、法院共同研究解决对劳改犯加刑和减刑的工作程序和手续，并建立与健全对监所和劳改机关进行监督的业务制度。

1957年7月1日，最高人民检察院检察长张鼎臣在第一届全国人民代表大会第四次会议上所作的《关于1956年以来检察工作情况的报告》中指出，在监所劳改监督工作方面，各级人民检察院结合对肃反工作的检察，协同有关部门对全国各地监所、劳改机关进行了普遍检察，有的地方已经建立了定期检察的制度。检察结果证明，各级监所劳改机关基本上贯彻执行了"惩罚管制与思想改造相结合，劳动生产与政治教育相结合"的方针，在各种困难情况下，进行了繁重的工作，在改造罪犯成为新人和组织罪犯进行劳动生产方面，都取得了很大的成绩。但是，由于有些监所、劳改单位对于国家关于狱政和劳改工作的方针政策缺乏完整的了解，曾一度发生偏重于劳动生产、忽视对罪犯进行教育改造的现象。少数劳改单位还曾发生过打骂罪犯、压制罪犯申诉和逾期不放等违法现象。针对上述缺点和错误，在检察工作中，着重解决了以下几个方面的问题：首先，严格纠正了在管理罪犯上的违法措施和非人道待遇现象，改善了管理制度，改善了罪犯的生活条件和劳动条件，加强对罪犯的政治教育和文化教育，增加了医疗设备，改进了环境卫生。其次，审查处理了罪犯申诉的案件，平反了一些错案，并纠正了一些不应释放而释放罪犯的现象。有些地方协同监所、劳改机关研究改进了处理罪犯不服判决的申诉工作，防止积压罪犯申诉的现象。最后，会同公安机关和法院对于一些改造较好或已失去活动能力的老、弱、病、残罪犯，采取提前释放和保外执行的方法进行了清理。据吉林、广东、甘肃、上海等四个省、市的统计，共清理了10201名罪犯，其中提前释放897名，保释197名，假释1860名，保外就医4027名，保外执行3220名。同时在检察工作中，也发现和处理了一些在押罪犯重新犯罪的案件，惩治了在押罪犯的不法活动。

1956年12月，最高人民检察院副检察长梁国斌在全国省、市、自治区检察长会议上阐述1957年检察工作的意见时要求，加强和改进劳改检察工作。明确劳改检察工作的任务，主要是检察罪犯认罪服法的情况，惩治罪犯的破坏活动。对劳改机关在管理工作上的“右”倾麻痹现象及违背人道主义的现象，也应进行检察，以达到有效惩罚和改造罪犯的目的。认真严肃处理罪犯的申诉，申诉无理的，应当予以驳斥；假借申诉进行破坏活动的，应当依法给予惩处；申诉正当的，应当予以妥善处理。

1957年，监所检察工作着重检察执行中共中央“改造第一，生产第二”和“阶级斗争与人道主义相结合”方针的执行情况。纠正劳改监所干部中比较普遍存在的打骂罪犯现象和轻敌麻痹、放松管教的思想。检察中发现，劳改犯抗拒改造现象严重，申诉案件增多。经过检察，对不服管教，构成犯罪的及时侦查，配合法院在劳改队进行公判、加刑，克服了不正常的申诉现象。

1957年上半年，最高人民检察院召开了十二省、市劳改检察工作座谈会，交流了工作经验。下半年，中央提出对劳动改造机关的检察要经常化，对劳动改造机关开始实行驻场（厂）检察，在个别大型劳动改造机关开始研究建立派出检察院。

1957年8月，全国人大常委会批准了国务院《关于劳动教养问题的决定》后，被决定劳动教养的人员被送到劳动改造场所执行，检察机关在对劳动改造机关进行检察时，也担负了对劳动教养执行情况的监督检察任务。

1958年2月，最高人民检察院结合当前工作要求各级检察院抓紧清理未决案。在配合运动、打击现行、清理案件、劳改犯重新犯罪的加刑等工作中，应当全面体现“惩办与宽大相结合”的政策。由于审理工作不及时，当时有些地方已出现罪犯拥挤、久押不决的现象。因此，最高人民检察院要求检察机关应与公安、法院联系，共同商量，把未决案件进行排队，根据案件的性质和难易，分期、分批地进行清理，争取在1958年上半年把15万件案件基本清理完。各地检察机关必须依靠和配合劳改部门，继续深入检察，对应该加刑惩办的罪犯，及时起诉加刑；已经结束这一工作的，也要复查一下有无遗漏。并建议和督促劳改部门健全必要的狱政管理制度，加强经常的改造工作。此外，对于罪犯的申诉案件，也要分别情况作适当处理：凡属无理申诉人，要坚决驳回；但对有正当理由的申诉，要实事求是地认真处理。

1958年4月，最高人民检察院召开了第一次全国劳改检察工作会议，确定了劳改检察工作的任务，主要是通过批捕、起诉，打击劳改犯的重新犯罪活动。最高人民检察院副检察长李士英在总结发言中指出，对于劳改犯的判决执行情况以及劳动改造工作中是否正确执行国家的政策、法律，也应进行检察，但是，过去一直把一般监督性的工作作为劳改检察业务的主要任务，显然是不妥当的。自

1957年下半年以来，各级劳改检察工作开始重视对罪犯重新犯罪和隐瞒罪行案件的处理。对劳动改造中是否正确执行国家的政策、法律，也进行了一些检察，对罪犯的申诉案件也处理了一些，并注意了对改判、减刑、提前释放、保外就医等执行情况的检察。关于劳改检察有否法律监督的职能，以及同对敌专政的关系问题，有些同志认识到劳改检察工作应该对敌专政，这当然是完全正确的，但也有些同志主张不再对劳改工作是否执行法律进行检察，也就是说，只讲专政，不讲监督。这种想法对于阶级敌人实行专政也是不利的，也会影响到办案的正确、及时、合法，这在实际上也是否定中央指示各政法部门应该互相配合、互相制约、统一对敌的作用。

1958年5月，最高人民检察院制定了《人民检察院劳改检察工作的任务和办法》，对劳改检察工作的任务、业务范围和有关程序作了简要规定。该办法明确了劳改检察工作的基本任务是依据对阶级敌人实行专政的原则，对于劳动改造中重新犯罪和隐瞒罪行的罪犯依法惩处，对劳改犯是否认罪服法以及劳动改造中是否正确执行国家的政策、法律进行检察，以达到有效改造罪犯的目的。具体工作是：检察罪犯接受劳动改造、认罪服法的情况；对罪犯重新犯罪案件进行侦查、起诉、出庭公诉；审查处理罪犯申诉案件；对监、所、劳改队改造罪犯中执行政策法律方面进行检察。

1958年8月，第四次全国检察工作会议通过的《检察机关的今后任务》指出，关于劳改检察工作，要贯彻1958年4月第一次全国劳改检察工作会议的精神，检察罪犯认罪服法、接受改造的情况；对罪犯重新犯罪和隐瞒罪行的案件及时进行打击；审查处理罪犯申诉案件；并对监所、劳改队在改造罪犯中执行政策法律的情况进行检察。当前的主要问题是：要配合劳改部门的生产大跃进，进一步促进罪犯的思想改造，打击罪犯破坏生产、组织暴动、越狱逃跑、行凶报复等犯罪活动。同时，防止某些地方在“反右倾”以后产生的罪犯吃不饱、劳动强度过高，引起疾病死亡的倾向。为了及时掌握情况，检察机关除了应当经常深入劳改单位进行检察、就地办案以外，河北省在大型劳改单位设立常驻检察员的做法，各地可根据具体情况，予以参考。最高人民检察院检察长张鼎臣关于第四次全国检察工作会议的总结指出，检察机关担负着审查批捕、审查起诉、出庭公诉、劳教检察和社会改造检察等工作，这就是检察职能，也就是法律监督职能。事实证明，检察机关具有法律监督职能是必要的，是完全有利于对敌专政的。至于要把批捕工作也交出去，劳改检察工作也不搞，那就更不对了，这就放弃了检察机关的主要职责，如果这样去做，必然是不利于对敌专政的。

《检察工作1958年总结和1959年任务》指出，要加强劳改检察工作。目前新入狱的罪犯增多，思想尚未安定下来，而劳改部门的任务又很重，如果工作做不好的话，罪犯重新犯罪和申诉案件可能增多。各级检察机关必须切实掌握罪犯的政治思想动态，继续做好对加刑案件的起诉工作；对于罪犯申诉的案件，要深入了解真实情况，辨明是非，正确地加以处理；对于管教工作中刑讯逼供、打骂虐待罪犯的现象，必须坚决纠正。1958 年，一些地方检察机关贯彻全国劳改检察工作会议精神，结合形势，加强劳改监所检察工作。协同劳改队在案犯中开展对比交心活动，收到犯罪嫌疑人、被告人检举揭发重新犯罪案件和各种有参考价值的资料后，对继续进行破坏活动的罪犯加刑。采取“四就”（就地逮捕、就地预审、就地起诉、就地审判）的方法，对抗改、重新犯罪活动进行打击。对于改造好，确有立功表现的给予减刑，提前释放。检察院对劳改监所进行检察、巡视，对于重新犯罪、抗拒改造的加刑处理；表现好的奖励、减刑。对确有改恶从善表现的罪犯，经审查后呈报地委批准，予以特赦。检察院抓住特赦时机，对罪犯进行形势教育和特赦政策的宣传，提高罪犯改造的积极性。

《1959 年检察工作总结和 1960 年检察工作的意见》指出，劳改检察工作应该根据加速改造罪犯和劳改生产更大、更全面跃进的精神，协同劳改部门，掌握罪犯的思想动态，利用特赦以后的有利形势，进一步促进罪犯分解、瓦解，改恶从善；对于进行破坏的罪犯，要本着再犯从严的精神，及时起诉加刑，正确地处理申诉案件，特别是对于无理申诉要坚决批驳和揭露，有力地打击反改造的活动，彻底清理保外就医的犯罪嫌疑人、被告人，该收监的及时收监执行，继续保外就医的，进行群众监督；堵塞各种漏洞，使罪犯逃跑和非正常死亡减少到最低限度。1960 年，监所检察工作贯彻执行“把对敌斗争搞紧一些”的方针和“三少”政策，严厉打击在押犯、劳教分子和刑满就业“三类人员”的重新犯罪活动。检察院负责审查批捕“三类人员”的重新犯罪案件。通过检察和巡视，发现罪犯逃跑和重新犯罪的，应起诉加刑；发现劳改单位有重劳轻教的现象的，与劳改单位共同研究有关管教劳动生产制度和贯彻执行“惩罚管制与政治教育相结合，劳动改造与思想教育相结合，阶级斗争与人道主义相结合”和“多留少放”的方针、政策。请有关领导到劳改单位给罪犯作守法改造、前途教育等报告，促使他们积极改造。对无理申诉、企图翻案、进行破坏的重新犯罪分子，给予及时有力的打击。检察院对劳教系统进行检察、巡视，发现在押案犯中有重新犯罪活动的，应起诉加刑。协助劳教单位对劳教分子进行全面复查。有重点地对执行劳改、拘留以及案犯非正常死亡等情况进行审查。

《检察工作 1960 年总结和 1961 年安排的要点（草稿）》提出，首先，必须以贯彻党的政策为纲领，进一步做好批捕、起诉、出庭等办案工作和重点进行劳改、社改检察、同严重违法乱纪作斗争等工作。中心是办好案子，包括要办好劳改罪犯中需要起诉加刑及需要减刑或平反的案件等。当前应主要抓住少数生产上落后、工作上有问题的农村、城市的基层单位以及劳改队、劳教队、拘留所、收容所等单位，进行调查，并着重调查有无打人、饿人、滥罚款、非法搜查、乱捕乱押、刑讯逼供、私设监狱以及其他经济上的严重违法乱纪行为，从中发现问题，报告党委并根据党委指示，严肃而谨慎地处理好这些问题。

1962 年 10 月印发的《1958 年以来检察工作的基本总结》提出，必须积极地、有步骤地开展和建设检察业务。监所、劳教监督工作必须加强。要切实保障党和国家关于劳动改造罪犯的政策法律的正确贯彻实施。对于“三类人员”接受改造和认罪服法的情况，必须经常检察；对于其中进行犯罪活动的罪犯，应当通过批捕、起诉工作，及时予以打击。同时，对于监所、劳改单位的干警人员严重松懈麻痹和严重违法乱纪，以及“三类人员”的非正常死亡等现象，应当严肃认真地查明事实，提出意见，通知主管机关加以纠正。对于“三类人员”及其家属的申诉案件，也应当认真办理。

1962 年 11 月，最高人民检察院检察长张鼎臣在第六次全国检察工作会议报告中指出，几年来，特别是 1961 年以来，我们检察机关的工作是不断前进、不断发展的，工作做得比较踏实、比较活跃。主要表现在……第二，检察业务工作做得比较扎实。各级检察机关加强了批捕、起诉、出庭公诉的工作，并根据实际斗争的需要，进行了监所、劳改监督和同严重违法行为作斗争等工作。我们在切实办好批捕、起诉案件的同时，要加强同严重侵犯人身权利的违法行为作斗争，对于监所、劳改监督工作，也要根据需要和可能，认真做好。

《1963 年检察工作的任务》要求……（2）劳改监督工作的任务是检察劳教罪犯认罪服法的情况和监所、劳改单位执行政策、法律的情况。应当做好三类犯罪分子犯罪案件的批捕、起诉工作；正确处理三类犯罪分子及其家属的申诉案件；检察监所、劳改单位久押不决、该放不放、错放罪犯、虐待罪犯的现象；三类犯罪分子非正常死亡和大量逃跑的现象也要及时检察。劳改监督工作首先应当抓住规模较大、问题较多的单位进行检察。随着公安部门劳改管理体制的改变，劳改队和监狱的检察工作主要应当由省院分院和市院负责。三类犯罪分子犯罪案件的批捕、起诉工作，一般由所在地的检察院办理。县、市、区院对看守所每月检察一次。检察监所、劳改单位中发现的重要问题，应当建议有关部门切实解决，并报告上级检察院。是否设置驻场检察员的问题，由各地根据实际情况决定。

1964 年 1 月，最高人民检察院副检察长张苏在全国各省、市、自治区检察长会议上作的《充分依靠群众力量做好人民检察工作》报告中提出，加强劳改检察工作，多用说理斗争打击重新犯罪，依靠广大群众处理申诉案件。劳动改造罪犯，是把绝大多数犯罪分子改造成为新人的一个重要方面，检察机关必须有效地促进这项改造工作。1963 年，各级检察院在劳改检察工作方面作了许多工作，起到了积极的作用。但是，工作基础还很薄弱，有些地方没有把三类犯罪分子犯罪案件的处理工作抓起来，不少申诉案件没有依靠群众处理，检察政策、法律的执行情况也做得不够，不少地方劳教检察的业务机构不够健全，这种情况同客观形势的需要是不相适应的。1964 年各级检察机关必须加强劳改检察工作。第一，打击重新犯罪。这是劳改检察工作的首要任务。第二，依靠群众处理申诉。第三，检察执行政策法律情况。第四，加强劳改检察的组织。除了小的、分散的劳改单位（几百人、上千人的）由所在地的县、市院检察以外，大的劳改单位（5000 人至 1 万人以上的）或劳改单位成片的地区，要设专门检察机构或者派出专门的工作组。县、市管不了、又不宜设专门机构的，可以采取驻场检察员的办法。有劳改检察任务的分、市院，要设专门机构或专人管理这项工作。1963 年，监所检察围绕“社教”和“五反”运动，以批捕起诉为中心，及时、有力、准确地打击“三类人员”反改造破坏活动，查处“三类人员”及其家属申诉案件。同时，有重点地对劳改、劳教单位执行劳动改造方针政策、收押犯罪嫌疑人、被告人、监管教育等情况和“三类人员”认罪服法情况及少数干部违法乱纪、轻敌麻痹、敌我不分的现象进行检察。针对存在的重生产、轻改造的现象，与劳改单位一起，边检察边改进。

1964 年《当前检察工作的几个主要问题》提出，认真检察劳改政策的执行。这几年，检察机关在劳改检察方面作了不少工作，但总的说来，抓得不多，抓得不紧，有的地区根本没抓。有些是由于人力不够，但主要是对劳改检察工作的必要性认识不足，重视不够。

1964 年 7 月 24 日至 8 月 5 日，最高人民检察院召开了北京、内蒙古自治区、黑龙江等 8 个省、自治区、直辖市检察院劳改检察处长座谈会。8 月 5 日印发了《劳改检察业务座谈会纪要》。会议认为，劳改检察工作有了新的发展。在打击三类犯罪分子重新犯罪方面，开始贯彻了多用说理斗争、少用逮捕加刑的原则，提高了办案质量，准确打击了敌人。在处理三类犯罪分子申诉方面，进一步贯彻了依靠群众办案的方针，正确处理了一批申诉案件。在检察政策执行方面，有重点地检察了执行“改造第一”方针的情况，收到了一定的效果。会议提出，应当把检察劳改工作方针政策的执行作为中心任务，并要求：（1）检察劳改工作方针政策的执行，促进改造罪犯的工作；（2）充分运用说理斗争，打击重新犯罪；（3）依靠广大群众，认真查处申诉；（4）建立健全劳改检察机构，加强领导。劳改检察工作的任务相当繁重，干部力量又少，需要加强组织，加强领导。各地在要把劳改检察院、组基本上建立起来，按照规定的条件，尽可能把干部配齐。新调配的干部，要集中使用，到劳改单位蹲点。同时，要把原有的劳改检察干部固定下来，不能因为设立劳改检察而将其调做其他业务工作。

1965 年《关于 1966 年工作的几点设想》指出，认真做好劳改、社改检察工作。劳改检察工作当前主要是协助劳改单位，把重生产、轻改造的偏向扭转过来，正确贯彻“改造第一，生产第二”的方针。劳改检察工作的方法主要是集中力量，下去蹲点。1965年，劳改、监所检察工作主要是打击极少数恶性不改、坚持反动立场、继续破坏的重新犯罪分子，对“三类人员”中的重新犯罪分子起诉加刑。同时检察劳改、监所的方针政策执行情况。监所检察部门以抓改造为中心，从抓几个突出问题入手，不定期地深入劳改农场、看守所进行检察。对改造工作中存在的违纪行为以及看守所中的刑讯逼供、乱拘留、久押不决等问题，及时协同公安机关、劳改单位共同研究解决。

1966年，最高人民检察院《关于积极参加和保卫社会主义文化大革命的通知》要求，抓紧改造工作。劳教检察必须抓紧进行，主要是通过蹲点发现问题，树立样板，加以推广。

此外，1963年4月《中华人民共和国刑事诉讼法草案（初稿）》第200条规定：“人民检察院监督刑事判决的执行，如果发现有违法的情况，应当通知执行机关纠正。人民检察院监督劳动改造机关的活动，如果发现有违法的情况，应当通知主管机关给以纠正。”虽然这只是草案初稿，但也是吸取已有规定，体现了立法倾向。这说明当时的监所检察职能实际上包括刑事判决执行监督和劳动改造机关的活动监督两个主要方面。

1967年，由于“文化大革命”运动的开展，检察机关被“砸烂”，监所检察工作停止。

三、恢复和重建检察机关后的监所检察制度

在“文化大革命”中，我国社会主义法制遭到极大的破坏，在“砸烂公检法”的口号下检察机关被彻底“砸烂”，检察工作因此中断了10年。1978年3月5日第五届全国人民代表大会第一次会议通过的《宪法》规定重新设置检察机关，使检察机关进入了恢复和重建时期。

1978年12月，最高人民检察院在北京召开第七次全国检察工作会议。这是粉碎“四人帮”后，五届人大决定重新建立各级人民检察院后的第一次全国性检察工作会议。会议讨论了检察机关在新时期的方针和任务。同时，在总结检察工作经验的基础上，讨论提出了修改《人民检察院组织法》的建议，准备提请全国人大常务委员会审议。中共中央政治局委员、中央纪律检查委员会第三书记胡耀邦同志到会作了重要讲话。他说，人民检察院是检察法律执行的专门机关，是宪法和法律的保卫者，应当在维护和加强社会主义法制的斗争中发挥积极的作用。1978年12月31日，《人民日报》为此发表社论，题目是《大力加强人民检察工作》。

1979年6月召开的第五届全国人民代表大会第二次会议修改并通过了《人民检察院组织法》，根据党的十一届三中全会精神，总结了20多年来正反两方面的经验，澄清了检察工作中的一些重大是非问题，如重新肯定了人民检察院是

国家的法律监督机关，规定了各项法律监督职权等。1979 年修改的《人民检察院组织法》既是对 1954 年《人民检察院组织法》的继承，又是对它的发展和完善，是检察机关在新的历史时期行使职权的法律依据和建设检察制度的法律规范。关于监所检察的职权，《人民检察院组织法》第 5 条第 5 项规定："对于刑事案件判决、裁定的执行和监狱、看守所、劳动改造机关的活动是否合法，实行监督。"同时颁布的《刑事诉讼法》第 164 条也作了相应的规定，并对监督程序作了规定，即检察机关如果发现有违法情况，应当通知执行机关纠正。

1979 年 6 月，最高人民检察院检察长黄火青在全国检察工作座谈会上的讲话指出，大多数地区担负起了批捕、起诉的工作，贯彻执行逮捕拘留条例的规定，积极参加清理积案，打击现行破坏活动，检察监狱和看守所。对于监狱、劳改队的检察，重点仍然应当放在清理冤假错案方面，把这一重要工作进行到底。

1979 年 11 月 29 日，第五届全国人民代表大会常务委员会第十二次会议批准的国务院《关于劳动教养的补充规定》第 5 条规定："人民检察院对劳动教养机关的活动实行监督。"从立法上将劳动教养明确纳入人民检察院的监督范围。1980 年经最高人民检察院党组研究决定，将这项监督任务归为监所检察的职责范围。

关于人民检察院的机构设置，1979 年《人民检察院组织法》第 20 条规定，"最高人民检察院设置刑事、法纪、监所、经济等检察厅，并且可以按照需要设立其他业务机构"。1983 年修改为：最高人民检察院根据需要，设立若干检察厅和其他业务机构。地方各级人民检察院可以分别设立相应的检察处、科和其他业务机构。地方各级人民检察院的机构设置与最高人民检察院基本相同。其中监所检察部门负责对刑事判决、裁定的执行和监狱、看守所、劳动改造机关及劳动教养机关活动的法律监督工作。

检察机关恢复重建 30 多年来，最高人民检察院先后召开了 5 次全国监所检察工作会议，本部分即以这五次会议为主线，回顾 30 多年来监所检察工作的发展历程。

（一）第一次全国监所检察工作会议

在全国检察机关恢复和重建后，监所检察工作也得到了恢复和有效开展。1979 年 11 月，最高人民检察院召开了第一次全国监所检察工作会议，确定了新时期监所检察工作的职责范围和任务，还提出健全监所检察机构。会议指出，加强对监狱、看守所、劳动改造单位的法律监督，是实施法律监督的重要方面，同时也是当前整顿社会治安的关键问题之一。各级检察院协同公安机关有重点地对劳改、劳教工作进行整顿，坚决纠正松懈麻痹和违法乱纪的行为，坚持社会主义法制原则，实行革命人道主义的待遇，促进犯罪分子的改造。

这一时期主要开展了：（1）对于看守所的法律监督。对收押和释放犯罪嫌疑人、被告人是否合法，有无法定手续，实行监督。对拘留、批捕、侦查、起诉、审判是否超过法定时限，实行监督。对看守所各项监管措施，实行定期或者不定期的检察。检察对在押犯罪嫌疑人、被告人有无打骂、虐待、侮辱人格和刑讯逼供的行为。受理在押犯罪嫌疑人、被告人及其亲属的申诉、控告和检举。通过看守所检察，解决乱拘乱押，清理久押不决的在押犯，纠正违法乱纪、刑讯逼供、打骂虐待、以拘代侦、以拘代捕、以拘代惩的问题。（2）对于刑事案件判决、裁定执行的法律监督。（3）对于监狱、劳动改造机关的监督。发现并纠正了监狱、劳改队存在的一些突出问题，主要是犯人不服改造，破坏活动增多，在监内进行盗窃、流氓活动和行凶报复，结伙闹监，打群架。会同有关部门平反并纠正了一批冤错案件。由于忙于打击重新犯罪活动，对监管改造场所执行法律方针、政策情况的监督比较薄弱。

第一次监所检察工作会议后，根据当时形势的发展需要，监所检察工作主要抓办案工作，打击被监管人的再犯罪活动，维护监管场所秩序的稳定。这期间，最高人民检察院先后召开了监所检察办案工作会议、劳教检察工作座谈会、看守所检察座谈会、全国劳改劳教检察工作座谈会等，提出要把监所检察办案、打击罪犯再犯罪、维护监管改造秩序稳定放在重要位置，作为首要的重点工作。

1981 年，一些监管场所接连发生罪犯脱逃案，罪犯脱逃后又重新犯罪，不仅扰乱和破坏监内的正常改造秩序，而且严重危害社会治安。全国人大常委会通过了《关于处理逃跑或者重新犯罪的劳改犯和劳教人员的决定》，检察机关与劳改单位密切配合，狠抓办案，促进了罪犯的改造，稳定了监内改造秩序，一些地方在该决定公布后的下半年脱逃事故比上半年大幅下降。1982 年，中共中央、国务院《关于打击经济领域中严重犯罪活动的决定》和全国人大常委会制定的《关于严惩严重破坏经济罪犯的决定》公布后，全国检察机关监所检察部门组织在押犯学习，号召他们走“坦白从宽”的道路。在政策感召下，一些在押经济未决犯坦白交待有关经济犯罪事实和赃款，检举揭发其他有关人员。在整顿社会治安中，监所检察部门坚持“惩办与教育、改造相结合”的方针，严厉打击重新犯罪和反改造的罪犯，并办理加刑案件。同时按照全国改进改造工作座谈会精神，与劳改单位一起，搞好文明管理，落实监管措施，提高改造质量，脱逃事故比上年度大幅下降。1983 年，监所检察围绕打击严重刑事犯罪活动这一中心，依法从重从快打击“两劳”人员中的重新犯罪活动。在办理加刑案件的同时，监所部门主动配合公安部门搞好看守所的管理工作，特别是“严打”开始后，一些地方关押的犯罪嫌疑人、被告人成倍增加。根据这一情况，监所检察部门协同公安机关采取强有力的措施，严格执行监管制度，堵塞漏洞，使得当年没有发生重大事故。1984 年，监所检察部门以“两打”为中心，积极办理监所案件，打击“两劳”人员在改造期间的犯罪活动和看守所在押犯在羁押期间的犯罪活动。

在办案中强调落实一个“准”字，使办理的监所案件比往年及时、准确。监所检察部门协同有关部门在监管改造场所开展政治攻势，取得较好效果。对劳改单位加强监管和安全防范。1985 年，监所检察部门围绕“两打”斗争全面开展工作。严厉打击“两劳”人员的重新犯罪活动，办理劳改犯重新犯罪案件，同时还加强监管场所执行判决、裁定的检察，对看守所超期羁押进行检察，发现未按时交付劳改的，向有关部门提出建议并得到解决。同年，监所检察部门对劳改、劳教和看守场所分别进行检察，提出建议；协助监管单位加强文明管理，狠抓监管措施的落实。1986 年，监所检察部门以加强对监管改造场所执行法律、政策情况的检察，提高改造质量为重点，严厉打击“两劳”人员在改造期间的重新犯罪活动和看守所在押犯的犯罪活动。一些地方在劳改检察中发现对罪犯禁闭问题严重，于是进行专门调查，提出检察建议，及时得到了纠正。监所检察部门还把法制宣传教育作为综合治理的一项重要任务来抓，给劳改犯、在押犯上法制课。根据当时的监所检察工作任务和形势需要，还要求在大型监管场所建立派驻检察机构，提出监所检察工作经常化的要求。自 1978 年开始，一些地区检察机关恢复设立监所检察科，重点是检察案犯关押情况，清理积案，解决久押未决问题。通过对看守所的检察，发现看守所在押案犯关押时间长，有的近 20 年之久，需要集中力量狠抓积案清理，为全面实施新法律准备良好的条件。为打击罪犯的反改造气焰，监所检察部门主动配合劳改单位以及公安机关、法院对劳改单位报请加刑的认真审查，向法院起诉，打击了重新犯罪活动，促进了“三类人员”的改造。根据“有反必肃，有错必纠”的方针，会同劳改单位复查冤假错案，有力地维护了法律的尊严。

1981 年 1 月，最高人民检察院检察委员会第一次会议通过《人民检察院监所检察工作试行办法》，该办法规定，人民检察院监所检察的职权是：（1）对刑事案件的判决、裁定的执行是否合法实行监督；（2）对监狱、看守所、劳动改造机关（劳动改造管教队、少年犯管教所、拘役所）的活动是否合法实行监督。监所检察工作的任务是：检察监狱、看守所、劳动改造机关执行政策、法律的情况，保障政策、法律的正确实施；保障依法羁押犯罪嫌疑人、被告人，准确、及时地惩罚犯罪分子，保护无罪的人不受非法拘禁和追究，以利于侦查、审判工作的顺利进行；保障切实贯彻“改造第一，生产第二”的方针，坚持惩罚管制与思想改造相结合、劳动生产与政治教育相结合、阶级斗争与革命人道主义相结合的原则，加强监管和改造，将罪犯改造成为自食其力的新人，以利于巩固无产阶级专政和保卫社会主义现代化建设。业务范围包括：对看守所羁押和释放犯罪嫌疑人、被告人的监督、对执行刑事判决、裁定的监督、案件的处理、对管理教育和实施改造是否遵守法制的监督。该办法还规定了监所检察的程序、方法和机构设置等。要求省、市、自治区人民检察院及其分院，自治州或省辖市人民检察院设立监所检察机构。县一级人民检察院根据实际情况和工作需要，可以设立监所检察机构或者配备专职检察干部。省一级人民检察院可以根据工作需要，提请本级人民代表大会常务委员会批准，在大型劳改单位或劳改单位比较集中的地区设立人民检察院，作为派出机构担负监所检察工作。省一级人民检察院根据工作需要，可以委托分院和市、县人民检察院，在中型劳改单位设立驻场（厂）检察组、巡回检察组或者驻场（厂）检察员。该办法的出台，其意义在于比较详细地规定了监所检察的主要内容、程序和方法，一些内容被之后的一些规范性文件所吸收，有的甚至对当前做好监所检察工作仍具有借鉴意义。这个办法对监狱检察、看守所检察和监外执行检察都有规定，较早地体现了宽严相济的刑事政策的精神，如要求对于判处有期徒刑的罪犯经检察在执行期间确有悔改或立功表现的，应当依法提出减刑或假释的意见，建议监狱、劳动改造机关报请有关人民法院裁定；发现减刑、假释不当，应按照审判监督程序向人民法院提出纠正意见。明确对执行死刑的临场监督也属于监所检察的内容。要求检察对已决犯与未决犯、男犯与女犯以及同案犯等是否实行分管分押；使用未决犯劳动是否符合规定；对犯罪嫌疑人、被告人的监管、提讯、押解等措施是否安全和严密，有无可资犯罪嫌疑人、被告人利用的漏洞，严防犯罪嫌疑人、被告人串供、逃跑、行凶和越狱暴动；干警是否依法尽职尽责，有无以罪犯代替干警管理罪犯，造成"牢头"、"狱霸"逞凶作恶的情况；对罪犯使用武器、戒具是否符合法律规定；干警对被监管的犯罪嫌疑人、被告人或其家属有无敲诈勒索、收受贿赂、徇私舞弊、泄露机密案件，或者利用职权非法放走罪犯的行为；干警对被监管的犯罪嫌疑人、被告人有无刑讯逼供、体罚虐待、奸淫女犯、侮辱人格等行为；有无虚报冒领、克扣囚粮或者贪污犯罪嫌疑人、被告人财物和赃款、赃物的行为等，体现了保障被监管人人权的要求。

1983 年 3 月，最高人民检察院印发了《人民检察院劳教检察试行办法》，指出劳教检察是国家赋予人民检察院的一项职责，由监所检察业务部门担负。担负劳教检察任务的人民检察院要配备相应数量的专职干部，负责此项工作。根据工作需要，可以在劳动教养场所设立派出检察院、检察组、检察员。业务范围包括：检察不符合政策法律规定的劳动教养规定，法律文书是否齐全，是否按照规定交付劳动教养场所执行；劳动教养人员在所外执行、所外就医的条件是否符合规定，管教措施是否落实，应该收回劳动教养场所的是否按期收回；检察纵容或唆使劳动教养人员逞凶作恶、摧残其他劳动教养人员、危害教养秩序的情况。受理公安机关移送审查批捕、审查起诉的劳动教养人员在劳教前罪行严重或隐瞒罪行，需要追究刑事责任的案件；劳动教养人员在劳动教养期间犯罪的案件；留在劳动教养场所就业人员犯罪的案件。检察对劳动教养人员的管理教育、劳动时间、劳动强度、安全生产、生活卫生、加期、减期、解除劳动教养等是否符合规定。检察对劳动教养人员滥用武器、戒具和违反规定实施禁闭，以及打骂、体罚、侮辱、虐待等违反政策、法律的行为。检察劳动教养人员非正常死亡的情况。受理劳动教养人员及其家属向人民检察院提出的申诉和控告。办理劳动教养场所干警犯罪的案件。

至此，监所检察的职责范围相对已经比较完善，主要包括：（1）对刑事判决、裁定的执行是否合法实行监督；（2）对监狱、劳动改造机关（劳动改造管教队、少年犯管教所、拘役所）的活动是否合法实行监督；（3）对看守所的活动是否合法实行监督；（4）对劳动教养机关的活动实行监督；（5）对于服刑罪犯又犯罪案件和劳教人员犯罪案件进行审查批捕、起诉；（6）受理在押人员的申诉控告；（7）对于监管干警职务犯罪案件进行立案侦查。

通过回顾全国人大会议上最高人民检察院工作报告中有监所检察的内容，可以看出这一时期监所检察工作开展的具体状况。

1. 关于1981年的监所检察工作。1981年12月7日最高人民检察院检察长黄火青在第五届全国人民代表大会第四次会议上所作的最高人民检察院工作报告中指出，通过监所检察工作，打击重新犯罪分子，并协助公安部门继续贯彻“改造第一，生产第二”和教育、感化、挽救的改造方针，改善了管理教育，从而提高了改造工作。1981年6月全国人大常委会第十九次会议通过了3个有关法律的决议、决定（即《关于加强法律解释工作的决议》、《关于死刑案件核准问题的决定》、《关于处理逃跑重新犯罪的劳改犯和劳教人员的决定》）。各级人民检察院会同公安机关和法院积极宣传和贯彻这3个有关法律的决议、决定，进一步加强了工作，取得了明显效果。据18个大城市统计，在人大常委会的上述3个决议、决定公布后的1个月内，自动回归或经家长送回劳改、劳教场所的逃跑分子有800多人，政法部门追回外逃的劳改犯和劳教人员1600多人。在今后一个时期内，要加强监所检察工作，促进对犯罪分子的改造。

2. 关于1982年的监所检察工作。1982年12月6日最高人民检察院检察长黄火青在第五届全国人民代表大会第五次会议上所作的最高人民检察院工作报告中指出，劳改犯和劳教人员中的重新犯罪，也是当前危害社会治安的一个突出问题。在整顿社会治安中，各级检察机关坚持了惩办与教育、改造相结合的方针，一方面严厉地打击了重新犯罪和反改造的“尖子”，另一方面按照中央改进改造工作座谈会精神，同公安机关一起，在监狱、看守所和劳改、劳教场所搞好文明管理，落实监管措施，进一步提高了改造质量。同时，各级检察机关还对判处管制、缓刑、监外执行、假释的罪犯的执行情况加强了检察，促进罪犯的改造。

3. 关于1978年至1982年的监所检察工作。1983年6月7日，最高人民检察院检察长杨易辰在第六届全国人民代表大会第一次会议上所作的最高人民检察院工作报告中指出，各级人民检察院逐步开展了对监狱、看守所、劳动改造和劳动教养机关的活动是否合法实行监督的工作。加强监所检察工作，协助主管部门改进监狱、看守所和劳改、劳教场所的管理工作，提高改造质量，减少重新犯罪。

4. 关于1983年的监所检察工作。1984年5月26日，最高人民检察院检察长杨易辰在第六届全国人民代表大会第二次会议上所作的最高人民检察院工作报告中指出，劳改犯中的重新犯罪，也是危害社会治安的一个突出问题。在严厉打击刑事犯罪的斗争中，各级检察机关积极开展了监所检察工作。一方面严厉地打击了重新犯罪和反改造的首要分子；另一方面依照法律规定，对监狱、看守所和劳改、劳教场所的活动是否合法进行了监督，对违法现象和监管场所安全防范等方面的工作漏洞提出了意见和建议。并同有关部门一起，认真贯彻改造工作的方针、政策，坚持惩办与改造、教育相结合，加强和落实了监管措施。这对于搞好文明管理，促进罪犯和劳教人员的改造，进一步提高改造工作质量起到了积极的作用。

5. 关于1984年的监所检察工作。1985年4月3日最高人民检察院检察长杨易辰在第六届全国人民代表大会第三次会议上所作的最高人民检察院工作报告中指出，在打击严重刑事犯罪的斗争中，各级检察机关认真贯彻综合治理的方针，加强了劳改劳教检察工作、预防犯罪和法制宣传教育工作。对劳改犯和劳教人员中劳动好、改造好、有立功表现的，及时建议有关部门依法予以减刑、假释或缩短劳教期限；对那些遵守监规纪律、服从改造的“中间部分”，也及时建议有关部门给予必要的鼓励；对那些反改造以致重新犯罪的，则坚决依法打击，以儆效尤。通过劳改劳教检察工作，与司法劳改部门密切配合，提高了改造质量，促进了罪犯和劳教人员的改造。

6. 关于1985年的监所检察工作。1986年4月12日最高人民检察院检察长杨易辰在第六届全国人民代表大会第四次会议上所作的最高人民检察院工作报告中指出，1985年全国查处劳改、劳教人员犯罪案件7500余件，办理劳改、劳教、看守所管教干警犯罪案件240余件。

7. 关于1986年的监所检察工作。1987年4月6日最高人民检察院检察长杨易辰在第六届全国人民代表大会第五次会议上所作的最高人民检察院工作报告中指出，各级检察机关积极开展了对公安机关的侦查活动和法院的审判活动的监督，以及对刑事案件的判决、裁定执行情况和监狱、看守所、劳动改造、劳动教养机关活动的监督。一年来，办理劳改劳教人员中的犯罪案件9892件，查处管教干警违法犯罪案件220多件，向看守所、劳改、劳教单位提出书面和口头纠正违法意见18144件（次），促进了文明执法，保证了法律的正确实施。

8. 关于1983年至1987年的监所检察工作。1988年4月1日最高人民检察院检察长杨易辰在第七届全国人民代表大会第一次会议上所作的最高人民检察院工作报告在回顾5年来的工作时指出，人民检察院积极开展侦查监督、审判监督和监管改造工作的监督，维护法律的正确实施。5年来，在监管改造监督活动中，共查处“两劳”人员中的犯罪案件6.4万多件，办理管教干警犯罪案件1000多件。同时，对监管改造工作中的违法行为及时提出了纠正意见。继续完善对刑事法律实施的监督措施，规定侦查监督、审判监督、执行监督的具体程序和手段。

（二）第二次全国监所检察工作会议

1987年6月，最高人民检察院召开了第二次全国检察机关监所检察工作会议。根据国家民主法制建设形势的发展，会议提出监所检察的主要任务是：通过检察、纠正违法，保障刑事诉讼活动的顺利进行，保障国家有关法律和劳改犯、劳教工作方针政策的正确实施。同时，必须积极配合监管改造单位对在押犯罪嫌疑人、被告人、劳改、劳教人员进行教育，参与社会治安的综合治理。要把监管改造单位执行法律、政策情况的检察放在首位。

会议对前期监所检察工作进行了总结，主要是依照法律规定，对监管改造场所的活动是否合法实行监督。检察看守所羁押犯罪嫌疑人、被告人是否合法，加强劳改、劳教检察，检察纠正某些监管改造场所干警管理教育上的简单粗暴。严厉打击监管改造场所的犯罪活动。处理劳改犯和劳教人员及其家属的申诉和控告。对在社会上执行刑事判决、裁定的情况实行监督。积极探索监所检察参与综合治理的新途径，主要是积极主动地加强对刑满释放、期满解教人员重新犯罪原因的调查研究。会议强调要全面履行职责，不能只抓看守所或劳改检察，而忽视劳教检察；不能只抓打击重新犯罪，而忽视法律政策执行情况的检察；不能只抓监管改造场所活动是否合法的检察，而忽视对社会上“五种人”执行情况的检察；不能只抓打击重新犯罪，还要主动协助主管部门加强法制宣传，积极预防犯罪。

会议讨论了《人民检察院劳改检察工作细则（试行）》、《人民检察院看守所检察工作细则（试行）》和《人民检察院劳教检察工作办法（试行）》等规范性文件。会后，经最高人民检察院检察委员会讨论通过，下发了两个“细则”、一个“办法”。两个“细则”、一个“办法”比较系统地规定了监所检察工作的职责、任务，行使职权的程序和方法，以及监所检察派驻机构的设置要求，推动了全国检察机关监所检察机构的普遍建立和监所检察各项业务工作的全面开展。随着监所检察工作的全面开展，各地在实践中探索了很多有益的工作经验，在总结各地实践经验的基础上，提出监所检察工作经常化、制度化、规范化要求。

1.《人民检察院劳改检察工作细则（试行）》。

1987年7月，最高人民检察院颁布了《人民检察院劳改检察工作细则（试行）》，规定了劳改检察的职权、任务和工作原则、业务范围，包括对刑事案件判决裁定的执行是否合法实行监督、对劳动改造机关的活动是否合法实行监督、对案件、申诉和控告的处理实行监督等，以及工作制度和方法、机构设置。劳改检察的职权是：（1）对刑事案件判决、裁定的执行是否合法实行监督。（2）对劳动改造机关（含监狱、劳动改造管教队，少年管教所、拘役所）的活动是否合法实行监督。（3）对直接受理的劳改工作干警、担负看押任务的武警的犯罪案件进行立案侦查。（4）对公安机关侦查的刑满强制留场（厂）就业人员的犯罪案件和劳动改造机关侦查的罪犯又犯罪案件进行审查，决定是否逮捕、起诉或者免予起诉；对公安机关、劳动改造机关的侦查活动是否合法，实行监督。（5）对劳改检察分工受理的刑事案件提起公诉，出庭支持公诉；对于人民法院的审判活动是否合法实行监督。监督的主要内容是：对判处管制、剥夺政治权利、拘役或有期徒刑宣告缓刑、裁定假释和批准监外执行（含保外就医）的罪犯，是否依法正确执行进行监督。检察执行机关对于判处管制、拘役、有期徒刑、无期徒刑的罪犯，在服刑期间具备减刑、假释条件的，是否依法报请人民法院裁定减刑或假释；检察公安机关对于宣告缓刑的罪犯，在考验期间确有突出的悔改表现或有立功表现，是否依法报请人民法院裁定减刑，同时相应地缩减其缓刑考验期限；发现减刑、假释的裁定确有错误，应当提出纠正意见或按照审判监督程序向人民法院提出抗诉。检察劳动改造机关对于判处死刑缓期 2 年执行的罪犯，在死刑缓期执行期间，确有悔改或立功表现应予减刑的，2 年期满后，是否及时报请人民法院裁定减刑；在死刑缓期执行期间，抗拒改造情节恶劣，查证属实应当执行死刑的，是否及时报请人民法院裁定核准执行死刑。检察对监内服刑罪犯已判决、核准执行死刑的，是否依法交付执行死刑。检察劳动改造机关对服刑期满的罪犯和其他依法应予释放的人员，是否按期予以释放，并开具释放证明书。检察劳动改造机关在对罪犯实施惩罚和改造中，执行法律和劳改工作方针、政策的情况。检察对反革命犯与普通刑事犯、男犯与女犯、同案犯、有直系亲属关系的罪犯，是否实行分管分押；外籍犯是否单独关押。检察提审、押解、罪犯接见和罪犯通信是否符合规定，监管措施是否安全严密。检察劳改工作干警有无用罪犯代行干警职权，或纵容、唆使罪犯为非作歹，造成“牢头”、“狱霸”逞凶作恶违法犯罪的情况。检察劳改工作干警、武警，对罪犯警戒、使用武器、戒具和关禁闭是否符合规定。检察对罪犯是否按规定进行政治思想、法制、监规、文化技术和出入监等教育。检察有无对罪犯实行超体力劳动，生产设施是否符合安全规定。检察罪犯的伙食标准、监舍条件和医疗卫生是否符合安全规定。检察劳改工作干警、武警有无对罪犯体罚虐待、侮辱人格、刑讯逼供的行为；有无克扣囚粮、囚款或者贪污行为；有无对罪犯及其家属进行敲诈勒索、收受贿赂、徇私舞弊、泄露机密和私放罪犯的行为；有无阻挠、扣押、擅自处理罪犯及其家属的申诉和控告以及报复陷害申诉人或控告人的情况。检察劳动改造场所罪犯组织反革命集团、行凶、越狱、暴动、哄监闹事，以及发生重大伤亡事故，重大疫情和非正常死亡等情况，是否及时查明原因并协助主管部门妥善处理。检察对罪犯刑满后强制留场（厂）就业以及政治、经济待遇是否符合法律、政策规定。

人民检察院监所检察部门受理下列案件：（1）发现在押罪犯在判决时所没有发现的罪行，需要处以刑罚的案件；（2）罪犯在服刑期间又犯罪的案件；（3）强制留场（厂）就业人员的犯罪案件；（4）直接受理侦查属于人民检察院管辖的劳动改造机关干警和武警在监管场所内发生和发现的犯罪案件。

受理罪犯及其家属向人民检察院提出的下列申诉和控告：（1）向人民法院申诉被依法驳回，又向人民检察院申诉的；（2）不服法院对监所检察部门办理起诉的犯罪案件的判决、裁定提出的申诉；（3）对劳动改造机关工作干警和武警的违法行为提出的控告；（4）申诉、控告受到阻力，检察机关认为需要办理的；（5）上级检察院和本院检察长交办的。

监所检察部门应当和公安机关、人民法院、劳动改造机关以及武警部队的有关部门建立联系制度，通报情况，交换意见，及时研究解决监管改造中存在的问题。对重大问题可联合调查。进行劳改检察时，可以听取情况介绍，调阅有关文件和档案材料，召开座谈会、调查会，进行个别谈话，讯问罪犯，察看警戒、监管设施和生产、生活场所等。检察中发现违法行为时，应当查明事实，弄清原因，分别情况，依法处理；对于一般违法行为，可以口头提出纠正；对于严重违法行为，应当书面提出纠正，并要求告知纠正结果；遇有多次提出纠正仍不改正的情况，应当向上级检察院报告，上级检察院要支持下级检察院的工作，直至使问题得到解决；构成犯罪的，应当依法追究刑事责任。检察发现劳动改造机关监管工作中需要改进的问题，应当提出检察建议。对于劳动改造场所发生的下列重大问题，要及时报告上一级检察院，并层报最高人民检察院。（1）组织越狱、劫狱、组织反革命集团、大规模械斗、聚众哄监闹事、集体绝食；（2）行凶杀人、放火、投毒、报复伤害干警，造成严重后果；（3）违法击毙、击伤罪犯，打死、打残罪犯和私放罪犯；（4）造成重大伤亡和巨大经济损失的生产事故；（5）重大疫情和流行性传染病；（6）重大经济犯罪案件。

担负劳改检察任务的人民检察院，应当在监所检察处、科内配备相应数量的干部负责此项工作。省、自治区、直辖市、自治州、省辖市人民检察院提请本级人民代表大会常务委员会批准，在大型劳改单位和劳改单位集中的地区设立人民检察院，作为派出机构。派出人民检察院依法行使县级人民检察院的职权。由领导它的人民检察院的监所检察部门进行业务指导。劳动改造场所不够设立派出人民检察院条件的，由担负劳改检察任务的分、州（市）、县（区）人民检察院派驻检察组，派驻检察组由派出它的人民检察院领导，由派出它的人民检察院的监所检察部门进行业务指导。派出检察院和派驻检察组应设在劳动改造机关区域内。

2.《人民检察院看守所检察工作细则》。

1987年7月，最高人民检察院颁布了《人民检察院看守所检察工作细则（试行）》。该细则规定，看守所检察的职权是：（1）对看守所的活动是否合法实行监督；（2）对看守所是否依法执行刑事案件的判决、裁定和决定实行监督。看守所检察的基本任务是：检察看守所执行有关法律、政策的情况，保障有关法律、政策的正确实施，保障依法羁押犯罪嫌疑人、被告人；保护公民不受非法拘禁；维护在押犯罪嫌疑人、被告人的合法权益；打击在押犯罪嫌疑人、被告人羁押期间的犯罪活动，维护监管秩序；通过检察活动，对犯罪嫌疑人、被告人进行法制宣传教育；保障刑事诉讼活动顺利进行。

看守所检察的业务范围包括：（1）对收押、释放犯罪嫌疑人、被告人的监督。（2）对羁押犯罪嫌疑人、被告人期限的监督。（3）对执行刑事案件判决、裁定的监督。（4）对看守所管理教育活动的监督。（5）案件的处理。（6）对申诉和控告的处理。

看守所检察工作人员必须经常深入看守所进行检察，对每个环节上发生的违法行为要及时发现并提出纠正，特别是对违法收押、释放的，做到当天发现当天提出纠正。对严重违法行为要及时查明情况提出纠正。看守所检察应当建立健全岗位责任制、请示报告、定期总结和处理、纠正问题的登记等制度。检察中形成的文件、材料应当分别立卷归档。看守所检察一般应当实行驻所检察，可以听取情况介绍，召开看守所干警座谈会、调查会、个别谈话，调阅看守所有关文件材料，列席看守所、武警中队有关看管工作会议，察看监室、犯罪嫌疑人、被告人活动场所和警戒设施等。看守所检察工作人员在检察中可以找犯罪嫌疑人、被告人谈话，听取犯罪嫌疑人、被告人的反映和意见。监所检察部门可以和公安机关、人民法院、司法机关的有关部门建立联席会议制度，通报情况，交换意见，发现看守所看管工作中存在严重问题的，应当报请检察长要求公安机关解决。必要时可以会同有关部门联合调查解决。检察发现有关部门的办案人员在看守所内有违法行为时，应当及时提出纠正。检察发现的一般违法行为，可口头提出纠正；对严重违法的，应当使用《纠正违法通知书》并要求告知处理结果；对拒不纠正的，报告上级检察院处理；构成犯罪的应当立案侦查。办理看守所工作人员、武警的犯罪案件，在立案侦查前，可以会同主管部门联合调查。对看守所发生的问题要及时报告上级检察机关；下列重大问题应当层报最高人民检察院：（1）组织反革命集团、组织越狱、劫狱；（2）行凶杀人、放火、抢夺武器、报复、伤害看守所干警和武警、聚众闹监、集体脱逃、重大案犯脱逃的；（3）在押犯罪嫌疑人、被告人中发生重大疫情、重大伤亡事故；（4）私放未决犯和已决犯、体罚虐待犯罪嫌疑人、被告人致死致残、非法击毙犯罪嫌疑人、被告人和强奸女犯等。

3.《人民检察院劳教检察工作办法（试行）》。

1987年7月，最高人民检察院颁布了《人民检察院劳教检察工作办法（试行）》，该办法规定劳教检察的职权是：（1）对于劳动教养机关的活动是否合法实行监督。（2）直接受理立案侦查劳动教养工作干警和担负护卫的人民武装警察（以下简称护卫武警）在劳动教养场所内发生的属于人民检察院管辖的犯罪案件。（3）对于公安机关侦查的劳动教养人员和留场（厂）就业人员的犯罪案件进行审查，决定是否批捕、起诉或者免予起诉；对于公安机关的侦查活动是否合法实行监督。（4）对于劳教检察管辖的刑事案件提起公诉，出庭支持公诉；对于人民法院的审判活动是否合法实行监督。

劳教检察的业务范围包括：（1）对劳动教养决定执行情况的监督。（2）对劳动教养机关管理教育活动的监督。（3）案件的处理。（4）对申诉和控告的处理。

劳教检察工作应当采取经常检察和重点检察相结合的方法。做到对重大问题能及时发现，及时处理。劳教检察可以听取劳动教养机关的情况介绍，调阅有关文件和档案材料，列席劳动教养机关的有关会议，召开干警、劳动教养人员座谈会、调查会，进行个别谈话，察看劳动教养人员的生产、生活、学习场所等。对检察中发现的违法行为应当查明事实和原因，向劳动教养机关提出纠正。对于一般违法行为，可以口头提出纠正意见；对于严重违法行为，应当发送《纠正违法通知书》，并要求告知处理结果，对拒不纠正的，报告上一级检察院，上一级检察院认为提出的纠正意见正确，应当向同级主管部门提出纠正。对于劳动教养机关工作中需要改进的问题，可以提出检察建议。监所检察部门应当和劳动教养管理委员会、劳动教养管理所（院）、公安机关等部门建立联系制度，互通情况，交换意见，及时研究和解决存在的问题。直接受理的劳动教养工作干警、护卫武警犯罪案件，在立案侦查前可以同有关的劳动教养机关或武警部队联合进行调查；办理劳动教养人员及其家属的申诉和控告案件，可以自行查办，也可以会同有关部门联合进行调查。对劳动教养场所发生的重大情况，要配合有关部门迅速处理并及时报告上一级检察院，下列情况层报最高人民检察院：（1）行凶杀人、放火、投毒、聚众闹事、集体逃跑造成严重后果的；（2）发生重大疫情、重大伤亡事故；（3）打死、打残，非法击毙、击伤劳动教养人员；（4）重大经济犯罪案件。

担负劳教检察工作任务的人民检察院，应当在监所检察处、科内配备相应数量的干部负责此项工作。省、自治区、直辖市、自治州、省辖市人民检察院提请本级人民代表大会常务委员会批准，在大型劳动教养场所或劳动教养场所比较集中的地方，设立派出检察院，担负劳教检察工作。派出检察院依法行使县级人民检察院的职权，由领导它的人民检察院的监所检察部门进行业务指导。不够设立派出人民检察院条件的，由担负劳教检察任务的人民检察院派出驻场（厂）检察组。派出检察组由派出它的人民检察院领导，由监所检察部门进行业务指导。

两个“细则”、一个“办法”的出台，使得监所检察制度和规范相对以往有一些明显变化。（1）将《人民检察院监所检察工作试行办法》分为劳改、看守所两个检察工作细则。鉴于劳改、看守所工作正准备立法，所以这两个检察工作细则仍然是试行细则。（2）对劳改、劳教检察派出机构作出专门规定。1984 年年底召开的全国劳改、劳教检察工作座谈会，对检察派出机构有关问题都作了原则性规定。（3）把管制、剥夺政治权利、缓刑、假释、暂予监外执行等罪犯的执行情况的监督，归入劳改检察工作细则。理由是：这“五种罪犯”与在劳动改造机关服刑的罪犯都属于刑事案件判决、裁定执行的范围，区别只是执行场所不同。况且还要监督暂予监外执行的罪犯，条件消失后是否收监的问题。“五种罪犯”又犯罪案件是否由监所检察部门受理，可根据实际情况由检察长决定。（4）《人民检察院劳教检察工作办法（试行）》将检察是否符合劳动教养规定这一条删掉了。全国人大常委会批准的国务院《关于劳动教养的补充规定》第 5 条规定，“人民检察院对劳动教养机关的活动实行监督”，并没有具体规定监督范围和内容，因此各地在理解上很不一致，尤其是对劳动教养管理委员会审批劳动教养人员时要不要监督一直有两种意见：一是主张监督；二是认为劳动教养是一种行政性的强制措施，没有监督程序，无法检察纠正。《人民检察院劳教检察试行办法》中虽然作过规定，但多数地区并没有实施，少数地区虽然做了，但觉得矛盾太多，遇到问题难以解决。鉴于上述原因，这次修改为：在检察中发现有不符合劳动教养条件的，或者需要追究刑事责任而劳教的，要向原审批单位提出纠正。（5）明确了如何实施对犯罪嫌疑人、被告人羁押期限的监督。《人民检察院看守所检察工作细则（试行）》明确规定，看守所检察中，对超期羁押的犯罪嫌疑人、被告人要查明情况，报告检察长，分别向办案单位提出纠正，属于上级超期羁押的，报上级检察院提出纠正。（6）关于驻所检察问题。驻所检察是人民检察院派员驻在看守所办公，对看守所活动实施法律监督的简称。至于是否住在看守所里，可因地远近而异，不强求一致。有的要求细则应明确规定驻所检察干部的数量，考虑到各地编制和押犯人数差别很大，不宜统一规定。

4. 监所检察工作开展情况。

通过回顾全国人大会议上最高人民检察院工作报告，可以看出这一时期监所检察工作开展的具体状况。

（1）关于 1988 年的监所检察工作。1989 年 3 月 29 日最高人民检察院检察长刘复之在第七届全国人民代表大会第二次会议上所作的最高人民检察院工作报告中指出，监所检察工作加强了对刑事案件判决、裁定的执行和监管改造场所活动的法律监督。在监管改造场所区域内设置的派出检察院有 59 个，驻场检察组已有 580 多个。监所检察部门配合监管改造部门，及时打击了劳改犯、劳教人员在改造期间的犯罪活动，依法起诉劳改犯又犯罪和劳教人员犯罪案件 5921 件。对监管改造场所中发生的体罚、虐待劳改犯和劳教人员以及徇私舞弊、私放罪犯、玩忽职守等犯罪案件依法进行了查处。上一年度共立案侦查监管改造场所干警犯罪案件 159 件，其中有 71 人已经被判处刑罚。同时，认真处理劳改犯和劳教人员的申诉案件，使有关部门对 560 名劳改人员、60 名劳教人员所作的错误或不当的判决和决定得到纠正。

（2）关于 1989 年的监所检察工作。1990 年 3 月 29 日最高人民检察院检察长刘复之在第七届全国人民代表大会第三次会议上所作的最高人民检察院工作报告中指出，在监所检察工作中，1989 年向监管改造场所提出纠正违法建议 24579 件（次）；查处监管改造场所干警体罚虐待被监管人、徇私舞弊、私放罪犯、索贿受贿等犯罪案件 382 件。对罪犯重新犯罪和劳教人员犯罪案件起诉 5700 件。在工作中，同司法行政部门密切配合，认真办理罪犯和劳教人员的申诉，发现疑点，及时与原判法院或原决定机关联系，进行调查工作，逐件落实。1989 年有关部门已对 817 名劳改人员、109 名劳教人员所作的不当判决、决定作了纠正。对无理申诉的也及时予以驳回，并进行认罪服法教育。

（3）关于 1990 年的监所检察工作。1991 年 4 月 3 日最高人民检察院检察长刘复之在第七届全国人民代表大会第四次会议上所作的最高人民检察院工作报告中指出，开展监所检察，促进文明改造。全国检察机关上一年度共起诉劳改犯、劳教人员犯罪案犯 7697 人，查办了少数监管改造场所干警私放罪犯、索贿受贿等犯罪案件。各级检察院加强了对监管改造场所执行法律情况的监督活动，保障了在监管改造工作中贯彻革命人道主义精神和教育、挽救的方针。

（4）关于 1991 年的监所检察工作。1992 年 3 月 28 日最高人民检察院检察长刘复之在第七届全国人民代表大会第五次会议上所作的最高人民检察院工作报告中指出，各级人民检察院加强了对法院判决、裁定执行情况和监管改造场所活动的监督。对判决、裁定执行中的违法情况及时提出纠正意见；严肃查办监管改造场所极少数干警体罚虐待、私放罪犯、徇私舞弊等犯罪案件；惩罚劳改犯和被劳教人员的犯罪活动。通过执法监督，维护监管改造的正常秩序，推动监管改造场所依法文明管理，保障被监管改造人员的合法权益。我国劳动改造罪犯的政策是成功的，取得了举世公认的成果。

（5）关于 1988 年至 1992 年的监所检察工作。1993 年 3 月 22 日最高人民检察院检察长刘复之在第八届全国人民代表大会第一次会议上所作的最高人民检察院工作报告中指出，加强了对人民法院刑事判决、裁定的执行情况及监管改造机关执法活动的监督。各级人民检察院向劳改劳教场所派出检察院 66 个，派驻检察室 711 个，在看守所派驻检察室 1993 个。这些检察机构与监管改造机关配合，坚决打击“牢头狱霸”，维护监管改造秩序，监督和促进对罪犯、劳教人员依法文明管理和改善监所条件，保护被监管人员的合法权益。

（6）关于 1993 年的监所检察工作。1994 年 3 月 15 日最高人民检察院检察长张思卿在第八届全国人民代表大会第二次会议上所作的最高人民检察院工作报告中指出，加强监所检察，重点查办以钱抵刑、违法办理减刑、减期、假释、保外就医并从中索贿受贿的案件，以及徇私舞弊、私放罪犯的案件。共立案查办了监所工作人员贪污、索贿受贿、徇私舞弊、私放罪犯、体罚虐待被监管人等执法犯法的犯罪案件 599 件。吉林省长春监狱一大队副指导员朱某某收受 29 名罪犯及其家属的贿赂 3 万余元，并利用职权违法为这些罪犯呈报办理了减刑、假释、保外就医等。朱某某已被依法判处有期徒刑 12 年。对于监所内发生的无证关押、应交付劳改而未投入劳改、应释放而未释放等违法问题，检察机关及时检察纠正。对监所活动中的违法情况提出纠正意见 39342 件，有关部门已纠正 17823 件。纠正超期羁押问题也取得了较大成绩，对超期羁押犯罪嫌疑人、被告人的情况提出纠正意见 73416 件，有关部门已纠正 34432 件。

（7）关于 1994 年的监所检察工作。1995 年 3 月 13 日最高人民检察院检察长张思卿在第八届全国人民代表大会第三次会议上所作的最高人民检察院工作报告中指出，对监管改造场所执法活动的监督，重点纠正不按法律规定交付执行以及在办理减刑、假释、保外就医工作中出现的以钱抵刑等违法问题。查办监管人员徇私舞弊、私放罪犯和贪污受贿等犯罪案件 723 件。特大贪污案犯程某某被判处死刑缓期 2 年执行后，在四川省第四监狱服刑不到 2 个月，即以“治病”为名脱监。四川省检察机关侦查查明：原绵阳市看守所干警高某某非法为程某某传带书信，以其“丈夫”名义担保，将程某某带出监狱非法同居。绵阳市看守所原副所长王某某、省第四监狱原监狱长兼政委冷某某收受程母贿赂，为程某某传带书信，放程某某出监。现程某某已被收监，高某某、王某某、冷某某三人已被提起公诉。检察机关还与监管改造部门配合，依法打击组织越狱、报复杀害干警、脱逃后又流窜作案等犯罪活动，共起诉这类犯罪分子 4929 人。对监管改造活动违法情况提出纠正意见 46709 件次，发现安全隐患 30127 起，经建议监管部门已解决 26284 起。

（8）关于 1995 年的监所检察工作。1996 年 3 月 12 日最高人民检察院检察长张思卿在第八届全国人民代表大会第四次会议上所作的最高人民检察院工作报告中指出，在监所检察工作中，认真执行监狱法，以解决用钱抵刑问题为重点，严肃纠正不依法交付执行以及办理减刑、假释、保外就医等工作中出现的违法情况。起诉监管改造期间又犯罪人员 4468 人。对监管改造活动中的违法情况提出纠正意见 135419 件次。对监狱、看守所、劳教所干警徇私舞弊、私放罪犯、贪污、受贿、体罚虐待被监管人等犯罪案件，依法追究刑事责任。到1995年年底，已对全国的监管场所基本实现派驻检察。

（三）第三次全国监所检察工作会议

1996年，最高人民检察院召开了全国检察机关第三次监所检察工作会议，总结了第二次监所检察工作会议以来的工作经验，根据当时检察工作形势及工作思路，并根据当时监所检察工作实际，会议在强调把执法监督放在首位的同时，提出了“以办案为龙头，带动执法监督全面开展”的业务指导思想。

会议总结了前期的监所检察工作，主要是：（1）严肃查处监管干警职务犯罪案件，促进了监管机关依法文明管理。1993年最高人民检察院提出“严格执法，狠抓办案”的工作方针后。监所检察部门明确了监所检察主要办理监管干警职务犯罪案件；被关押人员又犯罪的批捕起诉案件；被监管人员的申诉案件；干警利用监管和办理减刑、假释、保外就医等职权索贿受贿、徇私舞弊犯罪案件；监狱、劳教所、看守所企业生产经营活动中的贪污、挪用公款等犯罪案件；监管干警侵权、渎职犯罪案件。（2）对刑事判决、裁定的执行和监管，对看守所、劳教机关的执法活动是否合法实行监督。一是纠正违法减刑（减期）、假释（提前释放）、保外就医（所外就医）的行为；二是严肃纠正侵犯被监管人合法权益的违法行为。对打骂、体罚、侮辱被监管人的，及时提出纠正，构成犯罪的，及时立案查处。加强了对犯罪嫌疑人、被告人超期羁押的监督力度。（3）加强了对监外罪犯执行情况的监督。（4）抓住倾向性问题及时组织专项检察，解决监管场所乱收费、看守所违法截留已决犯、服刑经济罪犯违法保外就医、减刑、假释等问题。（5）配合有关部门从重从快打击又犯罪活动，维护监管改造秩序的稳定。（6）认真处理被监管人的申诉，维护公民的合法权益和法律的严肃性。依法平反了一批冤案，对适用法律不当、定性不准、量刑畸重的判决、裁定及时提出抗诉或纠正意见。（7）积极协助监管改造机关做好对罪犯的教育改造工作，提高改造质量。会议总结十年监所检察工作主要经验：以办案为龙头，带动执法监督的全面开展。

会议强调，要充分发挥监所检察在反腐败斗争中的职能作用。要严肃查处监管改造场所发生的贪污、受贿等犯罪案件，要加强对经济罪犯监管活动的监督。对暴动、组织越狱、行凶杀人、脱逃后再作案等犯罪活动，要快捕快诉；严肃查办监管改造场所干警利用监管和办理减刑、假释、保外就医等职权，索贿、受贿、徇私舞弊等犯罪案件；加强安全防范检察，打击“牢头狱霸”，防止重大事故的发生。要把执法监督工作放到首位，监督要到位，配合不越位。检察纠正对罪犯违法减刑、假释、保外就医，违法对劳教人员的减期、所外就医、提前解教以及侵犯被监管人员合法权益的行为。在做好执法监督工作的同时，认真做好安全防范检察工作，积极配合主管机关对被监管改造人员进行教育改造。

会议结束后的一段时期的监所检察工作，着重抓查办监管干警职务犯罪案件工作。1997 年最高人民检察院在浙江杭州召开了监所检察办案工作座谈会，会后最高人民检察院印发了《关于加强监所检察办案工作的意见》。监所检察查办职务犯罪案件工作有了突破性进展，从而对刑罚执行的监督和对监管改造场所活动的监督得到进一步加强。1997 年年底全国检察长会议提出侦查工作归口管理。1998 年 6 月最高人民检察院下发了《关于重新明确监所检察部门办案范围的规定》，规定各级监所检察部门查办职务犯罪案件，限于刑罚执行和监管改造中的四种职务犯罪案件，即体罚虐待被监管人案，私放在押人员案，徇私舞弊减刑、假释、暂予监外执行案，失职致使在押人员脱逃案。明确派驻监管场所的派出检察院办案范围不变，继续办理监管场所内属检察机关立案侦查的所有职务犯罪案件。突出抓好超期羁押的监督。对在押人员的诉讼时限通过建立羁押检查卡、开展执法跟踪、催办等措施，防止和及时纠正超期羁押的现象，1998 年后，杜绝了一些县级办案机关超期羁押的发生。

通过回顾全国人大会议上最高人民检察院工作报告，可以看出这一时期监所检察工作开展的具体状况。

1. 关于 1996 年的监所检察工作。1997 年 3 月 11 日最高人民检察院检察长张思卿在第八届全国人民代表大会第五次会议上所作的最高人民检察院工作报告中指出，在对监狱、看守所、劳教所执法活动的监督工作中，重点监督不按法律规定交付执行以及办理减刑、假释、保外就医中以钱抵刑等违法问题。共书面或口头提出纠正违法意见 46706 件次。立案侦查监管人员徇私舞弊、贪污受贿等犯罪案件 929 件。工作中，重视保护犯罪嫌疑人、被告人和其他当事人以及服刑犯罪嫌疑人、被告人的合法权益，严肃查办司法、执法人员刑讯逼供、非法拘禁、私放罪犯等犯罪案件。

2. 关于 1993 年至 1997 年五年的监所检察工作。1998 年 3 月 10 日，最高人民检察院检察长张思卿在第九届全国人民代表大会第一次会议上所作的最高人民检察院工作报告中指出，在刑罚执行和看守所执法活动的监督工作中，重点监督纠正不依法交付执行、超期羁押以及办理减刑、假释、保外就医中的违法问题。对不按规定交付执行情况提出纠正意见 94794 件次；对违法提前释放以及执行期满而未及时释放的提出纠正意见 2922 件次。对超期羁押的及时提出了纠正意见。目前，全国检察机关已在监管场所派出检察院 78 个，派驻检察室 3404 个，对监管场所基本实现了派驻检察。

3. 关于 1998 年的监所检察工作。1999 年 3 月 10 日，最高人民检察院检察长韩杼滨在第九届全国人民代表大会第二次会议上所作的最高人民检察院工作报告在回顾一年来的工作时指出，以对罪犯减刑、假释、保外就医活动的监督为重点，强化刑罚执行监督工作。对有关部门办理减刑、假释、暂予监外执行、保外就医中的违法情况，提出纠正意见9672件次。

4. 关于1999年的监所检察工作。2000年3月10日，最高人民检察院检察长韩杼滨在第九届全国人民代表大会第三次会议上所作的最高人民检察院工作报告中指出，加强刑罚执行监督。对违法减刑、假释、暂予监外执行等问题，提出纠正意见8229人次，已纠正6262人次。

5. 关于2000年的监所检察工作。2001年3月10日，最高人民检察院检察长韩杼滨在第九届全国人民代表大会第四次会议上所作的最高人民检察院工作报告中指出，强化审判监督和刑罚执行监督。在刑罚执行监督工作中，对违法减刑、假释、保外就医等情况提出纠正意见9318人次。

这一时期，检察机关积极发挥监所检察职能，全力维护监管场所秩序，一方面，不断加强对看守所管教活动的检察，打击“牢头狱霸”，整顿监管秩序，查办又犯罪案件。其中对“牢头狱霸”和又犯罪人员起诉加刑或并案判决，促进了监管场所的安全和稳定。另一方面，加大法制教育力度。1998年起开展检务公开进高墙活动，在押人员的合法权益得到保障，提高了在押人员的改造自觉性。从在押人员检举揭发犯罪线索中破获各类案件；积极探索对留所服刑人员申报减刑工作实行监督的新方法，将拟申报减刑名单进行监内上墙公布，由监所检察部门多方面收集意见后提出复核意见，促进公正执法。加强对监外执行人员的监督。对判处缓刑、假释、管制、剥夺政治权利和保外就医等监外执行五种罪犯加强检察，每年坚持派员深入当地进行一次以上检察考察。

（四）第四次全国监所检察工作会议

2001年，最高人民检察院召开了全国检察机关第四次监所检察工作会议，强调全面履行监所检察法律监督职责，突出刑罚执行监督重点。明确监所检察工作的重点是刑罚执行监督，监督的主要对象是监狱。监所检察工作的重点是监督，办案也是为监督服务的。监所检察部门查办职务犯罪案件的范围，要按照最高人民检察院的统一规定执行。一是原则上限于规定的四类案件；二是对监管人员的贪污贿赂等其他职务犯罪案件可行使初查权；三是有的案件根据案情和实际需要，可以配合自侦部门查处，也可经检察长批准一并立案侦查；四是派出检察院行使县级检察院的职权，这也包括了对职务犯罪的立案侦查权。

为规范监所检察工作，最高人民检察院于2001年9月下发了《关于监所检察工作若干问题的规定》，对监所检察部门、监所派出检察院、派驻检察室的职责范围及监所派出检察机构的设置等均作了规定。对监所检察部门的职责范围作了调整，一是对监管场所发生“四种”案件以外的其他职务犯罪案件，可以进行初查工作，经检察长批准的，可以进行立案侦查工作。二是监所检察部门不再立案复查罪犯不服刑事判决裁定的申诉案件。三是对于服刑罪犯又犯罪的案件和劳教人员的犯罪案件的审查批捕、审查起诉及出庭支持公诉工作，监所检察部门是否继续承担，规定中不是十分明确。随后 2002 年最高人民检察院下发了《关于重新调整复查刑事申诉办案范围的通知》，进一步明确规定，原由监所检察部门承担的服刑罪犯不服刑事判决裁定的申诉案件，划分为各级检察院的刑事申诉部门统一受理。各级监所检察部门及派驻检察室接到服刑罪犯的不服刑事判决裁定的申诉后，应及时移送各级人民检察院的刑事申诉部门办理。2004 年最高人民检察院重新明确了监所检察查办职务案件范围，下发了《关于调整人民检察院直接受理案件侦查分工的通知》，规定监管场所发生的职务犯罪案件统一由监所检察部门立案侦查。这一时期，一是加强了基层监所检察基础业务建设工作。主要抓派驻检察室与监管单位微机联网工作，加强监所检察网络化建设。最高人民检察院与司法部联合签发了《关于检察机关与监狱、劳教所建立工作联系制度的通知》，规定了派驻检察室与监狱、劳教所进行计算机联网；与公安部联合签发了《关于派驻检察室与看守所实行监管信息联网的通知》，加强了派驻检察室规范化建设，开展了派驻检察室规范化等级评定工作。2003 年 6 月最高人民检察院下发了《关于加强派驻监管场所检察室规范化建设的意见》及其附件《派驻检察室规范化等级评定标准》，各地组织开展了派驻监管场所检察室规范化等级评定工作，推动了派驻检察工作开展。二是强化监所检察监督职责，重点抓刑事羁押期限监督和刑罚执行监督。在全国范围内组织开展了清理和纠正超期羁押专项活动，联合公安部、司法部组织开展了减刑、假释、保外就医专项检察活动。

2004 年最高人民检察院召开了全国监所检察工作会议，总结了前一时期监所检察工作情况，根据新的形势发展，提出新时期监所检察工作的新思路，即以刑罚执行监督为重点，突出查办监管场所发生的职务犯罪案件，强化对在押人员的人权保护，巩固清理和纠正超期羁押的成果，推进监所检察工作全面、协调发展。

通过回顾全国人大会议上最高人民检察院工作报告，可以看出这一时期监所检察工作开展的具体状况。

1. 关于 2001 年的监所检察工作。2002 年 3 月 11 日，最高人民检察院检察长韩杼滨在第九届全国人民代表大会第五次会议上所作的最高人民检察院工作报告中指出，对违反规定不交付执行，以及违法减刑、假释、暂予监外执行的，依法督促纠正 8548 人次。注重保障诉讼参与人的诉讼权利，严把事实关、证据关和适用法律关，纠正刑讯逼供、超期羁押等违法行为。对侦查、审判和刑罚执行活动中的违法情况，提出书面纠正意见 21278 件次。对超期羁押的，依法提出纠正意见 66196 人，已纠正 56389 人。增强法律监督意识，努力探索加强民事审判和行政诉讼监督以及刑罚执行监督的有效途径和方法，积极提出完善监督程序的立法建议，加大监督力度，提高监督实效，维护法律的统一、正确实施。

2. 关于1998年至2002年五年的监所检察工作。2003年3月11日，最高人民检察院检察长韩杼滨在第十届全国人民代表大会第一次会议上所作的最高人民检察院工作报告在回顾五年来的工作时指出，加大对刑罚执行活动和监管活动的监督力度。重点对违法减刑、假释、保外就医和不按规定交付执行等情况进行检察，共提出书面纠正意见44435件次。对侦查、起诉、审判等各个环节的超期羁押问题，共监督纠正308182人次。推行与看守所、监狱管理部门的计算机联网，实施网络化管理和动态监督，防止和减少了监管活动中违法情况的发生。在刑罚执行活动和监管活动监督中，重点监督超期羁押和违法减刑、假释、保外就医等问题。

3. 关于2003年的监所检察工作。2004年3月10日，最高人民检察院检察长贾春旺在第十届全国人民代表大会第二次会议上所作的最高人民检察院工作报告中指出，在刑罚执行和监管活动监督中，对不依法交付执行，违法减刑、假释、保外就医以及体罚虐待被监管人等依法提出监督意见7055人次。配合有关部门对被管制、缓刑、假释、暂予监外执行等人员开展社区矫正试点工作。集中清理纠正超期羁押。为切实保障犯罪嫌疑人、被告人的合法权益，针对诉讼活动中超期羁押屡禁不止的情况，2003年5月，最高人民检察院决定开展清理纠正超期羁押专项监督行动，得到了全国人大常委会和有关专门委员会的大力支持。检察机关从自身做起，对检察环节超期羁押的555人全部予以纠正，到7月底实现了无超期羁押。同时，认真履行法律监督职责，督促侦查、审判机关开展清理工作。最高人民检察院会同最高人民法院、公安部下发了《关于严格执行刑事诉讼法，切实纠防超期羁押的通知》，先后派出18个督查组到重点地区检查落实。各级检察机关积极推行与监管场所监控系统的计算机联网，实行动态监督，普遍建立羁押期限倒计时提示制度，向社会公布超期羁押举报电话和电子信箱，对严重超期羁押案件实行挂牌督办，逐案纠正，共监督纠正侦查、审判环节超期羁押25181人。经过努力，有14个省份实现了各办案环节无超期羁押，其他省份超期羁押问题也基本得到纠正。为了巩固清理、纠正超期羁押工作的成果，有效解决“前清后超”、“边清边超”等问题，最高人民检察院制定了《关于在检察工作中防止和纠正超期羁押的若干规定》，建立了羁押期限告知、期限届满提示、检查通报、超期投诉和责任追究等八项制度。明确规定，对滥用职权或者严重不负责任造成超期羁押的，要依法追究直接责任人员及其主管领导的责任。

4. 关于2004年的监所检察工作。2005年3月9日，最高人民检察院检察长贾春旺在第十届全国人民代表大会第三次会议上所作的最高人民检察院工作报告中指出，加强对刑罚执行活动的监督。针对减刑、假释、保外就医中存在的问题，最高人民检察院会同公安部、司法部组织开展了减刑、假释、保外就医专项检察活动。截至2004年年底，全国检察机关共清理减刑、假释、保外就医案件

1209247件。对检查发现的问题提出纠正意见20472件次，有关部门已纠正17431件，其中对不符合保外就医条件的罪犯重新收监1247人，从中立案侦查涉嫌职务犯罪的案件97件107人。推行监所网络化管理和动态监督，对刑罚执行和监管活动中的违法情况提出纠正意见9299人次。配合有关部门深化监外执行罪犯社区矫正试点工作。注重保障在押犯罪嫌疑人的合法权益。最高人民检察院会同公安部部署开展了“加强监管执法、加强法律监督，保障刑事诉讼顺利进行、保障在押人员合法权益”示范单位创建活动，防止体罚虐待、违法提审等问题的发生，促进依法文明管理。完善防止和纠正超期羁押的长效机制，落实实地督办、定期通报、责任追究等制度，纠正超期羁押7132人。到2004年年底，检察机关办案环节继续保持了无超期羁押；各个诉讼环节无超期羁押的省、自治区、直辖市由2003年年底的14个上升到29个。严肃查办侵犯人权的犯罪。组织开展了查办国家机关工作人员利用职权侵犯人权犯罪案件专项活动，重点查办非法拘禁、非法搜查、刑讯逼供、暴力取证、虐待被监管人、破坏选举以及严重渎职造成人民生命财产重大损失的案件。完善对超期羁押和刑罚执行的监督机制，进一步加强对减刑、假释、暂予监外执行的监督。

5. 关于2005年的监所检察工作。2006年3月11日，最高人民检察院检察长贾春旺在第十届全国人民代表大会第四次会议上所作的最高人民检察院工作报告中指出，加强刑罚执行和监管活动监督。探索建立权利告知制度和被监管人员约见检察官制度，及时受理被监管人员的控告和申诉，维护其合法权益。对违法减刑、假释、保外就医，不按规定交付执行和违法会见、通信、提审等情况提出纠正意见8625件次。进一步加强对侦查、审判环节超期羁押问题的监督，建立健全纠防超期羁押的长效机制。在有关部门的共同努力下，前纠后超、边纠边超现象得到有效遏制，各个诉讼环节新发生的超期羁押从2004年的4947人次下降到2005年的271人次。加强对失足青少年的教育挽救和对罪犯监外执行社区矫正工作的法律监督。加强对刑罚执行活动的监督，依法纠正违法减刑、假释、保外就医等问题，继续做好纠防超期羁押工作，防止发生新的超期羁押。

6. 关于2006年的监所检察工作。2007年3月13日，最高人民检察院检察长贾春旺在第十届全国人民代表大会第五次会议上所作的最高人民检察院工作报告中指出，对违法减刑、假释、暂予监外执行的，提出纠正意见2846人次。最高人民检察院在部分地区组织开展了监外执行罪犯脱管漏管专项检察，监督纠正6074名监外执行罪犯的脱管漏管问题，对不再具备监外执行条件的207名罪犯督促有关部门予以收监执行。巩固集中清理超期羁押的成果，监督纠正超期羁押233人次，检察环节继续保持无超期羁押。依法履行对诉讼活动的法律监督职责，强化对民事审判、行政诉讼和刑罚执行活动的监督，坚决监督纠正执法不严、司法不公问题，切实防止冤案错案。

7. 关于2003年至2007年五年的监所检察工作。2008年3月10日，最高人民检察院检察长贾春旺在第十一届全国人民代表大会第一次会议上所作的最高人民检察院工作报告中指出，强化刑罚执行和监管活动法律监督。加强派驻监管场所检察室规范化建设，推行与监管场所的信息、监控系统联网，依法监督纠正减刑、假释、暂予监外执行不当13275人，对不按照规定将罪犯交付执行等违法情况提出纠正意见29631件次。会同公安机关开展“加强监管执法、加强法律监督，保障刑事诉讼顺利进行、保障在押人员合法权益”示范单位创建活动，防止体罚虐待、违法提审等问题的发生，促进了依法文明管理。有针对性地开展专项法律监督。在全国人大常委会的支持下，开展集中清理纠正超期羁押工作，纠正了一批历史遗留的超期羁押问题，并在此基础上建立健全防止和纠正超期羁押长效机制，使侦查、起诉、审判各环节新发生的超期羁押从2003年的24921人次下降到2007年的85人次。为推动落实尊重和保障人权的宪法原则，开展了以纠正刑讯逼供为重点的专项侦查监督、逮捕工作专项检察、服刑人员申诉专项清理活动。为保证刑罚执行和监管活动严格依法进行，开展了减刑、假释、保外就医专项检察和核查纠正监外执行罪犯脱管漏管专项工作。健全对减刑、假释、暂予监外执行的同步监督机制，建立罪犯监外执行工作监督机制，完善对刑罚执行和监管活动的监督制度。

（五）第五次全国监所检察工作会议

2007年11月，最高人民检察院召开了第五次全国监所检察工作会议。这次会议是在2007年3月最高人民检察院印发《关于加强和改进监所检察工作的决定》的背景下召开的。

会议强调，严查刑罚执行与监管活动职务犯罪。各级检察机关要按照十七大的要求，把查办刑罚执行和监管活动中的职务犯罪工作作为检察机关查办职务犯罪工作的重要组成部分，要认真受理罪犯及其家属和相关人员的举报、控告，注意从刑罚变更执行和监管活动中的不正常现象背后发现腐败问题，依法查处其中的职务犯罪案件。会议指出，当前我国刑事犯罪仍呈高发态势，刑罚执行和监管任务日趋繁重，监管场所在押人员的构成日益复杂，改造与反改造的斗争相当尖锐。监所检察部门要通过认真履行法律监督职责，在促进监管场所依法文明科学管理、保障刑罚依法正确执行的同时，积极配合监管机关做好教育改造罪犯等工作，促使违法犯罪分子改过自新，真正成为有益于社会的新人，为更好地发挥维护稳定、促进和谐的职能作用作出应有的贡献。监所检察部门既要依法全面履行职责，认真做好各项工作，同时也要突出工作重点，做到哪些问题突出、哪些问题人民群众反映强烈，就集中力量重点解决哪些问题，以增强监督的实效。要始终把工作的着力点放在加强对刑罚执行和监管活动的监督上，要抓好刑罚变更执行监督、防止和纠正超期羁押、监督纠正侵犯被监管人合法权益的违法行为等重点工作。针对刑罚执行的薄弱环节，尤其是职务犯罪、涉黑涉恶涉毒犯罪等人员刑罚变更执行中的突出问题，强化监督措施，促进刑罚执行活动严格依法进行。要进一步深化监所检察工作改革，适应监管部门推行的监狱布局调整和社区矫正工作试点等改革措施，建立和完善巡回检察、监外执行检察、社区矫正监督、劳动教养审批活动监督等相关监督工作机制，丰富监督形式，改进监督手段，增强监督效果。

自 2007 年 3 月以来，最高人民检察院突出加强了监所检察规范化建设，特别是制定下发了《关于加强和改进监所检察工作的决定》、监所检察“四个办法”和《关于加强人民检察院派驻监管场所检察室建设的意见》等规范性文件。2010 年年底，最高人民检察院印发了《检察机关执法工作基本规范（2010 年版)》，对检察机关执法办案工作过程中涉及的每一个执法行为、执法环节、执法措施作出明确、严密、标准、可操作性的规定。其中监所检察部门是在吸纳和修改完善监所检察现有执法规范的基础上编纂的。最高人民检察院《关于加强和改进监所检察工作的决定》是从宏观上对监所检察制度的职责、定位、任务、重点等作了规范，监所检察“四个办法”是对监所检察工作的具体内容、方法、程序等作了全面的规范。基于派出派驻监所检察机构在监所检察工作中的重要基础性作用，规范派出派驻监所检察机构的设置和管理也是推进监所检察规范化建设的重要内容。

1. 最高人民检察院《关于加强和改进监所检察工作的决定》。

最高人民检察院制定《关于加强和改进监所检察工作的决定》，目的是进一步加强对刑罚执行和监管活动的法律监督，保护被监管人的合法权益，更好地发挥监所检察打击犯罪、保障人权、化解矛盾、促进和谐的职能作用。《关于加强和改进监所检察工作的决定》的内容包括了监所检察工作的各个方面，一共分六个部分，30 条。

第一部分：充分认识监所检察工作的重要性，进一步加强对监所检察工作的领导。

提高认识、加强领导，是加强和改进监所检察工作的重要前提。《关于加强和改进监所检察工作的决定》从促进监管场所依法、严格、文明、科学管理，保护被监管人合法权益，保障刑罚正确执行，维护社会公平正义，服务和谐社会建设的高度，充分阐述了加强监所检察工作的重要性。明确提出，对刑罚执行和监管活动实行监督是法律赋予检察机关的一项重要法律监督职能，是中国特色社会主义检察制度的重要内容，是检察机关惩治和预防职务犯罪、强化诉讼监督、维护社会稳定的重要工作。这标志着对监所检察工作重要性认识的进一步深化，对于进一步统一各级检察机关对监所检察工作的认识具有重要的意义。

监所检察工作是检察机关一项传统的业务工作，因为多种因素，监所检察工作长期以来没有受到应有的重视。过去，在监所检察工作的定位、职责的认识上也存在一些不够科学的地方。近年来，随着纠防超期羁押、减假保专项检察等一些专项检察活动的开展，监所检察的社会影响力和公信力有所提高，对监所检察工作规律的认识和把握的水平也有所提高。这些都有利于提升监所检察的地位和作用。

第二部分：进一步明确监所检察职责和重点。

《关于加强和改进监所检察工作的决定》规定监所检察的主要职责共有九项：(1) 对监狱、看守所、拘役所执行刑罚和监管活动是否合法实行监督；(2) 对人民法院裁定减刑、假释是否合法实行监督；(3) 对监狱管理机关、公安机关、人民法院决定暂予监外执行活动是否合法实行监督；(4) 对劳动教养机关的执法活动是否合法实行监督；(5) 对公安机关、司法行政机关管理监督监外执行罪犯活动是否合法实行监督；(6) 对刑罚执行和监管活动中的职务犯罪案件立案侦查，开展职务犯罪预防工作；(7) 对罪犯又犯罪案件和劳教人员犯罪案件审查逮捕、审查起诉，对立案、侦查和审判活动是否合法实行监督；(8) 受理被监管人及其近亲属、法定代理人的控告、举报和申诉；(9) 承办检察长交办的其他事项。《关于加强和改进监所检察工作的决定》明确监所检察工作的重点主要有四项：(1) 开展对刑罚变更执行的监督；(2) 防止和纠正超期羁押；(3) 监督纠正侵犯被监管人合法权益的违法行为；(4) 查办刑罚执行和监管活动中的职务犯罪案件工作。

《关于加强和改进监所检察工作的决定》明确刑罚执行和监管活动监督的具体对象包括：监狱、看守所、拘役所执行刑罚和监管活动；人民法院裁定减刑、假释活动；监狱管理机关、公安机关、人民法院决定暂予监外执行活动；劳动教养机关的执法活动；公安机关、司法行政机关管理监督监外执行罪犯活动。监督的内容是这些刑罚执行和监管活动是否合法。《关于加强和改进监所检察工作的决定》在监所检察查办职务犯罪方面明确了办案范围是“刑罚执行和监管活动中的职务犯罪案件”。这里面有一个概念的变化，2004 年 9 月下发的侦查分工调整的通知中还是沿用过去的概念，就是监管场所发生的职务犯罪案件由监所检察部门查办。这个概念从有监所检察部门开始一直沿用到 2004 年 9 月。最高人民检察院监所检察厅对这个概念进行了理性的思考，感觉太准确，涵盖不了监所检察部门负责查办的职务犯罪案件。通过研究论证，将办案范围确定表述为“刑罚执行和监管活动中的职务犯罪案件”。因为监管场所发生的职务犯罪案件不包括审判人员徇私舞弊减刑、假释、暂予监外执行等一些渎职犯罪案件，也不包括监管场所干警在大墙以外实施的职务犯罪案件。现在把办案范围界定为“刑罚执行与监管活动中的职务犯罪案件”，就把这两类案件也包括进来了。

第三部分：积极查办刑罚执行和监管活动中的职务犯罪案件。

至少每二年巡察监狱一次"，"推事检察官得以巡视监狱"等，有了检察官对监狱活动的监督规定。

1911年辛亥革命后的北洋军阀政府统治时期沿用了清末的各种法律制度，大理院是最高审判机关，在大理院及其各分院内，分别设置了总检察厅和检察分厅，在地方各级审判机关内设置同级检察机构，独立行使检察权。有关法律明确规定了检察官对于刑事判决的执行和监狱负有监督的责任。

北洋政府于1915年颁布的《京师高等检察厅暂行处务规则》第21条规定，"检察官处务除别有规定外，由检察长依下列各款分配之：（一）对于所属各厅及各县各监狱之指挥监督……（七）执行案件"。此外，还规定了同级审判厅判决的案件，由主任检察官指挥执行。"这一时期检察机关不仅监督判决的执行，还亲自处理一些执行事宜。《刑事诉讼律草案执行编》第478条规定，执行裁判，由配置于……审判衙门之检察官执行之。"①

另外，北洋军阀政府于1913年颁布的《监狱规则》第84条规定，在判决执行过程中，如果变更判决之执行，"监狱长官得为受谕知刑罚之在监者为赦免之声请，前项声请书经由谕知刑罚之检察厅提交司法部"。《监狱规则》第6条规定："司法部每二年一次派员视察监狱。"第7条规定："视察员得以检察官充之。"此外，还有些对监狱活动监督的具体规定，如规定"在监者死亡，监狱长官须会同检察官检验其尸体"等。此外，还颁布了《各县看守所规则》、《看守所暂行规则》，看守所附设于各级审判机关，专门羁押未判决的刑事被告人。《看守所暂行规则》第2条规定，"看守所由地方检察厅检察长监督"。

二、国民党政府时期检察制度中的监所检察

国民党政府时期的检察制度承袭了清末和北洋军阀政府建立的检察制度，有关检察厅和检察长的规定大多参照属大陆法系国家的日本。1927年国民党政府立法撤销了检察厅和检察长，在最高法院内设置检察署。虽然检察机构几经变化，但检察官对于刑事判决执行和监狱活动进行监督的职责没有变化。

1. 关于对执行刑事判决的监督。国民党政府于1935年颁布并于1945年修订的《刑事诉讼法》第461条规定，"执行裁判由裁判之法院之检察官指挥之"。其具体职责主要有：执行死刑由检察官临场监视；被判死刑、徒刑或拘役刑而未羁押的，执行时由检察官传唤，传唤不到的，应行拘留，逃跑的则进行通缉；判两种以上刑罚的应先执行重刑，必要时检察官有权命令先执行他刑；执行过程中应更定其刑的，由该案犯罪事实最后判决的法院的检察官申请该法院裁定等。

2. 关于对监狱、看守所的监督。国民党政府颁布的《监狱行刑法》、《行刑

---

① 曾宪义主编：《检察制度史略》，中国检察出版社2008年版，第171页。

在检察机关里面，目前有三个有完整侦查权的部门，即反贪部门、反渎部门和监所检察部门，但监所检察部门的侦查和反贪部门、反渎部门的侦查是不一样的，不能把监所检察部门作为第三个侦查部门来看待，监所检察部门还有其他业务工作，办案是为强化监督服务的。

注意工作规范。一是规范案件线索管理。严格按照规定分级上报备案，严禁瞒案不报、压案不查、有案不办。规范案件线索管理很重要。必须严格执行最高人民检察院监所检察厅制定的案件线索备案制度。因为监管场所的这些案件互相联系比较多，在押人员流动性强，有犯罪地、看守所关押地、监狱关押地等。又犯罪的还有又犯罪地、发案地，还有原判法院所在地，等等。案件线索由上级检察院集中备案，能更好地发挥案件线索的作用。二是规范办案活动。严格办案纪律，确保办案安全。要按照规定的范围和程序接受人民监督员的监督。三是规范协作配合，特别是与反贪、反渎部门的协调与配合。刑罚执行和监管活动中发生的重大、复杂或者跨地区的职务犯罪案件，经检察长决定可以交由反贪或者反渎部门办理。对此，监所检察部门要积极配合。

第四部分：建立、完善刑罚执行和监管活动监督机制。

执法规范化建设是监所检察亟待加强和改进的又一个方面，特别是建立、完善刑罚执行和监管活动监督机制。这一部分既规定了外部监督机制，也规定了内部工作制度；既重点规定了监督工作机制，也对一些工作提出了具体的要求。

把握好刑罚执行和监管活动监督机制建设的方向和基本要求，就是要对刑罚执行和监管活动实行全程同步监督、动态监督，加强监督长效机制建设。要把过去那种事后监督改变为同步监督，把减刑、假释、暂予监外执行裁决、审批整个过程置于法律监督范围之内。根据《关于加强和改进监所检察工作的决定》，最高人民检察院又印发了《关于办理减刑、假释案件具体应用法律若干问题的规定》，进一步明确实行全程同步监督。

《关于加强和改进监所检察工作的决定》明确要求，检察机关发现刑罚执行机关对不符合减刑、假释、暂予监外执行情形的罪犯违法提请、呈报减刑、假释、暂予监外执行的，应当及时提出纠正意见；发现罪犯符合减刑、假释、暂予监外执行情形，刑罚执行机关未提请、呈报减刑、假释、暂予监外执行的，应当及时提出检察建议。要对九类罪犯刑罚执行和监管情况进行重点监督，并逐人建立档案。这九类罪犯是：职务犯罪的罪犯；涉黑涉恶涉毒犯罪的罪犯；破坏社会主义市场经济秩序的侵财性犯罪的罪犯；服刑中的顽固型罪犯和危险型罪犯；从事事务性活动的罪犯；多次获得减刑的罪犯；在看守所留所服刑的罪犯；调换监管场所服刑的罪犯；其他需要重点监督的罪犯。

第五部分：规范派驻检察机构建设。

规范派驻检察机构建设，既包括对派出检察院的规范问题，也包括对派驻检察室的规范问题；既包括派驻检察机构的内属关系问题，也包括监所检察部门与派驻检察机构之间的关系问题。派出检察院应该由哪一级检察院派出，派出检察院与监所检察部门是什么关系，派驻检察室与监所检察部门是什么关系等，这些问题都是监所检察部门长期以来想解决而没有解决的难题。

《关于加强和改进监所检察工作的决定》强调指出，对设立的派出检察院和在监狱、看守所、劳教所设置的派驻检察室，要加强管理和规范。管理和规范的内容包括派驻检察机构设置、派出院检察长和派驻检察室主任配备、派驻检察室规范化等级评定、派驻检察机构基础建设等，重点是如何规范的问题。一是规范派出检察院和派驻检察室的设置。《关于加强和改进监所检察工作的决定》要求除直辖市外，派出检察院一般由省辖市（自治州）人民检察院派出。对于没有设置派出检察院的监狱、劳教所，一般由市级人民检察院派驻检察室。对于看守所，由其所属的公安机关对应的人民检察院派驻检察室。根据工作需要，派出检察院对所担负检察的监管场所要设置派驻检察室。二是规范派出院检察长和派驻检察室主任的配备。《关于加强和改进监所检察工作的决定》要求省辖市（自治州）人民检察院派出的检察院检察长与派出它的人民检察院监所检察部门主要负责人由一人担任，派出检察院检察长应当由与监管场所主要负责人相当级别的检察官担任。派驻检察室主任应当由派出它的人民检察院监所检察部门的负责人或者相当级别的检察官担任。派出检察院派驻检察室主任应当由派出检察院副检察长或者相当级别的检察官担任。三是规范派驻检察机构与派出它的人民检察院监所检察部门之间的关系。《关于加强和改进监所检察工作的决定》明确派出检察院的各项业务工作，应当由派出它的人民检察院监所检察部门统一管理和指导；派驻检察室由派出它的人民检察院监所检察部门进行业务管理和指导。四是规范派驻检察室规范化等级评定工作。《关于加强和改进监所检察工作的决定》明确一级规范化检察室由最高人民检察院每三年评定一次，二级、三级规范化检察室由省级人民检察院每两年评定一次。对评定的规范化检察室实行动态管理，不符合条件的应当降低或者撤销规范化等级。五是规范派出检察院的经费保障。《关于加强和改进监所检察工作的决定》要求派出检察院经费保障独立预决算或者直接拨款。六是规范派驻检察人员的行为。《关于加强和改进监所检察工作的决定》要求派驻检察人员每月派驻检察时间不得少于 16 个工作日。此外，还对巡回检察作了具体规范。

第六部分：加强监所检察队伍建设。

重点加强监所检察领导班子建设。《关于加强和改进监所检察工作的决定》对监所检察人员领导班子建设提出了更高的要求，要求选配政治立场坚定、理论素质高、工作能力强、有组织能力的人员到监所检察部门的领导岗位。特别是有一条对省院监所检察处处长的要求。一个省的监所检察工作能不能搞好，领导的重视和支持是分不开的。但是如果处长责任心不强，领导再重视监所检察工作也难出成果。如果处长事业心很强，客观上的困难也会逐步得到解决。因此，《关于加强和改进监所检察工作的决定》强调要配强省级院的监所检察处的领导班子，选拔政治素质好、业务精通、能办案会监督、善于协调、有开拓精神的干部担任监所检察处处长。

重点抓好对派驻检察人员的管理。全国检察机关派驻监管场所的人员占监所检察部门人员的75%左右，可以说，这部分人员是监所检察工作的主力军。因此，加强监所检察队伍管理，很重要的一项任务是抓好对派驻检察人员的管理。派驻检察人员常年派驻监管场所工作，工作任务重，压力大，由于远离机关，如果不加强管理，自身再要求不严，就很难履行好派驻检察职责，更不要说发挥好主力军的作用，有的甚至还会被监管场所同化，出现违法违纪问题。因此，《关于加强和改进监所检察工作的决定》在要求对所有监所检察人员严格教育、严格管理和严格监督的同时，又强调要实行派驻检察人员定期交流轮换制度，建立派驻检察人员工作绩效考核机制，对派驻检察人员管理提出了更高的要求。

2. 监所检察“四个办法”。

为进一步规范日常监所检察工作，提高执法监督的规范化水平，2008 年 3 月，最高人民检察院印发了监所检察“四个办法”。监所检察“四个办法”的制定和施行标志着监所检察业务建设步入了新的时期。

监所检察“四个办法”的框架结构大同小异。以《人民检察院监狱检察办法》为例，《人民检察院监狱检察办法》共 9 章 57 条。除总则、其他规定和附则外，关于具体业务的规定为六章，分别是：第二章“收监、出监检察”，包括收监检察和出监检察两节，对罪犯收监、出监检察的内容、方法和提出纠正意见的情形作出了规定，并特别规定了驻监检察机构对于执行地监所检察部门的暂予监外执行罪犯情况告知义务。第三章“刑罚变更执行检察”，包括减刑、假释检察和暂予监外执行检察两节，对刑罚变更执行检察的内容和方法作了规定，并按照对等监督的原则设计了检察监督的具体程序。该办法规定了对人民法院减刑、假释裁定不当的纠正意见由人民法院的同级人民检察院提出。第四章“监管活动检察”，包括禁闭检察、事故检察、狱政管理和教育改造活动检察三节内容，对监管活动检察的内容、方法和有关工作程序作了规定，并要求派驻检察机构参加监狱召开的狱情分析会，与监狱建立联席会议制度并协助监狱对罪犯进行教育。第五章“办理罪犯又犯罪案件”，对监所检察部门办理罪犯又犯罪案件的职能、程序和有关要求作了规定，并详细规定了发现罪犯在判决宣告前还有其他罪行没有判决的处理方法，即适宜于服刑地人民法院审理的，依照该办法第 40 条、第 41 条的规定办理；适宜于原审地或者犯罪地人民法院审理的，转交当地人民检察院办理；属于职务犯罪的，交由原提起公诉的人民检察院办理。第六章

“受理控告、举报和申诉”，对受理控告、举报和申诉的工作程序和要求作了规定，并详细规定了刑事申诉的处理方法。该办法第 47 条规定：“人民检察院监所检察部门审查刑事申诉，认为原判决、裁定正确、申诉理由不成立的，应当将审查结果答复申诉人并做好息诉工作；认为原判决、裁定有错误可能，需要立案复查的，应当移送刑事申诉检察部门办理。”这条规定进一步完善了最高人民检察院关于调整服刑人员刑事申诉案件管辖的通知中刑事申诉归口管理的意见，明确了监所检察部门的责任和刑事申诉检察部门的任务。第七章“纠正违法和检察建议”，对纠正违法和检察建议的适用条件、程序以及对被监督单位异议的复议、复核作出了规定。该办法后附《人民检察院监狱检察工作图示》和“一志八表”样式。

监所检察“四个办法”重点规定了入监（所）出监（所）检察、刑罚或劳教变更执行检察、监管活动检察等日常检察的内容、方法、应当提出纠正意见的情形和监督的程序。

一是日常执法检察的内容。主要包括：（1）检察收押收容管理、刑满释放、解除劳教和罪犯、劳教人员出监出所管理、呈报刑罚或者劳教变更执行、监外执行、所外执行、保外就医、所外就医、适用和执行禁闭、教育管理等执法活动是否符合有关规定。（2）检察被执行人、被监管人特别是在押人员的合法权益是否得到保障。（3）审查有关法律文书和凭证是否齐备、合法、有效、正确。（4）检察监管场所发生的事故。

二是日常执法检察的方法。主要包括：（1）深入生活、学习、劳动现场、会见室、禁闭室和事故现场等进行实地检察。（2）查阅有关登记、凭证、资料、证明、记录、审批表和案卷材料等。（3）与被监管人及其亲属、出监出所人员、监管民警及其他有关人员谈话，了解情况，听取意见。（4）列席监管场所有关会议。（5）在法定节日、重大活动之前或者期间，督促监管场所进行安全防范和生活卫生检查。

三是日常检察应当及时提出纠正违法意见的情形。主要包括：（1）违反法定条件收监收容罪犯、劳教人员、呈报刑罚或者劳教变更执行、适用禁闭、使用戒具。（2）滥用执法和管理权。（3）执法不作为。包括：没有履行必要的通知、送达等程序或者不及时办理释放或者解教等手续；没有严格执行有关管理规定。（4）缺乏必要的凭证、证明、手续，或者人证不符、手续不完备。（5）其他违反劳教执行规定的情形。

四是日常监督的具体程序。派驻检察人员发现轻微违法情况，可以当场提出口头纠正意见，并及时向派驻检察机构负责人报告，填写《检察纠正违法情况登记表》。派驻检察机构发现严重违法情况，或者在提出口头纠正意见后被监督单位 7 日内未予纠正且不说明理由的，应当报经本院检察长批准，及时发出

《纠正违法通知书》。人民检察院发出《纠正违法通知书》后15日内，被监督单位仍未纠正或者回复意见的，应当及时向上一级人民检察院报告。

3. 加强监所派出检察院的规范化建设。

最高人民检察院《关于加强和改进监所检察工作的决定》、监所检察“四个办法”等规范性文件，是推进监所派出检察院规范化建设的重要指导。根据《基层人民检察院规范化建设考核办法》的规定和监所派出检察院的特点，推进监所派出检察院规范化建设，主要包括派驻检察业务建设、派驻检察队伍建设、检务保障和信息化建设、派驻检察制度建设和检察形象建设等五个方面。

监所派出检察院派驻检察业务规范化建设，应当达到以下标准：（1）认真贯彻落实上级检察院及其监所检察部门的工作部署，围绕“强化法律监督，维护公平正义”检察工作主题开展各项检察业务，认真完成上级检察院及监所检察部门布置的专项活动和专题检察任务。（2）认真履行刑罚执行监督和监管活动监督职责。及时发现监狱、劳教所在收押、收容、释放、解教、严管禁闭以及在押人员的生活卫生、生产劳动管理中的违法情况，提出纠正意见率达100%。发现殴打、体罚虐待被监管人等情况，及时进行查处。（3）发现执行机关提请罪犯减刑、假释、保外就医不当的，提请劳教人员减期、延期、提前解教、所外执行、所外就医不当的，提出纠正意见率达100%。收到减刑、假释裁定书和暂予监外执行决定书，在规定期限内审查，审查率达100%，发现裁定（决定）罪犯减刑、假释、暂予监外执行不当和劳教人员减期、延期、提前解教、所外执行、所外就医不当的，提出纠正意见率达100%。（4）发现监管干警职务犯罪案件线索统一管理，及时进行审查，积极开展初查，符合立案条件的，及时立案侦查。无瞒案不报、有案不查的情况，无超期羁押情况，不违法办案，不办错案，办案数量和办案质量符合上级院要求。初查及立案侦查的职务犯罪案件，按规定报请批准和上报备案审查。（5）对监狱、公安机关移送的罪犯又犯罪案件和劳教人员犯罪案件，在法定期限内办结，审查批捕准确率达98%以上，起诉案件的有罪判决率达95%以上。依法对罪犯又犯罪案件和劳教人员犯罪案件实行立案监督，准确率达90%以上。积极协同监管单位开展打击“牢头狱霸”活动，每次活动都要有记载。（6）被监管人及其近亲属、法定代理人对监管机关及监管干警违法犯罪的控告、举报材料，在7天内审查提出处理意见。实名举报、控告的，办结后15日内书面反馈意见。对服刑罪犯不服刑事判决裁定提出的申诉，劳教人员不服劳教决定提出的申诉，在一个月内复查完毕，提出处理意见。（7）定期开展安全防范检察，发现安全隐患及时提出检察建议，并协助监管场所消除隐患。重大节假日和重大政治活动期间，协助监管机关进行全面安全防范检察。每次检查都要有记载。（8）发生重大生产事故、被监管人员非正常死亡、斗殴等重大事件，接到监管机关的通知后，应当立即赶到现场，了解情况并依法履行职责。按重大事故报告制度要求，在24小时内报告上一级检察院监所检察部门。（9）积极开展职务犯罪预防工作和对在押人员的法制宣传教育工作。发现监管工作中的漏洞，及时提出检察建议，并协助做好立章建制工作。每年上法制宣传教育课不少于两次，每名派驻检察人员每月找在押人员谈话不少于一次。上法制宣教课、找在押人员谈话要有记载。（10）各种业务工作制度健全，下派各检察室检察日志记载规范，业务台账清楚，各项业务统计数据准确，按时上报，无弄虚作假。法律文书制作规范，案卷归档符合要求。建立与监管机关的联席会议制度，每季度召开一次联席会议，每次联席会议有文字记载。半年有工作小结，年度有工作计划和工作总结，并及时上报上一级检察院监所检察部门。

监所检察管理机制建设，应当达到以下标准：（1）管理制度体系比较健全，规章制度实用性、操作性较强，形成了符合监所派出检察院特点的具有活力的管理机制。（2）建立和落实派出检察院领导、各业务科室、各派驻检察室岗位责任制和目标管理责任制。实行岗位目标量化考核制度。（3）对派驻检察业务实行规程管理。认真执行《监狱检察工作规程》、《劳教检察工作规程》。查办职务犯罪案件和办理又犯罪、劳教人员犯罪案件，执行办案工作规程。（4）检察委员会制度健全，议事效率高，决策民主、科学，无规避检委会讨论决定的案件和事项，召开检委会有会议纪要。（5）建立和完善内部监督机制，查办职务犯罪案件严格执行侦诉分开制度。

4. 加强派驻检察室的规范化建设。

派驻检察室规范化等级共分三级，其中三级规范化检察室需要达到以下条件和标准。

一是完成工作任务方面：（1）做好日常检察。派驻检察人员每周至少一次深入被监管人劳动、学习、生活三大场所进行巡视检察，认真检察监狱、看守所、劳教所的收监、收押、入监（所）、出监（所）、留所服刑、禁闭活动和教育改造、教育管理活动，发现违法情况及时提出纠正意见。重点检察违法禁闭、违法使用戒具、体罚虐待、未成年犯留所服刑、超时间、超体力劳动、“牢头狱霸”等问题。发现违法情形及时提出纠正意见。（2）认真开展刑罚变更执行、劳教变更执行检察。发现执行机关呈报、提请决定罪犯减刑、假释、暂予监外执行和劳教人员减期、延期、提前解教，所外执行、所外就医不当或者违法的，及时提出纠正意见。（3）全面开展羁押期限检察。建立在押人员台账，及时掌握在押人员所在诉讼环节及其羁押期限。落实羁押期限届满前7日提示、到期催办制度，提出纠正意见率达100%。看守所出现犯罪嫌疑人、被告人被羁押超过3年的，按照有关规定及时报告上级人民检察院。（4）做好监管场所事故检察工作。发生被监管人死亡、脱逃、群体病疫、伤残、破坏监管秩序等重大事件，在接到监管机关的通知后，应当立即赶到现场了解情况，依法履行监督职责，并及时向上级人民检察院报告。其中对被监管人死亡的，应当严格按照最高人民检察院关于监管场所被监管人死亡检察程序的规定开展检察工作。（5）做好安全防范检察工作。发现安全隐患及时提出纠正意见或检察建议，并协助监管场所消除隐患。在法定节日或重大活动之前和期间，开展安全防范检察。（6）做好被监管人生活、卫生标准情况检察。每半年至少对监管场所被监管人伙食费、卫生费的使用情况进行一次检察。依法纠正监管人员克扣伙食费、卫生费等侵犯被监管人合法权利的违法行为。（7）认真办理被监管人及其法定代理人、近亲属的控告、举报和申诉。对控告、举报监管机关和监管民警违法犯罪的材料，控告人、举报人要求回复办理结果的，应当及时将调查核实情况反馈控告人、举报人。对反映超期羁押犯罪嫌疑人、被告人的申诉，应在7日内审查完毕，提出处理意见，并将处理情况及时反馈申诉人。（8）执法规范。依照法定程序提出纠正违法意见和检察建议，相关文书格式和内容规范。对于事故的调查和经办的案件，做到办案程序合法，案件材料齐全，法律文书规范，结案后及时立卷归档。

二是在执行工作制度方面：（1）派驻检察人员每月派驻监管场所检察时间不少于16个工作日，遇有突发事件时应当及时检察，法定节假日期间进行巡回检察。（2）落实检察室岗位责任制和各项监所检察业务工作管理制度。按照规定内容开展日、周、月检察和及时检察。派驻检察人员每周至少选择2名被监管人进行谈话。（3）落实与监管单位的工作联系制度。检察室每半年至少与监管机关召开一次联席会议，共同分析监管执法和检察监督中存在的问题，研究改进工作措施。列席监管单位的相关工作会议，了解和掌握监管情况。（4）落实检务公开制度。在监管场所办公区、收押室、会见室、被监管人员餐厅和每个监区等适当位置设立“检务公开”宣传栏。对所有新收押、收容的被监管人，及时书面告知其权利、义务和检察室的职责等内容。（5）监狱、劳教所检察室应在方便被监管人及其亲属投递的地方设置检察官信箱，看守所检察室应在每个监室设置检察官信箱。检察官信箱至少每周开启一次。（6）执行监所检察业务登记制度。及时登记检察日志、有关台账和表格，并做到填写规范、全面，记载准确、真实。（7）按照最高人民检察院的规定填报监所检察有关统计报表和案卡。数据填报全面、真实、规范，无虚报、漏报和错报。

三是人员配备方面：（1）每个检察室至少配备2名派驻检察人员。对于中型、大型看守所和被监管人月均3000人以上的监狱、劳教所，派驻检察室人员不少于3人。（2）检察室主任应当具有本科以上学历、检察员职称，从事检察工作3年以上。（3）派驻检察人员熟悉监所检察法律业务知识，至少一人能够熟练操作计算机。（4）派驻检察人员能够秉公执法，廉洁自律，自觉遵守法律和纪律规定，无违法、违纪行为。

四是工作条件方面：（1）在监管场所具有独立的、能够满足需要的办公室。

(2) 配备有电话、计算机、摄像机或数码照相机、传真机、打印机等办公用具和器材装备。(3) 使用检察机关开发的监所检察业务信息管理软件。检察室工作实现计算机管理，与监管单位实现被监管人基本情况等信息共享。(4) 派驻看守所检察室与看守所实现监控联网。(5) 检察室实行挂牌办公，标牌清楚、醒目。

二级规范化检察室除具备三级规范化检察室的基本条件以外，还应当具备以下条件：(1) 看守所2年内未发生犯罪嫌疑人、被告人超期羁押，无剩余刑期1年以上的留所服刑罪犯。(2) 监管场所3年内未发生被监管人员非正常死亡、脱逃等重大事故；或者监管场所虽然发生重大事故，但检察室事前已经依法履行了监督职责，并且事后依法、及时处置，经过省级以上人民检察院调查认定派驻检察人员不负有责任。(3) 建立刑罚变更执行、劳教变更执行同步监督制度。掌握服刑人员、劳教人员惩罚情况和刑期、劳教期执行情况，及时审查监管单位呈报、提请刑罚变更执行、劳教变更执行的案卷和相关材料。发现监管单位呈报、提请决定罪犯减刑、假释、暂予监外执行和劳教人员减期、延期、提前解教、所外执行、所外就医不当或者违法的，依法提出纠正意见。收到执行机关、人民法院关于刑罚变更执行、劳教变更执行的裁定或决定后，及时进行审查，对裁定或决定不当的，依法提出纠正意见。(4) 对于刑罚执行和监管活动中的职务犯罪线索，能够及时发现，及时上报，并依照有关规定进行初查或者立案侦查。无有线索不查、应当立案而不立案、侦查违法、超期限办案等情形。(5) 依法办理罪犯又犯罪案件和劳教人员犯罪案件，依法履行对这两类案件的立案监督、侦查监督、审判监督、审查逮捕、审查起诉、出庭支持公诉等职责。(6) 派驻检察人员均具有本科或法律大专以上学历，平均年龄在50岁以下，均能熟练操作计算机。(7) 对于监狱、劳教所，除由派出检察院派驻的以外，应当由市级以上人民检察院派驻检察室。对于看守所，由其所属公安机关对应的同级人民检察院派驻检察室。直辖市所属监狱、劳教所和看守所，可以由市人民检察院分院派驻检察室。(8) 监管单位对监管信息实行计算机管理的，检察室应当通过计算机联网与监管单位实现被监管人员基本情况等信息共享。(9) 距离派出检察院5公里以上，或者所在监管场所各监区间距离较远的，配备有机动交通工具。

一级规范化检察室除具备三级、二级规范化检察室的基本条件以外，还必须具备以下条件：(1) 检察室或者派出该检察室的人民检察院的监所检察部门3年内在本省（自治区、直辖市）、市（地区、州、盟）范围的业务考核评比中处于前列。(2) 对于不当减刑、假释和暂予监外执行，不当劳教减期、延期、提前解教、所外执行、所外就医，提出纠正后实际纠正率达到100%；对于刑罚执行和监管活动中的其他违法情况提出纠正后，实际纠正率达到90%以上。(3)

派出该检察室的人民检察院的同级和下级公安机关、人民法院以及所有检察机关办案环节 3 年内未发生超期羁押。看守所未出现羁押期限超过 3 年的久押不决人员（最高人民法院死刑复核时间除外）。（4）已设置信息、监控网络的监管场所，派驻检察室应当实行与其信息、监控联网。应用监所检察业务信息管理软件，实现信息数据自动检索分析、自动生成检察日志、有关台账、表格等。派驻看守所检察室与看守所实现监控系统联网，监控录像可以存储至少 15 天。（5）2/3 以上派驻检察人员具有本科以上学历。（6）派驻监狱、劳教所检察室主任由处级干部担任，派驻看守所检察室主任由与看守所负责人相当级别的检察官担任。（7）检察室每年有调研专题，经常性开展调研活动。每年结合检察工作实际撰写出 1 篇以上有指导意义的调研材料或理论研究论文，并被省级以上报刊等新闻媒体采用或省级以上检察院监所检察部门等转发，或者有工作制度创新、改革措施，其经验材料被市级以上检察院采纳后转化为工作制度。

通过回顾全国人大会议上最高人民检察院工作报告，可以看出这一时期监所检察工作开展的具体状况。

1. 关于 2008 年的监所检察工作。2009 年 3 月 10 日，最高人民检察院检察长曹建明在第十一届全国人民代表大会第二次会议上所作的最高人民检察院工作报告中指出，强化刑罚执行和监管活动法律监督，重点解决超期羁押和减刑、假释不当等问题。为切实防止罪犯逃避刑罚执行，维护被监管人合法权益，最高人民检察院制定关于监狱检察、看守所检察等四个规范性文件，加强和改进相关法律监督工作。着力纠正和防止超期羁押，落实羁押期限届满提示、超期羁押责任追究等制度，对超期羁押提出纠正意见 181 人次，比上年增加 112. 9%。探索刑罚变更执行同步监督，依法监督纠正减刑、假释、暂予监外执行不当 4990 人，增加 34. 6%；对侵犯被监管人合法权益等问题提出纠正意见 11660 件次，增加 85. 6%。加强对超期羁押和减刑、假释、暂予监外执行不当的监督，促进刑罚执行和监管活动依法进行。

2. 关于 2009 年的监所检察工作。2010 年 3 月 11 日，最高人民检察院检察长曹建明在第十一届全国人民代表大会第三次会议上所作的最高人民检察院工作报告中指出，加强刑罚执行和监管活动监督。针对在押人员非正常死亡事件暴露的问题，会同公安机关开展全国看守所监管执法专项检察，清理发现有“牢头狱霸”行为的在押人员 2207 人，对其中涉嫌犯罪的 123 人依法提起公诉；会同司法行政机关开展全国监狱清查事故隐患、促进安全监管专项活动，认真解决安全措施、监管工作不到位等问题。依法维护刑罚执行的严肃性，监督纠正减刑、假释、暂予监外执行不当 9883 人，比上年增加 98. 1%。注重保障被监管人合法权益，对超期羁押提出纠正意见 337 人次，同比增加 86. 2%。对监管活动中的其他违法情况提出纠正意见 22268 件次，同比增加 91%。

3. 关于2010年的监所检察工作。2011年3月10日，最高人民检察院检察长曹建明在第十一届全国人民代表大会第四次会议上所作的最高人民检察院工作报告中指出，强化刑罚执行和监管活动监督。会同司法行政机关深入开展全国监狱清查事故隐患、促进安全监管专项活动，重点排查解决“牢头狱霸”问题，对87名严重破坏监管秩序的在押罪犯依法追究刑事责任。推进与监管场所的监控联网，完善和落实收押检察、巡视检察等工作机制。加强对刑罚变更执行的监督，纠正减刑、假释、暂予监外执行不当10813人。开展保外就医专项检察活动，纠正不符合保外就医条件、程序或脱管漏管555人。加大清理久押不决案件力度，依法纠正超期羁押525人次。规范和强化社区矫正法律监督，协助基层组织加强对社区服刑人员的矫正帮教。

4. 关于2011年的监所检察工作。2012年3月10日，最高人民检察院检察长曹建明在第十一届全国人民代表大会第五次会议上所作的最高人民检察院工作报告中指出，加强刑罚执行和监管活动监督。规范和加强派驻监管场所检察室建设，推进与监管场所的执法信息联网和监控联网，对刑罚执行和监管活动中的违法情况提出纠正意见24075件次。开展保外就医专项检察，纠正减刑、假释、暂予监外执行不当11872人。会同公安机关、人民法院集中清理久押不决案件463件，依法纠正超期羁押242人次。开展看守所械具和禁闭使用情况专项检察，促进依法文明监管，维护在押人员合法权益。加强社区矫正法律监督，促进对社区服刑人员的教育转化，促进社区矫正工作依法规范开展。

第三章　监所检察的职责和程序

第一节　监所检察的职责

经过60年的发展，我国监所检察的职责更加明确。2007年3月最高人民检察院印发的《关于加强和改进监所检察工作的决定》在总结以往规定和监所检察实践的基础上，对监所检察的职责作了明确规定，即：（1）对监狱、看守所执行刑罚和监管活动是否合法实行监督；（2）对人民法院裁定减刑、假释是否合法实行监督；（3）对监狱管理机关、公安机关、人民法院决定暂予监外执行活动是否合法实行监督；（4）对劳动教养机关的执法活动是否合法实行监督；（5）对公安机关、司法行政机关管理监督监外执行罪犯活动是否合法实行监督；（6）对刑罚执行和监管活动中的职务犯罪案件立案侦查，开展职务犯罪预防工作；（7）对罪犯又犯罪案件和劳教人员犯罪案件审查逮捕、审查起诉，对立案、侦查和审判活动是否合法实行监督；（8）受理被监管人及其近亲属、法定代理人的控告、举报和申诉；（9）承办检察长交办的其他事项。

无论是从内容还是从形式上看，《关于加强和改进监所检察工作的决定》对监所检察职责的规定，较以往都更加全面、准确和科学。1981年1月最高人民检察院制定的《人民检察院监所检察工作试行办法》规定监所检察的职权是：对刑事案件的判决、裁定的执行是否合法，实行监督；对监狱、看守所、劳动改造机关的活动是否合法，实行监督，规定得相当原则。2001年9月最高人民检察院制定的《关于监所检察工作若干问题的规定》规定监所检察部门的主要职责有10项，但在一些方面表述得还不够全面、准确。如在查办职务犯罪方面规定只查办刑罚执行和监管改造过程中发生的虐待被监管人案等四种案件，不包括其他职务犯罪案件；没有突出检察机关对减刑、假释、暂予监外执行等刑罚变更执行活动的监督职责；没有明确规定监外执行检察、对罪犯又犯罪案件和劳教人员犯罪案件审查逮捕、审查起诉和立案监督、审判监督等职责。由于当时社区矫正尚处于试点阶段，所以《关于加强和改进监所检察工作的决定》没有规定社区矫正检察职责。2012年全国人大《关于修改〈中华人民共和国刑事诉讼法〉

的决定》又赋予了检察机关对刑罚执行和监管活动的监督这一新的职责，因此，需要相应地完善监所检察职责的规定。监所检察的主要职责，可以概括为以下几个方面：

一、对刑罚执行和监管活动中的违法或不当行为进行监督

（一）刑罚执行监督

刑罚执行监督工作是检察机关对刑事诉讼实施法律监督的重要组成部分，是保障刑罚正确执行，维护司法公正，维护社会稳定的重要措施。刑罚执行监督，主要是检察：对罪犯适用减刑、假释、保外就医的呈报程序是否合法；被呈报的罪犯是否符合法定条件；有无违法收费，以钱抵刑的情况；检察机关对不当减刑、假释、保外就医提出纠正意见后，有关部门是否依法予以重新审理作出合法裁定或决定等。

1. 交付执行监督。交付执行监督即检察机关监所检察部门对人民法院和公安机关是否依法将生效的判决或者裁定和相关的法律文书以及被判决书或者裁定书确定有罪的罪犯送交监狱等刑罚执行机关执行的活动的监督。根据《刑事诉讼法》第253条的规定，罪犯被交付执行刑罚的时候，应当由交付执行的人民法院在判决生效后10日以内将有关的法律文书送达公安机关、监狱或者其他执行机关。对被判处死刑缓期2年执行、无期徒刑、有期徒刑的罪犯，由公安机关依法将该罪犯送交监狱执行刑罚。对被判处有期徒刑的罪犯，在被交付执行刑罚前，剩余刑期在3个月以下的，由看守所代为执行。对被判处拘役的罪犯，由公安机关执行。对未成年犯应当在未成年犯管教所执行刑罚。法律规定的负有交付执行职责的机关主要是人民法院和公安机关。其中人民法院主要是将生效的有关法律文书送交公安机关，再由公安机关分情况交付执行。公安机关负责依法将罪犯送交监狱或者司法行政机关、社区矫正机构执行或者留所服刑。

检察机关交付执行监督的具体内容主要包括以下几方面：（1）交付执行的法律文书是否生效、齐全。根据最高人民法院《关于执行〈中华人民共和国刑事诉讼法〉若干问题的解释》第349条的规定，对于判处死刑缓期2年执行、无期徒刑、有期徒刑的罪犯，交付执行的人民法院应当将判决书、裁定书、人民检察院的起诉书副本、自诉状复印件、人民法院的执行通知书、结案登记表及时送达看守所，由公安机关将罪犯交付监狱执行。交付执行时这些法律文书必须齐备。实践中，有的交付执行案件法律文书不齐全，有的只有判决书，没有执行通知书，也没有罪犯结案材料；有的几个罪犯共给一份判决书；有的同一罪犯的判决书和执行通知书所列刑期的起止日期不一；有的判决书被涂改多处，又没有在修改处加盖印章。看守所应对人民法院送达的判决书、执行通知书、结案登记表进行认真的核对，如发现上述法律文书不完备或记载不准确，应由法院加以补

充、改正后，再将罪犯送往监狱执行。（2）是否在法定的时间内交付执行。例如，对于死刑案件，下级人民法院接到最高人民法院核准死刑的命令后，应当在7日以内交付执行；对于死刑缓期2年执行、无期徒刑、有期徒刑和拘役罪犯交付执行的期限，《刑事诉讼法》只是规定了人民法院应在判决生效后10日以内将有关的法律文书送达公安机关、监狱或者其他执行机关，而没有规定具体的交付执行时限。最高人民法院《关于执行〈中华人民共和国刑事诉讼法〉若干问题的解释》也没有作出明确规定。2001年10月24日最高人民法院《关于严格依法及时交付罪犯执行刑罚问题的通知》也只是用了“及时”和“立即”交付执行的词语，没有规定具体的时间。根据《监狱法》第15条的规定，公安机关应当自收到执行通知书、判决书之日起1个月内将该罪犯送交监狱执行刑罚。（3）交付执行的场所是否符合法律规定。根据对罪犯所判处刑罚种类、刑期以及罪犯本身性别、年龄的不同，需要分别交监狱、未成年犯管教所、女子监狱等不同的监管场所执行刑罚。剩余刑期在3个月以下的，还可以由看守所代为执行刑罚。（4）是否有不应当交付执行的情况。如有的把尚在上诉期内的被告人交付执行；有的将一些孕妇、精神病和恶性传染病患者交付监狱执行；有的监狱对公安机关按规定交付执行的罪犯，提出不当的要求和条件，拒绝接收。监狱发现法律文书不完备或者判决尚未发生法律效力的，有权依法拒绝收押。

2. 变更执行监督。刑罚变更执行，主要是指减刑、假释和暂予监外执行。对符合条件的罪犯，依法予以减刑、假释和暂予监外执行，是刑罚变更执行的重要方式，对于贯彻宽严相济刑事司法政策，有效调动罪犯改恶从善的积极性，保证刑罚执行效果具有重要意义，特别是暂予监外执行充分体现了刑罚上的人道主义精神。刑罚执行是刑事诉讼活动的最后一道关口，如果这道关口把得不严，造成罪犯“前门进，后门出”、花钱买刑、装病骗取保外就医，不仅会使前期的诉讼工作前功尽弃，而且会使人民群众对法律的权威性和严肃性产生质疑。特别是一些地方刑罚执行机关徇私舞弊、弄虚作假，违法办理减刑、假释、暂予监外执行，严重损害了刑罚执行的严肃性和司法机关的执法形象。针对这一状况，各级检察机关应当坚持把刑罚执行监督的重点放在减刑、假释、暂予监外执行的提请、呈报和审理、审批活动上。

刑罚变更执行监督，主要包括四个方面的内容：（1）对监狱、看守所等刑罚执行机关提请、呈报减刑、假释和暂予监外执行活动进行监督。派驻检察机构收到监狱、看守所等执行机关移送的拟提请减刑、假释的材料，应及时审查并签署意见。认为拟提请减刑、假释不当的，应提出纠正意见。所提纠正意见未被采纳的，可以报经本院检察长批准，向受理本案的人民法院的同级检察院报送。受理本案的人民法院的同级检察院经审查认为监狱、看守所拟提请减刑、假释不当的，应及时将审查意见告知同级人民法院。派驻检察机构收到监狱、看守所抄送亡。检察机关对终止执行的监督，主要是监督终止执行的情形是否符合法律规定，执行机关是否及时依法释放罪犯并发给释放证明等。终止执行分为正常终止执行和非正常终止执行。前者是指将刑期届满的罪犯依法释放的情形，后者是指被执行人死亡的情形。被执行人死亡又分为正常死亡和非正常死亡。正常死亡情况下的法律后果是终止执行，非正常死亡的法律后果虽然也是终止执行，但还可能引发新的法律问题，如被执行人死亡是因其他罪犯殴打伤害，或因监管民警体罚虐待，这就可能引发新的诉讼活动。

（二）监管活动监督

检察机关对监狱、未成年犯管教所、看守所、劳教所和负责强制医疗的场所的监管执法活动进行日常监督。也就是说，监狱检察、看守所检察、劳教检察、监外执行检察以及强制医疗执行检察，都涉及监管活动监督的内容。

监管活动监督内容包括：监督监管场所内的安全措施落实情况，及时发现和纠正各种安全隐患；监督监管场所收押收监、分押分管、械具禁闭、接待会见、提审提押等监管执法活动是否符合法律规定；监督被监管人合法权益是否得到有效保障，是否有“牢头狱霸”、体罚虐待、侮辱人格等行为；检察监管场所生产、生活和学习三大现场，监督被监管人生活卫生、学习劳动安排、劳动时间和强度等情况是否符合法律规定或者是否达到相关标准；与被监管人谈话，参加联席会议，掌握监管动态，提出检察意见或建议，促进监管场所依法文明科学管理，保障监管执法活动顺利进行，维护被监管人的合法权益。检察机关监管活动监督不仅包括对上述特定的监管场所监管执法活动的监督，也包括对社区矫正机构和公安机关对实行社区矫正和剥夺政治权利的罪犯在监管场所之外进行的监管和矫正活动的监督。

（三）羁押期限监督

羁押期限监督主要包括纠防超期羁押和清理纠正久押不决两个方面。人民检察院监所检察部门应当建立羁押期限台账，检察犯罪嫌疑人、被告人在刑事诉讼活动各个阶段的羁押期限是否超过法律规定，防止超期羁押。在法定羁押期限届满前 7 日内，应当监督看守所是否向办案机关发出预警通知。属于检察机关办理的案件，在羁押期限届满前 7 日内，向承办单位制发《羁押期满提示函》。对在检察中发现并认定为超期羁押的，应当向办案单位发出《纠正违法通知书》，及时监督纠正；对于看守所不履行羁押期限预警职责而造成超期羁押的，应当提出纠正意见。犯罪嫌疑人及其法定代理人、近亲属或者犯罪嫌疑人委托的律师及其他辩护人认为超期羁押，向人民检察院投诉的，监所检察部门应当及时对投诉进行审查，提出处理意见并报请检察长决定。在投诉处理以后，及时向投诉人反馈处理意见。对羁押 3 年以上仍未办结的案件，作为久押不决案件，积极履行监督职能，督促办案机关予以清理纠正。

对复杂、疑难和重大案件，羁押期限届满的，应当分别不同情况，采取果断措施依法作出处理。对于流窜作案、多次作案的犯罪嫌疑人、被告人的主要罪行或某一罪行事实清楚，证据确实充分，而其他罪行一时又难以查清的，应当对已查清的主要罪行或某一罪行移送起诉、提起公诉或者进行审判。对于共同犯罪案件中主犯或者从犯在逃，但在押犯罪嫌疑人、被告人的犯罪事实清楚，证据确实充分的，应当对在押犯罪嫌疑人、被告人移送起诉、提起公诉或者进行审判；犯罪事实一时难以查清的，应当对在押犯罪嫌疑人、被告人依法变更强制措施。对于司法机关之间有争议的案件，通过协调后意见仍不能一致的，办案单位应按照各自的职权在法定期限内依法作出处理。

二、对刑罚执行和监管活动中的职务犯罪进行立案侦查

对刑罚执行和监管活动中的职务犯罪进行立案侦查，是检察机关监所检察部门的一项重要职责，也是强化日常监督的重要手段和保障。查办案件的范围是发生在刑罚执行和监管执法活动中的职务犯罪案件。既包括监狱、看守所、劳教所等监管场所在执行拘留、逮捕等刑事强制措施、刑事判决裁定、劳教决定及相关监管执法活动中发生的职务犯罪案件，也包括人民法院在执行刑事判决裁定、审理减刑、假释案件过程中以及省级以上监狱管理机关、市级以上公安机关在审批监狱、看守所呈报的暂予监外执行案件的过程中发生的职务犯罪案件。另外，还包括劳教审批、监狱企业生产经营活动中发生的职务犯罪案件等。检察机关不负责日常派驻检察的监管场所，如果发生了职务犯罪案件，经检察长决定，监所检察部门也可以负责立案侦查，如强制隔离戒毒所、行政拘留所等监管场所。检察实践表明，必须把诉讼监督与查办司法不公背后的职务犯罪结合起来，并严查职务犯罪。加强查办和预防刑罚执行和监管活动中的职务犯罪，也是监所检察部门近几年一直强调的一项工作。

三、对罪犯又犯罪和劳教人员犯罪案件负责审查批捕、审查起诉、出庭支持公诉以及相关诉讼监督活动

（一）对罪犯又犯罪和劳教人员犯罪案件负责审查批捕

“具体地讲，一是受理公安机关对被判处管制、缓刑、剥夺政治权利、假释、暂予监外执行的罪犯以及留看守所服刑罪犯又犯罪案件和劳教人员犯罪的案件侦查终结后移送批准逮捕的案件；二是受理国家安全机关对留在看守所服刑罪犯又犯罪案件刑期届满需要逮捕的案件；三是受理监狱管理机关对服刑罪犯又犯

罪案件以及发现余罪漏罪的案件刑期届满需要逮捕的案件。"[①] 服刑人员又犯罪案件需要追究刑事责任时，由监狱负责狱内侦查，如果需要逮捕时，由监所检察部门负责审查批准逮捕。劳教所发生的劳教人员的犯罪案件，由劳教所所在地的公安机关进行侦查，审查批捕则由人民检察院监所检察部门办理。监外执行罪犯又犯罪案件的审查批捕，有的地方由人民检察院监所检察部门办理。监所检察部门承担服刑罪犯和劳教人员的审查批捕职责，有利于加强对侦查活动的监督；有利于及时办理案件，维护监管秩序稳定；有利于提高监所检察人员的执法监督能力和办案水平。

（二）对罪犯又犯罪和劳教人员犯罪案件负责审查起诉和出庭支持公诉

由监所检察部门承担这一职责，有利于发挥派驻检察机构掌握罪犯和劳教人员情况的优势，较好地完成审查起诉和出庭支持公诉的任务，并可能有针对性地加强法制宣传教育，发现监管执法存在的问题和不足，加强监管场所违法犯罪活动的预防工作。同时，还可以将查处罪犯又犯罪、劳教人员犯罪与发现查处背后隐藏的监管民警职务犯罪有机结合起来，进一步充分发挥监所检察职能，增强刑罚执行和监管活动监督的力度和效果。

（三）进行相关立案监督、侦查监督和审判监督活动

监所检察部门发现监狱、看守所和劳教所对正在监狱服刑的罪犯、留看守所服刑的罪犯又犯罪、劳教人员犯罪或者发现有漏罪、漏犯的，应当立案追究刑事责任，没有立案追究的，应当进行立案监督。对负责侦查服刑罪犯和劳教人员犯罪案件的公安机关、国家安全机关和监狱的有关侦查活动进行监督，及时发现和纠正违法问题。同时，在对罪犯又犯罪和劳教人员犯罪案件负责审查起诉和出庭支持公诉的过程中，对法院的审判活动是否合法进行监督。

四、对在押人员及其亲属、法定代理人的控告、举报和申诉进行受理、办理和转办

受理在押人员及其亲属、法定代理人的控告、举报和申诉，是监所检察部门的重要职责。其中，控告，是指在押人员及其亲属、法定代理人对于监管场所和监管民警实施的侵犯在押人员合法权益的违法犯罪行为，向检察机关进行揭发、控诉，并要求依法处理的行为。举报，是指在押人员及其亲属、法定代理人对监管场所和监管民警实施的体罚虐待、贪污受贿、徇私舞弊等违法犯罪行为，向检察机关检举、举报的行为。申诉，是指在押人员及其亲属、法定代理人对原判决、裁定、决定不服以及对监管单位的处理决定不服，向检察机关申诉，请求进

---

① 李庆照主编：《监所检察概论》，河南大学出版社 2006 年版，第 324 页。

行监督，以督促纠正的行为。检察机关对在押人员及其亲属、法定代理人的控告、举报和申诉，都应及时受理。根据审查或调查情况，并根据案件管辖和监所检察部门的职责，作出妥善的处理。需要自行调查的，要及时进行调查，在查清事实的基础上依法作出处理。对需要转办的，及时转有关部门办理。需要反馈结果的，应及时向该在押人员及其亲属、法定代理人反馈办理或转办情况。

第二节　监所检察的任务

根据《关于加强和改进监所检察工作的决定》和监所检察“四个办法”的规定，监所检察的主要任务是：保证国家法律、法规在刑罚执行和监管活动中的正确实施，维护被监管人的合法权益，维护监管秩序稳定，保障惩罚和矫正被执行人和被监管人工作的顺利进行。体现了惩罚犯罪与保障人权并重的思想，符合国家设置刑罚执行和监管活动监督权的目的，更符合党和人民群众对监所检察的期望和要求。具体来说，监所检察的任务，主要有以下几个方面：

一、维护刑罚执行的公平公正

检察机关的法律监督是维护和实现司法公正的重要保障。司法公正体现在刑事诉讼的各个环节、各个方面，不仅体现在刑事立案、侦查、起诉、审判环节，也体现在刑罚执行环节。监所检察的一项重要任务就是维护刑罚执行的公平公正，保障国家法律得到统一正确的实施。

（一）通过加强刑罚交付执行监督，维护刑罚执行的严肃性

将依法被判处刑罚的罪犯交付执行，是刑罚执行机关在人民法院的刑事判决、裁定生效后执行刑罚的首要环节，也是实现刑罚一般预防和特殊预防目的的重要前提和保证。监所检察部门通过监督人民法院是否在判决生效后10日内将有关的法律文书送达公安机关、监狱或者其他执行机关；法律文书中罪犯的姓名、年龄、刑期折抵等是否正确；看守所对被判处死刑缓期2年执行、无期徒刑、有期徒刑的罪犯是否及时送交监狱执行刑罚；是否按照法定条件将罪犯留所代为执行刑罚；交付执行的场所是否符合规定，法律文书是否齐全；人民法院、监狱、看守所对管制、缓刑、假释、暂予监外执行罪犯是否及时交付罪犯居住地司法行政机关等，及时发现交付执行中存在的不及时交付执行、不依法交付执行、违反规定留所服刑等问题，维护刑罚执行的严肃性。

（二）通过加强刑罚变更执行监督，维护刑罚执行的公正性

减刑、假释、暂予监外执行是刑罚变更执行的主要方式。对符合条件的罪犯，依法予以减刑、假释、暂予监外执行，对于贯彻落实宽严相济刑事司法政

策，有效调动罪犯改恶从善的积极性，保证刑罚执行效果，促进社会和谐稳定具有重要意义。加强对减刑、假释、暂予监外执行活动的同步监督，是检察机关刑罚执行监督的重点，也是推进监所检察改革的重要内容，对于及时发现和纠正违法或不当减刑、假释、暂予监外执行等问题，维护刑罚变更执行的公正性具有重要意义。

监所检察工作实践中，派驻检察人员通过经常深入罪犯的生活、学习、劳动三大场所，全面、及时了解和掌握罪犯的改造表现和执行机关的监管执法情况。通过对监狱、看守所等执行机关提请、呈报减刑、假释、暂予监外执行活动，中级以上人民法院和省级以上监狱管理机关、设区的市一级以上公安机关的审理、审批减刑、假释和暂予监外执行的活动，以及作出的裁决、决定，实行全过程同步监督，检察这些刑罚变更执行的有关执法活动是否符合法定条件和程序，发现有违法或不当问题的，依法进行监督纠正。同时注意查处违法问题背后隐藏的刑罚执行机关和监管机关的工作人员滥用职权、玩忽职守、徇私舞弊、贪污受贿等职务犯罪，切实维护刑罚执行的公正性。

（三）通过加强监管活动监督，维护刑罚执行的规范性

监狱、看守所、未成年犯管教所作为国家重要的刑罚执行场所，对罪犯的监管活动也是执行刑罚的具体体现。监管场所是一个相对封闭的地方，而且监管民警与被监管人之间是监管与被监管、命令与服从的关系，监管权具有强制性的特点。如果监管权运用得当，就可以保障监管活动的依法进行，有利于促进罪犯认罪服法，接受改造，实现刑罚的目的。如果监管权运用不当，就会严重侵犯被监管人的合法权益，既不利于促进罪犯认罪服法，接受改造，也不利于实现刑罚的目的。为了保证监管权依法正确行使，必须通过监所检察，依法进行监督，切实维护刑罚执行的规范性。

监所检察实践中，检察机关监所检察部门坚持把对监管活动的监督作为监所检察工作的重点，按照经常化、规范化和制度化的要求，加强和改进监管活动监督工作，及时发现和纠正违法收押收监、违法释放、体罚虐待、违规适用禁闭和械具、混关混押等违法情况。通过维护监管活动的规范性，进一步保证刑罚执行的公正性。

（四）通过开展监外执行和社区矫正检察，确保监外执行和社区矫正的正确性

监所检察部门通过开展监外执行和社区矫正检察，督促公安机关、社区矫正机构认真履行管理监督职责，依照法律规定落实对管制、剥夺政治权利、缓刑、假释和暂予监外执行罪犯的管理监督和矫正措施，以保障刑事判决、裁定的正确执行，促进监外罪犯的教育改造，维护社会的安全稳定。坚持重点检察与全面检

察相结合，日常执法监督与开展专项检察相结合，重点监督纠正对监外执行和社区矫正罪犯脱管、漏管和违法管理等问题，保证监督力度和效果，确保监外执行和社区矫正的正确性。

二、维护监管秩序和社会稳定

监管场所的安全稳定是监管改造工作的重要保障。由于监管场所的特殊性，决定了监管场所的安全稳定在社会政治稳定工作格局中占据重要的位置，是社会政治稳定的重要组成部分。监所检察承担着惩治罪犯又犯罪和劳教人员犯罪，维护监管场所安全和社会政治稳定的重要任务。具体表现在以下几个方面：

（一）依法严厉打击被监管人行凶报复、脱逃、脱逃后又犯罪、“牢头狱霸”殴打其他被监管人等犯罪

一些被监管人在监管改造场所，不认罪服法，不接受教育改造，有的故意伤害、杀害监管民警和其他被监管人，有的组织越狱、脱逃，有的在越狱、脱逃后行凶报复，继续违法犯罪，既严重影响了监管场所的安全稳定，又严重破坏了社会安定。监所检察部门通过依法运用审查批捕、审查起诉、出庭支持公诉等职能，严厉打击被监管人行凶报复、脱逃、脱逃后又犯罪、“牢头狱霸”殴打其他被监管人等犯罪活动。对一些重大恶性犯罪案件，应坚持提前介入，依法快捕快诉，及时、准确、有力地予以惩治。同时，通过加强刑事立案监督，及时监督监管场所和公安机关立案侦查罪犯又犯罪和劳教人员犯罪案件，依法纠正有案不立、有罪不究、以罚代刑等问题。同时，对过失犯、初犯、从犯、偶犯等具有法定或者酌定从轻情节的案件，因被监管人之间矛盾引发的轻微刑事案件，以及主观恶性和人身危险性不大、社会危害性较小的犯罪案件，采取轻缓的刑事政策，可捕可不捕的不捕、可诉可不诉的不诉，尽可能给他们改过自新的机会，促进监管场所的和谐稳定。

（二）加强安全防范检察，及时发现和纠正安全隐患

监所检察部门通过安全防范检察，监督监管场所认真落实各项管理制度，及时发现和纠正监管场所在监管工作中存在的安全隐患以及违法监管行为，防止被监管人行凶、闹监、暴狱、逃跑、自杀等破坏监管秩序事件的发生。在重大节日、重大活动期间采取多种方式，进行专门的安全防范检察，把事故苗头消除在萌芽状态，保持监管场所安全稳定。

（三）配合监管场所做好被监管人教育转化工作，促进提高监管改造质量

监所检察人员特别是派驻检察人员通过给被监管人上法制教育课，进行集中教育，或者与一些在押人员进行谈话，有针对性地加强对被监管人的教育，促使

被监管人认罪服法，鼓励其积极交待余罪和检举揭发同案犯罪嫌疑人、被告人，以及同监室的在押人员的其他犯罪行为。积极发挥派驻检察职能，促进监管部门依法、文明、科学管理，不断提高教育改造质量，有效预防和减少监管场所发生刑事犯罪，从源头上预防和减少刑释解教人员犯罪，减少社会不稳定因素。

（四）在监所检察环节认真落实社会治安综合治理措施

监所检察部门通过对社会服刑人员定期检察和不定期检察等措施，防止和纠正监外执行和社区矫正罪犯脱管、漏管和违法犯罪等问题，维护社会和谐稳定。发现监外执行和社区矫正罪犯又犯罪的，督促有关部门依法立案查处。对监外执行条件消失应收监执行的，建议监管场所及时收监执行。积极探索加强监外执行和社区矫正检察的新途径和新办法，发挥监所检察职能作用，落实检察环节中的社会治安综合治理措施。

三、维护被监管人的合法权益

人权保障是一个国家文明和发展的重要体现，也是建设民主法治国家的基本要求。被监管人的人权保护程度，体现一个国家人权保护的状况。被监管人必须严格遵守法律、法规和监规纪律，服从管理，接受教育，参加劳动，但被监管人的人格不受侮辱，其人身安全、合法财产和辩护、申诉、控告、检举以及其他未被依法剥夺或者限制的权利不受侵犯。随着国家经济社会和法制建设的发展，特别是2004年3月第十届全国人民代表大会第二次会议修改《宪法》时，把“国家尊重和保障人权”这一原则写入《宪法》，以及2012年3月第十一届全国人民代表大会第五次会议将“尊重和保障人权”第一次写入《刑事诉讼法》，如何保障被监管人的合法权益，越来越受到社会各界的广泛关注。而且保障宪法和法律赋予的被监管人的合法权益，促使他们改过自新，也有利于维护和促进社会和谐稳定。监管场所的特殊性，决定了保障被监管人的合法权益，既需要规范监管场所的执法行为，强化被监管人的自我保护意识，同时也需要加强监所检察监督工作，以监所检察权制约刑罚执行权和监管权，保障刑罚执行权和监管权得到统一正确行使。监所检察在保障被监管人的合法权益方面的重要意义，主要体现在以下几个方面：

（一）在刑罚执行监督中，保障被监管人依法得到公正对待

对具备法定条件的罪犯予以减刑、假释、保外就医，是对罪犯实行人道主义的体现。监所检察部门在加强日常执法监督的同时，注意加强专项检察，既监督纠正违反法定条件办理减刑、假释、保外就医的问题，同时也保障符合法定条件的罪犯得到减刑、假释、保外就医，维护减刑、假释、保外就医活动的公正性。通过对监管场所考核、奖惩被监管人情况的同步监督，以及对提请、呈报、裁

的拟呈报罪犯暂予监外执行的材料后，应当及时审查并签署意见。认为拟呈报暂予监外执行不当的，应当提出纠正意见。审查情况分别层报省、市两级检察院监所检察部门。省级、市级检察院监所检察部门经审查认为监狱、看守所拟呈报暂予监外执行不当的，应及时将审查意见告知省级监狱管理机关和市级公安机关。（2）向负责审理减刑、假释案件的人民法院和决定、批准暂予监外执行的机关提出对执行机关提请、呈报的减刑、假释和暂予监外执行案件的书面意见。根据《刑事诉讼法》的规定，监狱、看守所提出暂予监外执行的书面意见的，应当将书面意见的副本抄送人民检察院。人民检察院可以向决定或者批准机关提出书面意见。被判处管制、拘役、有期徒刑或者无期徒刑的罪犯，在执行期间确有悔改或者立功表现，应当依法予以减刑、假释的，由执行机关提出建议书，报请人民法院审核裁定，并将建议书副本抄送人民检察院。人民检察院可以向人民法院提出书面意见。（3）对中级以上人民法院审理减刑、假释案件的活动和省级以上监狱管理机关、市级以上公安机关审批暂予监外执行活动进行监督。监督的主体是负责审理、审批活动的同级检察机关。人民法院对减刑、假释案件实行开庭审理的，检察机关可以派员出庭监督。（4）对减刑、假释裁定和暂予监外执行决定的审查监督。根据《刑事诉讼法》的规定，决定或者批准暂予监外执行的机关应当将暂予监外执行决定抄送人民检察院。人民检察院认为暂予监外执行不当的，应当自接到通知之日起1个月以内将书面意见送交决定或者批准暂予监外执行的机关，决定或者批准暂予监外执行的机关接到人民检察院的书面意见后，应当立即对该决定进行重新核查。人民检察院认为人民法院减刑、假释的裁定不当的，应当在收到裁定书副本后20日以内，向人民法院提出书面纠正意见。人民法院应当在收到纠正意见后1个月以内重新组成合议庭进行审理，作出最终裁定。

3. 监外执行监督。监外执行监督，是指人民检察院对人民法院、监狱、看守所判处或裁决管制、剥夺政治权利、缓刑、假释和暂予监外执行的案件送达法律文书、交付执行和公安机关、社区矫正机构监督管理监外执行和社区矫正罪犯的活动实行的法律监督。具体包括，对社区矫正机构对管制、缓刑、假释、暂予监外执行罪犯开展社区矫正活动的监督和对公安机关监督管理剥夺政治权利罪犯活动的监督。

根据《刑事诉讼法》的规定，对被判处管制、宣告缓刑、假释或者暂予监外执行的罪犯，依法实行社区矫正，由社区矫正机构负责执行。对被判处剥夺政治权利的罪犯，由公安机关执行。执行期满，应当由执行机关书面通知本人及其所在单位、居住地基层组织。

4. 终止执行监督。终止执行是执行的完结，主要包括四种情形：（1）罪犯刑期已满；（2）法院依法决定释放；（3）特赦；（4）被执行刑罚的罪犯已经死定、决定减刑、假释、保外就医有关法律文书、奖惩材料、医疗证明等进行审查，确保被监管人得到公平对待。主要检察减刑、假释、保外就医是否符合法定条件和程序，罪犯服刑期间表现材料和保外就医的证明是否真实，是否存在违法减刑、假释和保外就医的问题，以及符合法定条件而没有得到减刑、假释和保外就医的问题。对未成年罪犯、患有严重疾病的罪犯、怀孕或者正在哺乳自己婴儿的女性罪犯、老年罪犯，根据犯罪情况和悔罪表现，确实不致再危害社会的，建议监管机关和监管场所依法予以从宽处理。对于罪行虽重，但经过改造以后人身危险性已经消失，符合假释条件的，建议有关部门依法予以假释。

（二）在监管活动监督中，及时发现和纠正侵犯被监管人合法权益的行为

监所检察部门通过在监管场所设立检察信箱、实行检察官约见制度、推行检务公开、加强法制宣传等，畅通被监管人的救济渠道，依法受理和妥善处理被监管人及其法定代理人、近亲属的控告、举报和申诉。通过对学习、劳动和生活现场的检察，及时监督纠正超时、超强度劳动等问题，促进监管机关严格、依法、文明管理，防止侵犯被监管人员的合法权益。发现监管场所有体罚虐待、违规禁闭和使用械具、超时、超强度劳动、克扣囚粮囚款等问题的，坚决依法监督纠正，构成犯罪的，依法追究有关人员的刑事责任。对罪犯在服刑期间死亡情况进行检察监督。对于因刑讯逼供、体罚虐待等原因造成被监管人非正常死亡的，依法严肃追究有关人员的责任。

为了保证羁押和监管的合法性，防止无法律手续羁押和超期羁押，检察机关对收押和刑事羁押期限执行情况进行实时监督、动态监督。在收押检察过程中，认真进行现场检察，抽查有关法律文书，核实被监管人的身份，监督对入所入监人员进行体检，防止办案机关刑讯逼供和监管机关非法收押被监管人。对患有严重疾病的被监管人或者正在怀孕、哺乳自己婴儿的妇女，进行重点检察，根据情况及时督促执行机关或者办案机关变更执行方式或者强制措施。对被监管人中存在检察机关决定不批准逮捕、不起诉的，办案机关决定撤销案件的，法院判决无罪、免予刑事处罚或者宣告缓刑的，法定羁押期限已满的，服刑期满等情况的，监督办案单位和监管场所及时释放，切实维护被监管人的合法权益。

（三）依法惩治和预防监管场所内犯罪，切实维护被监管人的人权

监所检察部门通过派驻检察，督促监管场所建立健全狱情分析制度、罪犯互相监督制度、生产工具存放管理制度和危险品清理制度等，预防监管场所内刑事案件的发生。对于监督工作中发现的制度漏洞、安全隐患、事故苗头，提出检察建议，督促监管场所建章立制，堵塞漏洞，防止恶性案件和重大事故的发生。

（四）加强对未成年罪犯刑罚执行和监管活动的专项检察，维护未成年罪犯的合法权益

根据《监狱法》等法律的规定，对未成年罪犯应当在未成年犯管教所执行刑罚。对未成年罪犯执行刑罚应当以教育改造为主。未成年罪犯的劳动，应当符合未成年人的特点，以学习文化和生产技能为主。监狱应当配合国家、社会、学校等教育机构，为未成年罪犯接受义务教育提供必要的条件。监所检察部门在监督工作中，注意加强对未成年在押人员羁押和监管情况的专项检察，及时监督纠正没有与成年在押人员分管分押等问题，积极采取措施，有效防止未成年在押人员重新犯罪，促使其早日回归社会。对办理的未成年罪犯和劳教人员犯罪案件，坚持“教育、感化、挽救”的方针，最大限度地依法予以从宽处理，争取更好的矫治效果。

四、保障刑事诉讼活动的顺利进行

依法对犯罪嫌疑人、被告人采取拘留、逮捕强制措施，羁押于特定的监管场所（主要是看守所），是刑事诉讼活动顺利进行的重要保证。人民检察院对看守所监管活动的监督是法律赋予人民检察院的重要职责。人民检察院通过对看守所的法律监督，可以发现和纠正羁押无辜，保障办案机关遵守法定的办案时限，防止超期羁押、私放在押人员、失职致使在押人员脱逃等违法犯罪行为，从而保障刑事诉讼活动的顺利进行。近年来，人民检察院认真履行法律赋予的监督职责，与公安机关共同开展了“加强监管执法、加强法律监督、保障刑事活动顺利进行、保障在押人员合法权益”创建活动，促进了监管场所的严格执法、文明执法，为维护监管秩序的稳定，保障刑事诉讼活动顺利进行发挥了积极作用。监所检察在保障刑事诉讼活动顺利进行方面的重要作用，主要体现在以下几个方面：

1. 查办和预防监管场所妨害刑事诉讼活动顺利进行的违法犯罪行为。主要是及时发现和查处监管民警利用职务之便，与被监管人及其法定代理人、近亲属搞权钱交易，徇私舞弊，为被监管人通风报信等违法犯罪行为；监管民警体罚、虐待被监管人等违法犯罪行为；监管场所安全防范措施不严，导致被监管人脱逃及非正常死亡等违法犯罪问题。

2. 防止和纠正超期羁押和久押不决，保障刑事诉讼活动的顺利进行。有的办案机关违反羁押期限的有关规定，致使犯罪嫌疑人、被告人在看守所被超期羁押的现象仍然存在，它不仅侵犯了被羁押人的人身自由，也损害了司法公正。有的虽不属于明显的超期羁押，但属于典型的久押不决，在很大程度上影响了刑事诉讼活动的顺利进行。作为监所检察部门，在防止和纠正超期羁押方面肩负着重要职责。

3. 促进提审、押解、通信和会见等监管活动的规范。监所检察部门通过加

强日常执法监督，及时发现和纠正对在押人员不按规定安排会见；办案人员单人提审；会见律师携带物品、信件给犯罪嫌疑人、被告人或提供通信工具给其使用；犯罪嫌疑人利用会见律师和亲属之机进行串供等问题，从而防止和纠正妨害刑事诉讼活动顺利进行的行为。

4. 监督监管场所严格依法羁押被监管人，以保障刑事诉讼活动的顺利进行。重点是监督纠正监管单位将羁押的犯罪嫌疑人、被告人与已作有罪判决的罪犯混关混押；将女性犯罪嫌疑人、被告人、罪犯与男性犯罪嫌疑人、被告人、罪犯混关混押；将同案的犯罪嫌疑人、被告人混关混押；将未成年犯罪嫌疑人、被告人、罪犯与成年犯罪嫌疑人、被告人、罪犯混关混押的问题，防止串供、翻供问题的发生。

5. 配合监管场所对在押人员进行监规、法制、政策和认罪服法教育，促使犯罪嫌疑人、被告人转变抗拒心理，彻底交待余罪、漏罪和揭发、检举犯罪，促进加快办案进程，提高办案质量。对在押的犯罪嫌疑人、被告人翻供的，配合办案部门了解翻供原因，发现和查处背后的违法问题，保障刑事诉讼活动的顺利进行。

五、保障刑罚目的的最终实现

监所检察是实现国家刑罚权的重要保障。国家的刑罚权具体表现为制刑权、求刑权、量刑权和行刑权。制刑权是立法机关通过《刑法》确定法定刑的权力，是刑罚权中的基础性权力。求刑权是检察机关作为国家公诉机关行使的权力，是通过公诉权实现的。一些自诉案件中求刑权是通过自诉人行使自诉权实现的。量刑权是法院根据检察机关的指控和自诉人提出的自诉，根据事实和法律，对罪犯具体适用刑罚的权力。行刑权是刑罚执行机关具体执行法院判决、裁定所确定的具体刑罚的权力。监所检察是实现国家刑罚权的重要保障，实际上是指实现国家行刑权的重要保障。

刑罚执行是刑事诉讼活动的最后一个环节，检察机关承担着对刑罚执行及相关监管执法活动的监督职责，监督力度和效果如何，直接关系到刑事判决能否得到公平执行，直接关系到刑罚目的的最终实现。

六、保障刑罚执行权和监管活动权的正确行使

当前，一些地方刑罚执行和监管活动中的腐败问题还较为严重，罪犯“前门进，后门出”，花钱减刑的现象时有发生。有的监管民警以权谋私，大搞权钱交易，特别是办理减刑、假释、保外就医工作中索贿受贿、徇私舞弊的情况比较严重；有的利用职务之便，为在押人员通风报信、传递信件，帮助犯罪分子逃避处罚，甚至私放在押人员；有的随意体罚虐待被监管人，侵犯在押人员合法权

益；有的大肆收受贿赂，为服刑人员提供特殊照顾；有的利用手中职权，在单位基建工程、生产经营等活动中收受贿赂，使国家利益遭受严重损失；有的监管民警严重不负责任，致使在押人员脱逃等监管事故时有发生。这些职务犯罪案件的发生，严重损害了党和政府的形象，损害了执法、司法机关的形象和公信力，损害了刑罚执行的公正性，同时也侵犯了在押人员的合法权益，在一定程度上还会影响监管场所和社会安全稳定。依法查办刑罚执行和监管活动中的职务犯罪，是检察机关反腐败工作的重要组成部分，是监所检察部门的一项重要职责。

监所检察部门负责查办刑罚执行和监管活动中发生的各类职务犯罪，不仅包括贪污贿赂犯罪，也包括渎职侵权犯罪。监所检察办案工作，主要有四点重要意义，一是维护刑罚执行公正和被执行人的合法权益；二是维护刑罚执行机关和监管机关正常的管理活动，防止和纠正刑罚执行权和监管权被滥用，以及玩忽职守的现象；三是维护刑罚执行机关和监管机关工作人员职务行为的廉洁性，防止和纠正以权谋私、权钱交易等腐败现象；四是通过查办刑罚执行和监管活动中的职务犯罪，进一步发现和纠正监管场所不文明、不规范执法，侵犯被监管人合法权益的问题。

为了充分发挥监所检察办案的职能作用，在监所检察实践中强调要突出办案重点，有针对性地强化办案措施，同时还需要全面贯彻落实宽严相济刑事司法政策的精神，保证办案效果。主要是重点查办发生在监管部门和领导干部中的职务犯罪大案、要案；监管干警与涉黑涉恶在押人员相勾结的职务犯罪案件；向在押人员或其亲友索取或者收受贿赂的犯罪案件；体罚虐待被监管人、非法拘禁等侵犯在押人员合法权益的犯罪案件；徇私舞弊减刑、假释、暂予监外执行，私放在押人员、帮助犯罪分子逃避处罚等渎职犯罪案件。对罪行严重、拒不认罪或者妨害诉讼活动的，应果断采取必要的侦查手段和强制措施。对于罪行较轻，真诚悔罪的，可以依法不予逮捕或者及时变更强制措施。

第三节 监所检察的活动原则

监所检察的活动原则，是指根据《刑事诉讼法》、《人民检察院组织法》等法律和监所检察“四个办法”等规范性文件的规定，人民检察院在监所检察工作中必须坚持的基本原则。监所检察的活动原则体现了监所检察的性质和特点以及权力运行要求，主要有：依法独立行使监所检察权，以事实为依据、以法律为准绳，监督与配合相结合，保障被监管人人权，强化派驻检察、同步监督，日常检察、及时检察和专项检察相结合，自觉接受监督制约等。

一、依法独立行使监所检察权

依法独立行使监所检察权包含三项基本内容：一是检察机关必须按照法定的权限和程序行使监所检察权。对于法律没有赋予的权力不能行使，否则就是越权。因此，检察机关不能替代监管机关行使管理权，否则就成了“二监管”。同时，对于法定的职权，必须忠实地履行，否则就是失职。二是检察机关必须独立地行使监所检察权，其他机关、团体和个人非经法律授权不得替代行使或参与行使监所检察权。三是检察机关依法独立行使监所检察权，不受行政机关、社会团体和个人的干涉。特别是对重大监管事故进行检察和查办职务犯罪时，会遇到来自各方面的干扰和阻力，必须坚持依法独立行使监所检察权。

监所检察是监督别人是否依法行使刑罚执行权和监管权，首先自己必须依法开展监督工作，这也是一项重要的工作原则，否则就是违法，背离了国家设置监所检察权的预期目的。这里所说的“必须依法开展监督工作”，一是行使监督权要有法律依据。监督的法律依据不仅包括法律、法规，也包括司法解释和最高人民检察院单独或会同有关部门联合制定的规范性文件，还包括行政规章等。二是提出监督纠正意见要有具体的法律依据。这也就是说，判断刑罚执行和监管活动中有些行为违法或者不当的标准，应有相应的法律、法规或者司法解释、规范性文件，以及行政规章等为依据。这是基本的判断标准，也是能为各部门共同接受的判断标准。三是提出监督纠正意见应依据法定的程序和方法。这也是规范开展监督工作的客观需要。总之，依法监督，要求各项监所检察职权都要在法律规定的范围内行使，各项监所检察工作都要严格依法进行。既要严格执行实体法，又要严格执行程序法；既要防止和纠正不敢监督、不愿监督、不善监督的问题，又要防止和纠正滥用监督权、越权开展监督的问题；既要充分有效地行使法律赋予的监督权，又要严格依法正确行使监督权。

二、以事实为依据、以法律为准绳

从根本上说，国家设立监所检察权的目的在于通过强化法律监督，促进监管活动依法开展，保障被监管人的合法权益，维护法律的统一正确实施。而要达到法律监督的目的，必须在法律监督活动中做到查清事实真相，准确适用法律，提出正确的监督意见和建议。

以事实为依据，要求对刑罚执行和监管活动中的违法或者不当行为提出监督纠正意见，要有明确的事实为依据。这就要求，提出监督纠正意见首先要查明事实，不能凭主观臆断。有的行为可以根据目击的事实当场提出监督纠正意见；有的要开展必要的调查工作，通过一定的程序和方法，尽可能地查清事实，根据这些事实提出相应的监督纠正意见。只有把开展监督工作建立在一定的事实基础上，才能保证监督工作依法进行。无论违法行为的严重程度如何，都要建立在一定的事实基础上。也只有查清事实，明确责任，才能保证监督的效果。以事实为依据，关键还是要看证据，靠证据说话。这就要求监所检察人员在开展日常监督工作中要有很强的证据意识，及时发现和固定证据，形成一定的证明体系，达到相应的证明要求。

以法律为准绳，要求检察机关各项监督意见的提出，要有法律为依据。监所检察人员必须熟悉监所检察有关法律法规，准确地理解和把握法律的规定及体现的立法精神。要在查明事实的基础上，准确地适用法律，依法提出监督纠正意见。要通过适用法律，保证监督的力度和效果，同时也通过准确适用法律，限制自身的监督行为，保证各项监督工作都依法进行。

三、监督与配合相结合

《刑事诉讼法》明确规定，在刑事诉讼活动中，人民法院、公安机关、检察机关是分工负责、相互配合、相互制约的关系。同时，检察机关对刑事诉讼活动实行法律监督。那么，监所检察监督工作中，检察机关与被监督对象之间是什么性质的法律关系呢？关键看行使权力的性质和所处的诉讼阶段。监所检察权作为刑罚执行和监管活动监督权，其性质是监督权而不是制约权，监所检察部门与被监督对象之间是监督与被监督的关系，而不是相互制约的关系。只有在行使职务犯罪侦查权、在押人员犯罪审查逮捕权、审查起诉权和出庭公诉权时，公安机关、检察机关和人民法院之间才形成刑事诉讼中的分工负责、相互配合、相互制约的关系。

监所检察主要是派驻检察，因此，必须坚持监督与配合相结合的原则。监督是基本任务，配合是为了更好地开展监督工作。监督与配合相结合就是要做到监督要到位，配合不越位。关键是各自都要根据法律的授权和明确的工作职责开展工作。监管机关负责刑罚的执行和对在押人员的监督管理，监所检察部门负责对权力是否依法行使，监管活动是否依法开展进行监督。监管机关要自觉接受监督，监督机关要依法开展监督，相互配合，从各自的职责出发，维护正常监管秩序，保障在押人员合法权益。无论是维护监管秩序稳定，还是维护刑罚执行公正和在押人员合法权益，都是监督机关与监管机关的共同任务，只不过各自的职责不同，完成这些任务的手段和方式不同。而要履行好各自的职责，完成好这些任务，必须解决好相互配合的问题。配合也要依法进行，不能相互替代。有的派驻检察人员承担起在押人员外出的押解任务，就是与其身份和职责不相称。

四、保障被监管人人权

被监管人也是人，也应当得到应有的尊重，除依法被剥夺的权利和自由外，法律没有剥夺的都应当得到应有的尊重和保护。保障被监管人合法权益，不仅是监所检察的主要任务，也是一项重要的工作原则。保障被监管人人权的要求贯穿于监所检察活动的始终，监所检察的各项职能都直接或间接地与保障人权联系在一起。通过派驻检察形成的人权保障功能是其他任何人权保障功能不能替代的。

确立保障人权的活动原则，是由检察机关国家法律监督机关的宪法定位和法律赋予的法律监督职权所决定的。这一权力的核心价值在于通过监督国家权力，保障公民权利，二者密不可分。监所检察监督作为法律监督职能的重要组成部分，其存在的基本价值就体现在保障人权上，特别是保障在押人员人权上。确立保障人权的活动原则，也要求各项监所检察活动的开展都要从有利于保障人权方面考虑。特别是派驻检察工作，必须通过监督刑罚执行和监管权依法行使，来保障在押人员的合法权益。从在押人员进入看守所到在监狱服刑期满，整个诉讼过程和刑罚执行过程，检察机关自始至终都在履行着保障在押人员人权的重要职责。

坚持保障人权的原则，要求检察人员必须牢固树立保障人权的意识。要严格依法开展监督工作，不得侵犯在押人员合法权益；通过强化日常监督和专项检察，及时发现和监督纠正侵犯在押人员合法权益的行为，构成犯罪的，严肃追究有关人员的刑事责任；畅通在押人员的救济渠道，完善约见派驻检察官以及与在押人员谈话等制度；深入在押人员的生活、学习、劳动现场和会见室、禁闭室，及时发现侵犯在押人员合法权益的违法行为。

五、强化派驻检察、同步监督

由于监所检察的主要对象是监管场所，因此我国监所检察实行派驻检察与巡回检察相结合，以派驻检察为主的方式，这是中国特色社会主义检察制度的一个重要组成部分。为了更好地发挥派驻检察的作用，近年来，监管派出检察机构开始实现网络化管理和动态监督，积极探索对刑罚执行和监管活动实行全程同步监督。因此，强化对刑罚执行和监管活动的派驻检察和同步监督，也是监所检察的一项工作原则。

强化派驻检察，主要要求：（1）坚持和完善派驻检察工作方式。切实解决一些地方派驻检察室派而不驻、驻而不察，派驻检察职能没有得到有效发挥的问题。（2）加强对派驻检察室履职情况的监督，建立上级检察院监所检察部门的巡视检察制度和检务督察制度，以弥补派驻检察之不足。（3）加强派出检察院和派驻检察室建设，规范设置，加强管理，完善制度，强化保障，促进派驻检察充分发挥作用。（4）提升派驻检察人员的整体素质和监督能力，严格落实派驻检察人员交流轮岗制度，防止被监管场所“同化”等现象的发生。

强化同步监督，主要要求：（1）深入落实中央《关于深化中央司法体制和工作机制改革若干问题的意见》精神，以及修改后的《刑事诉讼法》的有关规定，建立完善检察机关对刑罚变更执行的同步监督机制，做到对提请、呈报、审理、审批活动进行同步监督。对劳教变更执行的监督也借鉴这一精神。（2）推进派驻检察室与监管场所监管执法信息联网和监控联网，加强对监管执法活动的实时监督、动态监督，尽可能地做到同步监督。（3）坚持纠正违法与预防违法相结合，查处刑罚执行和监管活动的职务犯罪案件与做好相关职务犯罪预防工作相结合，不断增强监督的力度和效果。

六、日常检察、及时检察与专项检察相结合

根据监所检察“四个办法”所附的工作图示，日常检察包括日检察、周检察、月检察，其中收监入所检察、出监出所检察和志表登记是日检察的内容，周检察还包括禁闭检察，月检察还包括监管活动检察。周检察工作安排在本周的工作日内穿插进行，月检察工作安排在本月的工作日内穿插进行。

及时检察包括刑罚和劳教变更执行检察，事故检察，受理控告、举报和申诉，办理罪犯又犯罪和劳教人员犯罪案件，查办和预防职务犯罪，纠正违法和检察建议。

此外，对于监管场所执法活动中比较普遍的问题，或者一段时期内比较突出的问题，或者有重大社会影响的问题，以及在押人员及其亲属反映强烈的问题等，还需要有针对性地进行专项检察。

七、自觉接受监督制约

任何权力都必须接受监督制约，监所检察权也不例外，而且监督者更要自觉接受监督制约。因此，在监所检察工作中，必须坚持并不断完善检务公开制度，对新收押、收容在押人员，应当及时告知其权利和义务。被监督单位对检察机关的纠正违法意见提出异议的，检察机关应当复议。被监督单位对于复议结论仍然提出异议的，由上一级检察机关复核。

监所检察工作不仅要强化外部监督，同时还要强化内部制约。因此，监所检察“四个办法”明确规定，辖区内监管场所发生重大事故的，省级人民检察院应当检查派驻检察机构是否存在不履行或者不认真履行监督职责的问题。派驻检察人员在工作中，故意违反法律和有关规定，或者严重不负责任，造成严重后果的，应当追究法律责任、纪律责任。

第四节　监所检察的程序

《人民检察院刑事诉讼规则》和监所检察“四个办法”，对监所检察工作中

发现的违法问题的监督纠正程序作了详细规定。

一、递进式监督程序

派驻检察人员发现轻微违法情况，可以当场提出口头纠正意见，并及时向派驻检察机构负责人报告，填写《检察纠正违法情况登记表》。派驻检察机构发现严重违法情况，或者在提出口头纠正意见后被监督单位7日内未予纠正且不说明理由的，应当报经本院检察长批准，及时发出《纠正违法通知书》。人民检察院发出《纠正违法通知书》后15日内，被监督单位仍未纠正或者回复意见的，应当及时向上一级人民检察院报告。对严重违法情况，派驻检察机构应当填写《严重违法情况登记表》，向上一级人民检察院监所检察部门报送并续报检察纠正情况。

目前监所检察监督纠正违法实行的是递进式监督程序。如果被监督单位采纳派驻检察人员提出的口头纠正意见并反馈纠正情况的，就不需要启动下一步的监督程序。如果被监督单位在派驻检察人员提出口头纠正意见后7日内未予纠正且不说明理由的，那么就需要开展下一步的监督工作。派驻检察人员应当报经本院检察长批准，及时发出《纠正违法通知书》。如果被监督单位采纳了检察机关提出的监督意见，并书面反馈纠正情况的，就不需要递进到下一步监督程序。反之，被监督单位在人民检察院发出《纠正违法通知书》后15日内，仍未纠正或者回复意见的，提出监督纠正意见的人民检察院应当及时向上一级人民检察院报告，由上一级人民检察院对报告事项进行审查，决定是否采取进一步的监督措施。其中，对于轻微违法情况，实行三步骤的递进检察纠正程序；对于严重违法情况，实行两步骤的递进检察纠正程序。

递进式监督程序，是监所检察部门在纠正违法实践中取得的成功经验，符合派驻检察工作的规律和特点，也适应派驻检察工作需要，有利于保证监督的效果。第二步纠正程序的时限是在提出口头纠正意见后的7日内未予纠正且不说明理由，第三步纠正程序的时限是在发出《纠正违法通知书》后15日内仍未纠正或者回复意见的。派驻检察人员填写《检察纠正违法情况登记表》和填报《严重违法情况登记表》应当衔接起来；对于严重违法情况，既要填写《检察纠正违法情况登记表》，也要向上一级检察院填报《严重违法情况登记表》。

二、派驻检察人员的直接处置程序

监所检察“四个办法”基于监所检察工作的特点和监督工作的客观需要，明确规定了派驻检察人员对发现的轻微违法情况可以提出口头纠正意见的职权。因为派驻检察机构通常远离检察机关，而监所检察工作“点多线长面广”，属于一种日常性监督，不可能对于发现的任何违法行为，不分轻重都进行请示汇报。

对于发现的轻微违法行为当场口头提出监督纠正意见，也符合监所检察工作就地、及时监督纠正违法的实际需要。口头提出纠正违法意见，要遵循一定的监督程序，保证监督的规范性和效力。对于刑罚执行和监管活动中发现的轻微违法行为，派驻检察人员要向监管场所提出明确的纠正意见，指出违法的表现，监督的依据，需要监督纠正的问题，以及需要向检察机关反馈的情况等。意见要明确、具体、可行。事前、事中或者事后，要及时向派驻检察机构负责人报告，并在事后及时将纠正违法的时间、地点、内容、具体对象等情况记载在当日的检察日志中，并填写《检察纠正违法情况登记表》。虽然是口头提出纠正违法意见，但也应当通过一定的形式加以记录备查，这也是为作出下一步的监督工作打下基础。如果某一类违法行为时常出现或者大量出现，也可以在与监管场所联席会议上作为一个问题提出，以促进问题的解决。

口头纠正是适应违法行为的严重程度和派驻检察工作的实际而采取的一种监督方式，与书面提出的监督纠正违法意见一样都具有一定的法律效力，被监督单位应立即或者及时采取措施加以纠正。另外，口头纠正违法还有书面纠正违法作为后续保障。如果在提出口头纠正意见后被监督单位 7 日内未予纠正且不说明理由的，检察机关就将采取书面纠正的方式，发出《纠正违法通知书》。

监所检察“四个办法”只是规定可以当场提出口头纠正意见，并没有明确向谁提出，而《人民检察院刑事诉讼规则》则明确规定，“对于情节较轻的违法情形，由检察人员以口头方式向负责交付执行的审判人员、刑罚执行机关的执行人员及其机关负责人员提出纠正意见”。明确了口头纠正违法是向负责交付执行的审判人员、刑罚执行机关的执行人员及其机关负责人员提出。

三、书面纠正违法的具体程序

严重违法情况或者虽然属于轻微违法情况但在提出口头纠正意见后一定期限内未予纠正且不说明理由的，如果再由派驻检察人员直接向执行人员或者被监督单位负责人提出口头纠正意见，既不利于问题的解决，也不利于维护监督工作的严肃性。因此，对此类情况，必须由人民检察院向被监督单位及时发出《纠正违法通知书》。

书面纠正违法的具体程序应当是先由承办人根据发现的严重违法情况，或者口头纠正违法意见情况，其中的事实、法律和先前监督纠正情况符合提出书面纠正意见的，制作报告呈报人民检察院的部门负责人审核。部门负责人对纠正违法报告进行审核后报告检察长审批。检察长审查决定是否发出《纠正违法通知书》。必要时，还可以由检察长提交检察委员会讨论决定。检察长批准后，要及时发出《纠正违法通知书》。《纠正违法通知书》是人民检察院依法纠正侦查机关、审判机关、执行机关的违法活动时使用的法律文书。其内容包括：发往单位，发现的违法情况，认定违法的理由和法律依据，纠正意见等。

书面纠正违法是法律赋予检察机关的一项重要权力，也是促进接受监督的机关改进执法工作的有效方式。被监督单位应当将纠正情况通知人民检察院。被监督单位为有刑罚执行职责或者监管职责的监狱、公安机关和人民法院。具体包括：发生违法情况的监狱及其管理机关、看守所及其管理机关、劳教所及其管理机关和担负监外执行任务的公安机关、社区矫正机构（司法行政机关）以及交付执行监外执行罪犯的人民法院、监狱和看守所。此外，有关办案人员在监管场所违法讯问、提押、解送被监管人，其所在的办案机关也会成为被监督的对象。对于发生在刑罚执行、监管活动领域的任何有关违法单位，都符合提出检察纠正意见的条件。如果构成犯罪的，检察机关则要通过侦查职务犯罪活动对构成犯罪的人进行刑事追究。

四、监督纠正意见的复议复核程序

监所检察“四个办法”规定了纠正违法的复议复核程序，即被监督单位对人民检察院的纠正违法意见书面提出异议的，人民检察院应当复议。被监督单位对于复议结论仍然提出异议的，由上一级人民检察院复核。刑事诉讼监督活动中，许多情况下相互配合与相互制约是密不可分的，为了保证监督的效果，往往需要赋予被监督单位对监督意见提出异议的权力，这也有利于促进监督质量的提高。

第四章　监所检察机构的设置

第一节　监所检察的机构种类

监所检察机构是监所检察权有效运行的重要载体。监所检察权作为一项国家权力，需要通过一定的载体才能得以运行，科学设置和不断健全监所检察机构设置，是监所检察制度建设的重要内容。监所检察机构，是指依据法律规定，各级人民检察院根据开展刑罚执行和监管活动监督工作的需要，在检察机关内部和监狱、看守所、劳教所等专门场所设置的履行监所检察职权的检察业务机构。监所检察机构可分为两类，即监所检察部门和派出派驻监所检察机构。

一、监所检察部门

监所检察部门，是指各级人民检察院依据法律规定，在其内部设置的专门负责履行监所检察职权的检察业务工作部门。具体包括：最高人民检察院和地方省、市、县三级检察院设置的监所检察厅、处、科。

新中国成立初期，1949 年《中央人民政府最高人民检察署试行组织条例》和 1951 年《中央人民政府最高人民检察署暂行组织条例》均对最高人民检察署的机构设置问题作了规定，最高人民检察署据此设置了办公厅、人事处、研究室以及第一处（一般监督）、第二处（刑事检察）、第三处（民事行政检察）。其中，第二处职掌监所检察工作。1954 年《人民检察院组织法》通过后，各级检察机关的内设机构由原来的按照案件进行分工，改为按照各项法律监督职权进行分工，最高人民检察院共设 8 个厅局单位。1954 年 12 月，最高人民检察院成立了第五厅，也称监所、劳动改造监督厅。依据是《人民检察院组织法》有关“最高人民检察院负责对于刑事判决的执行和劳动改造机关的活动是否合法，实行监督”的规定。1962 年 7 月 14 日，最高人民检察院分设 3 个业务厅和研究室、办公厅。一厅负责审查批捕、审查起诉工作；二厅负责劳改、监所检察工作；三厅负责同严重违法乱纪作斗争工作。

1978 年 3 月，第五届全国人民代表大会第一次会议通过的《宪法》规定设置最高人民检察院。最高人民检察院重建后，即设立了监所检察厅。1979 年 7 月颁布的《人民检察院组织法》第 20 条规定，最高人民检察院设置刑事、法纪、监所、经济等检察厅，并且可以按照需要，设立其他业务机构。地方各级人民检察院和专门人民检察院可以设置相应的业务机构。1983 年 9 月第六届全国人大常委会第二次会议通过的《关于修改〈中华人民共和国人民检察院组织法〉的决定》将这一条修改为：最高人民检察院根据需要，设立若干检察厅和其他业务机构。名称不再具体规定了，机构设置也就更灵活了。之后，各省、市、县级人民检察院开始设立监所检察处、科。自 1984 年开始，各地陆续在大型监狱、劳教所和监管场所比较集中的地区设立派出检察院，在监狱、看守所和劳教所等监管场所设立派驻检察组，后改为派驻检察室。1988 年，根据最高人民检察院机关机构改革“三定”方案，将 1982 年以来的三厅改名为监所检察厅，主管对劳改、劳教场所的检察，以及对下级人民检察院实施业务指导。内设机构为一室三处，即办公室、监狱检察处、看守所检察处、劳教检察处。检察机关重建后，各省、自治区、直辖市人民检察院和各分、市、州人民检察院设有监所检察处，各县级人民检察院设有监所检察科。2001 年，根据最高人民检察院机关机构改革精简机构精神，将看守所检察处与劳教检察处合并为看守所劳教检察处，监所检察厅内设机构为一室二处。2005 年，根据工作需要，新成立了监外执行检察处，现监所检察厅内设机构仍为一室三处，即办公室、监狱检察处、看守所劳教检察处、监外执行检察处。

各级监所检察部门分别称为：最高人民检察院监所检察厅、省级检察院为监所检察处、市（州、分）检察院为监所检察处（科）、县级检察院为监所检察科，个别地市成立监所检察局，如 2008 年 9 月，成都市人民检察院成立监所检察局，监所检察局为地方二级局，下设监狱检察处、看守所检察处、综合处三个处，负责对全市监所检察机构进行统一管理和指导。此举在全国尚属首次。

（一）最高人民检察院监所检察厅的职责

2001 年 3 月最高人民检察院政治部《关于最高人民检察院监所检察厅机构改革的批复》规定，最高人民检察院监所检察厅的主要职责是：

1. 负责全国检察机关对监狱、看守所等执行机关执行刑罚活动及其监管活动是否合法和劳动教养机关的活动实行监督工作的指导。

2. 负责全国检察机关对罪犯减刑、假释、暂予监外执行等变更执行活动是否合法实行监督工作的指导。

3. 负责全国检察机关对刑事羁押期限实行监督工作的指导，对应当由最高人民检察院提出纠正的超期羁押案件进行检察纠正。

4. 负责全国检察机关办理刑罚执行和监管改造中发生的虐待被监管人案、私放在押人员案、失职致使在押人员脱逃案、徇私舞弊减刑、假释、暂予监外执行案的立案侦查工作的指导。

5. 负责全国检察机关对刑罚执行和监管改造过程中发生的贪污、贿赂及其他渎职侵权案件立案前调查工作的指导。

6. 受理被监管人及其家属向最高人民检察院提出的有关刑罚执行和监管改造中监管人员违法犯罪行为的控告和检举。

7. 对全国监所检察工作情况、趋势，及刑罚执行和监管工作中职务犯罪案件的特点、规律进行调查研究，提出加强和改进工作的对策。

8. 承办下级人民检察院有关监所检察业务工作问题的请示，研究、制定监所检察工作细则、办法。

9. 负责应当由最高人民检察院承办的其他事项。

根据2004年最高人民检察院《关于调整人民检察院直接受理案件侦查分工的通知》的调整，监所检察部门办案范围已经扩大到所有刑罚执行和监管活动中的职务犯罪案件。

根据形势发展，最高人民检察院先后设立了驻司法部燕城监狱检察室、驻公安部秦城监狱检察室，最高人民检察院监所检察厅负责统一管理和指导这两个检察室的工作，并对其人员进行统一管理。同时，还负责对全国派出检察院和派驻监管场所检察室工作进行指导。

（二）地方各级人民检察院监所检察部门的职责

省、自治区、直辖市人民检察院监所检察处，省辖市人民检察院及检察分院、自治州人民检察院监所检察处（科）的职责，与最高人民检察院监所检察厅职责范围基本相同，负责对本辖区内监所检察工作的业务指导，并向上一级检察院监所检察部门请示报告工作，负责上传下达有关监所检察业务情况、信息等。对应当由省、省辖市（州）人民检察院派驻监狱、劳教所、看守所检察室承担检察任务的，还直接负责对监狱、劳教所、省属和市属看守所的检察任务。

省级检察院监所检察部门的主要职责：负责全省（自治区、直辖市）检察机关对刑罚执行机关执行刑罚的活动，对罪犯减刑、假释、保外就医等变更执行活动，对监狱、看守所、劳教所的监管活动，对公安机关、社区矫正机构管理监督监外执行和社区矫正罪犯活动，以及对超期羁押监督工作进行指导；负责对全省（自治区、直辖市）检察机关监所检察部门办理刑罚执行和监管活动中发生的职务犯罪案件立案侦查工作进行指导；负责对全省（自治区、直辖市）检察机关监所检察部门办理服刑罪犯又犯罪案件和劳教人员犯罪案件审查批捕、审查起诉、出庭支持公诉工作，以及对监狱和公安机关办理服刑罪犯又犯罪案件、劳教人员犯罪案件立案监督工作进行指导；承担应当由省（自治区、直辖市）人民检察院负责的对刑罚执行活动、变更执行和监管改造活动是否合法以及超期羁押的监督工作；承办应当由省（自治区、直辖市）人民检察院监所检察部门侦查、审查批捕、审查起诉、出庭支持公诉和抗诉的案件；受理被监管人及其近亲属、法定代理人的控告、举报和申诉；承办下级人民检察院监所检察工作中重大、疑难案件和疑难问题的请示；研究制定全省（自治区、直辖市）监所检察业务工作计划、规定和办法；统一管理和指导本院派驻监管场所检察室的工作，对全省（自治区、直辖市）派出检察院和派驻检察室工作进行指导。

市级检察院监所检察处的主要职责：负责对全市刑事判决、裁定的执行和监狱、看守所、劳动教养机关的执法活动是否合法的监督工作进行指导；负责对发生在刑罚执行和监管改造过程中的职务犯罪案件的侦查工作以及服刑罪犯又犯罪、劳教人员犯罪案件的审查批捕、审查起诉、出庭支持公诉工作进行指导和督办；负责市人民检察院立案侦查案件的内部换押监督和下级人民检察院提请的纠正超期羁押工作；承办由市人民检察院管辖的发生在监管改造场所的刑事犯罪案件的依法抗诉工作；审查市中级人民法院对罪犯减刑裁定是否正确、合法；负责对派出检察院和派驻检察室业务工作进行指导；负责与业务有关的预防职务犯罪指导工作；承办下级人民检察院监所检察工作中重大、疑难问题的请示；研究制定全市监所检察业务工作细则、规定。

县级检察院监所检察科的主要职责：办理本县（区）看守所内发生的虐待被监管人案、私放在押人员案、失职致使在押人员脱逃案、徇私舞弊减刑、假释、暂予监外执行等职务犯罪案件；办理上级检察机关交办的监管人员职务犯罪案件；负责本县（区）看守所、拘留所内服刑罪犯又犯罪案件的批捕、起诉、出庭支持公诉工作；对本县（区）看守所内羁押犯罪嫌疑人、被告人刑事判决、裁定的执行和本县看守所的活动是否合法进行检察监督；对犯罪嫌疑人、被告人羁押期限实行监督；负责对监外执行和社区矫正情况进行检察；受理本县（区）看守所内在押人员和罪犯的控告；负责本县（区）看守所内服刑罪犯及其法定代理人、近亲属不服已发生法律效力的刑事判决、裁定申诉的受理和复查工作；及时了解被监管人动态，协助监管机关采取防范措施，配合监管机关搞好安全防范工作；制定本院监所工作的相关规定、规则、细则和办法。

二、派出派驻监所检察机构

派出派驻监所检察机构，是指人民检察院依据法律、规范性文件的规定，根据工作需要，在大型监管场所或监管场所相对集中的区域设置的派出检察院和在大多数监狱、看守所、劳教所设置的派驻检察机构。

早在20世纪50年代，个别省检察院就在大型监狱开始设立派出检察院。1957年11月11日，湖北省人民委员会批复省公安厅、省人民检察院、省高级人民法院，在沙洋劳改农场（近3万劳改犯人）设立公安局、基层人民检察院和基层人民法院，这些机构直属省公安厅、省人民检察院、省高级人民法院领导。1958年，湖北省人民检察院在沙洋劳改农场局设立了我国第一个监所检察派出检察院，即湖北省沙洋地区人民检察院。之后，各省陆续在大型监狱建立专门劳改检察机构。

1964年6月公安部、最高人民检察院《关于在劳改单位设置专门检察机构的联合通知》规定，为了加强劳改工作的法律监督，促进和提高改造工作质量，各省、市、自治区检察院有必要在劳改单位设立专门的检察机构。劳改单位的专门检察机构的设置，不宜分散，人员最好集中在省院统一使用，特大的劳改单位和劳改单位比较集中的地区，可以设立专门检察院或检察组，负责对劳改单位的检察工作。

1964年7月，最高人民检察院、财政部、公安部《关于劳改单位专门检察机构经费开支问题的通知》规定，劳改单位设置的专门检察机构所需经费，从劳改业务经费内开支，并单独设立劳改检察机构经费的支出项目。这项费用包括专门检察机构经费和人员经费。各省、市、自治区人民检察院应根据规定编造劳改检察机构和人员经费年度预算，经公安厅、局审核后，列入全省（市、自治区）劳改业务经费预算内，报公安部一并批准执行。同期，最高人民检察院下发了《关于建立劳改检察机构问题的通知》，规定了劳改检察机构的设置和编制、职权和任务、领导关系、调配干部，以及劳改检察院的名称等。

从20世纪50年代到60年代这一时期，人民检察院在监管场所设立的检察机构叫专门检察机构，但性质上属于派驻检察机构。

1978年检察机关恢复重建后，从80年代初开始，随着检察工作的发展，最高人民检察院要求各地在大型监狱、劳教所设立派出检察机构。

1981年1月5日最高人民检察院检察委员会通过的《人民检察院监所检察工作试行办法》第31条规定，根据工作需要，省一级人民检察院可以向劳改单位派出人民检察院或检察组，担负监所检察工作。

1984年11月，最高人民检察院召开了全国劳改、劳教检察工作座谈会，会上明确提出要求建立健全派出检察机构，会后印发了会议纪要及《关于劳改、劳教检察派出机构的几个问题》，对设置派出检察院或派驻检察组的批准手续，派出检察院的领导关系、职权，派出检察院的名称、内部机构设置和干部任免，以及派出检察机构的编制及经费、装备等进行了规定。

从这以后，派出派驻监所检察机构有了较快的发展，现全国检察机关在94%左右的监狱、劳教所、看守所设置了派出检察院、派驻检察室，对监管场所实行了派驻检察。

派出派驻监所检察机构，包括派出检察院和派驻检察室。在关押人数少，不具备设置派驻检察机构的监管场所，派驻专职检察人员。

（一）派出检察院

派出检察院是省、自治区、直辖市人民检察院和省辖市、自治州人民检察院依法提请本级人民代表大会常委会批准，在监狱、劳动教养场所设立的派出检察机构。

根据有关规范性文件的规定，在大型监狱、劳教所或监狱、劳教所集中的地区设立派出检察院。派出检察院负责所辖区域内的监狱执行刑罚活动的监督、劳教所执法活动的监督，承办由检察机关负责承办的刑事犯罪案件的审查批捕、审查起诉，职务犯罪案件的立案侦查，受理控告、举报和申诉。派出检察院行使县级人民检察院职权。派出检察院由派出它的人民检察院领导，各项检察业务由派出它的人民检察院监所检察部门统一管理和指导。

根据1985年1月16日最高人民检察院印发的《全国劳改、劳教检察工作座谈会纪要》及其附件《关于劳改、劳教检察派出机构的几个问题》的规定，省、自治区、直辖市人民检察院派出的检察院，也可以委托分（市）院领导。派出检察院一般设一室二科，即办公室、一科（负责办理重新犯罪案件，审查批捕、审查起诉）和二科（负责劳改、劳教工作方针、政策和法律执行情况的检察，办理干警违法犯罪案件）。

在总结以往派驻检察机构建设的经验基础上，2007年3月最高人民检察院印发的《关于加强和改进监所检察工作的决定》规定，除直辖市外，派出检察院一般由省辖市（自治州）人民检察院派出。派出检察院的内设机构设置，要体现“小机关、大派驻”的要求。派出检察院对所担负检察的监管场所要设置派驻检察室。派出检察院由派出它的人民检察院领导，派出检察院的各项业务工作，应当由派出它的人民检察院监所检察部门统一管理和指导，经费保障独立预决算或者直接拨款。

（二）派驻检察室

派驻检察室是各级人民检察院按照规定在中小型监狱、劳教所和看守所派驻的检察室。派驻检察室以派出它的人民检察院名义行使检察职权，专门负责对所派驻的监狱、劳教所、看守所的检察任务。

派驻检察室不是一级检察机关，不能作为一级检察机关行使检察职权。

1985年《关于劳改、劳教检察派出机构的几个问题》规定，派驻检察组，在派出它的人民检察院领导下进行工作，有关立案侦查、审查批捕、审查起诉等决定权，属于领导它的人民检察院。

从1996年第三次全国监所检察工作会议后，担负几个监管场所检察任务的派出检察院开始向所担负检察的各个监狱、劳教所下派检察室。

2003年11月，最高人民检察院印发《关于设立最高人民检察院驻司法部燕城监狱检察室的通知》，规定最高人民检察院驻燕城监狱检察室是最高人民检察院的派出机构，驻燕城监狱检察室业务上接受最高人民检察院监所检察厅的指导，并规定了驻燕城监狱检察室的主要职责及检察室主任的配备、经费等问题。最高人民检察院驻燕城监狱检察室的主要职责是：（1）对监狱执行刑罚和监管活动是否合法实行监督，发现刑罚执行和监管活动中的违法情况，通知监狱纠正；（2）掌握和了解刑罚变更执行情况，发现对罪犯的减刑、假释、暂予监外执行呈报、裁定不当的，提出书面纠正意见；（3）对刑罚执行和监管活动中发生的虐待被监管人案、私放在押人员案、失职致使在押人员脱逃案、徇私舞弊减刑、假释、暂予监外执行案进行立案侦查；（4）对刑罚执行和监管活动中发生的司法人员贪污贿赂、渎职侵权等职务犯罪案件进行初查；（5）对服刑罪犯又犯罪案件的侦查活动实行监督，配合有关部门做好服刑罪犯又犯罪案件和漏判罪行案件的审查起诉工作；（6）协调监狱开展安全防范检察工作，维护监狱的安全稳定；（7）结合监所检察职责，开展职务犯罪预防工作，配合监狱对服刑罪犯进行法制宣传教育工作；（8）受理、转办服刑罪犯及亲属提出的控告、举报和申诉；（9）负责承办检察长交办的其他事项。根据2004年最高人民检察院《关于调整人民检察院直接受理案件侦查分工的通知》的调整，监所检察部门办案范围已经扩大到所有刑罚执行和监管活动中的职务犯罪案件。2011年最高人民检察院《关于设立最高人民检察院驻公安部秦城监狱检察室的通知》基本上体现了上述要求。

2007年3月最高人民检察院印发的《关于加强和改进监所检察工作的决定》规定，对于没有设置派出检察院的监狱、劳教所，一般由市级人民检察院派驻检察室。对于看守所，由其所属的公安机关对应的人民检察院派驻检察室。派驻检察室以派出它的人民检察院名义开展法律监督工作，并由派出它的人民检察院监所检察部门进行业务管理和指导。

此外，前几年，一些分、市、州人民检察院和县级人民检察院，对关押人数较少，没有必要设立检察室的监狱、劳教所、看守所派驻了专职检察人员。按照最高人民检察院有关文件的规定，一般在1000人以下的监狱、劳教所和60人以下的看守所，要派驻专职检察人员，对所派驻的监狱、劳教所、看守所实行派驻检察。派驻专职检察人员的，不是一种派驻检察机构，而是一种派驻检察的形式。2007年3月最高人民检察院印发的《关于加强和改进监所检察工作的决定》中已没有关于派驻专职检察人员的规定，该决定规定，对于常年关押人数较少的监管场所，可以实行巡回检察，对小型监狱、劳教所一般由市级人民检察院进行巡回检察，对小型看守所由对应的人民检察院进行巡回检察。

第二节 监所检察机构设置的依据和原则

一、监所检察机构设置的依据

关于各级人民检察院监所检察部门，包括监所检察厅、处、科设置的依据，主要是《人民检察院组织法》的有关规定和编制主管部门关于同意设立的批复。

关于派出派驻监所检察机构设置的法律依据，《人民检察院组织法》第3条第3款规定："省一级人民检察院和县一级人民检察院，根据工作需要，提请本级人民代表大会常务委员会批准，可以在工矿区、农垦区、林区等区域设置人民检察院，作为派出机构。"1986年8月1日全国人大常委会法制工作委员会《关于人民检察院组织法几个问题的答复》第6条规定："参照'检察院组织法'第二条第三款关于'省一级人民检察院和县一级人民检察院，根据工作需要，提请本级人民代表大会常务委员会批准，可以在工矿区、农垦区、林区等区域设置人民检察院，作为派出机构'的规定精神，设区的市、自治州的人民检察院根据工作需要，提请本级人民代表大会常务委员会批准，可以在工矿区、农垦区、林区以及劳改劳教场所等区域设置人民检察院，作为派出机构。"

根据监所检察的特点和有效履行法律监督职责的需要，人民检察院在监管改造场所设置派出检察院、派驻检察室，是行使监所检察法律监督职权的重要组织保障。

根据《人民检察院组织法》规定的精神，最高人民法院、最高人民检察院、司法部、公安部于1980年12月26日印发了《关于罪犯减刑、假释和又犯罪等案件的管辖和处理程序问题的通知》，该通知规定，为了及时、准确、合法地处理劳改罪犯的减刑、假释和又犯罪等案件，人民法院和人民检察院应当在地处偏僻、交通不便的大型劳改单位或劳改单位集中的地区，设立派出机构。

1981年1月5日最高人民检察院检察委员会讨论通过的《人民检察院监所检察工作试行办法》，1987年7月最高人民检察院制定的《人民检察院劳改检察工作细则（试行）》、《人民检察院劳教检察工作办法（试行）》均规定，在大型劳改、劳教单位或劳改、劳教单位集中的地区设立人民检察院，作为派出机构，担负劳改、劳教检察工作。劳改、劳教场所不够设立派出人民检察院条件的，设立派驻检察组。1987年7月23日最高人民检察院制定的《人民检察院看守所检察工作细则（试行）》第34条规定，"人民检察院看守所检察一般应当实行驻所检察"。

1991年2月最高人民检察院办公厅印发的《加强劳改、劳教检察派驻组（室）工作的意见》将派驻检察组改为派驻检察室。

1992年最高人民检察院办公厅《关于劳改、劳教检察工作实行经常化、制度化的意见》规定："凡关押、收容五千人以上的劳改、劳教场所，应建立派出检察院；劳改、劳教场所比较集中的地区也应建立派出检察院。""配备派驻人员的数量和质量，应能保证全面开展监所检察业务的需要。"

1994年最高人民检察院《关于设置人民检察院的规定》对设置派出检察院的场所、职权、审批程序及称谓作了明确规定。

2000年中央《关于地方各级人民检察院机构改革的意见》规定，在地处偏僻、交通不便的大型监狱、劳教场所和监狱、劳教场所集中的地区设立的派出检察机构予以保留。

2001年9月最高人民检察院《关于监所检察工作若干问题的规定》规定，根据机构改革的规定，设置派出检察院，派出检察院由省级检察院或市级检察院派出，设置规格不低于正县级，派出检察院应当设立检察委员会。

上述规定，都是随着形势的发展，不同时期对在监管改造场所设置派出检察机构提出的要求，也是根据强化法律监督工作需要设置派出检察机构的依据。

二、监所检察部门设置的原则

各级检察机关根据承担的监所检察职能及刑罚执行和监管活动监督工作需要，决定是否设置监所检察部门。市级以上人民检察院基本上都分别设置了监所检察厅、处、科。

从监所检察部门设置的情况来看，主要是坚持了以下设置原则：

1. 全面履行监所检察职责的原则。整体上是设置了监所检察厅、处、科，而有一些地方特别是基层检察院监所检察职能相对不够全面，因而有的只设置了监外执行检察科或社区矫正检察室等。

2. 相对统一的原则。为了便于上级检察机关对下级检察机关监所检察业务进行领导和指导，检察机关从最高人民检察院到省、市、县级人民检察院，设置了四级监所检察部门，名称、职能等基本相对应。

3. 因地制宜的原则。目前有一些基层检察院由于辖区没有负责监督的监管场所，以及监外执行和社区矫正检察任务较少，因而没有设置监所检察部门，其职能由侦查监督或公诉部门承担，或设置专门负责监所检察工作的人员。

三、派出派驻监所检察机构设置的条件和原则

（一）派出检察院、派驻检察室设置的条件

1984年年底，最高人民检察院召开了全国劳改、劳教检察工作座谈会，会后最高人民检察院于1985年1月16日印发了《全国劳改、劳教检察工作座谈会纪要》及其附件《关于劳改、劳教检察派出机构的几个问题》，要求各省级检察

院认真贯彻执行。根据会议文件规定，设置派出检察机构的条件是："凡是劳改犯和劳教、就业人员达五千以上的场所都应设置派出检察院；几个劳改、劳教场所相距较近，总人数达五千以上的，以及边远地区虽未达到上述人数，但工作需要的，也可以设置派出检察院。其他劳改、劳教场所一般设置派驻检察组。"这是最早的关于设置派出检察院、派驻检察组（室）条件的明确规定。1990 年最高人民检察院印发的《关于加强派驻检察室工作的意见》，1988 年全国劳改、劳教检察工作座谈会后，最高人民检察院印发的《全国劳改、劳教检察工作座谈会纪要》及 1994 年全国派驻检察机构工作座谈会提出的关于设置派出检察院、派驻检察室条件，基本上维持了这一提法，即在押人数达 5000 人以上的大型监狱、劳教所或监狱、劳教所比较集中的地区，需要派出检察院的，应当设置派出检察院，其他中小型监狱、劳教所应设派驻检察室。派出检察院可以由省级检察院派出或市级检察院派出，派驻检察室可以由各级检察院派驻。

（二）派出检察院设置的原则

2001 年 9 月最高人民检察院《关于监所检察工作若干问题的规定》规定，"派出检察院的设置要坚持依法的原则、便于工作的原则、规格对等的原则、与监狱布局相协调的原则"。这是当时确立的设置派出检察院应遵循的主要原则。十多年过去了，新设置的派出检察院，基本上遵循了这些设置原则，当然也有一定的发展和变化。根据当前加强和改进派出检察工作的实际需要，派出检察院的设置需要坚持的主要原则是：

1. 依法设置的原则。依法设置派出检察院，是派出检察院有效履行法律监督职责的前提条件。《人民检察院组织法》和全国人大常委会法制工作委员会《关于人民检察院组织法几个问题的答复》以及最高人民检察院单独或会同最高人民法院、公安部、司法部印发的一些规范性文件，是设置派出检察院的法律依据和政策依据。符合法律和政策规定的设置条件，是派出检察院具有设置和存在的合法性的前提和保证。同时，立法机关、最高人民检察院以及编制主管部门对于派出检察院的设置还规定了专门的报批程序，必须严格按照程序报批并获得批准，也是派出检察院依法设置的重要体现。各地要依据这些规定来设置派出检察院。例如，根据《人民检察院组织法》的规定，设置派出检察院，要提请本级人民代表大会常务委员会批准。另外，最高人民检察院《关于劳改、劳教检察派出机构的几个问题》明确规定，在劳改、劳教场所区域内设置派出检察院，须由省、自治区、直辖市人民检察院提请本级人民代表大会常务委员会批准，也可由省级人民检察院提请本级人大常委会授权市、州人大常委会批准设置派出检察院。2000 年中央《关于地方各级人民检察院机构改革的意见》规定，成立派出检察院，经当地政府编制委员会同意和人大常委会批准后，还需报最高人民检察院审查同意，才能成立。

2. 职能优先原则。监所检察特别是派驻检察职能是派出检察院存在的前提，必须科学界定派出检察院总体职能，科学配置和划分派出检察院的职能，以派驻检察职能是否顺利实现来检验派出检察院设置的合理性。是否需要在大型监狱、劳教所或者监管场所相对集中的地方设置派出检察院，首先要准确判断监所检察工作量，这一职能的行使是否需要通过派驻检察来完成；如果需要派驻检察，是否可以通过设置两三个派驻检察室来完成。关键是要职能使然，真正属于工作需要。即使某一监管场所和监管场所相对集中区域押量达到5000人以上，具有设置派出检察院的条件，也不一定设置，关键是实际需要，真正贯彻职能优先原则。不能为了解决人员编制和干部级别而考虑设置派出检察院。

3. 规格相当的原则。在派驻检察工作中一直强调同级派驻，对等监督。派出检察院和派驻检察室都必须落实这一要求，保证切实有效地履行派驻检察职能。这也是由派驻检察权的法律监督权性质和要求所决定的。实践表明，与所派驻的监管场所规格相当、级别对等，既是监督工作的需要，也是监督机关权威性的体现，同时，在一定程度上体现了对法律监督的重视程度。目前我国的监狱和省属劳教所基本上为正处（县）级，少数为厅级，如果派出检察院在机构规格和负责人级别上不能与之对等和相当，显然不利于监督工作的顺利和有效开展。因此，近年来新成立的派出检察院一律为正处级。从派出检察院行使的职责来看，虽然有些涉及案件管辖，如职务犯罪侦查、在押人员犯罪案件审查批捕、审查起诉等，需要与所在地基层法院对应行使职权，但更多的是日常派驻检察工作，以及刑罚变更执行监督工作，需要与监管场所相对应，与负责减刑、假释审理的中级人民法院相对应。落实规格相当原则，有利于加强对执行机关和监管场所的全面有效监督。2007年最高人民检察院印发的《关于加强和改进监所检察工作的决定》规定，“派出检察院检察长应当由与监管场所主要负责人相当级别的检察官担任”，也体现了规格相当的原则。

4. 与监管场所布局调整相对应的原则。近年来，全国监狱加大了布局调整力度，劳教所在教人员明显减少，监管场所整体布局的变化，决定了派出检察院面临着新设、整合、搬迁和撤销的问题。新设，主要是由于监狱布局调整，使得检察机关需要在大型监狱和监管场所变更集中的区域设置派出检察院，也包括一些本身就需要设置而长期没有设置的情况。整合和搬迁，主要是随着监狱的搬迁，监狱与监狱相对集中，原先负责监督的两个派出检察院也面临着整合和搬迁的问题。撤销，主要是由于监狱搬迁或劳教所押量萎缩，派驻检察的工作量已不需要成立派出检察院。派出检察院的工作对象是监管场所，其设置规模、位置等要坚持与监管场所的布局相对应、相协调。

第三节　派出检察院建设

派驻检察是检察机关开展法律监督工作的重要方式，也是一项具有中国特色的社会主义检察制度。其中派驻监所检察包括派出检察院和派驻检察室两种组织形式。检察机关依照法律规定和监督工作的需要，在大型监管场所或监管场所相对集中的区域设置派出检察院，全面履行监所检察职责，对强化监所检察监督，促进监管部门依法文明管理，遏制司法腐败，维护被监管人合法权益，维护监管场所秩序，维护国家法律的统一正确实施具有重要意义。但由于相关法律规定不完善，各地在派出检察院的设置、运作等方面还存在一些问题，影响和制约了监所检察职能的有效发挥和监督工作的深入开展。派出检察院法治化、规范化建设是检察机关执法规范化建设的重要内容，也是新时期加强监所检察工作必须解决好的一个重要课题。

一、设置派出检察院的必要性

我国设置派出检察院最早可追溯到1958年，当时湖北省人民检察院在该省沙洋劳改农场局设立了我国第一个派出检察院，即湖北省沙洋地区人民检察院。1978年检察机关恢复重建后，派出检察院也陆续恢复重建，或根据工作需要新设置了一批派出检察院。据调研统计，截至2011年年底，全国已有26个省、自治区、直辖市在监管场所设立了83个派出检察院，相对于2004年增加了7个。有关部门曾在2004年对当时的全国76个派出检察院进行专题调研和分析，虽然之后派出检察院建设有了一定发展，但许多问题仍没有得到很好的解决。近年来，受监所检察人员力量和经费不足的影响，少数监所检察派出检察院监督工作比较薄弱，甚至出现了被监管场所“同化”的现象，加之随着监狱布局调整，派出检察院也相应地需要进行整合，在这一过程中，一些地方对设置派驻检察机构，特别是派出检察院的必要性出现了不同认识，需要进一步澄清。

（一）设置派出检察院，是开展监所检察工作的重要组织保障

新中国成立以来的监所检察实践表明，要把监所检察工作有效开展起来，必须实现监所检察工作的经常化、制度化和规范化，必须依靠有效的载体，必须建立健全派驻检察机构，否则就难以有效履行监所检察职责。1992年《中国改造罪犯的状况》白皮书也向世人宣告：“人民检察院在监狱、劳改场所设立常驻检察机构。”在监管场所实行派驻检察，是具有中国特色的检察制度的重要内容。设置派出检察院是开展监所检察工作的重要组织形式，也是规范和加强派驻监所检察工作的内在要求。监所检察工作相对于形势发展而言，还存在一些薄弱环

节，派驻监所检察工作发展的空间很大，任务也比较繁重，因此，派出检察院建设只能加强，不能削弱，必须在法治化、规范化建设方面多下功夫。

（二）设置派出检察院，符合诉讼规律的内在要求和强化诉讼监督的客观需要

监管场所封闭性较强，关押对象特殊，监情较为复杂，不稳定因素较多，改造与反改造的矛盾较为尖锐，在押人员刑事犯罪时有发生，为及时、有效地打击犯罪，狱内侦查往往由监管场所自身承担，相应的，也需要一个专门的派驻检察机构承担审查批捕、审查起诉和诉讼监督任务。而且监管场所职务犯罪时有发生，有其自身特点，查办和预防监管场所职务犯罪的任务比较繁重，同样需要由专门的派驻检察机构承担这一任务。综上，就需要一个具有独立的审查批捕、审查起诉和职务犯罪侦查权的派驻检察机构。显然，派驻检察室作为检察院的一个派出机构，无法完全履行一个检察院的权力，因此必须由派出检察院来承担。

（三）设置派出检察院，是保障在押人员合法权益的客观需要

随着“国家尊重和保障人权”入宪以及写入《刑事诉讼法》，保障人权问题越来越引起社会各界的重视。而监管场所在押人员的人权保障状况，社会各界尤为关注，其中存在的问题在一些地方也比较突出。为加强对在押人员人权的保障，必须强化对监管场所监管活动的监督。为保证监督的及时性、全面性和有效性，又必须加强派驻检察监督。因此，为适应保障人权的需要，必须设置和加强派出检察院建设，以更好地履行派驻检察监督职责。

（四）设置派出检察院，与我国监管场所的布局特点相适应

我国的监管场所，特别是监狱、劳教所在区域设置上有其自身特点，存在一些大型监狱、劳教所和监狱、劳教所等监管场所相对集中的区域，在押人员相对集中，监管工作量大，设置了许多监区和分监区，监所检察监督的任务相应的也较重，需要有一批具有专业水平的监所检察人员。如果由监管场所所在地的地方检察院采取派驻检察室的方式履行监所检察职责，不利于协调监督工作中存在的一些问题，人员力量也跟不上，难以保证监督的力度，加之一些监管场所在管理上也相对独立于监管场所所在地的司法行政机关，对应地设置一些派出检察院，加强专门监督工作，不仅必要，而且切实可行。

二、派出检察院建设存在的主要问题

经过多年的努力，派出检察院建设工作取得了比较明显的进展，规范化、制度化建设得到了进一步加强，促进了监所检察职能的强化。但也必须看到，受多方面因素的影响，当前派出检察院建设过程中也还存在一些问题。概括起来，主要有以下几点：

（一）相关法律依据不完善

虽然我国《宪法》第130条第1款和《人民检察院组织法》第2条第3款规定了可以设置专门检察院和派出检察机构，但没有明确规定派出检察院和派驻检察室两种组织形式。可以说，设置派出检察院还缺乏直接的、明确的法律依据。目前设置派出检察院的依据主要是：1979年《人民检察院组织法》，1980年最高人民法院、最高人民检察院、司法部、公安部《关于罪犯减刑、假释和又犯罪等案件的管辖和处理程序问题的通知》，1985年最高人民检察院印发的《全国劳改、劳教检察工作座谈会纪要》的附件《关于劳改、劳教检察派出机构的几个问题》，1986年全国人大法工委《关于人民检察院组织法几个问题的答复》以及2001年最高人民检察院《关于监所检察工作若干问题的规定》。

（二）派出检察院领导体制不顺

派出检察院领导体制不顺，主要是指省级院派出市级院代管的派出检察院中市级院与派出检察院的关系，以及市级院派出的检察院中市级院监所检察处与派出检察院的关系在一些方面还没有完全理顺。一些派出检察院是省级院派出委托市级院代管，但在实际工作中，市级院容易出现“代而不管”的情况。有的省级院对派出检察院的业务管理比较薄弱；有的市级院监所检察处与派出检察院之间工作不够协调，联系不够紧密，市级院监所检察处对看守所和监外执行进行检察监督，而派出检察院对一两个监狱进行监督，使有限的人力得不到有效整合；甚至有的派出检察院隶属于司法行政系统，如直到2003年年底，湖北省编委才决定将原隶属于司法行政系统的4个监狱检察院调整规范为荆门市沙洋地区人民检察院、襄樊市城郊地区人民检察院和荆州市江北地区人民检察院，作为省人民检察院的派出机构，纳入全省检察体制统一管理。

（三）内设机构设置不科学

派出检察院内设机构设置多样化、职责不统一的现象较为普遍。据2004年对76个派出检察院的统计显示，派出检察院中一室两科的有14个院，一室三科的有21个院，其他41个院的内设机构更为多样化，名称各异。例如，有的院内设机构设置三室一部一局、四室五科一局、六室一科等，与最高人民检察院“小机关、大派驻”的要求还有一定的差距。

（四）业务领导机构设置不健全

检察委员会是一个检察院的业务领导机构，一些检察职能必须由检察委员会作出决定，如对犯罪情节轻微，依照《刑法》规定不需要判处刑罚或者免除刑罚的案件，需要不起诉的，必须由检察委员会作出决定。有16个派出检察院没有设立检察委员会，占派出检察院总数的20.7%。派出检察院未设立检察委员会，也不利于保证决策的科学性。

（五）缺乏必要的经费保障

最高人民检察院《关于监所检察工作若干问题的规定》第 6 条规定，派出检察院实行一级财政，独立预决算和直接拨款。据 2004 年对 76 个派出检察院的统计显示，仅有 47 个院的经费实行一级财政，独立预决算和直接拨款，有 29 个院的经费为二级财政。派出检察院的经费得不到保障，直接影响和制约了监所检察监督工作的开展。有的派出检察院由于经费紧缺，影响了外出调查取证，办案工作难以正常进行和深入开展。

（六）有的地区亟须设置派出检察院而未设置

主要是一些监狱集中，在押人员较多的地区亟须建立派出检察院。而且随着司法部逐步对监狱布局进行战略调整，一些地区监管场所相对集中，在押人员增多，有必要设立派出检察院。例如，某市有 6 个监狱、1 个劳教所、1 个看守所，在押人员 17000 人左右，如由当地县、区检察院派驻检察室履行监所检察职责，则会造成规格低、人员少，难以承担监督任务。

（七）人员和编制偏少

相对于承担的繁重的监所检察监督职责而言，派出检察院人员偏少的矛盾还较为突出。一些派出检察院缺乏独立的编制。作为专门的派出检察院，派驻检察室本应是重要的内设机构，但多数派出检察院设置的派驻检察室并没有得到编委的认可，并不属于内设机构，不利于强化派驻检察工作。

（八）派驻检察人员难以正常流动

最高人民检察院《关于监所检察工作若干问题的规定》规定，“派出检察院检察长任职超过五年，副检察长任职超过八年的，实行异地交流；派驻检察干警在同一监管场所工作满三年的，要交流到其他监管场所或其他部门工作”。2011 年印发的《关于加强人民检察院派驻监管场所检察室建设的意见》提出，在同一派驻检察室担任主任满 5 年的，应当交流；在同一派驻检察室工作满 5 年的，一般应轮岗。据前几年的调查显示，76 个派出检察院的检察长有 15 人的任职时间超过 5 年，一般为 6 至 9 年，最长的达 16 年。派驻检察人员长期不流动，业务素质难以提高，又容易被监管单位“同化”，不利于监督工作的开展。例如，某派出检察院有 45% 的干警在该院工作超过 19 年，有 1/3 的干警是监狱干警的亲属甚至子女，在实际工作中很难对监狱刑罚执行活动进行有效监督。

（九）派出检察院名称不够规范、统一

目前，派出检察院名称多为省（自治区、直辖市）地区人民检察院，其中有的名称中包含了所在行政区域的名称，有的包含了所在监管场所的名称，少数派出检察院不含地区二字，而且所有派出检察院名称中均不包括“监所检察”

四字，没有反映派出检察院的特点和职能上的特殊性。

三、加强派出检察院建设的对策建议

针对目前存在的问题，必须积极采取有效措施，加强和规范派出检察院建设，进一步强化监所检察工作。

（一）规范派出检察院的设置模式

建议派出检察院的设置模式以两种形式为主。一是在直辖市采取省级院派驻的模式。人员由市级院统一抽调，轮流派驻。二是在其他省、区采取市级院派驻的模式，实行院处合一，有效整合人力资源。由市级院监所检察处处长兼任派出检察院的检察长，对内为监所检察处，对外为派出检察院，由一个院监督几个监狱，对辖区内的看守所及劳教所的检察监督工作进行指导。取消目前的省级院派驻市级院代管的模式，各派出检察院都由其派出单位直接进行管理，如有的省级院改革了派出检察院的管理体制，将市级院代管的派出检察院改为自己直接管理。笔者认为，在条件成熟时，可以考虑在各省级院成立监所检察分院，履行市级院的职责，同时在大型监管场所或监管场所相对集中的地区设置派出检察院，作为基层检察院，形成省级院、省级院分院、派出检察院三级检察院，以更好地贯彻《刑事诉讼法》的规定和履行监所检察职责。

（二）规范派出检察院的内设机构

建议对派出检察院的内设机构作以下调整：承担监狱检察任务的派出检察院，设立一室两科，即办公室、刑事检察科、监狱检察科。承担监狱、劳教所检察任务的派出检察院，设立一室三科，即办公室、刑事检察科、监狱检察科、劳教检察科。其中办公室负责组织人事、后勤保障等工作；刑事检察科负责所查办案件的批捕、起诉，办理被监管人的控告、申诉案件以及职务犯罪预防等工作；监狱检察科负责对监狱刑罚执行和监管活动进行法律监督，立案侦查发生在监狱内的职务犯罪案件；劳教检察科负责对劳动教养机关的活动实行法律监督，侦查所内职务犯罪案件。通过规范设置内设机构，把有限的干警充实到派驻检察第一线。在得到编委支持把派驻检察室确立为派出检察院的内设机构后，可考虑进一步深化内设机构改革，每个派出检察院仅内设一个综合科或者办公室，另外根据监管场所的实际分布及数量，对应设置派驻检察室，全面履行监所检察职责。每个派驻检察室的工作人员不得少于2人。

（三）建立健全派出检察院的业务决策机构

检察委员会是人民检察院在检察长主持下，按照民主集中制的原则，讨论决定重大案件和其他重大问题的议事决策机构。目前还没有设立检察委员会的派出检察院应抓紧设立检察委员会，依法履行监督职责，保证办案质量。根据《人民检察院组织法》的有关规定，派出检察院检察长、副检察长、检察委员会委员、检察员由派出它的人民检察院的同级人大常委会任免。派出检察院的助理检察员、书记员，由本院检察长任免。

（四）实行一级财政保障体制

派出检察院由派出它的人民检察院的同级财政部门单列户头，独立预决算和直接拨款。各种开支由财政部门直接下拨，这既可以保障财政部门拨付的资金完全用到派出检察院，不被截留挪用，也有利于加强财务管理和检务保障。鉴于派出检察院的监督对象大多为省属监狱、劳教所，因此，省级财政部门应当设立派出检察院专项经费，逐年发放，并在市级财政的共同投入下，逐步解决派出检察院的办公用房建设、交通工具、通信设施、技术装备等费用。同时由于派出检察院的经费来源渠道相对单一，派出单位要加大与相关部门的协调力度，积极争取有关部门支持，保障派出检察院的经费。派出检察院的经费开支，接受派出它的检察院及其同级审计部门的监督。

（五）增设或撤并派出检察院

及时解决一些地方监管场所相对集中，在押人员较多，需要设置派出检察院而没有设置的问题。同时，要根据监狱布局调整后出现的新情况，考虑对现有的派出检察院进行必要的整合，该撤销和合并的，要及时撤销和合并。

（六）与有关监狱、劳教所的规格大致对等

级别对等有利于加大监督力度，便于协调关系，但如果级别过高，干部流动问题就会难以解决。因此，原则上派出检察院的检察长应是处级干部。为此，必须认真贯彻执行“对等监督、同级配备”的原则，加强与有关部门的联系和协调，尽快协调解决少数派出检察院检察长级别低于处级的问题。

（七）统一派出检察院的名称

全国检察机关派驻监管场所检察院应统一名称，以区别于地方市、县、区检察院。其中属于在大型监狱、劳教所派出的检察院的，名称可改为：省（自治区、直辖市）或省（自治区、直辖市）市（州）派驻监狱（劳教所）检察院；属于在监管场所相对集中的地区设置的派出检察院，名称可改为：省（自治区、直辖市）市（州）监所检察院。

（八）对派驻检察干警适当进行轮岗交流

实行一般干警轮换派驻，业务骨干相对固定的模式，以防止干警被“同化”，影响监督力度，同时防止干警的临时观念，影响检察工作的深入开展。对于监狱里有近亲属及其他有利害关系的检察干警，要进行任职回避。在派出检察院改革进一步深入后，一般干警不仅要实行内部轮岗，而且还要由省级院组织在

派出院之间以及派出院与监管场所所在地的地方检察院之间进行交流。省级院要形成制度，定期下派机关干警到派出检察院任职锻炼。

第四节 派驻检察室建设

为进一步加强人民检察院派驻监狱、看守所、劳教所等监管场所检察室建设，切实解决影响和制约派驻检察工作发展的突出问题，促进派驻检察室充分发挥职能作用，最高人民检察院于2011年11月印发了《关于加强人民检察院派驻监管场所检察室建设的意见》，对派驻监管场所检察室的设置和管理、业务建设、队伍建设和执法保障建设进行了全面规范。

当前派驻检察工作面临的形势发生了很大变化。社会各界对监管执法特别是被监管人权益保障状况的关注程度之高前所未有，监管事故检察应对工作的难度和压力之大前所未有，人民群众要求加强刑罚执行和监管活动监督的呼声之强烈前所未有。虽然近年来派驻检察工作有了新的发展，但总体上仍然薄弱，突出表现在：一些地方对派驻检察室建设重视不够；派驻检察力量不足，整体素质和执法水平不够高；部分派驻检察室工作不到位，没有发挥应有的作用；执法保障不完善，装备设施落后。面对新的形势，加强派驻检察室建设的任务十分迫切。

一、明确派驻检察室的定位

派驻检察室是人民检察院在监管场所开展法律监督工作的派出机构，代表人民检察院依法对监狱、看守所、劳教所执行刑罚和监管活动实施法律监督。这是对派驻检察室的基本定位。在大型监狱、劳教所或监管场所相对集中的区域设立派出检察院，在监狱、看守所、劳教所派驻检察室，对监管场所实行派驻检察，是我国监所检察制度的重要特色。目前，全国各级检察机关共设置了83个派出检察院和3500多个派驻检察室。其中，派驻检察室是检察机关开展监所检察工作的最基层和最前沿的监督机构，全国四级检察机关均设有派驻检察室，派出检察院开展派驻检察工作也主要通过设置派驻检察室来完成。加强派驻检察室建设，首先必须明确派驻检察室的定位。

根据目前派驻检察室建设的实际状况，以及开展监督工作的实际需要，并不要求派驻检察室一律建设成为内设机构，而是明确其为人民检察院的派出机构，派出机构不等于就是内设机构。目前，全国3500多个派驻检察室中属于编委批准为正式机构的有800多个，占23%左右。目前要求把派驻检察室一律建设成为正式的内设机构的可行性不是很大。对一个院设置多个派驻检察室的情况而言，如果一律要求是内设机构更不可行，也不利于监所检察部门加强对派驻检察室业务和人员的管理。就最高人民检察院设置的派驻检察室而言，也是作为经过中央编制主管部门批准的派出机构，经费科目单列。这对于全国派驻检察室的建设具有指导价值。对于已经建设成为内设机构或准备按照这一方向建设的，也不宜制止或反对。总的考虑就是不把派出机构与是否为内设机构挂钩。根据各地实际情况，有的可以是内设机构，有的可以不是。

派驻检察室是监所检察工作的重要基础，其工作成效如何，直接关系到刑事诉讼活动的顺利进行和刑罚目的的有效实现，直接关系到被监管人合法权益的保障，直接关系到检察机关的执法形象和公信力。除了监外执行检察外，监所检察部门的主要职责都由派驻检察室具体承担或参与。可见派驻检察室的职责涉及面较宽，既包括看守所检察，又包括监狱检察、劳教检察，既对审前羁押、监管情况进行监督，保障刑事诉讼活动的顺利进行，又对判决后的执行情况进行监督，保障刑罚目的的最终实现。检察机关对监管场所实行派驻检察，有出于维护监管秩序和社会稳定的考虑，但在很大程度上是基于保障在押人员合法权益的需要，这是由监管场所的封闭性和监管场所与被监管人的特殊关系所决定的。因此说，派驻检察室的监督力度和效果如何，直接关系到刑事诉讼活动的顺利进行和刑罚目的的最终实现，直接关系到被监管人合法权益的保障。派驻检察室作为检察机关派驻在监管场所开展法律监督工作的派出机构，其工作成效如何，队伍素质和能力如何，还直接关系到检察机关的执法形象和公信力。

二、规范派驻检察室的设置和管理

（一）规范派驻检察室的设置

人民检察院应当根据监管场所关押人员的数量和开展监督工作的需要，在监狱、看守所、劳教所设立派驻检察室。对于监狱、劳教所，除派出检察院负责派驻检察的以外，由地市级以上人民检察院派驻检察室。对于看守所，由其所属的公安机关对应的人民检察院派驻检察室。直辖市看守所，可以由市人民检察院分院派驻检察室。派驻检察室的设置、变更和撤销，由派出它的人民检察院根据实际需要提出方案，报上一级人民检察院审核同意。规范派驻检察室的设置是加强派驻检察室建设的重要内容。为了保证监督的力度和效果，最高人民检察院一直以来都在推进同级派驻。最高人民检察院《关于加强和改进监所检察工作的决定》规定，“对于没有设置派出检察院的监狱、劳教所，一般由市级人民检察院派驻检察室”。该决定下发后多年来，各地积极落实这一要求。但由于该决定采用的是“一般”的表述，加上有些地方落实过程中遇到了困难，以致到目前为止，派驻检察室的派驻主体仍没有得到很好的规范，全国仍有近30%的监狱、劳教所由县级检察院派驻。监狱、劳教所基本是正处级单位，由县级检察院派驻，很难保证监督的力度。例如，广东茂名监狱腐败案，有关单位在总结教训时也提出县级检察院派驻监督不力，现在这个检察室已改为市检察院派驻。为进一步推进同级派驻，最高人民检察院《关于加强人民检察院派驻监管场所检察室建设的意见》去掉了《关于加强和改进监所检察工作的决定》表述中的“一般”一词，规定对于监狱、劳教所，除派出检察院负责派驻检察的以外，由地市级以上人民检察院派驻检察室。这样规定使要求更加明确，可以减少一些具备条件的地方不落实的情况。对于看守所，要求由其所属的公安机关对应的人民检察院派驻检察室。目前各地基本上都是采取这种做法。

（二）规范监所检察部门与派驻检察室的关系

除派出检察院外，各级检察机关监所检察部门统一管理本院派驻检察室的工作。由于派驻检察室的“身份”比较复杂，使得派驻检察室与本院监所检察部门的关系也比较复杂。一些地方反映要求理顺二者之间的关系，否则影响派驻检察工作的开展，影响监所检察部门对派驻检察室业务的管理和指导，也影响对派驻检察室人员的管理和监督。最高人民检察院《关于加强和改进监所检察工作的决定》规定，派驻检察室由派出它的人民检察院监所检察部门进行业务管理和指导。但这一规定不完全适应监所检察部门对派驻检察室加强业务管理、指导和人员管理、监督工作的需要。派驻检察室作为人民检察院派驻在监管场所开展法律监督工作的派出机构，从事的工作是监所检察工作的一部分，因此，在工作上应当由派出它的人民检察院的监所检察部门领导。同时，作为一个派出业务机构，其业务、人员还应当由监所检察部门进行管理，特别是有的检察院具有多个派驻检察室，需要监所检察部门对这些检察室进行统一管理。明确各级检察机关监所检察部门统一管理本院派驻检察室的工作，既包括对其业务的统一管理，也包括对其人员的统一管理，这既有利于加强派驻检察工作，也有利于加强对派驻检察室的监督和管理。

（三）规范派驻检察室的人员配备

派驻检察室的人员配备应当按照规范化等级标准，与承担的监督工作任务相适应。派驻检察室作为检察机关在监管场所开展法律监督工作的派出机构，至少应当具有2名以上检察人员，这是开展派驻检察工作的最基本的数量要求，也是一个机构能称为检察室的最基本要求。其中，设主任1人，根据需要可设副主任，这主要是针对有的检察室在10人左右，人员较多，监督工作任务也比较重，有必要配备副主任协助主任开展工作的情况。派驻检察人员不足是当前推进派驻检察室建设过程中亟须解决的一个突出问题。据初步统计，目前全国每个派驻检察室平均2.4人。派驻检察任务基本上是与在押人员数量成正比的，同时又需要考虑到各地人员编制等状况的不同。实践中，检察机关在派驻检察室的人员配备上基本上做到了以下几个方面：被监管人月均500人以上不满1000人的看守所和2000人以上不满4000人的监狱、劳教所，派驻检察人员不少于3人；被监管人月均1000人以上的看守所和4000人以上的监狱、劳教所，派驻检察人员不少于4人。

（四）规范派驻检察室的等级管理

对派驻检察室，根据其履职等情况确定相应的等级，实行动态管理，每3年评定一次。对派驻检察室未达到三级规范化等级标准的，列为省级人民检察院或者最高人民检察院督办单位，予以通报并限期进行整改。经过2年整改不到位的，要向省级人民检察院说明情况。对派驻检察室实行规范化等级评定，是加强派驻检察室规范化建设的重要抓手。自2004年以来，最高人民检察院先后开展了3届派驻检察室规范化等级评定活动。等级评定活动基本上3年一次，实行动态管理，每次开展都对派驻检察室规范化等级进行重新评定。各地以开展派驻检察室规范化等级评定活动为契机，在加强派驻检察业务工作的同时，积极推进派驻检察室基础设施建设，落实派驻检察人员生活补贴，抓好交通、通信和办公设备配备，使派驻检察的工作条件得到较好改善。从开展的3届派驻检察室规范化等级评定情况来看，三级派驻检察室的等级评定标准实际上是对派驻检察室规范化建设的基本要求，主要包括完成工作任务、执行工作制度、人员配备和工作条件等四个方面。虽然这项活动已经开展了3届，但仍有一些派驻检察室还没有达到三级规范化检察室的要求，有必要采取措施促进这些相对落后的派驻检察室改变面貌，尽快达到规范化等级的最低要求。因此，最高人民检察院《关于加强人民检察院派驻监管场所检察室建设的意见》要求，对派驻检察室未达到三级规范化等级标准的，列为省级人民检察院或者最高人民检察院督办单位，予以通报并限期进行整改。经过2年整改不到位的，要向省级人民检察院说明情况。特别是省级人民检察院不能只把目光盯在争创一级规范化检察室上，同时也要重视发挥协调指导作用，督促指导一些长期处于落后状况的检察室采取有效的整改措施。必要时，最高人民检察院也可对一些派驻检察室进行重点挂牌指导，剖析原因，协调解决建设过程中遇到的困难和问题。

三、规范派驻检察室业务建设

（一）完善派驻检察工作制度

严格执行《人民检察院监狱检察办法》、《人民检察院看守所检察办法》和《人民检察院劳教检察办法》的规定，完善和落实日常派驻检察、被监管人死亡检察、重大监管事件报告以及受理被监管人控告、举报和申诉等工作制度，全面规范监督的程序和方式。派驻检察室每个工作日都要有人员在岗，派驻检察人员每月派驻检察时间不得少于16个工作日。新的形势对派驻检察工作的规范化提出了更高的要求，派驻检察室作为监督者，规范别人，首先要规范自己，这样监督才有力度，才有效果，才有公信力。近年来，各级检察机关在抓好派驻检察业务的规范化建设方面下了很大功夫，做了大量工作，不仅最高人民检察院出台了很多规范性文件，特别是监所检察“四个办法”，各地结合本地实际也采取了许多推进监所检察规范化建设的举措，应当说，效果还是比较明显的。但这些规范在落实过程中还存在不到位的问题，落实过程中也发现了一些新的问题，需要引起重视。完善派驻检察工作制度，关键是要抓好三个方面：一是把现有的制度执行好、落实好。二是要重点完善和落实一些具体的工作制度。三是要规范派驻检察人员的派驻检察时间，防止派而不驻。派驻检察室每个工作日都要有人员在岗，派驻检察人员每月派驻检察时间不得少于16个工作日。

（二）完善被监管人权益保障机制

在监管场所显著位置和派驻检察室办公区设置“检务公开栏”，印发《检务公开手册》，依法公开派驻检察室的工作职责、依据、程序和人员等情况。在方便被监管人及其亲属投递的地方设置检察信箱。通过发放派驻检察室联系卡、派驻检察官约见卡等形式，畅通被监管人的权利救济渠道。在押人员权益保障机制是加强派驻检察业务制度建设的重要内容，特别是随着形势的发展，其重要性更加突出。完善在押人员权益保障机制，主要包括设立检察信箱、在押人员约见派驻检察官、派驻检察官与在押人员谈话、受理在押人员投诉、对监管民警涉嫌违法犯罪行为调查和纠正等工作制度，为在押人员提供及时有效的救济手段。

（三）完善派驻检察业务督察指导制度

地市级以上人民检察院监所检察部门每年应在辖区内选择若干个派驻检察室，对其履行法律监督职责情况进行全面检查，同时对其所在监管场所的执法情况进行巡视检察，指导和督促派驻检察室更好地履行职责。当前一些地方派而不驻，驻而不察，派驻检察室没有发挥应有作用的问题较为突出，客观上需要加强对派驻检察室履职情况的督察指导。对监管场所执法情况的监督，既要发挥派驻检察室的作用，又要强化上级监所检察部门的执法监督责任，由上级监所检察部门在对辖区派驻检察室加强业务督察指导的同时，对辖区监管场所实行巡视检察制度，以弥补同级派驻检察的不足。实行派驻检察业务督察指导和巡视检察制度，可以在一定程度上解决因基层检察院长期派驻、缺乏流动而造成派驻检察流于形式，被监管场所“同化”的问题。地市级以上人民检察院监所检察部门到基层派驻检察室和监管场所，不再是一般意义上的指导工作，同时也负有对刑罚执行和监管活动直接进行巡回检察的责任，对呈报、提请减刑、假释、暂予监外执行案件进行审查，与在押人员谈话。在押人员也可以约见上级检察院的检察官，这也有利于真正消除其思想顾虑反映真实情况。

（四）实行派驻检察责任追究制和问责制

监管场所发生重大问题，派驻检察室负有监督不力责任的，要严格按照规定撤销规范化等级；对严重失职的派驻检察人员，要依法依纪追究责任；对领导不力的院领导及部门负责人，要实行问责。严格监督责任，是加强派驻检察业务建设和队伍建设都面临的重要问题。考虑到责任追究制和问责制本身是为了强化执法责任，是加强业务管理的重要内容，因此，最高人民检察院《关于加强人民检察院派驻监管场所检察室建设的意见》将实行责任追究制和问责制作为加强派驻检察业务建设的一项重要内容。派驻检察室的作用要发挥到位，除了加强教育、培训和监督外，必须实行严格、有效的责任追究制和问责制。特别是对于滥用职权、玩忽职守、对重大监管问题负有监督不力责任的，必须视情节轻重，依法依纪追究责任。必须将实行派驻检察责任制与加强对派驻检察室规范化等级的动态管理紧密联系起来，对监管场所发生重大问题，派驻检察室负有监督不力责任的，要严格按照规定撤销派驻检察室的规范化等级。对严重失职的派驻检察人员，还要依法依纪追究责任，包括行政责任、纪律责任和法律责任，涉嫌职务犯罪的，还要追究其刑事责任。实行派驻检察问责制，主要对负有领导责任的派驻检察室所在的院领导和监所检察部门负责人实行问责。

四、规范派驻检察室队伍建设

（一）选好配强派驻检察室主任

选派政治素质高、业务能力强、懂得管理、善于协调，并具有3年以上检察官任职经历的检察人员担任派驻检察室主任。地方检察机关派驻监狱、劳教所检察室主任由处级干部担任，派驻看守所检察室主任由与看守所负责人相当级别的干部担任。基于派驻检察室在监所检察工作中的基础地位和重要作用，要充分发挥派驻检察室的作用，必须选好配强派驻检察室主任。随着形势的发展，派驻检察工作的任务明显加重，要求明显提高，责任也明显加大，作为派驻检察室的领导，派驻检察室主任不仅要政治素质高，也要业务能力强；不仅要懂得管理，还要善于协调，这样才能保证派驻检察工作的力度和效果。为了保证派驻检察室主任的素质和能力，还必须对其资历提出要求，因此，担任派驻检察室主任必须具有3年以上检察官任职经历。为了保证监督的力度和监督工作的正常开展，一直以来，最高人民检察院倡导实行“对等监督”。派驻检察室在监管场所代表人民检察院行使法律监督权，其主任的级别不宜与监管场所负责人级别相差过大。现在，监狱长、劳教所所长一般是正处级以上。对于看守所所长的级别，公安机关要求县级公安机关监管场所的主要领导，由副科级以上干部担任；地市级公安机关监管场所的主要领导，由副处级以上干部担任。借鉴有关部门的做法，检察机关对派驻监狱、劳教所和看守所的派驻检察室主任的级别分别作出规定。这也有利于把优秀的检察人员选配到派驻检察岗位上来，切实改变目前派驻检察室人员年龄偏老、能力偏弱的问题。

（二）实行派驻检察人员定期轮岗交流制度

在同一派驻检察室连续工作5年以上的，一般应实行岗位轮换。在同一派驻检察室担任主任5年以上的，应当进行交流。由于派出检察院、派驻检察室体制不顺等方面的原因，派驻检察人员缺乏必要的交流轮岗，是导致派驻检察人员被监管场所“同化”，派驻检察室没有发挥应有的作用的主要因素之一。最高人民检察院一直以来也倡导各地建立和实行派驻检察人员定期轮岗制度。但总体上看，除了少数地方建立健全了这方面的工作制度外，多数地方在这方面进展不是很大。为了推进这项制度的落实，需要进一步明确应当交流轮岗的工作或任职时间要求。因此要求，在同一派驻检察室连续工作5年以上的，一般应实行岗位轮换。在同一派驻检察室担任主任5年以上的，应当进行交流。

五、规范派驻检察室执法保障建设

（一）保障必要的经费

各级人民检察院要加强与同级人事部门、财政部门的沟通，将派驻检察室经费科目单列，加大对派驻检察室的经费投入，保障开展派驻检察工作所需的各项经费，按照派驻监管场所民警的标准落实派驻检察人员生活补助费。保障必要的经费，是加强派驻检察执法保障的重要方面。由于目前检察机关派驻检察室的构成比较复杂，要求在地方财政中一律将派驻检察工作经费需求列入预算还有一定困难。从最高人民检察院两个派驻检察室的经费保障来看，是将其经费科目单列，保证其日常开支。因此，最高人民检察院《关于加强人民检察院派驻监管场所检察室建设的意见》提出，各级人民检察院要加强与同级人事部门、财政部门的沟通，将派驻检察室经费科目单列，加大对派驻检察室的经费投入，保障开展派驻检察工作所需的各项经费，同时还要求按照派驻监管场所民警的标准落实派驻检察人员生活补助费。派驻检察人员除了应享有检察人员津贴外，还应当根据1992年最高人民检察院、财政部《检察业务费开支范围和管理办法的规定》的规定，享有“驻监管场所人员的生活补助费”。工资改革后，一些地方取消了派驻检察人员生活补助费。最高人民检察院、财政部1992年的规定仍然有效，需要各级检察机关重视并协调落实。

（二）解决好派驻检察室用房和装备设施、交通工具

要按照《人民检察院办案用房和专业技术用房建设标准》等有关规定，积极推进派驻检察室的用房建设。特别是在监管场所新建、改建、扩建过程中，要

职务犯罪侦查实务

焦姝珩 著

中国人民公安大学出版社

国家出版基金资助项目

中国刑事法制建设丛书·刑事诉讼系列 总主编 陈国庆 孙茂利

职务犯罪侦查实务

ZHI WU FAN ZUI ZHEN CHA SHI WU

焦姝珩 著

中国人民公安大学出版社

国家出版基金资助项目

中国刑事法制建设丛书 · 刑事诉讼系列 总主编 陈国庆 孙茂利

职务犯罪侦查实务

ZHI WU FAN ZUI ZHEN CHA SHI WU

焦姝珩 著

中国人民公安大学出版社

职务犯罪侦查实务

焦姝珩 著

中国人民公安大学出版社

CPPSUP

加强与有关部门协调，实现派驻检察室与监管场所的用房同步规划、同步设计、同步施工、同步使用。要适应派驻检察工作需要，为派驻检察室配备必要的办公设施和执法车辆。

（三）推进派驻检察室“两网一线”建设

各省级人民检察院要加强统筹协调和工作指导，全面落实辖区派驻检察室与监管场所执法信息联网和交换，推进派驻看守所检察室与看守所监控联网，加强派驻检察室的检察专线网支线建设，规范使用最高人民检察院统一开发的监所检察工作软件。

第五节 监所检察机构改革

监所检察机构改革是整个检察改革的重要组成部分，监所检察机构改革开展情况直接影响整个检察改革的进程和效果。近年来，最高人民检察院根据监所检察工作需要，积极推进监所检察机构改革，特别是加强派出检察院和派驻检察室的建设，推进派驻监狱、劳教所的检察室由县级检察院派驻改为市级检察院派驻，新设立的派出检察院由市级检察院派出等。同时，无论是检察系统内部还是法学界，都有不少同志提出监所检察机构的更名问题。

一、监所检察机构更名和职责调整的必要性

1978 年最高人民检察院恢复重建初期就设置了监所检察厅等内设机构。1982 年最高人民检察院对有关厅、室机构设置进行了调整，设三厅负责原监所检察厅业务。根据最高人民检察院机关机构改革“三定”方案，1989 年又将三厅改名为监所检察厅，并沿用至今。地方各级检察院相应地设置了监所检察处（科）。近年来，“监所检察”这一名称和有关职能渐渐显现出历史的局限性，一些同志对监所检察机构改革和更名问题进行了关注和研究，从不同的角度提出了一些观点。关于“监所检察厅”更名问题，有关部门曾在 2003 年年底至 2004 年上半年做过专题分析论证，提出了监所检察改革的意见，包括“监所检察”名称改革、监所检察职责范围改革、监所检察机构改革（包括监所检察厅内设机构改革和派驻检察机构改革问题）等。

关于“监所检察”名称改革，主张更名的主要理由是：一是“监所检察”称谓不能准确反映其工作性质。检察机关作为国家法律监督机关，内设业务部门多是以工作性质来命名，只有监所检察是以监督对象（场所）来命名。1996 年、2012 年对《刑事诉讼法》有关条文进行修改后，仍沿用“监所检察”存在很多弊端。二是“监所检察”称谓不能全面反映其职责范围。根据法律规定，检察

机关负责对刑罚执行、监外罪犯执行和强制措施的执行实行监督，而“监所检察”从字面上看是对监狱、看守所、劳教所等监管场所的检察，不包括对监外罪犯执行情况的监督，与实际的监督工作职责范围不相吻合。三是多年来“监所检察”这一名称不能被人大代表、社会各界群众及国外同行所理解，不利于这一检察业务的正常交流和发展。

二、主要观点

关于最高人民检察院监所检察厅的更名，主要有三种观点：第一种是更名为“执行监督厅”。此名包括了监狱执行刑罚、看守所执行刑事措施、劳教所执行劳教决定等内容，“执行监督”还为以后业务发展留下空间。第二种是更名为“刑事执行监督厅”。这种观点认为“执行监督”范围太宽，可以理解为包括刑事、民事、行政执行等多方面的监督，而目前检察机关执行监督职责只对刑事执行进行监督。关于劳教检察问题，当时提出，从改革趋势分析，劳教将来会纳入司法程序，鉴于劳教检察特点和已形成的历史原因及现状，可以采取主业务吸收次业务的原则，在“监所检察”更名后，将劳教检察业务划归为刑事执行监督部门管辖，内设一室四处，即办公室、监狱执行刑罚监督处、看守所劳教执行活动监督处、监外执行监督处、案件管理处。第三种观点认为应以主要业务性质、特点来考虑“监所检察”的更名问题，将最高人民检察院监所检察厅分设为刑罚执行监督厅和监管活动监督厅，以便在现有基础上将一些监管场所及其监管活动纳入检察监督的范畴。

关于地方监所检察部门的更名，主要有以下五种观点：

1. 监所检察机构应当分立并更名为刑罚执行监督检察部门和监管执法监督检察部门。在检察机关内设机构中，其他各厅均根据职能来确定名称，唯有监所检察部门是根据监督对象来命名的，该名称没有揭示监所检察部门应有的职能，致使监所检察的功能不被人们所了解。监所检察机构分立并更名的理由如下：其一，可以解决刑罚执行监督与监管等行政执法监督相混杂的问题；其二，可以解决部分限制人身自由的监管活动未能得到有效监督的问题，如流浪乞讨人员救助站、强制戒毒所、行政拘留所等涉及公民人身自由的监管单位的执法行为没有得到检察机关的监督；其三，可以解决原监所部门确定工作重点时的冲突问题；其四，可以将刑罚执行监督工作全部统揽起来，解决目前法院执行附加刑、监外执行监督不力的问题。

2. 监所检察部门应更名为刑罚执行监督检察部门。现有名称的缺陷在于：其一，从字面上来看，所谓的监所检察仅仅是对监狱、看守所进行监督，未能反映监所检察部门的其他职能，监督法院系统的刑罚执行工作名不正言不顺。其二，由于名称为监所检察部门，许多辖区内没有监狱、看守所的检察院，就不设置监所科（处），使监所检察部门的其他业务无法开展，如监外执行工作。更名为刑罚执行监督检察部门的理由在于：其一，可以建立完整的检察监督体系。现在，我国检察机关已设置了侦查监督和公诉等部门，如果设置以刑罚执行监督为主要任务的工作部门，检察机关就可以在刑事案件的整个运行过程中形成完整的监督链条。其二，可以充分整合利用检察资源，理顺原监所部门遇到的实际问题：借势对劳动教养进行改革，改为由法院审判后并入刑罚执行监督；对看守所的监督只限于对留所服刑人员的监督，对其他人员的监督划归侦查监督部门管辖；在案件办理上，除职务犯罪侦查作为监督手段之一可以由刑罚执行监督部门办理外，其他诸如批准逮捕、提起公诉、出庭支持公诉和审判监督工作等应交由相应的部门管辖；将死刑执行的监督从公诉部门移交刑罚执行监督部门。

3. 监所检察部门更名为监管检察监督局，局内可设驻所检察科、刑罚执行检察科和综合科。其理由在于：目前县级检察院的监所检察部门一般都设监所科和驻所检察室，对外是两个机构，但实际开展工作时用的是“一套人马”。这样的设置混合了监所检察多项业务内容，外界难以与监所检察部门联系和对其进行监督，从而不利于检务公开，职责不清、分工不明，从而不利于监所部门工作的开展。据调查，现在仅检察机关内部就有95%的干警不知道监所检察的工作业务范围，外界更片面认为监所检察只有监督监管场所公安管教干警等检察业务。

4. 省级检察院设置“刑罚执行检察院”。各省（区、市）原则上在各地（市、州）设置“刑罚执行检察院”，下设监外刑罚执行检察处、监内执行检察处、技术处、控告申诉处等业务处，办公室、政治处等综合处（室）。其中监外刑罚执行检察处在各县、区下设科，监内执行检察处在各个监狱和看守所下设室。刑罚执行检察院受当地党委和省级检察院领导。最高人民检察院可与中央组织、人事、编制、财政等部门联合下文，解决组织人事、编制和经费等问题。根据所辖地区范围和监狱、看守所的大小和密集程度，刑罚执行检察院再设立派出检察院或者检察科（室）。

5. 市级检察院设立监所检察分院。监所检察分院由省级检察院提请本级人大常委会授权市级检察院提请市人大常委会批准成立。该分院对市级检察院负责，下设驻所检察室，内设处级机构，行使县级检察机关职能；涉及监所范围内属于中级人民法院审理案件，以市级检察院名义参与诉讼；人、财、物由市财政和人事部门单列。监所检察分院承担目前监所检察部门与派出检察院的全部任务。

三、比较分析

（一）关于监所检察部门的更名

笔者认为，监所检察部门更名为刑事执行检察部门为宜。从目前的监所检察职责来看，主要是对刑事羁押措施和刑罚的执行进行监督。劳教检察所占的工作量及劳教检察人员在监所检察队伍中所占的比重都不大，且这项任务工作量逐步减少。新兴业务社区矫正检察也属于刑罚执行监督范畴。先前检察机关曾有刑事检察部门，后分为审查批捕和审查起诉部门，现又分别更名为侦查监督部门和公诉部门。刑事执行检察鲜明地体现了部门的职能特色。

执行监督是发展方向，但有一个弊端，就是将刑事执行监督与民事执行监督、行政执行监督合为一体，而同时存在民事行政检察部门，似有不妥。就民事行政检察业务而言，不宜将审判监督与执行监督分开。而且执行监督固然重要，但它亦是监所检察对刑事诉讼实行监督的一部分，除此之外，监所检察职能中还包括立案监督、侦查监督和审判监督等，用执行监督代替监所检察也不够准确全面。

那么是用刑事执行监督还是用刑事执行检察为宜呢？笔者认为，用“检察”二字在职权配置上相对更为宽泛一些，可以理解为包括查办刑罚执行和监管活动中的职务犯罪案件的权力在内的各项检察职能，也包括批捕、起诉职能。

从目前一些业务的开展情况看，还不宜分设刑罚执行监督和监管活动监督两个部门。从监督对象讲，很难将二者严格区分开来。无论是监狱检察，还是看守所检察，执行刑罚与监管活动都交织在一起。劳教检察虽不属于刑罚执行监督，但也被纳入监管活动监督的范畴，而执行监督与监管活动监督密不可分。看守所检察主要是监管活动监督，同时也包括刑罚执行监督的内容。

（二）关于设置监所检察派出检察院

笔者赞同在条件成熟时，在省级院设置监所检察分院，名称可为刑事执行检察分院，下设监所检察院作为基层院，如同一些省设置的监狱管理局，下设监狱。但前提是辖区内监管场所及押量必须达到一定数量，客观上需要设置，而不是所有省级院都设置刑事执行检察分院。

（三）关于派驻检察室的改革

要将派驻检察室建立成为正式的派出机构，如同在乡镇的人民法院、派出所、司法所，虽不是正式的内设机构，但属于正式的派出机构。就目前而言，推进派驻检察室改革，主要是要把派驻监狱、劳教所的检察室，除派出检察院派驻的外，由县级院派驻改为市级院派驻，以保证监督的力度和效果。

第五章　监所检察权的合理配置

依据《刑事诉讼法》和《人民检察院组织法》的规定，检察机关对刑事判决、裁定的执行和监狱、看守所、未成年犯管教所等监管场所的监管活动，以及劳动教养活动是否合法行使监督权。因监督的对象、范围和内容往往与一定的监管场所和监管活动密切相关，故统称为监所检察权。党的十七大报告明确提出："深化司法体制改革，优化司法职权配置，规范司法行为，建设公正高效权威的社会主义司法制度，保证审判机关、检察机关依法独立公正地行使审判权、检察权。"优化监所检察权配置，是优化检察权配置的重要内容。近几年来，法学理论界和司法实践部门对检察权的配置问题进行了较为深入的研究，提出了不同的改革方案，并从理论和实践层面进行了分析论证。但是，对于如何优化配置监所检察权，还缺乏必要的、深入的研究。当前，在深化司法体制改革，落实修改后的《刑事诉讼法》的背景下，加强对监所检察权优化配置问题的探讨，对于整合检察资源，依法行使监所检察权具有重要的现实意义。

第一节　监所检察权的性质和配置基础

监所检察权的性质是优化配置这一权力的决定性因素，因此，研究监所检察权优化配置问题，必须明确监所检察权的性质，在此基础上建立健全相应的权力配置模式。

一、监所检察权的性质

（一）监所检察权属于刑事羁押措施、刑罚和和劳动教养的执行监督权

刑罚执行监督权在很大程度上决定了监所检察权的性质。与刑事立案监督、侦查监督和审判监督不同，检察机关在刑罚执行监督过程中，不再直接行使追诉权，而主要是通过加强监督，使已经确定的追诉内容得以实现。除了在查办职务犯罪案件、办理在押人员又犯罪案件过程中行使一定的追诉权外，其角色更鲜明地体现了法律监督者的身份定位，更强调积极、主动地介入执行活动中，强化同

步监督，保持中立地位。执行监督对于最终实现立案监督、侦查监督和审判监督的目的具有重要意义，因为“刑罚执行监督是一种终结性、实现性的监督工作，这一监督不到位，侦查监督、审判监督的效果就得不到实现”[①]。

（二）监所检察权主要属于刑事诉讼监督权，但同时具有行政执法监督权的性质

“刑事诉讼，本为国家实现刑罚权之动态、连续过程。因此，执行表征着刑事诉讼目的之达成，并从广义上构成了刑事诉讼流程的最后阶段。”[②] 因此，作为监所检察权主要构成部分的刑罚执行监督权属于刑事诉讼监督权的范畴。监所检察监督的内容涉及刑事诉讼的全过程，从羁押被拘留、逮捕的犯罪嫌疑人、被告人，刑事判决、裁定交付执行，到罪犯减刑、假释、暂予监外执行，再到罪犯刑满释放，都有监所检察的内容。监所检察权主要是刑事诉讼监督权，是从权力的主要属性来讲的，并没有完全揭示出监所检察权的权力属性。监所检察权中的看守所检察权、劳动教养检察权还具有行政执法监督权的性质。认识监所检察权的性质，应当立足于刑事诉讼监督这一基本特性，兼顾其行政执法监督的性质。

（三）监所检察权属于司法监督权

监所检察权的主要内容是刑事执行监督，其性质也受到刑事执行权性质的影响。那么刑事执行权的性质是什么呢？有人认为，“行刑权与量刑权——刑罚的裁量和适用一样，同属国家的司法权，而与制刑权——国家的立法权的行使相对应”。还有人认为，“行政权作为刑罚权的一个重要组成部分，它的直接属性是国家的一种司法权，但是不可避免地要涉及被执行罪犯的日常生活起居的管理，这使得刑事执行权就带有一种行政管理的性质”。[③] 也有人认为，“刑事执行权不属于司法权，但又不是一般的行政权，准确地说，它应当是一种刑事行政权，属于刑事权范畴，是国家刑事权的一种”。笔者认为，刑事执行权具有刑事司法权的特征，也是刑事追诉权最终实现的方式。特别是刑罚变更执行，如减刑、假释由法院裁定，更是体现了刑事执行权是刑事司法权的延伸。相应的，检察机关的刑罚执行监督权属于刑事司法监督权。此外，看守所检察权、劳动教养检察权是国家专门法律监督机关和司法机关对特别的行政执法权实行司法控制的一种方式，具有司法监督的性质。

二、监所检察权配置的法理基础

监所检察权的配置包括两个方面，一是在国家权力体系中监所检察权的配

① 刘汉青：《刑罚执行监督工作中的问题及解决的途径》，http：//www. bj148. org。

② 万毅：《刑事执行制度之检讨与改造》，载《甘肃政法学院学报》2005 年第 6 期。

③ 夏宗素：《狱政管理问题研究》，载《中国监狱学刊》1999 年第 4 期。

置，决定了刑罚执行和监管活动的监督权由哪一个国家机关行使，二是行使监所检察权的国家机关内部的权力配置，决定了这一权力是由一个内设机构统一行使，还是由不同内设机构分别行使。多年来的检察实践表明，现行国家权力体系中将刑罚执行和监管活动的监督权交由检察机关行使的监所检察权配置模式是科学、合理的，不仅在于这一权力配置模式在维护监管场所稳定、刑罚执行公正、被监管人合法权益等方面的重要作用，而且在于其有着深厚的法理基础支撑。

（一）检察机关行使刑罚执行和监管活动监督权是由检察机关国家法律监督机关的宪法定位所决定的，具有明确的宪政基础和法律依据

检察机关行使刑罚执行和监管活动监督权的主要法律依据是《宪法》第 129 条、《刑事诉讼法》第 8 条、第 255 条、第 256 条、第 262 条、第 263 条、第 265 条，《人民检察院组织法》第 5 条，《监狱法》第 6 条和《看守所条例》第 8 条规定。此外，《人民检察院刑事诉讼规则》、最高人民法院《关于执行〈中华人民共和国刑事诉讼法〉若干问题的解释》等司法解释对刑罚执行和监管活动的检察监督也作了相应规定。法律赋予检察机关监所检察权，一是基于刑罚执行和监管活动监督的特点以及与法律监督的内在联系，是维护法律监督权威性、有效性的客观需要。“检察机关的法律监督权，核心内容是追诉犯罪的权力，而追诉犯罪的功能最终要通过刑罚的执行来实现。”[①] 二是从监督对象看，由于刑罚执行机关和监管场所相对于被执行人、被监管人而言，处于明显的强势地位，监管场所又相对封闭，客观上需要一个在国家机构体系中具有相对独立地位的国家机关行使监督权。检察机关国家法律监督机关的宪法定位和依法独立行使职权的宪法原则，有助于检察机关充分有效地行使刑罚执行和监管活动监督权。三是从检察机关法律监督与社会上其他形式的监督的比较来看，检察机关法律监督具有专门性、强制性、权威性等特点，可以对刑罚执行机关和监管场所实行相对较为有力的监督。

（二）检察机关行使刑罚执行和监管活动监督权是维护刑事羁押决定、刑事判决裁定和劳动教养决定的执行力的客观需要

刑罚执行的对象、刑种、刑期、方式、场所等必须与刑事裁决保持高度一致，这是刑事裁决执行力的重要体现，关系到司法的权威性、公正性和严肃性。保证刑事裁决的执行力，一方面需要执行机关依法开展执行工作，同时也需要强化法律监督，合理规制执行权。拘留、逮捕等刑事羁押决定、劳动教养决定都是涉及剥夺或者限制公民人身自由的决定，具有明显的强制性，同样存在保证执行力的问题，这关系到刑事诉讼活动的顺利进行和劳教工作的依法开展。因此，监

---

① 张智辉：《刑罚执行监督断想》，载《人民检察》2006 年第 4 期。

所检察权的设置以维护刑事羁押决定、刑事判决裁定、劳动教养决定的执行力为直接目的。特别是刑罚变更执行直接影响到刑罚执行力的实现，更需要强化法律监督，这也是监所检察监督的重心所在。

（三）检察机关行使刑罚执行和监管活动监督权有利于强化对刑事执行权和劳动教养权的司法控制

"理想的法治，指的是通过法律实现的公共权力与公民权利相和谐的状态。在公权不受限制和人权无保障的地方，便没有法治。"[①] 在以犯罪嫌疑人、被告人、罪犯和劳教人员的权利与国家专门机关的刑事执行和劳动教养权力为主要矛盾的刑罚执行和监管活动法律关系中，一方面，执行机关和监管机关担负着管理、教育或者改造被执行人、被监管人的职责，必然借助一定的强制手段，与被执行人、被监管人之间具有强烈的对抗性，监管与反监管、改造与反改造的矛盾较为突出；另一方面，执行机关、监管机关依靠强大的国家权力，具有明显的强势地位，虽然有利于保障执行权和监管权的实现，同时也容易出现滥用执行权和监管权，侵犯被执行人和被监管人合法权益的现象。刑罚、劳教变更执行涉及执行期减少、执行方式变更、提前释放、解教、保外就医、所外就医等，监管活动中的工种安排、记分考核等都事关被执行人、被监管人的合法权益，执行机关具有一定的裁量权，一旦使用不当会严重损害执法的公正性，也会给权力寻租带来机会。基于此，"为达到刑事执行权与罪犯诉权的平衡，必须引入法律监督权以实现权力与权力、权力与权利的相对对等状态"[②]。特别是目前上述刑事羁押措施、刑罚和劳动教养的执行权分别由公安机关、法院、司法行政机关分散行使，更需要有一个专门的国家机关强化法律监督，实现对刑事执行权和监管权有效的司法控制。

（四）检察机关行使刑罚执行和监管活动监督权是保障被执行人、被监管人特别是在押人员合法权益的内在要求

犯罪嫌疑人、被告人、罪犯和劳教人员的权利包括作为被执行人、被监管人享有的特殊权利和作为公民享有的未被法律剥夺的权利。刑事执行和劳动教养都需要对公民的权利进行一定的限制或者剥夺。由于惩罚、报复观念的存在，对在押人员的羁押、监管、改造具有强烈的制裁色彩。加之监狱、看守所和劳教所都是相对封闭的监管场所，不仅被羁押人的人权保障需要执行机关依法开展执行工作，被羁押人自身强化人权保护意识同时也需要有一个相对独立的国家机关专门

① 徐显明：《法治的真谛是人权：一种人权史的解释》，载《学习与探索》2001 年第 4 期。

② 冯殿美、侯艳芳：《刑事执行权及其制约》，载《河南社会科学》2005 年第 1 期。

开展法律监督，通过权力制约权力达到权力保障权利的目的。特别是随着国家法治建设的发展，被羁押人人权保障问题也越来越受到社会各界的关注和重视，法律监督的必要性更加凸显。

（五）检察机关行使刑罚执行和监管活动监督权是与我国传统和现代法制相承接的

从监所检察权配置的历史进程看，监所检察权是检察机关一项传统的职权。例如，1906 年颁布的《大理院审判编制法》第 12 条规定的检察官职权包括“监视判决后正当施行”。1910 年制定的《法院编制法》第 90 条规定的检察官职权包括“遵照刑事诉讼法律及其他法令所规定实行搜查处分，提起公诉，实行公诉，并监督判断之执行”。清末起草的《大清监狱律》规定，“推事检察官得以巡视监狱”，明确了检察官对监狱活动的监督权。北洋军阀政府 1913 年颁布的《监狱规则》第 84 条规定，“监狱长官得为受谕知刑罚之在监者为赦免之声请，前项声请书经由谕知刑罚之检察厅提交司法部”。1915 年颁布的《京师高等检察厅暂行处务规则》第 21 条规定，检察官对于所属各厅及各县各监狱具有指挥监督权，同级审判厅判决的案件，由主任检察官指挥执行。国民党政府 1945 年修订的《刑事诉讼法》第 461 条规定：“执行裁判由裁判之法院之检察官指挥之。”国民党政府颁布的《看守所暂行规则》、《羁押法》规定，检察官可以随时视察看守所。看守所羁押的刑事被告人撤销押票停止羁押，请求在外医治等，须经检察官核定，刑事被告人对于看守所处遇不当提出申诉的，在看守所死亡的，都须报告检察官等。革命根据地时期的法律制度中也有涉及监所检察的内容。例如，《陕甘宁边区高等法院组织条例》第 14 条规定：“高等法院检察处，设检察长及检察员，独立行使检察权”，检察员的职责中有“监督判决之执行”。《晋察冀边区法院组织法》第四章“检察官之设置”第 18 条规定的检察官之职权也包括“指挥刑事审判之执行”①。新中国成立后，检察机关的监所检察权经过 50 多年的发展和完善，逐步形成了一个较为明确的权力配置体系。1949 年 12 月颁布的《中央人民政府最高人民检察署试行组织条例》和 1951 年修改通过的《最高人民检察署暂行组织条例》规定的最高人民检察院职权分别包括“检察全国司法与公安机关犯人改造所及监所之违法措施”和“检察全国监所及犯人劳教改造机构之违法措施”。据此，最高人民检察院设立专门的机构职掌“关于检察各犯人改造所及监所之措施是否合法事项”。1954 年 9 月通过的《人民检察院组织法》第 4 条规定，最高人民检察院负责“对于刑事判决的执行和劳动改造机关的活动是否合法，实行监督”，之后最高人民检察院成立了监所、劳动改造机关

① 最高人民检察院研究室编：《中国检察制度史料汇编》（1987 年 2 月）。

监督厅承担这一职责。1957 年下半年，中央提出对劳动改造机关的检察要经常化，对劳动改造机关开始实行驻场（厂）检察，个别大型劳动改造机关建立了派出检察院。1979 年《人民检察院组织法》第 5 条规定，“各级人民检察院行使下列职权……（五）对于刑事案件判决、裁定的执行和监狱、看守所、劳动改造机关的活动是否合法，实行监督”。1979 年《刑事诉讼法》第 164 条也作了相应的规定。1979 年 11 月全国人大常委会批准的国务院《关于劳动教养的补充规定》第 5 条规定，“人民检察院对劳动教养机关的活动实行监督”，从立法上将劳动教养明确纳入检察机关法律监督的范围。1996 年、2012 年修改《刑事诉讼法》时，对刑罚变更执行的法律监督程序作了具体规定。

（六）检察机关行使刑罚执行和监管活动监督权是多数国家和地区的通行做法

为了切实保障刑事判决和裁定的执行，许多国家和地区都赋予检察机关监督权。主要有检察机关指挥执行、监督执行、负责执行和与法官分权制衡四种类型。[①] 例如，日本检察机关具有执行指挥和监督权，是具有指挥执行权的国家的代表。从国外关于刑罚执行监督权的配置情况来看，我国的执行及执行监督体制还有一些不够健全的地方，如法院承担部分执行职能，审判与执行未能完全实现分离；执行主体多元化，缺乏统一指挥机关；检察机关具有的监督职能不适应实际工作需要，监督的力度、效力和权威性缺乏立法的充分保障。这说明立法虽然赋予了检察机关刑罚执行和监管活动监督权，但还不够充分。

第二节　监所检察权配置与运行中存在的主要问题

现行监所检察权配置模式对于维护刑罚执行和监管活动的依法进行，保障刑事诉讼活动的顺利进行和刑事诉讼目的的最终实现发挥了重要作用，但由于立法不完善、体制不顺、保障机制不健全等因素的影响，这一权力配置模式在许多方面还缺乏科学性和合理性，致使其立法预期价值与司法实践在许多方面严重脱节，影响了权力的运行效果。

一、相关立法规定不够完善，致使在国家权力体系中对监所检察权的配置还没有形成完整、规范的权力配置和运行模式

现行法律关于刑罚执行监督和监管活动监督的规定还很不完善。主要表现在：一是尽管《刑事诉讼法》、《人民检察院组织法》、《监狱法》、《看守所条

① 何家弘主编：《检察制度比较研究》，中国检察出版社 2008 年版，第 498 页。

例》等法律法规都有关于刑罚执行和监管活动监督权的规定，但过于原则，可操作性不强，对于监督的具体内容、范围、手段、保障机制等规定得不够明确、具体。这虽然在客观上给检察机关制定相关规范性文件留下了很大空间，但同时也增加了很大的难度，致使一些监所检察人员在监督工作中不能很好地把握监所检察的职责和定位，不清楚该干什么、怎么干、干到什么程度。二是对一些刑种没有规定具体的监督程序，如对罚金、没收财产等财产刑、剥夺政治权利或者附加剥夺政治权利等资格刑都没有规定监督程序。三是对监督方式的规定相对滞后，不适应监所检察权运行的要求，如对减刑、假释、暂予监外执行等刑罚变更执行监督程序的规定，还没有完全体现同步监督的要求，对提请、呈报前的监督程序立法上尚未作出规定。四是立法有关刑罚执行权配置不合理，检察机关难以有效地参与执行程序。由于立法规定相对较为明确、具体，分工负责、互相配合、互相制约的宪法原则和刑事诉讼原则在刑事侦查、起诉、审判环节得到了较好的落实，但在刑事执行环节，这一原则没有得到很好的体现，刑罚执行权的配置失衡。“在交付执行、变更执行、终止执行等刑罚的各执行环节中，国家将刑罚执行权主要配置于刑罚执行机关和审判机关，赋予其执行权、提请权、处分权、变更权和裁定权，而排斥了检察机关的提请权、一定酌情处分权和程序控制权。”[①] 司法实践中，检察机关通过行使审查逮捕权、审查起诉权、出庭公诉权，可以较为全面、及时地掌握刑事侦查、审判情况，有利于强化侦查监督、审判监督，但由于不具有审查刑罚变更执行权等权力，难以及时介入刑罚执行程序，也就难以全面、及时地掌握刑罚执行情况，不利于开展刑罚执行监督工作。

由于立法规定过于概括，迫切需要通过制定司法解释和规范性文件加以弥补。但刑罚执行和监管活动监督规定的完善，仅靠检察机关的努力是不够的，在很大程度上还需要被监督部门强化接受监督的意识，积极主动地配合和接受监督，这就给相关司法解释和规范性文件的出台增加了困难，致使针对一些刑罚执行和监管活动中的突出问题的司法解释和规范性文件相对滞后，影响和制约了监所检察权的优化配置和运行。如在刑事诉讼活动中防止和纠正超期羁押的规定，超期羁押如何界定，相关责任人员的责任如何追究等都需要相关部门达成共识。而且有的司法解释和规范性文件如果由检察机关单方面制定，对于被监督方难以产生有效的约束力，给落实带来诸多不便，影响监所检察权的正常行使。就刑罚执行和监管活动中的一些相关联问题，如果由各部门单独出台规范性文件，也容易产生一些相冲突的地方，影响刑罚执行和监管活动监督工作的正常开展。

---

① 熊志坚:《完善刑罚执行监督的六点建议》，载《检察日报》2007 年 3 月。

二、监所检察权的配置和运行缺乏有力的保障，严重影响了刑罚执行和监管活动监督工作的及时性和有效性

检察机关依法独立公正行使监所检察权，需要从制度上加以保障，包括领导体制、工作机制、经费编制保障等。而目前的监所检察领导体制还存在许多与承担的职责不相适应的地方，一方面是由于目前的检察机关领导体制还不够健全，影响了监所检察职能的发挥；另一方面是由于监所检察领导体制自身也存在不尽完善的地方，如监所派出检察院领导体制不顺，监所检察资源配置不够合理，缺乏必要的独立的办公、办案条件，影响了派驻检察机构职能作用的发挥。

对刑罚执行和监管活动全程同步监督工作尚处于探索阶段，面临着许多困难亟待解决。由于现行法定监督方式的滞后性，影响了检察机关推进同步监督的步伐，一些地方同步监督工作未能充分有效地开展，开展刑罚变更执行同步监督的地方在监督方式、措施上也不尽一致。由于有些地方仍停留在事后监督阶段，致使监督时有的罪犯已被释放，监督纠正相当困难。有的即使得到纠正，监督成本也相当大。在探索开展同步监督的地方，有的由于相关监督手段、力量跟不上，监督效果也不甚理想。如目前刑罚执行和监管机关对在押人员接受教育和劳动改造情况普遍实行记分考核，以此确定减刑具体标准和减刑对象。由于监所检察部门力量十分有限，以及缺乏必要的监督手段，对记分考核、奖惩等监管活动是否公平、合理，难以充分有效地监督。对监管场所拟呈报减刑、假释案件进行审查时，也难以发现违法减刑、假释背后的一些深层次的问题。相对于减刑、假释的同步监督，暂予监外执行的同步监督显得更加困难。因为“暂予监外执行一经批准便交付执行，检察机关即使提出纠正意见，由于罪犯不在执行机关的控制之下，监督意见往往难以落实”①。

目前立法关于检察机关在刑罚执行和监管活动监督中提出的纠正违法意见和检察建议的法律效力的规定刚性不足，致使法律监督缺乏必要的保障。虽然《刑事诉讼法》规定，当检察机关发现刑罚执行活动中有违法行为时，应当提出纠正意见，但并未明确规定这种意见的法律效力，也未规定被监督单位拒绝接受或拒不纠正错误时应当承担的法律后果。检察机关提出的检察建议和纠正违法意见，是否采纳仍取决于被监督单位。笔者认为，这种意见和建议是国家专门机关进行的法律监督，应当具有程序效力和一定的强制性，那就是被监督单位接到这种意见或者建议后，必须作出一定的处理，并在一定的时限内答复监督机关。否则，这种监督于其他国家机关和社会舆论的监督又有何区别？长期如此，就会严重削弱检察机关法律监督的权威性。

---

① 赵振军、方明、王振、吕晶：《刑罚执行监督问题研究》，http：//www.sinalaw.com.cn。

三、刑事执行主体多元化，给监所检察权的行使和监督工作的开展增加了困难

根据《刑事诉讼法》的规定，人民法院、公安机关和监狱、社区矫正机构均是刑罚执行机关，其中人民法院负责死刑立即执行、罚金、没收财产判决的执行；监狱负责死缓、无期徒刑和有期徒刑判决的执行；公安机关负责对剥夺政治权利的执行；社区矫正机构负责对判处管制、宣告缓刑、裁定假释、批准或者决定暂予监外执行的罪犯实行社区矫正；看守所负责对于判处有期徒刑，剩余刑期在3个月以下的判决和拘役的执行。可见，我国现行刑事执行体制是执行主体多元化、执行权分散化的执行体制。刑事执行主体多元化具有很多弊端。一是由于立法规定过于原则，容易造成执行主体之间职责不清，交付执行、监督管理各环节相互脱节，罪犯脱管漏管。二是不利于刑事执行机制的全面完善。就监内执行与监外执行而言，由于刑罚执行是监狱的基本职责，近年来，监狱在推进监狱体制、监管机制改革方面作了很多工作，监管规范化水平明显提高，而监外执行和社区矫正机制不健全问题较为突出。三是分散型的执行体制客观增加了执行成本，影响了执行资源的优化配置和执行效果。

刑事执行主体的多元化也给监所检察权的行使和监督工作的开展增加了困难。一是由于我国刑罚有多个执行机关，而监督机关仅为检察机关，检察机关要对人民法院、公安机关、监狱、社区矫正机构等多个刑罚执行机关，以及监狱、看守所、劳教所等多个监管场所的交付执行、变更执行、终止执行等多个执行阶段进行监督，客观上监督力量和资源跟不上，容易造成监督乏力、缺位和不到位的问题。二是由于刑罚执行权由多个机关分散行使，不利于统一规范执法，容易造成执法尺度不一，检察机关开展监督工作难度很大。三是分散型的执行体制增加了监督成本，也造成监所检察监督发展不平衡。

四、监所检察权行使范围存在不完整性，涉及的监督领域还存在不少空白点和薄弱环节

根据被执行人是否被羁押，可以将刑罚执行分为监禁刑执行和非监禁刑执行。由于立法规定的欠缺，目前刑罚执行监督主要是对监禁刑执行情况的监督，对于非监禁刑的监督在一些地方尚处于起步阶段或者没有开展，对于管制、剥夺政治权利、缓刑、假释和暂予监外执行罪犯执行情况的监督机制相对于监内执行检察机制而言还不够健全。

根据刑罚种类的不同，可以将刑罚执行分为生命刑执行、自由刑执行、财产刑执行和资格刑执行。目前刑罚执行监督主要是对生命刑、自由刑执行情况的监督，对剥夺政治权利等资格刑执行情况的监督基本没有开展，或者开展得不够理

想，而对罚金、没收财产等财产刑执行情况的监督，多数地方还没有开展，存在着监督乏力的问题。

根据执行的环节的不同，可以将刑罚执行分为交付执行、变更执行、终止执行。目前，刑罚变更执行监督开展得相对较为规范，对于刑罚交付执行和终止执行的监督开展得不够理想，特别是交付执行的监督比较薄弱。同时在刑罚变更执行方面也存在一些监督空白领域，如“现行检察监督的对象仅限于不该报请减刑、假释、暂予监外执行的罪犯，对于应当报请而不报请的则没有纳入监督范围”①。

五、检察机关内部刑罚执行和监管活动监督权的配置模式有许多不尽完善的地方

检察机关内部刑罚执行和监管活动监督主要由监所检察部门承担，但同时也有一些部门承担部分监督任务。一是死刑执行监督，有的地方所有死刑立即执行案件均由公诉部门进行临场监督；有的地方是由监所检察部门对死刑罪犯出所前有关情况进行监督，再由公诉部门进行死刑临场执行监督；有的地方是对于服刑犯又犯罪案件被判处死刑立即执行的，由监所检察部门负责临场监督。二是管制、剥夺政治权利、缓刑、假释、暂予监外执行罪犯的执行情况监督主要由监所检察部门承担，但在一些基层检察院没有设置监所检察部门的，则由侦查监督部门或者公诉部门承担。三是拘役、判处有期徒刑剩余刑期在 3 个月以下的留所服刑罪犯的刑罚执行监督由派驻看守所检察室承担，多数地方派驻检察室不是独立的内设机构，而是由监所检察部门管理，也有的是由侦查监督部门管理，或者是独立的内设机构。四是判处有期徒刑、无期徒刑、死缓罪犯刑罚执行的监督由监所检察部门或者派驻检察室承担。五是劳教场所执行劳教和监管活动由监所检察部门承担，但对于劳教审批活动，目前多数地方尚未开展监督工作。开展监督工作的地方，有的由监所检察部门承担，有的由民事行政检察部门承担，也有的由公诉部门承担。六是财产刑执行监督，有的由公诉部门承担，有的由监所检察部门承担，有的则处于两不管状态。七是一些地方派驻监狱检察室仍由县级检察院派驻，影响了派驻检察职能作用的发挥。八是少数基层检察院没有设立或者撤销了监所检察部门，由侦查监督部门或者公诉部门人员兼职行使刑罚执行监督权。九是一度因强调“侦查权归口”，监所检察部门只能查办刑罚执行和监管改造活动中发生的虐待被监管人、私放在押人员、失职致使在押人员脱逃、徇私舞弊减刑、假释、暂予监外执行等四类案件，影响了监督的力度和效果。2004 年 9 月，最高人民检察院对检察机关内部监所检察权的配置作了新的调整，规定监所检察部门负责监管场所发生的贪污贿赂、渎职侵权等案件的侦查工作。从以上监所检

① 张兆松：《重构刑罚执行监督机制设想》，载《检察日报》2006 年 11 月 3 日。

察权的配置情况看，检察机关内部监所检察权存在行使主体多元化的问题。这一配置模式具有以下弊端：一是由于部门分散，不利于监所检察权的规范、统一行使；二是由于刑罚执行和监管活动监督不属于侦查监督、公诉或者民事行政检察部门的重点工作，容易使其承担的一些刑罚执行和监管活动监督工作得不到重视；三是不利于整合监所检察资源，形成监督合力。

第三节 监所检察权的优化配置

一、现行立法框架下优化配置监所检察权的对策和建议

监所检察权的合理设置是推进检察改革、优化检察权配置的重要内容，事关刑罚执行公正和在押人员人权保障，事关检察机关法律监督目的的最终实现。在强化法律监督，促进社会和谐稳定，推进社会主义法治建设的时代背景下，构建能够彰显检察机关法律监督和人权保障功能的监所检察权配置模式，具有重大的理论价值和现实意义。实现监所检察权优化配置，首先需要考虑在现行立法框架下在上下级检察机关以及同一检察机关内设机构之间调整监所检察权的配置，完善相关工作机制。

（一）在上下级检察机关之间优化配置监所检察权

监所检察权主要是刑罚执行和监管活动监督权，与职务犯罪侦查权、公诉权经常涉及案件级别管辖不同，监所检察权需要强化省级以上检察院的监督、指导职能，充分发挥市、县级检察院就地监督纠正刑罚执行和监管活动中违法行为的职能。根据这一权力配置思路，在优化不同层级检察院监所检察权方面，建议对此总体上作如下调整：（1）由最高人民检察院行使的监所检察权主要包括：对全国刑罚执行和监管活动中发生的重大事故、重大违法情况的监督活动的督办、指导；部署开展全国性的专项检察活动；负责刑罚执行和监管活动中发生的社会影响较大、涉案人数较多、涉嫌犯罪数额较大的重特大职务犯罪案件侦查工作的督办、指导；承办下级检察院监所检察部门工作中疑难问题的请示；研究制定监所检察业务工作细则、规定。（2）由省级检察院行使的监所检察权主要包括：负责对全省刑事判决、裁定的执行和监狱、看守所、劳动教养机关的执法活动是否合法的监督工作进行督办、指导；负责对发生在刑罚执行和监管活动中的在全省有较大影响的职务犯罪案件的侦查以及全省监所检察查办职务犯罪案件工作进行督办、指导；负责对全省服刑罪犯又犯罪、劳教人员犯罪案件的审查批捕、审查起诉、出庭公诉工作进行督办、指导；负责省级检察院立案侦查案件的内部换押监督和下级检察院提请的纠正超期羁押工作；承办由省级检察院管辖的发生在

监管场所的案件的依法抗诉工作；依法监督省高级人民法院对罪犯减刑的裁定是否正确、合法；依法监督省级监狱局对罪犯保外就医的决定是否正确合法。(3)分、州、市检察院行使的监所检察权主要包括：负责对全市刑事判决、裁定的执行和监狱、看守所、劳动教养机关的执法活动是否合法的监督工作进行督办、指导；负责对发生在刑罚执行和监管活动中的职务犯罪案件的侦查，以及全市各县区院监所检察部门查办职务犯罪案件工作进行督办、指导；负责全市服刑罪犯又犯罪、劳教人员犯罪案件的审查批捕、审查起诉、出庭公诉工作的办理和指导；承办发生在监管场所的案件的依法抗诉工作；依法监督市中级人民法院对罪犯减刑、假释的裁定是否正确、合法。(4) 由基层检察院行使的监所检察权是除法律规定只能由上级检察机关行使的监所检察权以外的任何监所检察权。基于省级检察院在监所检察工作中承上启下的重要地位和作用，必须着力强化省级检察院的监所检察权，主要是强化省级检察院对所辖区域刑罚执行和监管活动监督案件的管理和案件指挥、协作、指导工作，完善案件决策、组织、保障、考核和监督制约等机制。此外，还要建立跨区域监督协作机制，在省级以上检察院设置诉讼监督案件协调、协作中心，负责跨区域立案监督、侦查监督、审判监督和执行监督案件的协作、协查和配合工作，协调解决监督过程中出现的一些问题和争议。

（二）在检察机关内设机构之间优化配置监所检察权

为保证刑罚执行和监管活动监督权的统一规范行使，需要确立以监所检察部门和监所派出检察院为主体，职务犯罪侦查、侦查监督、公诉和控告申诉检察部门参与配合的监所检察权配置模式。具体可作如下配置：一是对监狱、看守所等监管场所执行刑罚和监管活动的监督由监所检察部门和监所派出检察院负责。二是对人民法院、公安机关派出所执行刑罚等监外执行活动的监督由监所检察部门负责。没有设置监所检察部门的，由上级监所检察部门实行巡回检察，所在地基层检察院侦查监督或者公诉部门予以配合。三是对死刑执行监督由监所检察部门负责，公诉部门予以配合。死刑执行监督权由监所检察部门统一行使，主要是基于：执行死刑是刑罚执行的重要组成部分，派驻检察干警对死刑犯进入监管场所后的自首立功等具体表现以及申诉、控告、举报情况较为了解，有利于保证执行监督效果。公诉部门可以配合监所检察部门对验明正身等情况的监督。四是劳教审批活动监督由监所检察部门负责，管理教育劳教人员活动的监督由监所检察部门和监所派出检察院负责。五是刑罚执行和监管活动中职务犯罪案件侦查权，由监所检察部门行使，反贪、反渎部门予以配合。重大案件经检察长决定交由反贪或者反渎部门查办的，监所检察部门予以配合。六是监管场所内的罪犯、劳教人员犯罪案件的审查批捕、审查起诉由监所检察部门和监所派出检察院负责。七是刑罚执行和监管活动中被执行人、被监管人的申诉、控告、举报由监所检察部门统一受理，根据其性质决定自行办理或者交由相关部门办理。

（三）合理设置监所检察部门和派出检察院，并在监所检察部门和派出检察院之间优化配置监所检察权

监所检察部门和派出检察院是监所检察权的权力行使主体，合理设置监所检察部门和派出检察院，是实现监所检察权优化配置，建立完善的监所检察权力配置体系的重要内容。（1）合理设置监所检察部门。笔者认为，原则上，各级检察院均应设立监所检察部门，承担刑罚执行和监管活动监督职责，同时再根据监管场所布局和监所检察工作开展需要设置派驻检察室，由监所检察部门领导。对于看守所，由其所属的公安机关对应的人民检察院设置派驻检察室。（2）合理设置派出检察院。除直辖市外，派出检察院一般由省辖市（自治州）人民检察院派出。对于没有设置派出检察院的监狱、劳教所，除直辖市外，一般由市级人民检察院设置派驻检察室。根据工作需要，派出检察院对所担负检察的监管场所设置派驻检察室。派出检察院原则上由市级检察院派出，主要是考虑到市级检察院离派出检察院相对较近，便于管理，也有利于解决派出检察院案件管辖问题。如果由省级检察院派出，派出检察院侦查、批捕、起诉案件二审阶段的公诉、诉讼监督活动由监管场所所在地市级检察院负责，而派出检察院与之不具有领导与被领导的关系，不利于工作的开展。（3）合理规范派驻检察机构与派出它的人民检察院监所检察部门之间的关系。派出检察院的各项业务工作应当由派出它的人民检察院监所检察部门统一管理和指导，派驻检察室由派出它的人民检察院监所检察部门进行业务管理和指导。

（四）改革完善监所检察权运行模式，实行本院派驻检察与上级院巡回检察同步进行

目前对于监管场所，要么是实行派驻检察，要么是实行巡回检察。本院派驻检察与上级院巡回检察同步进行，就是在监管场所所在地检察院实行派驻检察的基础上，由上级院组织人员进行巡回检察。这一权力运行模式，一是可以避免因长期派驻而造成派驻检察流于形式，被监管场所“同化”的问题。二是可以解决一些基层检察院没有设立监所检察部门，监所检察权由侦查监督或者公诉部门代为行使，工作相对薄弱的状况。市级检察院监所检察部门开展巡回检察，有利于加强督促检察，强化监督工作。三是可以有效整合现有监所检察资源，实现优化配置，形成监督合力。同时，限于监所检察资源的有限性，并适应监狱设置改革的新形势，有必要合理确定派驻检察的对象。对高度戒备等级监狱必须实行驻所检察，对中度戒备等级监狱可以实行驻所检察，对低度戒备等级监狱可以实行巡回检察。

（五）改革完善监所检察权行使方式，强化同步监督和动态监督

实行全程同步监督，是监所检察机制改革的方向。在探索的过程中，需要重

点把握的就是制度设计的可行性。因为监所检察部门人员不足问题突出，而且监督对象多。为此，一是需要把握好重点监督环节，即刑罚变更执行。二是确定重点监督对象，主要是重点监督职务犯罪罪犯、黑社会性质组织犯罪的主犯和首要分子、严重暴力犯罪罪犯、判处10年以上有期徒刑、无期徒刑和死缓等重刑罪犯、在本地具有一定社会影响的罪犯等在押人员的监管、改造情况。在此基础上，考虑设计同步监督程序，实现过程监督和防范性监督。充分利用现代化的科技手段，实行派驻检察机构与监管场所监管信息联网，实现对刑罚执行和监管活动的动态监督。

二、推进监所检察权配置的立法完善

实现监所检察权优化配置，从根本上解决影响和制约监所检察权依法独立公正行使的突出问题，迫切需要推进相关立法完善，通过修改《刑事诉讼法》等法律规定，在国家权力体系中完善监所检察权的配置模式，赋予检察机关必要的权力，提供完善的制度保障。

（一）赋予检察机关对刑罚执行和监管活动中违法行为的调查权

“检察机关对检察权所及范围内的事项进行调查，以便了解事实真相，是行使检察权的先决条件。法律赋予检察机关的调查权，也就因此而成为检察权的一个基本构成要素。”① 检察机关不仅要有职务犯罪侦查权这一特殊的调查权，而且对于刑罚执行和监管活动中的违法行为也应该有调查权，这是保持检察权的完整性、有效发挥检察监督职能的客观需要。只有如此，才能解决好检察机关对刑罚执行和监管活动中的违法行为介入难、调查难、取证难、查处难、纠正难，法律监督作用发挥不理想的问题。具体来说，建议立法赋予检察机关以下权力：一是赋予检察机关对刑罚执行和监管活动的随时介入权。立法应明确检察机关对于刑罚执行和监管活动可以随时介入，并要求刑罚执行和监管机关提供有关案卷、文件等材料，刑罚执行机关和监管机关有如实提供、主动接受监督的义务。只有通过随时介入与日常检察相结合，检察机关才能为刑罚执行和监管活动的同步监督打下基础。二是赋予检察机关对刑罚执行和监管活动中违法行为的具体调查权。检察机关发现刑罚执行机关和监管机关有执法不公、执行不当、侵犯在押人员合法权益等行为的，可以直接进行调查，提出具体监督纠正意见。刑罚执行机关和监管机关及其具体办案人员必须配合检察机关的调查，提供相关材料，接受调查询问。三是赋予检察机关随时约谈在押人员权。刑罚执行机关和监管机关必须积极配合，不得有拖延、干扰等行为。通过随时约谈在押人员，进一步畅通在

① 张智辉：《论检察机关的调查权》，载《国家检察官学院学报》2006年第1期。

押人员申诉、控告、举报渠道，全面及时掌握在押人员的情况，防止和纠正体罚虐待等侵犯在押人员合法权益行为的发生。同时，在押人员也有权随时要求与派驻检察人员约谈，反映有关情况。

（二）赋予检察机关对刑罚执行和监管活动中违法行为的责任人员的提请惩戒权

建议立法规定，检察机关对违法行为调查后，对直接负责的主管人员和其他责任人员，有权提请其所在单位或者上级主管部门予以惩戒，以及有权建议更换办案人员。违法行为人所在单位或者上级主管部门经调查认为情况属实，需要予以惩戒的，应当依据有关规定和检察机关的意见，对违法行为人作出具体的处理，并将处理结果及时通知检察机关。对于检察机关提出的惩戒意见，刑罚执行机关和监管机关无正当理由的应当采纳。

（三）赋予检察机关对刑罚变更执行的提请权和法院审理活动的参与权

为切实落实刑事诉讼活动中分工负责、互相配合、互相制约的原则，改变刑罚变更执行权配置不合理的现状，必须完善刑罚变更执行程序，确立监管场所提出、检察机关审查提请、人民法院裁定的权力配置模式，赋予检察机关对刑罚变更执行的提请权和法院审理活动的参与权。就减刑案件而言，具体程序可作如下设计：由监狱、看守所在记分考核等监管活动的基础上，根据服刑人员个人表现情况、所判刑罚及剩余刑期，提出移送检察机关审查提请减刑的人员名单，并附上相关法律文书和记分考核、奖惩材料。检察机关在审查过程中，可以开展必要的调查。认为符合法定条件和程序的，确定提请法院裁定减刑的人员名单，制作提请减刑意见书，报人民法院审理裁定。检察机关认为有的罪犯符合法定减刑条件，而刑罚执行机关没有提出的，可以要求刑罚执行机关补充提出，或者直接提请法院裁定。罪犯假释、暂予监外执行（包括保外就医）的提出、审查提请、审理裁决可以参照上述程序。

（四）明确检察机关对刑罚各个刑种、刑事执行和劳动教养各个环节的法律监督权及内容、程序

一是明确对交付执行的监督权。建议立法规定刑事判决或者裁定发生法律效力后，人民法院交付执行的期限以及将相关法律文书送达检察机关、接受监督的义务。人民法院对于生效刑事判决裁定，除了及时送达提起公诉或者抗诉的检察机关的公诉部门外，还应当在交付执行时将法律文书送达检察机关的监所检察部门，以便检察机关对交付执行情况进行监督。二是明确对财产刑的监督程序。检察机关发现判处财产刑的判决没有依法交付执行的；超范围执行，侵犯罪犯及其近亲属合法权益的；罚没的财产没有及时上缴的，有权监督纠正。三是明确剥夺政治权利或者附加剥夺政治权利等资格刑的监督程序，人民法院在作出相关裁决

后应及时将法律文书送达执行机关和检察机关，接受检察机关对执行情况的监督。四是明确监管场所应向检察机关报告经费使用情况，以维护在押人员的合法权益，有效预防监管场所的职务犯罪。五是尽快制定《违法行为矫治法》，明确对矫治活动实行法律监督的程序、手段和措施。六是完善监外执行交付执行、监督管理和检察监督程序，以利于强化法律监督。

（五）赋予检察机关检察建议和《纠正违法通知书》应有的法律效力

在《刑事诉讼法》、《人民检察院组织法》等相关法律中，明确检察机关提出检察建议或者发出《纠正违法通知书》后，被监督单位应在7日内查明事实情况，纠正违法行为，完善工作制度，追究有关人员责任，同时在办结后3日内书面告知检察机关。对检察机关的意见或者建议有异议的，也应当在7日内提出，检察机关重新进行审查。如坚持原意见和建议的，被监督单位可以向上一级检察机关提出复核。如果被监督单位对检察建议和《纠正违法通知书》不予回应的，检察机关应当继续监督纠正，并向上级检察机关报告，由上级检察机关与刑罚执行机关的上级主管部门联系，共同督促纠正。这样，检察机关提出的检察建议和《纠正违法通知书》才具有相应的法律效力，才能保证法律监督的实效性。

（六）探索赋予检察机关指挥执行权

从维护执行公正廉洁、保障被监管人权益的角度出发，有必要赋予检察机关对执行活动的指挥权，包括决定刑罚执行顺序、暂时停止执行和执行过程中一些严重限制被监管人自由的措施、对监外执行罪犯收监、执行财产刑和处分罚没财物，以及遇有特殊情形改变执行场所等。赋予检察机关指挥执行权，在我国立法史上是有先例的，如北洋军阀政府1915年颁布的《京师高等检察厅暂行处务规则》第21条规定，检察官对于所属各厅及各县各监狱具有指挥监督权，同级审判厅判决的案件，由主任检察官指挥执行；国民党政府1945年修订的《刑事诉讼法》第461条规定："执行裁判由裁判之法院之检察官指挥之。"同时，大陆法系许多国家也赋予了检察机关此项权力，如德国"刑罚之执行官署为检察机关。"[①]"日、韩等国检察官指挥监督机制是制约型监督和督察型监督相结合的一种较为理想的刑罚执行监督模式"[②]。赋予检察机关指挥执行权，还可以解决当前执行权分散行使、执行不统一规范的弊病。

① ［德］克劳思·罗科信著，吴丽琪译：《德国刑事诉讼法》（第24版），法律出版社2003年版，第552页。

② 李关新、余大伟：《论我国刑罚执行检察监督机制的重构——以日、韩等国检察官指挥监督机制为蓝本》，载《郧阳师范高等专科学校学报》2010年第4期。

第六章　监狱检察制度

监狱检察，是指人民检察院对监狱、未成年犯管教所执行刑罚和监管活动是否合法实行监督。未成年犯管教所是监狱的一种类型，也是国家的刑罚执行机关。监狱检察的任务是：保证国家法律法规在刑罚执行活动中的正确实施，维护罪犯合法权益，维护监狱监管秩序稳定，保障惩罚与改造罪犯工作的顺利进行。人民检察院在监狱检察工作中，应当依法独立行使检察权，以事实为根据、以法律为准绳。监狱检察人员履行法律监督职责，应当严格遵守法律，恪守检察职业道德，忠于职守，清正廉洁；应当坚持原则，讲究方法，注重实效。

第一节　监狱检察的主要职责

“监狱检察”这一用语本身也来自对监狱的检察，只不过其内涵已经不局限于对监狱执行刑罚和监管执法活动的监督，还包括对与监狱执行刑罚相关活动的监督，如人民法院判决交付执行的监督、变更执行的监督，省级监狱管理机关审批暂予监外执行活动的监督，查办人民法院、监狱等刑罚执行机关在执行刑罚和监管活动中发生的职务犯罪案件，对监狱侦查的罪犯又犯罪案件审查批捕、审查起诉和出庭支持公诉，受理罪犯及其法定代理人、近亲属的控告、举报和申诉等监督职责。

一、对监狱执行刑罚活动是否合法实行监督

根据《刑事诉讼法》和《监狱法》等法律规定，人民检察院对监狱执行刑罚的活动是否合法，依法实行监督，这是监狱检察的主要内容。监狱执行刑罚活动包括收监，提请减刑、假释，呈报暂予监外执行，处理罪犯提出的申诉、控告、检举，释放等活动。

（一）收监活动

收监活动主要包括两种情形，一是在判决生效后，负责交付执行的机关将罪犯交付监狱收监执行；二是对实行社区矫正的罪犯在实施社区矫正过程中具有应

予收监执行的情形时，监狱予以收监执行。《刑事诉讼法》第253条规定，罪犯被交付执行刑罚的时候，应当由交付执行的人民法院在判决生效后10日以内将有关的法律文书送达公安机关、监狱或者其他执行机关。对被判处死刑缓期2年执行、无期徒刑、有期徒刑的罪犯，由公安机关依法将该罪犯送交监狱执行刑罚。对被判处有期徒刑的罪犯，在被交付执行刑罚前，剩余刑期在3个月以下的，由看守所代为执行。对被判处拘役的罪犯，由公安机关执行。对未成年罪犯应当在未成年犯管教所执行刑罚。执行机关应当将罪犯及时收押，并且通知罪犯家属。判处有期徒刑、拘役的罪犯，执行期满，应当由执行机关发给释放证明书。

《监狱法》第15~17条规定，人民法院对被判处死刑缓期2年执行、无期徒刑、有期徒刑的罪犯，应当将执行通知书、判决书送达羁押该罪犯的公安机关，公安机关应当自收到执行通知书、判决书之日起1个月内将该罪犯送交监狱执行刑罚。罪犯被交付执行刑罚时，交付执行的人民法院应当将人民检察院的起诉书副本、人民法院的判决书、执行通知书、结案登记表同时送达监狱。监狱没有收到上述文件的，不得收监；上述文件不齐全或者记载有误的，作出生效判决的人民法院应当及时补充齐全或者作出更正；对其中可能导致错误收监的，不予收监。监狱应当对交付执行刑罚的罪犯进行身体检查。经检查，被判处无期徒刑、有期徒刑的罪犯有下列情形之一的，可以暂不收监：（1）有严重疾病需要保外就医的；（2）怀孕或者正在哺乳自己婴儿的妇女。对暂不收监的罪犯，应当由交付执行的人民法院决定暂予监外执行。对其中暂予监外执行有社会危险性的，应当收监。

根据《刑事诉讼法》第258条的规定，对被判处管制、宣告缓刑、假释或者暂予监外执行的罪犯，依法实行社区矫正，由社区矫正机构负责执行。根据《刑事诉讼法》第257条的规定，对暂予监外执行的罪犯，有下列情形之一的，应当及时收监：（1）发现不符合暂予监外执行条件的；（2）严重违反有关暂予监外执行监督管理规定的；（3）暂予监外执行的情形消失后，罪犯刑期未满的。对于人民法院决定暂予监外执行的罪犯应当予以收监的，由人民法院作出决定，将有关的法律文书送达公安机关、监狱或者其他执行机关。

监狱在收监时，应当严格检查罪犯人身和所携带的物品。非生活必需品，由监狱代为保管或者征得罪犯同意退回其家属，违禁品予以没收。女犯由女性人民警察检查。罪犯不得携带子女在监内服刑。罪犯收监后，监狱应当通知罪犯家属。通知书应当自收监之日起5日内发出。

（二）提请减刑、假释活动

《刑事诉讼法》第262条第2款规定，被判处管制、拘役、有期徒刑或者无期徒刑的罪犯，在执行期间确有悔改或者立功表现，应当依法予以减刑、假释的时候，由执行机关提出建议书，报请人民法院审核裁定，并将建议书副本抄送人民检察院。人民检察院可以向人民法院提出书面意见。根据《刑法》的规定，被判处管制、拘役、有期徒刑、无期徒刑的犯罪分子，在执行期间，如果认真遵守监规，接受教育改造，确有悔改表现的，或者有立功表现的，可以减刑；有下列重大立功表现之一的，应当减刑：（1）阻止他人重大犯罪活动的；（2）检举监狱内外重大犯罪活动，经查证属实的；（3）有发明创造或者重大技术革新的；（4）在日常生产、生活中舍己救人的；（5）在抗御自然灾害或者排除重大事故中，有突出表现的；（6）对国家和社会有其他重大贡献的。根据《刑法修正案（八）》的规定，减刑以后实际执行的刑期，判处管制、拘役、有期徒刑的，不能少于原判刑期的1/2；判处无期徒刑的，不能少于13年；人民法院依照《刑法》第50条第2款规定限制减刑的死刑缓期执行的犯罪分子，缓期执行期满后依法减为无期徒刑的，不能少于25年，缓期执行期满后依法减为25年有期徒刑的，不能少于20年。

对于犯罪分子的减刑，由执行机关向中级以上人民法院提出减刑建议书。人民法院应当组成合议庭进行审理，对确有悔改或者立功事实的，裁定予以减刑。非经法定程序不得减刑。无期徒刑减为有期徒刑的刑期，从裁定减刑之日起计算。被判处有期徒刑的犯罪分子，执行原判刑期1/2以上，被判处无期徒刑的犯罪分子，实际执行13年以上，如果认真遵守监规，接受教育改造，确有悔改表现，没有再犯罪的危险的，可以假释。如果有特殊情况，经最高人民法院核准，可以不受上述执行刑期的限制。对累犯以及因故意杀人、强奸、抢劫、绑架、放火、爆炸、投放危险物质或者有组织的暴力性犯罪被判处10年以上有期徒刑、无期徒刑的犯罪分子，不得假释。对犯罪分子决定假释时，应当考虑其假释后对所居住社区的影响。对于犯罪分子的假释，依照《刑法》规定的程序进行。非经法定程序不得假释。有期徒刑的假释考验期限，为没有执行完毕的刑期；无期徒刑的假释考验期限为10年。假释考验期限，从假释之日起计算。

根据《监狱法》的规定，减刑建议由监狱向人民法院提出，人民法院应当自收到减刑建议书之日起1个月内予以审核裁定；案情复杂或者情况特殊的，可以延长1个月。减刑裁定的副本应当抄送人民检察院。被判处死刑缓期2年执行的罪犯，在死刑缓期执行期间，符合法律规定的减为无期徒刑、有期徒刑条件的，2年期满时，所在监狱应当及时提出减刑建议，报经省、自治区、直辖市监狱管理机关审核后，提请高级人民法院裁定。被判处无期徒刑、有期徒刑的罪犯，符合法律规定的假释条件的，由监狱根据考核结果向人民法院提出假释建议，人民法院应当自收到假释建议书之日起1个月内予以审核裁定；案情复杂或者情况特殊的，可以延长1个月。假释裁定的副本应当抄送人民检察院。对不符合法律规定的减刑、假释条件的罪犯，不得以任何理由将其减刑、假释。

（三）呈报暂予监外执行活动

《刑事诉讼法》第254条规定，对被判处有期徒刑或者拘役的罪犯，有下列情形之一的，可以暂予监外执行：（1）有严重疾病需要保外就医的；（2）怀孕或者正在哺乳自己婴儿的妇女；（3）生活不能自理，适用暂予监外执行不致危害社会的。对被判处无期徒刑的罪犯，有上述第二种情形的，可以暂予监外执行。对适用保外就医可能有社会危险性的罪犯，或者自伤自残的罪犯，不得保外就医。对罪犯确有严重疾病，必须保外就医的，由省级人民政府指定的医院诊断并开具证明文件。在交付执行前，暂予监外执行由交付执行的人民法院决定；在交付执行后，暂予监外执行由监狱或者看守所提出书面意见，报省级以上监狱管理机关或者设区的市一级以上公安机关批准。《刑事诉讼法》第255条规定，监狱、看守所提出暂予监外执行的书面意见的，应当将书面意见的副本抄送人民检察院。人民检察院可以向决定或者批准机关提出书面意见。另根据《监狱法》的规定，对于被判处无期徒刑、有期徒刑在监内服刑的罪犯，符合《刑事诉讼法》规定的监外执行条件的，可以暂予监外执行。暂予监外执行，由监狱提出书面意见，报省、自治区、直辖市监狱管理机关批准。批准机关应当将批准的暂予监外执行决定通知公安机关和原判人民法院，并抄送人民检察院。人民检察院认为对罪犯适用暂予监外执行不当的，应当自接到通知之日起1个月内将书面意见送交批准暂予监外执行的机关，批准暂予监外执行的机关接到人民检察院的书面意见后，应当立即对该决定进行重新核查。

（四）处理罪犯的申诉、控告、检举材料活动

《刑事诉讼法》第264条规定，监狱和其他执行机关在刑罚执行中，如果认为判决有错误或者罪犯提出申诉，应当转请人民检察院或者原判人民法院处理。对此，《监狱法》也规定，罪犯对生效的判决不服的，可以提出申诉。对于罪犯的申诉，人民检察院或者人民法院应当及时处理。对罪犯提出的控告、检举材料，监狱应当及时处理或者转送公安机关或者人民检察院处理，公安机关或者人民检察院应当将处理结果通知监狱。罪犯的申诉、控告、检举材料，监狱应当及时转递，不得扣压。监狱在执行刑罚过程中，根据罪犯的申诉，认为判决可能有错误的，应当提请人民检察院或者人民法院处理，人民检察院或者人民法院应当自收到监狱提请处理意见书之日起6个月内将处理结果通知监狱。

（五）释放活动

罪犯服刑期满，监狱应当按期释放并发给释放证明书。罪犯释放后，公安机关凭释放证明书办理户籍登记。刑满释放人员依法享有与其他公民平等的权利。

监狱作为刑罚执行机关，其开展的狱政管理活动实际上也是执行刑罚活动的重要内容，对于维护正常监管秩序，保障罪犯合法权益，实现刑罚目的具有重要

的意义。(1) 分押分管活动。监狱对成年男犯、女犯和未成年罪犯实行分开关押和管理，对未成年罪犯和女犯的改造，应当照顾其生理、心理特点。监狱根据罪犯的犯罪类型、刑罚种类、刑期、改造表现等情况，对罪犯实行分别关押，采取不同方式管理。女犯由女性人民警察直接管理。(2) 警戒活动。监狱的武装警戒由人民武装警察部队负责。监狱发现在押罪犯脱逃，应当即时将其抓获，不能即时抓获的，应当立即通知公安机关，由公安机关负责追捕，监狱密切配合。监狱根据监管需要，设立警戒设施。监狱周围设警戒隔离带，未经准许，任何人不得进入。监区、作业区周围的机关、团体、企业事业单位和基层组织，应当协助监狱做好安全警戒工作。(3) 戒具和武器的使用。监狱遇有下列情形之一的，可以使用戒具：罪犯有脱逃行为的；罪犯有使用暴力行为的；罪犯正在押解途中的；罪犯有其他危险行为需要采取防范措施的。上述情形消失后，应当停止使用戒具。人民警察和人民武装警察部队的执勤人员遇有下列情形之一，非使用武器不能制止的，按照国家有关规定，可以使用武器：罪犯聚众骚乱、暴乱的；罪犯脱逃或者拒捕的；罪犯持有凶器或者其他危险物，正在行凶或者破坏，危及他人生命、财产安全的；劫夺罪犯的；罪犯抢夺武器的。使用武器的人员，应当按照国家有关规定报告情况。(4) 通信、会见管理活动。罪犯在服刑期间可以与他人通信，但是来往信件应当经过监狱检查。监狱发现有碍罪犯改造内容的信件，可以扣留。罪犯写给监狱的上级机关和司法机关的信件，不受检查。罪犯在监狱服刑期间，按照规定，可以会见亲属、监护人。罪犯收受物品和钱款，应当经监狱批准、检查。(5) 生活、卫生管理活动。罪犯的生活标准按实物量计算，由国家规定。罪犯的被服由监狱统一配发。对少数民族罪犯的特殊生活习惯，应当予以照顾。罪犯居住的监舍应当坚固、通风、透光、清洁、保暖。监狱应当设立医疗机构和生活、卫生设施，建立罪犯生活、卫生制度。罪犯在服刑期间死亡的，监狱应当立即通知罪犯家属和人民检察院、人民法院。罪犯因病死亡的，由监狱作出医疗鉴定。人民检察院对监狱的医疗鉴定有疑义的，可以重新对死亡原因作出鉴定。罪犯家属有疑义的，可以向人民检察院提出。罪犯非正常死亡的，人民检察院应当立即检验，对死亡原因作出鉴定。(6) 奖惩活动。监狱应当建立罪犯的日常考核制度，考核的结果作为对罪犯奖励和处罚的依据。罪犯有下列情形之一的，监狱可以给予表扬、物质奖励或者记功：遵守监规纪律，努力学习，积极劳动，有认罪服法表现的；阻止违法犯罪活动的；超额完成生产任务的；节约原材料或者爱护公物，有成绩的；进行技术革新或者传授生产技术，有一定成效的；在防止或者消除灾害事故中作出一定贡献的；对国家和社会有其他贡献的。被判处有期徒刑的罪犯有上述情形之一，执行原判刑期 1/2 以上，在服刑期间一贯表现好，离开监狱不致再危害社会的，监狱可以根据情况准其离监探亲。罪犯有下列破坏监管秩序情形之一的，监狱可以给予警告、记过或者禁闭：

聚众哄闹监狱，扰乱正常秩序的；辱骂或者殴打人民警察的；欺压其他罪犯的；偷窃、赌博、打架斗殴、寻衅滋事的；有劳动能力拒不参加劳动或者消极怠工，经教育不改的；以自伤、自残手段逃避劳动的；在生产劳动中故意违反操作规程，或者有意损坏生产工具的；有违反监规纪律的其他行为的。依照上述规定对罪犯实行禁闭的期限为7天至15天。罪犯在服刑期间有上述行为，构成犯罪的，依法追究刑事责任。

二、对人民法院裁定减刑、假释活动是否合法实行监督

对于犯罪分子的减刑、假释，由执行机关向中级以上人民法院提出减刑、假释建议书。人民法院应当组成合议庭进行审理。非经法定程序不得减刑、假释。

为正确适用《刑法》、《刑事诉讼法》，依法办理减刑、假释案件，根据《刑法》、《刑事诉讼法》和有关法律的规定，2011年11月21日最高人民法院审判委员会通过了《关于办理减刑、假释案件具体应用法律若干问题的规定》，该规定规定，根据《刑法》第78条第1款的规定，被判处管制、拘役、有期徒刑、无期徒刑的犯罪分子，在执行期间，认真遵守监规，接受教育改造，确有悔改表现的，或者有立功表现的，可以减刑；有重大立功表现的，应当减刑。“确有悔改表现”，是指同时具备以下四个方面情形：认罪悔罪；认真遵守法律法规及监规，接受教育改造；积极参加思想、文化、职业技术教育；积极参加劳动，努力完成劳动任务。对罪犯在刑罚执行期间提出申诉的，要依法保护其申诉权利，对罪犯申诉不应不加分析地认为是不认罪悔罪。罪犯积极执行财产刑和履行附带民事赔偿义务的，可视为有认罪悔罪表现，在减刑、假释时可以从宽掌握；确有执行、履行能力而不执行、不履行的，在减刑、假释时应当从严掌握。

具有下列情形之一的，应当认定为有“立功表现”：(1) 阻止他人实施犯罪活动的；(2) 检举、揭发监狱内外犯罪活动，或者提供重要的破案线索，经查证属实的；(3) 协助司法机关抓捕其他犯罪嫌疑人（包括同案犯）的；(4) 在生产、科研中进行技术革新，成绩突出的；(5) 在抢险救灾或者排除重大事故中表现突出的；(6) 对国家和社会有其他贡献的。

具有下列情形之一的，应当认定为有“重大立功表现”：(1) 阻止他人实施重大犯罪活动的；(2) 检举监狱内外重大犯罪活动，经查证属实的；(3) 协助司法机关抓捕其他重大犯罪嫌疑人（包括同案犯）的；(4) 有发明创造或者重大技术革新的；(5) 在日常生产、生活中舍己救人的；(6) 在抗御自然灾害或者排除重大事故中，有特别突出表现的；(7) 对国家和社会有其他重大贡献的。

有期徒刑罪犯在刑罚执行期间，符合减刑条件的，减刑幅度为：确有悔改表现，或者有立功表现的，一次减刑一般不超过1年有期徒刑；确有悔改表现并有立功表现，或者有重大立功表现的，一次减刑一般不超过2年有期徒刑。有期徒

刑罪犯的减刑起始时间和间隔时间为：被判处5年以上有期徒刑的罪犯，一般在执行1年6个月以上方可减刑，两次减刑之间一般应当间隔1年以上。被判处不满5年有期徒刑的罪犯，可以比照上述规定，适当缩短起始和间隔时间。确有重大立功表现的，可以不受上述减刑起始和间隔时间的限制。有期徒刑的减刑起始时间自判决执行之日起计算。

无期徒刑罪犯在刑罚执行期间，确有悔改表现，或者有立功表现的，服刑2年以后，可以减刑。减刑幅度为：确有悔改表现，或者有立功表现的，一般可以减为20年以上22年以下有期徒刑；有重大立功表现的，可以减为15年以上20年以下有期徒刑。无期徒刑罪犯经过一次或几次减刑后，其实际执行的刑期不能少于13年，起始时间应当自无期徒刑判决确定之日起计算。

死刑缓期执行罪犯减为无期徒刑后，确有悔改表现，或者有立功表现的，服刑2年以后可以减为25年有期徒刑；有重大立功表现的，服刑2年以后可以减为23年有期徒刑。死刑缓期执行罪犯经过一次或几次减刑后，其实际执行的刑期不能少于15年，死刑缓期执行期间不包括在内。死刑缓期执行罪犯在缓期执行期间抗拒改造，尚未构成犯罪的，此后减刑时可以适当从严。

被限制减刑的死刑缓期执行罪犯，缓期执行期满后依法被减为无期徒刑的，或者因有重大立功表现被减为25年有期徒刑的，应当比照未被限制减刑的死刑缓期执行罪犯在减刑的起始时间、间隔时间和减刑幅度上从严掌握。

判处管制、拘役的罪犯，以及判决生效后剩余刑期不满1年有期徒刑的罪犯，符合减刑条件的，可以酌情减刑，其实际执行的刑期不能少于原判刑期的1/2。有期徒刑罪犯减刑时，对附加剥夺政治权利的期限可以酌减。酌减后剥夺政治权利的期限，不能少于1年。判处拘役或者3年以下有期徒刑并宣告缓刑的罪犯，一般不适用减刑。罪犯在缓刑考验期限内有重大立功表现的，可以参照《刑法》第78条的规定，予以减刑，同时应依法缩减其缓刑考验期限。拘役的缓刑考验期限不能少于2个月，有期徒刑的缓刑考验期限不能少于1年。

被判处10年以上有期徒刑、无期徒刑的罪犯在刑罚执行期间又犯罪，被判处有期徒刑以下刑罚的，自新罪判决确定之日起2年内一般不予减刑；新罪被判处无期徒刑的，自新罪判决确定之日起3年内一般不予减刑。

办理假释案件，判断“没有再犯罪的危险”，除符合《刑法》第81条规定的情形外，还应根据犯罪的具体情节、原判刑罚情况，在刑罚执行中的一贯表现，罪犯的年龄、身体状况、性格特征，假释后生活来源以及监管条件等因素综合考虑。有期徒刑罪犯假释，执行原判刑期1/2以上的起始时间，应当从判决执行之日起计算，判决执行以前先行羁押的，羁押1日折抵刑期1日。《刑法》第81条第1款规定的“特殊情况”，是指与国家、社会利益有重要关系的情况。对累犯以及因故意杀人、强奸、抢劫、绑架、放火、爆炸、投放危险物质或者有组织的暴力性犯罪被判处10年以上有期徒刑、无期徒刑的罪犯，不得假释。因上述情形和犯罪被判处死刑缓期执行的罪犯，被减为无期徒刑、有期徒刑后，也不得假释。

未成年罪犯的减刑、假释，可以比照成年罪犯依法适当从宽。未成年罪犯能认罪悔罪，遵守法律法规及监规，积极参加学习、劳动的，应视为确有悔改表现，减刑的幅度可以适当放宽，起始时间、间隔时间可以相应缩短。符合《刑法》第81条第1款规定的，可以假释。这里的“未成年罪犯”，是指减刑时不满18周岁的罪犯。

老年、身体残疾（不含自伤致残）、患严重疾病罪犯的减刑、假释，应当主要注重悔罪的实际表现。基本丧失劳动能力、生活难以自理的老年、身体残疾、患严重疾病的罪犯，能够认真遵守法律法规及监规，接受教育改造，应视为确有悔改表现，减刑的幅度可以适当放宽，起始时间、间隔时间可以相应缩短。假释后生活确有着落的，除法律和《关于办理减刑、假释案件具体应用法律若干问题的规定》规定不得假释的情形外，可以依法假释。对身体残疾罪犯和患严重疾病罪犯进行减刑、假释，其残疾、疾病程度应由法定鉴定机构依法作出认定。

对死刑缓期执行罪犯减为无期徒刑或者有期徒刑后，符合《刑法》第81条第1款和《关于办理减刑、假释案件具体应用法律若干问题的规定》第9条第2款、第18条规定的，可以假释。

罪犯减刑后又假释的间隔时间，一般为1年；对一次减去2年有期徒刑后，决定假释的，间隔时间不能少于2年。罪犯减刑后余刑不足2年，决定假释的，可以适当缩短间隔时间。

人民法院按照审判监督程序重新审理的案件，维持原判决、裁定的，原减刑、假释裁定效力不变；改变原判决、裁定的，应由刑罚执行机关依照再审裁判情况和原减刑、假释情况，提请有管辖权的人民法院重新作出减刑、假释裁定。

人民法院受理减刑、假释案件，应当审查执行机关是否移送下列材料：(1)减刑或者假释建议书；(2)终审法院的裁判文书、执行通知书、历次减刑裁定书的复制件；(3)罪犯确有悔改或者立功、重大立功表现的具体事实的书面证明材料；(4)罪犯评审鉴定表、奖惩审批表等；(5)其他根据案件的审理需要移送的材料。提请假释的，应当附有社区矫正机构关于罪犯假释后对所居住社区影响的调查评估报告。人民检察院对提请减刑、假释案件提出的检察意见，应当一并移送受理减刑、假释案件的人民法院。经审查，如果上述规定的材料齐备的，应当立案；材料不齐备的，应当通知提请减刑、假释的执行机关补送。

人民法院审理减刑、假释案件，应当一律予以公示。公示地点为罪犯服刑场所的公共区域。有条件的地方，应面向社会公示，接受社会监督。公示应当包括下列内容：(1)罪犯的姓名；(2)原判认定的罪名和刑期；(3)罪犯历次减刑情况；（4）执行机关的减刑、假释建议和依据；（5）公示期限；（6）意见反馈方式等。

人民法院审理减刑、假释案件，可以采用书面审理的方式。但下列案件，应当开庭审理：（1）因罪犯有重大立功表现提请减刑的；（2）提请减刑的起始时间、间隔时间或者减刑幅度不符合一般规定的；（3）在社会上有重大影响或社会关注度高的；（4）公示期间收到投诉意见的；（5）人民检察院有异议的；（6）人民法院认为有开庭审理必要的。

在人民法院作出减刑、假释裁定前，执行机关书面提请撤回减刑、假释建议的，是否准许，由人民法院决定。减刑、假释的裁定，应当在裁定作出之日起7日内送达有关执行机关、人民检察院以及罪犯本人。人民法院发现本院或者下级人民法院已经生效的减刑、假释裁定确有错误，应当依法重新组成合议庭进行审理并作出裁定。

三、对监狱管理机关批准暂予监外执行活动是否合法实行监督

《刑事诉讼法》第254条第5款规定，在交付执行前，暂予监外执行由交付执行的人民法院决定；在交付执行后，暂予监外执行由监狱或者看守所提出书面意见，报省级以上监狱管理机关或者设区的市一级以上公安机关批准。对省级以上监狱管理机关批准暂予监外执行活动是否合法是监狱检察的重要内容。而对设区的市一级以上公安机关批准暂予监外执行活动是否合法则是看守所检察的重要内容。

《刑事诉讼法》第256条规定，决定或者批准暂予监外执行的机关应当将暂予监外执行决定抄送人民检察院。人民检察院认为暂予监外执行不当的，应当自接到通知之日起1个月以内将书面意见送交决定或者批准暂予监外执行的机关，决定或者批准暂予监外执行的机关接到人民检察院的书面意见后，应当立即对该决定进行重新核查。

四、对刑罚执行和监管活动中发生的职务犯罪案件进行侦查，开展职务犯罪预防工作

根据检察机关关于自行侦查案件的内部分工，反贪污贿赂部门负责查办贪污贿赂犯罪案件，反渎职侵权部门负责查办渎职侵权犯罪案件，监所检察部门负责查办刑罚执行和监管活动中的职务犯罪案件（包括贪污贿赂犯罪案件和渎职侵权犯罪案件）。

查办刑罚执行和监管活动中的职务犯罪案件，是惩治司法腐败和保护被监管人人权的需要，也是强化刑罚执行监督和监管活动监督的重要手段。近年来，监狱在监管管理和队伍建设方面都有很大的改进，取得了明显成效。但是，监狱民

警利用监管职权，在被监管人的减刑、假释和保外就医等问题上进行徇私舞弊的司法腐败现象时有发生；监狱民警滥用职权，惩罚罪犯，纵容罪犯殴打、体罚其他罪犯等失职渎职行为仍有存在。如不对这些职务犯罪进行查处追究，不仅会严重影响刑罚的正确执行和执法的公正公平，也将严重影响司法机关的形象和法律的统一正确实施。因此，严肃查办和有效预防刑罚执行和监管活动中职务犯罪，也是监狱检察的一项重要职责。

五、对监狱侦查的罪犯又犯罪案件审查批捕、审查起诉和出庭支持公诉，对监狱的立案、侦查活动和人民法院的审判活动是否合法实行监督

罪犯在服刑期间故意犯罪的，依法从重处罚。对罪犯在监狱内犯罪的案件，由监狱进行侦查。侦查终结后，写出起诉意见书或者免予起诉意见书，连同案卷材料、证据一并移送人民检察院。检察机关则由监所检察部门承担此类案件的检察工作。

在监狱侦查工作中，有些案件属于服刑罪犯与其他人员共同实施的，对于此种案件的管辖，一种观点认为，实行属地管辖，作案地或者主要作案地在监狱的，由监狱侦查，公安机关配合；作案地或者主要作案地在监狱外的，由公安机关侦查，监狱配合。另一种观点认为，实行属人管辖，主犯是罪犯的，案件由监狱侦查，公安机关配合；主犯是其他人的，由公安机关侦查，监狱配合。相对而言，笔者认为第二种观点更为合适。

由于狱内侦查中的犯罪嫌疑人主要是正在监狱服刑的罪犯，因而监狱对于已经确认的犯罪嫌疑人没有必要采取拘留、逮捕、取保候审、监视居住等强制措施，而是将其与其他罪犯隔离，以保证刑事诉讼的顺利进行。在实践中，也会出现罪犯刑期届满，但又犯罪案件尚未审理结束的情况。这就需要根据案情需要，办理向检察机关提请批准逮捕手续，在罪犯现有刑期执行完毕之前，由监狱向人民检察院监所检察部门提请批准逮捕，在罪犯刑期结束之日，首先办理释放手续，然后宣布对其逮捕，羁押于监狱，接受审理。对于不符合逮捕条件的，在办理释放手续后，可以采取取保候审、监视居住等强制措施。

六、受理罪犯及其法定代理人、近亲属的控告、举报和申诉

受理罪犯及其法定代理人、近亲属的控告、举报和申诉也是监狱检察的一项重要职责。对这些控告、举报和申诉依法作出处理，既是保障被监管人合法权益的重要方面，也是及时掌握刑罚执行和监管活动有关情况，加强法律监督的重要途径。

第二节　监狱检察的主要内容和方法

2008年3月最高人民检察院印发的《人民检察院监狱检察办法》对监狱检察的主要内容、程序和方法等作了详细规定。

一、收监、出监检察

1. 收监检察。收监检察主要是检察监狱对罪犯的收监管理活动是否符合有关法律规定；监狱收押罪犯有无相关凭证；监狱是否收押了依法不应当收押的人员。例如，监狱收监交付执行的罪犯，是否具备人民检察院的起诉书副本和人民法院的刑事判决（裁定）书、执行通知书、结案登记表；收监监外执行的罪犯，是否具备撤销假释裁定书、撤销缓刑裁定书或者撤销暂予监外执行的收监执行决定书；从其他监狱调入罪犯，是否具备审批手续。开展收监检察，可以采取对个别收监罪犯，实行逐人检察；对集体收监罪犯，实行重点检察；对新收罪犯监区，实行巡视检察。发现监狱在收监管理活动中有下列情形的，应当及时提出纠正意见：（1）没有收监凭证或者收监凭证不齐全而收监的；（2）收监罪犯与收监凭证不符的；（3）应当收监而拒绝收监的；（4）不应当收监而收监的；（5）罪犯收监后未按时通知其家属的；（6）其他违反收监规定的。

2. 出监检察。出监，是指监狱将罪犯刑满释放或者依照有关规定准许罪犯临时离开监狱的管理活动。出监罪犯主要包括刑满释放罪犯、假释罪犯、暂予监外执行罪犯、离监探亲和特许离监罪犯、临时离监罪犯和调监罪犯等。出监检察主要是检察监狱对罪犯的出监管理活动是否符合有关法律规定；罪犯出监有无相关凭证。例如，刑满释放罪犯，是否具备刑满释放证明书；假释罪犯，是否具备假释裁定书、执行通知书、假释证明书；暂予监外执行罪犯，是否具备暂予监外执行审批表、暂予监外执行决定书；离监探亲和特许离监罪犯，是否具备离监探亲审批表、离监探亲证明；临时离监罪犯，是否具备临时离监解回再审的审批手续；调监罪犯，是否具备调监的审批手续。重点检察离监探亲和特许离监罪犯的出监。2001年司法部出台了《罪犯离监探亲和特许离监规定》，对罪犯离监探亲和特许离监的条件、对象、时间、批准程序、费用和责任等作了明确的规定。其中离监探亲罪犯应当符合以下条件：具有《监狱法》第57条第1款规定的7种情形之一，并同时具备原判有期徒刑以及原判死刑缓期2年执行、无期徒刑减为有期徒刑，执行有期徒刑1/2以上；宽管级处遇；服刑期间一贯表现好，离监后不致再危害社会；探亲对象的常住地在监狱所在的省（区、市）行政区域范围内的，才可以批准其离监探亲。特许离监罪犯要同时具有剩余刑期10年以下，改造表现较好的；配偶、直系亲属或监护人病危、死亡，或家中发生重大变故、确需本人回去处理的；有县级以上医院出具的病危或死亡证明，及当地村民（居民）委员会和派出所签署的意见；特许离监的去处在监狱所在的省（区、市）行政区域范围内的，方可以特许其离监回家看望或处理。离监探亲罪犯每年只准离监探亲一次，时间为3至7天（不含路途时间）。罪犯特许离监的时间为1天。1993年司法部监狱管理局《关于公安机关、人民检察院、人民法院因案件需要将罪犯解回再审应办理何种法律手续的批复》规定，“公安机关、人民检察院、人民法院因办理案件，需要讯问正在监狱服刑的罪犯的，原则上应在监狱就地讯问，确需将罪犯解回侦查或审判的，应由地、市级以上公检法机关出具正式公函，具体说明需解回罪犯的个人基本情况、解回理由、离监时间期限及羁押地点，报请省级监狱管理局批准后，由罪犯所在监狱办理临时离监手续。从监狱解回罪犯的公检法机关在结案后，除将罪犯执行死刑外，应负责在批准期限内将罪犯押送回原监狱服刑”。派驻检察人员要严格审查出监罪犯是否符合这些规定。

出监检察，可以采取查阅罪犯出监登记和出监凭证，与出监罪犯进行个别谈话，了解情况等工作方法。发现监狱在出监管理活动中有下列情形的，应当及时提出纠正意见：（1）没有出监凭证或者出监凭证不齐全而出监的；（2）出监罪犯与出监凭证不符的；（3）应当释放而没有释放或者不应当释放而释放的；（4）罪犯没有监狱人民警察或者办案人员押解而特许离监、临时离监或者调监的；（5）没有派员押送暂予监外执行罪犯到达执行地公安机关的；（6）没有向假释罪犯、暂予监外执行罪犯、刑满释放仍需执行附加剥夺政治权利罪犯的执行地公安机关送达有关法律文书的；（7）没有向刑满释放人员居住地公安机关送达释放通知书的；（8）其他违反出监规定的。假释罪犯、暂予监外执行罪犯、刑满释放仍需执行附加剥夺政治权利罪犯出监时，派驻检察机构应当填写《监外执行罪犯出监告知表》，寄送执行地人民检察院监所检察部门。

二、刑罚变更执行检察

1. 减刑、假释检察。减刑、假释检察主要是检察提请减刑、假释罪犯是否符合法律规定条件；提请减刑、假释的程序是否符合法律和有关规定；对依法应当减刑、假释的罪犯，监狱是否提请减刑、假释。2003年司法部《监狱提请减刑假释工作程序规定》规定了监狱提请减刑、假释的程序。监狱提请减刑、假释，应当根据法律规定的条件和程序进行，遵循公开、公平、公正的原则，实行集体评议、首长负责的工作制度。被判处有期徒刑的罪犯的减刑、假释，由监狱提出建议，提请罪犯服刑地的中级人民法院裁定。被判处死刑缓期2年执行的罪犯的减刑，被判处无期徒刑的罪犯的减刑、假释，由监狱提出建议，经省、自治区、直辖市监狱管理局审核同意后，提请罪犯服刑地的高级人民法院裁定。监狱成立提请减刑假释评审委员会，由主管副监狱长及刑罚执行、狱政管理、教育改造、生活卫生、狱内侦查、监察等有关部门负责人组成，主管副监狱长任主任。监狱提请减刑假释评审委员会不得少于7人。监狱提请减刑、假释，应当由分监区集体评议，监区长办公会审核，监狱提请减刑假释评审委员会评审，监狱长办公会决定。省、自治区、直辖市监狱管理局审核减刑、假释建议，应当由主管副局长召集刑罚执行等有关部门审核，报局长审定，必要时可以召开局长办公会决定。提请减刑、假释，应当由分监区召开全体警察会议，根据法律规定的条件，结合罪犯服刑表现，集体评议，提出建议，报经监区长办公会审核同意后，报送监狱刑罚执行（狱政管理）部门审查。直属分监区或者未设分监区的监区，由全体警察集体评议，提出减刑、假释建议，报送监狱刑罚执行（狱政管理）部门审查。分监区、直属分监区或者未设分监区的监区的集体评议以及监区长办公会议审核情况，应当有书面记录，并由与会人员签名。监区或者直属分监区提请减刑、假释，应当报送下列材料：（1）《罪犯减刑（假释）审核表》；（2）监区长办公会或者直属分监区、监区集体评议的记录；（3）终审法院的判决书、裁定书、历次减刑裁定书的复印件；（4）罪犯计分考核明细表、奖惩审批表、罪犯评审鉴定表和其他有关证明材料。监狱刑罚执行（狱政管理）部门收到对罪犯拟提请减刑、假释的材料后，应当就下列事项进行审查：（1）需提交的材料是否齐全、完备、规范；（2）认定罪犯是否确有悔改或者立功、重大立功表现；（3）拟提请减刑、假释的建议是否适当；（4）罪犯是否符合法定减刑、假释的条件。刑罚执行（狱政管理）部门完成审查后，应当出具审查意见，连同监区或者直属分监区报送的材料一并提交监狱提请减刑假释评审委员会评审。监狱提请减刑假释评审委员会应当召开会议，对刑罚执行（狱政管理）部门审查提交的减刑、假释建议进行评审。会议应当有书面记录，并由与会人员签名。监狱提请减刑假释评审委员会经评审后，应当将拟提请减刑、假释的罪犯名单以及减刑、假释意见在监狱内公示。公示期限为7个工作日。公示期内，如有警察或者罪犯对公示内容提出异议，监狱提请减刑假释评审委员会应当进行复核，并告知复核结果。监狱提请减刑假释评审委员会完成评审和公示程序后，应当将拟提请减刑、假释的建议和评审报告，报请监狱长办公会审议决定。经监狱长办公会决定提请减刑、假释的，由监狱长在《罪犯减刑（假释）审核表》上签署意见，加盖监狱公章，并由监狱刑罚执行（狱政管理）部门根据法律规定制作《提请减刑建议书》或者《提请假释建议书》，连同有关材料一并提请人民法院裁定。监狱在向人民法院提请减刑、假释的同时，应当将提请减刑、假释的建议书的副本抄送人民检察院。

对被判处死刑缓期2年执行的罪犯决定提请减刑以及被判处无期徒刑的罪犯决定提请减刑、假释的，监狱应当将《罪犯减刑（假释）审核表》连同有关材料报送省、自治区、直辖市监狱管理局审核。省、自治区、直辖市监狱管理局收到监狱报送的提请减刑、假释建议的材料后，应当由主管副局长召集刑罚执行（狱政管理）等有关部门进行审核。审核中发现监狱报送的材料不齐全或者有疑义的，应当通知监狱补交有关材料或者作出说明。监狱管理局主管副局长主持完成审核后，应当将审核意见报请局长审定；对重大案件或者有其他特殊情况的罪犯的减刑、假释问题，可以建议召开局长办公会审议决定。监狱管理局审核同意对罪犯提请减刑、假释的，由局长在《罪犯减刑（假释）审批表》上签署意见，加盖监狱管理局公章。

对监狱提请减刑、假释活动的检察，可以采取以下工作方法：一是查阅被提请减刑、假释罪犯的案卷材料；二是查阅监区集体评议减刑、假释会议记录，罪犯计分考核原始凭证，刑罚执行（狱政管理）部门审查意见；三是列席监狱审核拟提请罪犯减刑、假释的会议；四是向有关人员了解被提请减刑、假释罪犯的表现等情况。在检察方法上，主要从罪犯计分考核原始凭证入手进行审查。2003年司法部《监狱提请减刑假释工作程序规定》规范了监狱办理减刑、假释活动的程序，监狱提请减刑、假释，须由分监区集体评议，监区长办公会审核，监狱提请减刑假释评审委员会评审，监狱长办公会决定。从这几年的检察实践来看，由于办理减刑、假释的程序越来越规范，有的监狱民警开始在罪犯计分考核，即减刑、假释的源头上做文章，编写虚假的计分考核原始凭证，进行徇私舞弊，因此，监狱检察的工作思路和方法也要随之转变，要从审查罪犯计分原始凭证入手。在审查罪犯减刑、假释的案卷材料中，要注重对罪犯表扬、奖励和记功情况的审查。表扬、奖励和记功是罪犯获得减刑、假释条件的一种直接方式，《刑法》规定了应当减刑的六种重大立功表现情形，监狱检察工作中应加强对这类情况的审查。同时注意对八类罪犯减刑、假释活动进行重点检察，这八类罪犯就是：职务犯罪的罪犯；涉黑涉恶涉毒犯罪的罪犯；破坏社会主义市场经济秩序的侵财性犯罪的罪犯；服刑中的顽固型罪犯和危险型罪犯；从事事务性活动的罪犯；多次获得减刑的罪犯；调换监管场所服刑的罪犯；其他需要重点监督的罪犯。近几年的检察实践表明，减刑、假释工作中发生的绝大多数问题都集中在这八类罪犯身上，为了将有限的派驻检察人员力量更好地发挥出来，所以强调突出重点。

发现监狱在提请减刑、假释活动中有下列情形的，应当及时提出纠正意见：（1）对没有悔改表现或者立功表现的罪犯，提请减刑的；（2）对没有悔改表现，假释后可能再危害社会的罪犯，提请假释的；（3）对累犯以及因杀人、爆炸、抢劫、强奸、绑架等暴力性犯罪被判处10年以上有期徒刑、无期徒刑的罪犯，提请假释的；（4）对依法应当减刑、假释的罪犯没有提请减刑、假释的；（5）提请对罪犯减刑的起始时间、间隔时间和减刑后又假释的间隔时间不符合有关规定的；（6）被提请减刑、假释的罪犯被减刑后实际执行的刑期或者假释考验期不符合有关规定的；（7）提请减刑、假释没有完备的合法手续的；（8）其他违反提请减刑、假释规定的。派驻检察机构收到监狱移送的提请减刑、假释材料的，应当及时审查并签署意见。认为提请减刑、假释不当的，应当提出纠正意见，填写《监狱提请减刑不当情况登记表》、《监狱提请假释情况登记表》。所提纠正意见未被采纳的，可以报经本院检察长批准，向受理本案的人民法院的同级人民检察院报送。人民检察院收到人民法院减刑、假释裁定书副本后，应当及时审查。认为减刑、假释裁定不当的，应当在收到裁定书副本后20日内，向作出减刑、假释裁定的人民法院提出书面纠正意见。人民检察院对人民法院减刑、假释的裁定提出纠正意见后，应当监督人民法院是否在收到纠正意见后1个月内重新组成合议庭进行审理。对人民法院减刑、假释裁定的纠正意见，由作出减刑、假释裁定的人民法院的同级人民检察院书面提出。下级人民检察院发现人民法院减刑、假释裁定不当的，应当立即向作出减刑、假释裁定的人民法院的同级人民检察院报告。对人民法院采取听证或者庭审方式审理减刑、假释案件的，同级人民检察院应当派员参加，发表检察意见并对听证或者庭审过程是否合法进行监督。

2. 暂予监外执行检察。暂予监外执行检察主要是检察呈报暂予监外执行罪犯是否符合法律规定条件；呈报暂予监外执行的程序是否符合法律和有关规定。对监狱呈报暂予监外执行活动的检察，可能采取审查被呈报暂予监外执行罪犯的病残鉴定和病历资料，列席监狱审核拟呈报罪犯暂予监外执行的会议，向有关人员了解被呈报暂予监外执行罪犯的患病及表现情况等工作方法。发现监狱在呈报暂予监外执行活动中有下列情形的，应当及时提出纠正意见：（1）呈报保外就医罪犯所患疾病不属于《罪犯保外就医疾病伤残范围》的；（2）呈报保外就医罪犯属于因患严重慢性疾病长期医治无效情形，执行原判刑期未达1/3以上的；（3）呈报保外就医罪犯属于自伤自残的；（4）呈报保外就医罪犯没有省级人民政府指定医院开具的相关证明文件的；（5）对适用暂予监外执行可能有社会危险性的罪犯呈报暂予监外执行的；（6）对罪犯呈报暂予监外执行没有完备的合法手续的；（7）其他违反暂予监外执行规定的。派驻检察机构收到监狱抄送的呈报罪犯暂予监外执行的材料后，应当及时审查并签署意见。认为呈报暂予监外执行不当的，应当提出纠正意见。审查情况应当填入《监狱呈报暂予监外执行情况登记表》，层报省级人民检察院监所检察部门。省级人民检察院监所检察部门审查认为监狱呈报暂予监外执行不当的，应当及时将审查意见告知省级监狱管理机关。省级人民检察院收到省级监狱管理机关批准暂予监外执行的通知后，应当及时审查。认为暂予监外执行不当的，应当自接到通知之日起1个月内向省级监狱管理机关提出书面纠正意见。省级人民检察院应当监督省级监狱管理机关是否在收到书面纠正意见后1个月内进行重新核查和核查决定是否符合法律规定。下级人民检察院发现暂予监外执行不当的，应当立即层报省级人民检察院。

三、监管活动检察

监管执法活动是刑罚执行活动的有机载体，也是对在押人员进行管理和教育的主要法律形式和内容。对监管执法活动进行监督，是促进监狱严格公正文明执法的有效手段，也是强化监所检察部门执法监督体系的重要内容。主要包括：禁闭检察、事故检察，狱政管理、教育改造活动检察。

1. 禁闭检察。禁闭是监狱对严重违犯监规纪律的罪犯所实施的惩罚措施。检察机关开展禁闭检察，主要是检察监狱适用禁闭是否符合规定条件；适用禁闭的程序是否符合有关规定；执行禁闭是否符合有关规定。通过对禁闭室进行现场检察，查阅禁闭登记和审批手续，听取被禁闭人和有关人员的意见等方法，了解有关情况，依法开展禁闭检察工作。发现监狱在适用禁闭活动中有下列情形的，应当及时提出纠正意见：（1）对罪犯适用禁闭不符合规定条件的；（2）禁闭的审批手续不完备的；（3）超期限禁闭的；（4）使用戒具不符合有关规定的；（5）其他违反禁闭规定的。根据《监狱法》第58条的规定，罪犯有下列破坏监管秩序情形之一的，监狱可以给予警告、记过或者禁闭：（1）聚众哄闹监狱，扰乱正常秩序的；（2）辱骂或者殴打人民警察的；（3）欺压其他罪犯的；（4）偷窃、赌博、打架斗殴、寻衅滋事的；（5）有劳动能力拒不参加劳动或者消极怠工，经教育不改的；（6）以自伤、自残手段逃避劳动的；（7）在生产劳动中故意违反操作规程，或者有意损坏生产工具的；（8）有违反监规纪律的其他行为的。对罪犯实行禁闭的期限为7天至15天。罪犯在服刑期间有上述行为，构成犯罪的，依法追究刑事责任。

2. 事故检察。监管事故主要包括罪犯脱逃，罪犯破坏监管秩序，罪犯群体病疫，罪犯伤残，罪犯非正常死亡等，这些事故发生后，检察机关要依法开展检察工作，查清事实，明确责任，作出妥善处理。事故检察，主要采取以下工作方法：一是派驻检察机构接到监狱关于罪犯脱逃、破坏监管秩序、群体病疫、伤残、死亡等事故报告，应当立即派员赴现场了解情况，并及时报告本院检察长；二是认为可能存在违法犯罪问题的，派驻检察人员应当深入事故现场，调查取证；三是派驻检察机构与监狱共同剖析事故原因，研究对策，完善监管措施。罪犯在服刑期间因病死亡，其家属对监狱提供的医疗鉴定有疑义向人民检察院提出的，人民检察院应当受理。经审查认为医疗鉴定有错误的，可以重新对死亡原因作出鉴定。罪犯非正常死亡的，人民检察院接到监狱通知后，原则上应在24小时内对尸体进行检验，对死亡原因进行鉴定，并根据鉴定结论依法及时处理。对于监狱发生的重大事故，派驻检察机构应当及时填写《重大事故登记表》，报送上一级人民检察院，同时对监狱是否存在执法过错责任进行检察。辖区内监狱发生重大事故的，省级人民检察院应当检查派驻检察机构是否存在不履行或者不认真履行监督职责的问题。

3. 狱政管理、教育改造活动检察。主要是检察监狱的狱政管理、教育改造活动是否符合有关法律规定；罪犯的合法权益是否得到保障。具体工作方法主要包括：一是对罪犯生活、学习、劳动现场和会见室进行实地检察和巡视检察；二是查阅罪犯名册、伙食账簿、会见登记和会见手续；三是向罪犯及其亲属和监狱人民警察了解情况，听取意见；四是在法定节日、重大活动之前或者期间，督促监狱进行安全防范和生活卫生检查。发现监狱在狱政管理、教育改造活动中有下列情形的，应当及时提出纠正意见：（1）监狱人民警察体罚、虐待或者变相体罚、虐待罪犯的；（2）没有按照规定对罪犯进行分押分管的；（3）监狱人民警察没有对罪犯实行直接管理的；（4）安全防范警戒设施不完备的；（5）监狱人民警察违法使用戒具的；（6）没有按照规定安排罪犯与其亲属会见的；（7）对伤病罪犯没有及时治疗的；（8）没有执行罪犯生活标准规定的；（9）没有按照规定时间安排罪犯劳动，存在罪犯超时间、超体力劳动情况的；（10）其他违反狱政管理、教育改造规定的。关于罪犯劳动工时，1995 年 6 月司法部印发的《关于罪犯劳动工时的规定》规定，鉴于罪犯不是职工，不属于《劳动法》的调整范围。罪犯的劳动工时和休息日应当由我国监狱管理部门在保障罪犯身体健康的前提下，参照国家有关规定和改造罪犯的需要确定。罪犯每周劳动（包括集中学习时间）6 天，每天劳动 8 小时，平均每周劳动时间不超过 48 小时。未成年罪犯每天劳动 4 小时，平均每周劳动时间不超过 24 小时。生产任务不饱满的监狱，可以报经省、自治区、直辖市监狱管理局批准，实行每周劳动 5 天，集中学习 1 天的制度。监狱保证参加劳动的罪犯每周休息 1 天。监狱在下列节日期间依法安排罪犯休假：（1）元旦；（2）春节；（3）国际劳动节；（4）国庆节。监狱生产单位需要延长劳动时间，须提前拟订加班计划，经监狱狱政、劳动管理部门审核，报监狱长批准，方可实施。在下列特殊情况下，延长劳动时间可以不受上述规定时间的限制：（1）发生自然灾害、事故或者因其他原因，威胁生命健康和财产安全，需要紧急处理的；（2）生产设备、公共设施发生故障，影响生产和公众利益，必须及时抢修的；（3）农忙季节需要抢收抢种的。按照上述规定组织罪犯加班的监狱生产单位，事后应当安排罪犯补休，确实不能安排补休的，根据延长劳动时间的长短，支付一定数量的加班费。夜间加班至 23 时以后的，应安排夜餐。在法定节假日安排罪犯劳动，根据延长劳动时间的长短，支付高于平常加班的加班费。夜间加班至 23 时以后的，应安排夜餐。罪犯加班费用，从生产成本中列支。关于在押罪犯伙食、被服实物量标准，财政部和司法部也有联合规定。

为了做好对日常监管活动的检察，派驻检察机构应当参加监狱狱情分析会，针对罪犯思想动态、监管秩序等方面存在的问题，提出意见和建议，与监狱共同研究对策，制定措施。派驻检察机构应当与监狱建立联席会议制度，及时了解监狱发生的重大情况，共同分析监管执法和检察监督中存在的问题，研究改进工作的措施。联席会议每半年召开一次，必要时可以随时召开。派驻检察机构每半年协助监狱对罪犯进行一次集体法制宣传教育。派驻检察人员应当每周至少选择一名罪犯进行个别谈话，并及时与要求约见的罪犯谈话，听取情况反映，提供法律咨询，接收递交的材料等。

四、办理罪犯又犯罪案件

人民检察院监所检察部门负责监狱侦查的罪犯又犯罪案件的审查逮捕、审查起诉和出庭支持公诉，以及立案监督、侦查监督、审判监督、死刑临场监督等工作。办理罪犯又犯罪案件期间该罪犯原判刑期届满的，在侦查阶段由监狱提请人民检察院审查批准逮捕，在审查起诉阶段由人民检察院决定逮捕。发现罪犯在判决宣告前还有其他罪行没有判决的，应当分别情形作出处理：（1）适宜于服刑地人民法院审理的，依照《人民检察院监狱检察办法》第40条、第41条的规定办理；（2）适宜于原审地或者犯罪地人民法院审理的，转交当地人民检察院办理；（3）属于职务犯罪的，交由原提起公诉的人民检察院办理。

发现正在服刑的罪犯在判决宣告前还有其他犯罪没有受到审判的，由原审人民法院管辖；如果罪犯服刑地或者新发现的罪的主要犯罪地的人民法院管辖更为适宜的，可以由服刑地或者新发现的罪的主要犯罪地的人民法院管辖。正在服刑的罪犯服刑期间又犯罪的，由服刑地的人民法院管辖。正在服刑的罪犯在服刑期间脱逃，其在脱逃期间的犯罪，如果是在犯罪地捕获并被发现的，由犯罪地的人民法院管辖；如果是被缉捕押解回监狱后发现的，由罪犯服刑地的人民法院管辖。

五、受理控告、举报和申诉

派驻检察机构应当受理罪犯及其法定代理人、近亲属向检察机关提出的控告、举报和申诉，根据罪犯反映的情况，及时审查处理，并填写《控告、举报和申诉登记表》。派驻检察机构应当在监区或者分监区设立检察信箱，接收罪犯控告、举报和申诉材料。信箱应当每周开启。派驻检察人员应当每月定期接待罪犯近亲属、监护人来访，受理控告、举报和申诉，提供法律咨询。派驻检察机构对罪犯向检察机关提交的自首、检举和揭发犯罪线索等材料，依照《人民检察院监狱检察办法》第43条的规定办理，并检察兑现政策情况。派驻检察机构办理控告、举报案件，对控告人、举报人要求回复处理结果的，应当将调查核实情况反馈控告人、举报人。人民检察院监所检察部门审查刑事申诉，认为原判决、裁定正确，申诉理由不成立的，应当将审查结果答复申诉人并做好息诉工作；认为原判决、裁定有错误可能，需要立案复查的，应当移送刑事申诉检察部门办理。

六、纠正违法和检察建议

派驻检察人员发现轻微违法情况，可以当场提出口头纠正意见，并及时向派驻检察机构负责人报告，填写《检察纠正违法情况登记表》。派驻检察机构发现严重违法情况，或者在提出口头纠正意见后被监督单位7日内未予纠正且不说明理由的，应当报经本院检察长批准，及时发出《纠正违法通知书》。人民检察院发出《纠正违法通知书》后15日内，被监督单位仍未纠正或者回复意见的，应当及时向上一级人民检察院报告。对严重违法情况，派驻检察机构应当填写《严重违法情况登记表》，向上一级人民检察院监所检察部门报送并续报检察纠正情况。被监督单位对人民检察院的纠正违法意见书面提出异议的，人民检察院应当复议。被监督单位对于复议结论仍然提出异议的，由上一级人民检察院复核。发现刑罚执行活动中存在执法不规范等可能导致执法不公和重大事故等苗头性、倾向性问题的，应当报经本院检察长批准，向有关单位提出检察建议。

派驻检察人员每月派驻监狱检察时间不得少于16个工作日，遇有突发事件时应当及时检察。派驻检察人员应当将罪犯每日变动情况、开展检察工作情况和其他有关情况，全面、及时、准确地填入《监狱检察日志》。派驻检察机构应当实行检务公开。对收监交付执行的罪犯，应当及时告知其权利和义务。派驻检察人员在工作中，故意违反法律和有关规定，或者严重不负责任，造成严重后果的，应当追究法律责任、纪律责任。人民检察院监狱检察工作实行“一志八表”的检察业务登记制度。“一志八表”是指《监狱检察日志》、《监外执行罪犯出监告知表》、《监狱提请减刑不当情况登记表》、《监狱提请假释情况登记表》、《监狱呈报暂予监外执行情况登记表》、《重大事故登记表》、《控告、举报和申诉登记表》、《检察纠正违法情况登记表》和《严重违法情况登记表》。派驻检察机构登记“一志八表”，应当按照“微机联网、动态监督”的要求，实行办公自动化管理。

第三节　监狱检察制度的改革与完善

自2003年启动监狱布局调整近10年来，我国的监狱工作进入了一个新的改革发展时期。随着监狱改革的推进，对监狱检察工作提出了新的课题和挑战，不仅派出检察院和派驻检察室在设置上要相应地有所调整，监狱检察制度本身也面临着改革与完善的问题。主要涉及五个方面的内容，即规范和调整监狱检察的内容、完善监狱检察工作方式和监督方式、加强监狱检察的基层基础工作、促进监狱检察制度的立法完善、促进监狱监督体系的完善。

一、规范和调整监狱检察的内容

除了传统的监狱检察重点即罪犯的减刑、假释、暂予监外执行等刑罚变更执行活动监督仍要继续坚持以外，检察机关还要根据监狱的类型和押犯的类型调整监督重点。例如，对于重刑犯监狱，在监管活动监督方面，应重点防止罪犯的脱逃、越狱、暴动等，预防监狱民警私放罪犯、失职致使罪犯脱逃等职务违法犯罪行为的发生。同时，通过立案监督、侦查监督和审判监督工作，注重打击罪犯的又犯罪行为，维护监狱监管秩序稳定。而对于轻刑犯监狱，重点监督监狱办理罪犯的临时离监活动，包括外出工作、保外就医、回家探亲等，防止监狱民警借口监狱实行开放、半开放的政策而与罪犯及其亲属发生权钱交易。对于关押暴力犯罪罪犯、涉毒罪犯、重刑罪犯、职务罪犯的监狱和监区，要重点监督这些罪犯的减刑、假释、暂予监外执行等刑罚变更执行活动，防止和减少违法、不当减刑、假释、暂予监外执行的发生。对于关押女犯、未成年罪犯、特殊病犯、老残罪犯的监狱和监区，要注意保护这些特殊罪犯的合法权益，保护他们在劳动、教育、就医和获得公平减刑、假释、暂予监外执行机会等方面的权利。

随着宽严相济刑事政策的贯彻落实和行刑社会化、非监禁刑的扩大适用，监狱检察工作中，还应进一步加强对监狱罪犯的监外执行的检察监督。对于监狱的提请、呈报减刑、假释和暂予监外执行等刑罚变更执行活动进行全过程和同步监督，防止违法、不当减刑、假释和暂予监外执行情况的出现。加强针对监外执行罪犯交付执行的监督，预防和减少监外执行罪犯脱管、漏管。

二、完善监狱检察工作方式和监督方式

1. 完善派驻检察方式。一是建立同级派驻检察与上级巡视检察相结合的工作方式，弥补派驻检察的不足。二是对监狱检察的内部监督与外部监督相结合，强化对监狱检察工作的监督制约。三是在加强对监管场所派驻检察的同时，注意针对刑罚执行和监管活动中存在的突出问题，深入开展专项检察活动，促进监狱依法、文明、科学管理，促进刑罚执行和监管活动规范进行，有效防范和遏制监管事故和违法问题的发生。

2. 认真受理和及时办理在押人员及其亲属的控告、举报和申诉，完善检察信箱和约见驻所检察官制度，畅通在押人员的救济渠道，强化体罚虐待、“牢头狱霸”、违法使用戒具等问题的监督纠正力度，下大力气化解在押人员申诉积案，依法保护在押人员特别是未成年和老残、女性在押人员的合法权益。

3. 依法运用批捕、起诉等职能，严厉打击在押人员特别是“牢头狱霸”的犯罪活动，维护监管秩序稳定。同时，加强刑事立案监督、侦查监督、审判监督和安全防范检察，及时监督纠正有案不立、以罚代刑、重罪轻判等问题和安全隐患。

4. 重点查办监狱民警索贿受贿、徇私舞弊减刑、假释、暂予监外执行和监狱非正常死亡事故背后的职务犯罪案件，以及监狱布局调整和改扩建过程中的职务犯罪案件。加强督办指导，切实解决一些地区特别是派出检察院办案工作长期打不开局面的问题。

5. 规范检察纠正违法、检察建议等监督方式。规范监督方式，是监狱检察制度提高监督规范化水平的重要方面。主要是规范检察建议、《纠正违法通知书》的适用、准确把握口头提出纠正与书面提出纠正的适用情形等。另外，还需要在监狱检察实践中正确处理好监督与支持的关系，明确何种情形必须依法行使监督权，提出监督意见并督促落实，切实规范刑罚执行和监管活动，保障被监管人合法权益；明确何种情形需要积极支持监管机关开展监管执法活动，维护刑罚执行的严肃性和国家法律的权威性。

三、加强监狱检察的基层基础工作

根据监狱布局调整和开展监狱检察工作的需要，及时新建、撤销或合并派驻监狱检察室。设置派驻监狱检察室的前提是监督任务的客观存在，由于监狱的建、迁、撤必然会使监狱检察任务发生一定变化。对于新建的监狱，监狱所在地的检察机关必须及时设立派驻检察室承担监狱检察任务。根据最高人民检察院《关于加强人民检察院派驻监管场所检察室建设的意见》的规定，驻监狱检察室除了由派出检察院设置的外，必须由市级以上人民检察院设置。因此，对于新设的监狱，所在地的市级人民检察院必须及时设置派驻检察室。对于监狱搬迁的，迁入地市级人民检察院必须及时设置派驻检察室。对于监狱合并的，原承担派驻检察任务的检察机关也需要根据这一变化，调整原派驻检察室的管辖范围。由于监狱迁走，原承担派驻检察任务的检察机关已没有监狱检察任务，原先设置的派驻检察室也需要及时撤销。有些派驻监狱检察室由于监狱名称的变化，也需要相应地变更检察室的名称。还有一些地方原先监狱较少，由于监狱布局调整，可能监狱在规模或数量上明显扩大或增多，监狱检察任务已经难以由一个派驻检察室来完成，或者设置多个派驻检察室，或者新设一个监所检察院。这需要根据检察机关的实际状况作出合理的选择。对于一个市级检察院而言，如果辖区内监狱数量较多，每个监狱都设一个派驻检察室，往往不便于加强监狱检察业务管理和指导。按照1984年最高人民检察院《关于劳改、劳教检察派出机构的几个问题》的规定，对于罪犯人数在5000人以上的监狱或者监狱较为集中的地区，有条件的均可以设置派出检察院。

加强派驻检察机构的硬件建设特别是信息化建设。检察机关在监狱布局调整的同时，派驻检察室或者派出检察院应当与新建、迁建、改扩建的监狱做到同步规划、同步建设、同步搬迁，搞好派出派驻检察机构的硬件设施建设，改善办公条件。各地检察院应将派出派驻检察机构的基础建设纳入检察机关基层基础设施建设总体规划，按照科技强检的要求为派驻检察机构配备必要的交通、通信设施和器材装备；积极推进派驻检察机构的“两房”建设，解决好办公、办案、专业技术用房；认真落实派驻监狱检察人员的生活补助，为派驻检察人员有效地开展工作创造必要的条件。

四、促进监狱检察制度的立法完善

目前，检察机关开展监狱检察工作的主要根据是《刑事诉讼法》、《监狱法》、《人民检察院组织法》等为数不多的概括性的规定，具体的监督内容、范围、程序等在法律层面上十分欠缺，更多的是依据最高人民检察院制定的《人民检察院监狱检察办法》等规范性文件，法律层级和效力较低，而且这些规范性文件难以对一些需要法律进行规定的内容作出规范，如对执行和监管活动中的违法问题开展调查的权力及构成、程序等，应从立法上对检察机关派驻检察方式、检察建议、纠正违法通知书的效力作出保障性的规定。明确监督范围包括监狱执行刑罚及相关监管执法活动，强化派驻检察和全过程的监督。建议修改《人民检察院组织法》，对派驻检察机构的设置和管理、职权范围等从《人民检察院组织法》的角度作出规定，推进派出检察院和派驻检察室建设，完善派驻检察制度，保证派驻检察力量，保障派驻检察机构能够充分有效地发挥派驻检察职能作用。具体来说，在完善监狱检察权力的构成上，建议立法重点完善以下方面：明确规定检察机关的违法行为调查权、确认违法和检察建议权、监狱执行检察机关纠正违法意见的义务和完善对纠正违法意见异议的解决机制。

五、促进监狱监督体系的完善

监狱监督，是指由国家机关、社会组织和公民对监狱监管执法活动的合法性所进行的监督。从国外监狱监督体系的构成来看，监狱监督是一个多元化的监督体系。监督主体包括议会、行政机关、法院、检察机关、专门监狱监督机构、非政府组织或者民间组织、新闻媒体等。例如，在挪威，对监狱的管理实行监督和保护罪犯人权，是挪威议会行政监察官办公室的一项重要职责。美国司法部的职能包括：管理和监督联邦所属的全国监狱及其他惩罚机构。苏格兰司法部长负责监狱的有关政策问题，司法部下设狱政督察组。英国内政国务大臣具有对监狱和其他刑罚执行机构的监督权。《法国刑事诉讼法典》第 115 ~ 117 条规定，每个高等法院，均可指派一名或几名法官担任刑罚执行法官。刑罚执行法官在其管辖范围的监狱内，负责监督对犯人执行刑罚的任务。第48、49条规定，检察官员监督刑罚执行。第178条规定，共和国检察官和总检察长可视察监狱。共和国检察官应每季度到各监狱视察一次，必要时，应随时视察，特别需要听取犯人的申诉。日本的监督法规定，检察官和裁判官对刑务所、犯人的刑罚执行情况有监督权。在刑罚执行过程中，如果犯人生病，检察官可以要求停止刑罚的执行。对于犯人是否可以假释，以及何时开始假释，检察官可以向刑务所长提出意见。英国近年来专门设立了监狱检察机构定期到各监狱巡视考察，每次考察1周左右，每个监狱3~5年考察1次。有时可就某个特别事件进行调查。监狱检察机构要定期向议会提交关于监狱执法情况和罪犯的权利保障以及监狱存在的困难等方面的报告。俄罗斯检察机关的监督职能包括了对侦查机关、初步调查机关、执行刑罚和其他强制措施机关的执法情况进行监督。《土耳其共和国刑罚执行法》第14条规定，正在服徒刑者因近亲属死亡而请假的，由监狱长提议，经检察官批准；近亲属患有生命危险的重病或者发生使他们遭受损失的火灾、地震等灾害时请假，由检察官提议，经司法部批准。西班牙在监狱设执行监督法官，职责是执行对犯人的判决，保护犯人的权利，对于在实施监狱制度中出现的滥用权力和各种偏差予以纠正；专门受理犯人对监狱的控告的起诉，批准监狱提请对犯人使用戒具等处罚。英国有进行监狱监督的民间组织监狱和缓刑特别巡视委员会，委员会成员都为志愿者，来自社区，不拿薪酬。他们主要负责对监狱条件和囚犯待遇以国际人权标准进行评估，提交专门报告，监督的内容主要有犯人的人权、处遇、人格尊严、管理目标等方面。所有督察员都配有监狱的钥匙，以便能够随时进入监狱的任何地方进行独立检查。荷兰的地方监督委员会是设于每个监禁机构内的监督组织，其成员来自地方各界人士。荷兰刑罚执行和青少年保护理事会是由荷兰全国各界知名专家学者组成的，致力于对全国各拘禁场所和缓刑机构的行刑情况实施机构外监督的组织。该理事会集监督、审判、建议三职能于一体，独立公正地行使职责。

我国的监狱监督体系也是多元化的，但在制度设计上与国外一些国家有所不同。有检察机关的专门监督，但法律层面上赋予的权力较少、手段单一、效力缺乏必要的立法保障。人大监督不够经常化，甚至在一些地方仅是组织人大代表偶尔视察监狱而已。法院对减刑、假释案件的审理能够发现问题的很少，多为程序意义上的监督。社会监督与罪犯之间的渠道不畅，也难以进入监区开展调查工作，发挥的效果远远没有达到社会预期。因此，需要通过强化检察机关的专门监督促进监狱监督体系的完善。

强化检察机关的专门监督，应当明确检察官可以随时视察监狱，听取罪犯的控告、申诉；指挥并监督裁判执行，遇有特定情形可以决定停止执行刑罚；对事故、罪犯死亡等监管事件的调查权。明确监狱承担服从检察官作出的有关遵守法律以及羁押条件方面的指令，以及监狱按照人民检察院的纠正意见纠正违法的义务和不纠正的法律责任。另外，还可以规定监督主体不受限制地视察监狱的任何场所，与罪犯在不受监听的情况下进行秘密谈话等；将监狱情况向有关部门报告或者向社会、新闻媒体公开；发现监狱在刑罚执行、狱政管理、罪犯待遇等方面存在问题，可以向监狱或者其主管机关提出纠正或改进的意见或建议等内容。

第七章　看守所检察制度

看守所检察，是指人民检察院依法对看守所的羁押、监管和代为执行刑罚等活动是否合法实行的法律监督。根据《看守所条例》的规定，看守所是羁押依法被逮捕、刑事拘留的犯罪嫌疑人、被告人的机关。根据《刑事诉讼法》的规定，被判处有期徒刑，剩余刑期在3个月以下的罪犯，由看守所代为执行。看守所检察自看守所收押犯罪嫌疑人开始，直至对在押人员依法释放。看守所检察的任务是：保证国家法律法规在刑罚执行和监管活动中的正确实施，维护在押人员合法权益，维护看守所监管秩序稳定，保障刑事诉讼活动顺利进行。人民检察院在看守所检察工作中，应当依法独立行使检察权，以事实为根据、以法律为准绳。看守所检察人员履行法律监督职责，应当严格遵守法律，恪守检察职业道德，忠于职守，清正廉洁；应当坚持原则，讲究方法，注重实效。

第一节　看守所检察的主要职责

一、对看守所的监管活动是否合法实行监督

看守所的任务是依据国家法律对被羁押的犯罪嫌疑人、被告人实行武装警戒看守，保障安全；对犯罪嫌疑人、被告人进行教育；管理犯罪嫌疑人、被告人的生活和卫生；保障侦查、起诉和审判工作的顺利进行。看守所的监管活动包括收押管理、出所管理、羁押期限管理、事故处理、教育管理活动等，看守所的刑罚执行活动包括交付执行、留所执行及变更执行活动、罪犯释放活动等。看守所检察就是对以上看守所的监管执法活动和代为执行刑罚的活动进行监督。

1. 收押。看守所收押犯罪嫌疑人、被告人，须凭送押机关持有的县级以上公安机关、国家安全机关签发的逮捕证、刑事拘留证或者县级以上公安机关、国家安全机关、监狱、劳动改造机关、人民法院、人民检察院追捕、押解犯罪嫌疑人、被告人临时寄押的证明文书。没有上述凭证，或者凭证的记载与实际情况不符的，不予收押。看守所收押犯罪嫌疑人、被告人，应当进行健康检查，有下列

情形之一的，不予收押：（1）患有精神病或者急性传染病的；（2）患有其他严重疾病，在羁押中可能发生生命危险或者生活不能自理的，但是罪大恶极不羁押对社会有危险性的除外；（3）怀孕或者哺乳自己不满1周岁婴儿的妇女。看守所收押犯罪嫌疑人、被告人，应当对其人身和携带的物品进行严格检查。非日常用品应当登记，代为保管，出所时核对发还或者转监狱、劳动改造机关。违禁物品予以没收。发现犯罪证据和可疑物品，要当场制作记录，由犯罪嫌疑人、被告人签字捺指印后，送案件主管机关处理。对女性犯罪嫌疑人、被告人的人身检查，由女工作人员进行。收押犯罪嫌疑人、被告人，应当建立在押人员档案。收押犯罪嫌疑人、被告人，应当告知犯罪嫌疑人、被告人在羁押期间必须遵守的监规和享有的合法权益。对男性犯罪嫌疑人、被告人和女性犯罪嫌疑人、被告人，成年犯罪嫌疑人、被告人和未成年犯罪嫌疑人、被告人，同案犯以及其他需要分别羁押的犯罪嫌疑人、被告人，应当分别羁押。公安机关或者国家安全机关侦查终结、人民检察院决定受理的犯罪嫌疑人、被告人，人民检察院审查或者侦查终结、人民法院决定受理的犯罪嫌疑人、被告人，递次移送交接，均应办理换押手续，书面通知看守所。

2. 警戒、看守。看守所实行24小时值班制度。值班人员应当坚守岗位，随时巡视监房。对已被判处死刑、尚未执行的罪犯，必须加戴械具。对有事实表明可能行凶、暴动、脱逃、自杀的犯罪嫌疑人、被告人，经看守所所长批准，可以使用械具。在紧急情况下，可以先行使用，然后报告看守所所长。上述情形消除后，应当予以解除。看守人员和武警遇有下列情形之一，采取其他措施不能制止时，可以按照有关规定开枪射击：（1）犯罪嫌疑人、被告人越狱或者暴动的；（2）犯罪嫌疑人、被告人脱逃不听制止，或者在追捕中抗拒逮捕的；（3）劫持犯罪嫌疑人、被告人的；（4）犯罪嫌疑人、被告人持有管制刀具或者其他危险物，正在行凶或者破坏的；（5）犯罪嫌疑人、被告人暴力威胁看守人员、武警的生命安全的。需要开枪射击时，除遇到特别紧迫的情况外，应当先鸣枪警告，犯罪嫌疑人、被告人有畏服表示，应当立即停止射击。开枪射击后，应当保护现场，并立即报告主管公安机关和人民检察院。

3. 提讯、押解。公安机关、国家安全机关、人民检察院、人民法院提讯犯罪嫌疑人、被告人时，必须持有提讯证或者提票。提讯人员不得少于2人。不符合上述规定的，看守所应当拒绝提讯。提讯人员讯问犯罪嫌疑人、被告人完毕，应当立即将犯罪嫌疑人、被告人交给值班看守人员收押，并收回提讯证或者提票。押解人员在押解犯罪嫌疑人、被告人途中，必须严密看管，防止发生意外。对被押解的犯罪嫌疑人、被告人，可以使用械具。押解女性犯罪嫌疑人、被告人，应当有女工作人员负责途中的生活管理。

4. 生活、卫生。监室应当通风、采光，能够防潮、防暑、防寒。看守所对监房应当经常检查，及时维修，防止火灾和其他自然灾害。被羁押犯罪嫌疑人、被告人的居住面积，应当不影响其日常生活。犯罪嫌疑人、被告人在羁押期间的伙食按规定标准供应，禁止克扣、挪用。对少数民族犯罪嫌疑人、被告人和外国籍犯罪嫌疑人、被告人，应当考虑到他们的民族风俗习惯，在生活上予以适当照顾。犯罪嫌疑人、被告人应当自备衣服、被褥。确实不能自备的，由看守所提供。犯罪嫌疑人、被告人每日应当有必要的睡眠时间和1～2小时的室外活动。看守所应当建立犯罪嫌疑人、被告人的防疫和清洁卫生制度。看守所应当配备必要的医疗器械和常用药品。犯罪嫌疑人、被告人患病，应当给予及时治疗；需要到医院治疗的，当地医院应当负责治疗；病情严重的可以依法取保候审。犯罪嫌疑人、被告人在羁押期间死亡的，应当立即报告人民检察院和办案机关，由法医或者医生作出死亡原因的鉴定，并通知死者家属。

5. 会见、通信。犯罪嫌疑人、被告人在羁押期间，经办案机关同意，并经公安机关批准，可以与近亲属通信、会见。犯罪嫌疑人、被告人的近亲属病重或者死亡时，应当及时通知犯罪嫌疑人、被告人。犯罪嫌疑人、被告人的配偶、父母或者子女病危时，除案情重大的以外，经办案机关同意，并经公安机关批准，在严格监护的条件下，允许犯罪嫌疑人、被告人回家探视。犯罪嫌疑人、被告人近亲属给犯罪嫌疑人、被告人的物品，须经看守人员检查。看守所接受办案机关的委托，对犯罪嫌疑人、被告人收发的信件可以进行检查。如果发现有碍侦查、起诉、审判的，可以扣留，并移送办案机关处理。人民检察院已经决定提起公诉的案件，被羁押的犯罪嫌疑人、被告人在接到起诉书副本后，可以与本人委托的辩护人或者由人民法院指定的辩护人会见、通信。

6. 教育、奖惩。看守所应当对犯罪嫌疑人、被告人进行法制、道德以及必要的形势和劳动教育。在保证安全和不影响刑事诉讼活动的前提下，看守所可以组织犯罪嫌疑人、被告人进行适当的劳动。犯罪嫌疑人、被告人的劳动收入和支出，要建立账目，严格手续。犯罪嫌疑人、被告人在被羁押期间，遵守监视，表现良好的，应当予以表扬和鼓励；有立功表现的，应当报请办案机关依法从宽处理。看守所对于违反监规的犯罪嫌疑人、被告人，可予以警告或者训诫；情节严重，经教育不改的，可以责令具结悔过或者经看守所所长批准予以禁闭。犯罪嫌疑人、被告人在羁押期间有犯罪行为的，看守所应当及时将情况通知办案机关依法处理。

7. 出所。对于被判处死刑缓期2年执行、无期徒刑、有期徒刑、拘役或者管制的罪犯，看守所根据人民法院的执行通知书、判决书办理出所手续。对于被依法释放的人，看守所根据人民法院、人民检察院、公安机关或者国家安全机关的释放通知文书，办理释放手续。释放被羁押人，发给释放证明书。对于被决定劳动教养的人和转送外地羁押的犯罪嫌疑人、被告人，看守所根据有关主管机关的证明文件，办理出所手续。

看守所对犯罪嫌疑人、被告人的法定羁押期限即将到期而案件又尚未审理终结的，应当及时通知办案机关迅速审结，超过法定羁押期限的，应当将情况报告人民检察院。对于人民检察院或者人民法院没有决定停止行使选举权利的被羁押犯罪嫌疑人、被告人，准予参加县级以下人民代表大会代表的选举。看守所在犯罪嫌疑人、被告人羁押期间发现犯罪嫌疑人、被告人中有错拘、错捕或者错判的，应当及时通知办案机关查证核实，依法处理。对犯罪嫌疑人、被告人的上诉书、申诉书，看守所应当及时转送，不得阻挠和扣押。犯罪嫌疑人、被告人揭发、控告司法工作人员违法行为的材料，应当及时报请人民检察院处理。

二、对在押犯罪嫌疑人、被告人羁押期限是否合法实行监督

根据《刑事诉讼法》的规定，公安机关对被拘留的人，认为需要逮捕的，应当在拘留后的3日以内，提请人民检察院审查批准。在特殊情况下，提请审查批准的时间可以延长1～4日。对于流窜作案、多次作案、结伙作案的重大嫌疑分子，提请审查批准的时间可以延长至30日。人民检察院应当自接到公安机关提请批准逮捕书后的7日以内，作出批准逮捕或者不批准逮捕的决定。人民检察院不批准逮捕的，公安机关应当在接到通知后立即释放，并且将执行情况及时通知人民检察院。对于需要继续侦查，并且符合取保候审、监视居住条件的，依法取保候审或者监视居住。对犯罪嫌疑人逮捕后的侦查羁押期限不得超过2个月。案情复杂、期限届满不能终结的案件，可以经上一级人民检察院批准延长1个月。因为特殊原因，在较长时间内不宜交付审判的特别重大复杂的案件，由最高人民检察院报请全国人民代表大会常务委员会批准延期审理。下列案件在《刑事诉讼法》第154条规定的期限届满不能侦查终结的，经省、自治区、直辖市人民检察院批准或者决定，可以延长2个月：（1）交通十分不便的边远地区的重大复杂案件；（2）重大的犯罪集团案件；（3）流窜作案的重大复杂案件；（4）犯罪涉及面广，取证困难的重大复杂案件。对犯罪嫌疑人可能判处10年有期徒刑以上刑罚，依照《刑事诉讼法》第156条规定延长期限届满，仍不能侦查终结的，经省、自治区、直辖市人民检察院批准或者决定，可以再延长2个月。在侦查期间，发现犯罪嫌疑人另有重要罪行的，自发现之日起依照《刑事诉讼法》第154条的规定重新计算侦查羁押期限。犯罪嫌疑人不讲真实姓名、住址，身份不明的，应当对其身份进行调查，侦查羁押期限自查清其身份之日起计算，但是不得停止对其犯罪行为的侦查取证。对于犯罪事实清楚，证据确实、充分，确实无法查明其身份的，也可以按其自报的姓名起诉、审判。人民检察院对直接受理的案件中被拘留的人，认为需要逮捕的，应当在14日以内作出决定。在特殊情况下，决定逮捕的时间可以延长1日至3日。对不需要逮捕的，应当立

即释放；对需要继续侦查，并且符合取保候审、监视居住条件的，依法取保候审或者监视居住。

人民检察院对于公安机关移送起诉的案件，应当在1个月以内作出决定，重大、复杂的案件，可以延长半个月。人民检察院审查起诉的案件，改变管辖的，从改变后的人民检察院收到案件之日起计算审查起诉期限。人民检察院审查案件，对于需要补充侦查的，可以退回公安机关补充侦查，也可以自行侦查。对于补充侦查的案件，应当在1个月以内补充侦查完毕。补充侦查以2次为限。补充侦查完毕移送人民检察院后，人民检察院重新计算审查起诉期限。

人民法院审理公诉案件，应当在受理后2个月以内宣判，至迟不得超过3个月。对于可能判处死刑的案件或者附带民事诉讼的案件，以及有《刑事诉讼法》第156条规定情形之一的，经上一级人民法院批准，可以延长3个月；因特殊情况还需要延长的，报请最高人民法院批准。人民法院改变管辖的案件，从改变后的人民法院收到案件之日起计算审理期限。人民检察院补充侦查的案件，补充侦查完毕移送人民法院后，人民法院重新计算审理期限。第二审人民法院受理上诉、抗诉案件，应当在2个月以内审结。对于可能判处死刑的案件或者附带民事诉讼的案件，以及有《刑事诉讼法》第156条规定情形之一的，经省、自治区、直辖市高级人民法院批准或者决定，可以延长2个月；因特殊情况还需要延长的，报请最高人民法院批准。最高人民法院受理上诉、抗诉案件的审理期限，由最高人民法院决定。

三、对看守所代为执行刑罚的活动是否合法实行监督

对被判处死刑缓期2年执行、无期徒刑、有期徒刑的罪犯，由公安机关依法将该罪犯送交监狱执行刑罚。对被判处有期徒刑的罪犯，在被交付执行刑罚前，剩余刑期在3个月以下的，由看守所代为执行。公安部2008年2月29日发布、同年7月1日起施行的《看守所留所执行刑罚罪犯管理办法》规定，被判处拘役的罪犯，由看守所执行刑罚。看守所应当设置专门监区或者监室监管罪犯。监区和监室应当设在看守所警戒围墙内。留所服刑检察，主要是检察留所服刑是否符合法定条件；看守所对留所服刑罪犯执行刑罚和管理活动是否依法进行。其中刑罚的执行活动，包括收押，对罪犯申诉、控告、检举的处理，暂予监外执行，减刑、假释的提请，释放等活动；管理活动包括分押分管，会见、通信、临时出所，生活、卫生，考核、奖惩，教育改造等活动。

四、对刑罚执行和监管活动中发生的职务犯罪案件进行侦查，开展职务犯罪预防工作

根据检察机关关于自行侦查案件的内部分工，反贪污贿赂部门负责查办贪污

贿赂犯罪案件，反渎职侵权部门负责查办渎职侵权犯罪案件，监所检察部门负责查办刑罚执行和监管活动中的职务犯罪案件，包括贪污贿赂犯罪案件和渎职侵权犯罪案件。

近年来，一些地方看守所职务犯罪案件时有发生，包括贪污受贿、徇私舞弊、违法安排会见、跑风漏气、帮助在押人员脱逃或逃避处罚，违法办理留所服刑、违法办理减刑、假释、暂予监外执行等，严重妨碍了刑事诉讼活动的顺利进行，严重损害了法律的尊严和执法公信力，严重破坏了看守所的监管秩序和安全稳定。一些地方看守所职务犯罪的发案环节主要有：帮助在押人员与外界联系；携带限制物品进入看守所；确定外劳人员；安排监仓床位；安排探访等。

五、对公安机关侦查的留所服刑罪犯又犯罪案件审查批捕、审查起诉和出庭支持公诉，对公安机关的立案、侦查活动和人民法院的审判活动是否合法实行监督

留所服刑，是指短期被剥夺人身自由的罪犯，根据法律等有关规定在看守所执行刑罚的方法。看守所作为法律规定的代为执行部分刑罚的场所，主要是考虑到执行的便捷和经济，但它不是专门的刑罚执行场所。罪犯在看守所内又犯新罪的，由看守所侦查；重大、复杂案件由所属公安机关侦查。看守所发现罪犯有判决前尚未发现的犯罪行为的，应当书面报告所属公安机关。

六、受理在押人员及其法定代理人、近亲属的控告、举报和申诉

受理在押人员及其法定代理人、近亲属的控告、举报和申诉也是看守所检察的一项重要职责。驻所检察人员在受理后，要根据情况，依法作出处理。需要自行调查的及时进行调查，需要转交有关部门的及时转交。

第二节　看守所检察的主要内容和方法

2008 年 3 月，最高人民检察院印发的《人民检察院看守所检察办法》对看守所检察的主要内容和方法作了详细规定。

一、收押检察

收押检察，是指人民检察院对看守所收押犯罪嫌疑人、被告人、罪犯的活动是否合法实行的法律监督。

收押检察主要是检察看守所对犯罪嫌疑人、被告人和罪犯的收押管理活动是否符合有关法律规定；看守所收押犯罪嫌疑人、被告人和罪犯有无相关凭证；看守所是否收押了依法不应当收押的人员。对看守所收押人员有无相关凭证的检察

是收押检察工作的重点。检察收押犯罪嫌疑人、被告人是否具备县级以上公安机关、国家安全机关签发的刑事拘留证、逮捕证；临时收押异地犯罪嫌疑人、被告人和罪犯，是否具备县级以上人民法院、人民检察院、公安机关、国家安全机关或者监狱签发的通缉、追捕、押解、寄押等法律文书；收押剩余刑期在1年以下的有期徒刑罪犯、判决确定前未被羁押的罪犯，是否具备人民检察院的起诉书副本、人民法院的判决（裁定）书、执行通知书、结案登记表；收押被决定收监执行的罪犯，是否具备撤销假释裁定书、撤销缓刑裁定书或者撤销暂予监外执行的收监执行决定书。

收押检察可以采取审查收押凭证或现场检察收押活动的方式，两种方式既可以同时采用，也可以根据情况分别进行。发现看守所在收押管理活动中有下列情形的，应当及时提出纠正意见：（1）没有收押凭证或者收押凭证不齐全而收押的；（2）被收押人员与收押凭证不符的；（3）应当收押而拒绝收押的；（4）收押除特殊情形外的怀孕或者正在哺乳自己婴儿的妇女的；（5）收押除特殊情形外的患有急性传染病或者其他严重疾病的人员的；（6）收押法律规定不负刑事责任的人员的；（7）收押时未告知被收押人员权利、义务以及应当遵守的有关规定的；（8）其他违反收押规定的。收押检察应当逐人建立《在押人员情况检察台账》。

根据《看守所条例》第10条的规定，看守所收押犯罪嫌疑人、被告人，应当进行健康检查，有下列情形之一的，不予收押：一是患有精神病或者急性传染病的；二是患有其他严重疾病，在羁押中可能发生生命危险或者生活不能自理的，但是罪大恶极、不羁押对社会有危险性的除外；三是怀孕或者哺乳自己不满1周岁婴儿的妇女。所谓特殊情形，主要是指实施严重刑事犯罪具有很大的社会危险性的，如逃跑、打击报复报案人、控告人或者又犯罪等；故意利用正在怀孕、哺乳自己婴儿的妇女贩卖、运输毒品等严重犯罪行为的。法律规定不负刑事责任人员的情形主要是指：情节显著轻微，危害不大，不认为是犯罪的；犯罪已过追诉时效期限的；经特赦令免除刑罚的；依照《刑法》告诉才处理的犯罪，没有告诉或者撤回告诉的；不满16周岁的人除犯“故意杀人、故意伤害致人重伤或者死亡、强奸、抢劫、贩卖毒品、放火、爆炸、投毒罪”的外，不负刑事责任。

二、出所检察

出所检察是对看守所释放、交付执行、临时出所或者转押在押人员的管理活动是否合法进行的检察。根据《中华人民共和国看守所条例实施办法》（试行）（以下简称《看守所条例实施办法》（试行））第52条的规定，看守所对于有下列情形之一的人，在出所时应当发给释放证明书：（1）拘留后，办案机关发现不应当拘留或者人民检察院不批准逮捕，通知立即释放的；（2）逮捕后，办案机关发现不应当逮捕，通知释放的；（3）人民检察院作出免予起诉、不起诉决定，办案机关通知释放的；（4）经人民法院审判后宣告无罪或者免予刑事处罚，通知释放的；（5）看守所监管的已决犯服刑期满的。看守所出所活动包括以下几个方面：（1）对于判决已经发生法律效力应当移送监狱执行的，人民法院裁定暂予监外执行或者执行缓刑的、判处管制的、转送外地审查的、临时寄押解走以及依照规定实行劳动教养等原因而出所的，应当分别依照规定，办理出所手续。（2）看守所在被羁押人员出所的时候，应当登记其出所时间和地点，并发还代为保存的财物。（3）看守所应对出所人员进行人身和携带物品检查，防止给其他在押人员带出信件和物品。上述活动，是看守所在出所管理工作中应当履行的职责。对出所检察而言，就是检察看守所在出所活动中是否认真履行了应当履行的上述职责，发现违法情形的，应当依法及时提出纠正意见。

出所检察主要是检察看守所对在押人员的出所管理活动是否符合有关法律规定；在押人员出所有无相关凭证。其中，被释放的犯罪嫌疑人、被告人或者罪犯，是否具备释放证明书；被释放的管制、缓刑、独立适用附加刑的罪犯，是否具备人民法院的判决书、执行通知书；假释罪犯，是否具备假释裁定书、执行通知书、假释证明书；暂予监外执行罪犯，是否具备暂予监外执行裁定书或者决定书；交付监狱执行的罪犯，是否具备生效的刑事判决（裁定）书和执行通知书；交付劳教所执行的劳教人员，是否具备劳动教养决定书和劳动教养通知书；提押、押解或者转押出所的在押人员，是否具备相关凭证。

出所检察主要采取查阅出所人员出所登记和出所凭证，与出所人员进行个别谈话，了解情况等方法。发现看守所在出所管理活动中有下列情形的，应当及时提出纠正意见：（1）出所人员没有出所凭证或者出所凭证不齐全的；（2）出所人员与出所凭证不符的；（3）应当释放而没有释放或者不应当释放而释放的；（4）没有看守所民警或者办案人员提押、押解或者转押在押人员出所的；（5）判处死刑缓期2年执行、无期徒刑、剩余刑期在3个月以上有期徒刑罪犯或者被决定劳动教养人员，没有在1个月内交付执行的；（6）对判处管制、宣告缓刑、裁定假释、独立适用剥夺政治权利、决定或者批准暂予监外执行罪犯，没有及时交付执行的；（7）没有向刑满释放人员居住地公安机关送达释放通知书的；（8）其他违反出所规定的。根据《刑事诉讼法》及《看守所条例实施办法》（试行）的规定，看守所释放犯罪嫌疑人、被告人主要情形包括：拘留后，办案机关发现不应当拘留或者人民检察院不批准逮捕，通知立即释放的；逮捕后，办案机关发现不应当逮捕，通知释放的；人民检察院作出免予起诉、不起诉决定，办案机关通知释放的；经人民法院审判后宣告无罪或者免予刑事处罚，通知释放的等情形。对发现监狱违反规定拒收看守所交付执行罪犯的，驻所检察室应当及时报经本院检察长批准，建议监狱所在地人民检察院监所检察部门向监狱提出纠正意见。被判处管制、宣告缓刑、裁定假释、决定或者批准暂予监外执行的罪犯，独立适用剥夺政治权利或者刑满释放仍需执行附加剥夺政治权利的罪犯出所时，驻所检察室应当填写《监外执行罪犯出所告知表》，寄送执行地人民检察院监所检察部门。

三、羁押期限检察

羁押期限检察主要是检察看守所执行办案换押制度是否严格，应当换押的是否及时督促办案机关换押；看守所是否在犯罪嫌疑人、被告人的羁押期限届满前7日，向办案机关发出羁押期限即将届满通知书；看守所是否在犯罪嫌疑人、被告人被超期羁押后，立即向人民检察院发出超期羁押报告书并抄送办案机关。

羁押期限检察主要采取以下工作方法：一是查阅看守所登记和换押手续，逐一核对在押人员诉讼环节及其羁押期限，及时记录诉讼环节及其羁押期限变更情况；二是驻所检察室应当与看守所信息联网，对羁押期限实行动态监督；三是提示看守所及时履行羁押期限预警职责；四是对检察机关立案侦查的职务犯罪案件，在犯罪嫌疑人羁押期限届满前7日，监所检察部门应当向本院办案部门发出《犯罪嫌疑人羁押期限即将届满提示函》。

纠正超期羁押的程序为：发现看守所没有报告超期羁押的，立即向看守所提出纠正意见。发现同级办案机关超期羁押的，立即报经本院检察长批准，向办案机关发出《纠正违法通知书》。发现上级办案机关超期羁押的，及时层报上级办案机关的同级人民检察院。发出《纠正违法通知书》后5日内，办案机关未回复意见或者仍然超期羁押的，报告上一级人民检察院处理。

四、监管活动检察

（一）事故检察

事故检察的内容主要是：在押人员脱逃；在押人员破坏监管秩序；在押人员群体病疫；在押人员伤残；在押人员非正常死亡等事故。驻所检察室接到看守所关于在押人员脱逃、破坏监管秩序、群体病疫、伤残、死亡等事故报告，应当立即派员赴现场了解情况，并及时报告本院检察长。认为可能存在违法犯罪问题的，派驻检察人员应当深入事故现场，调查取证。驻所检察室与看守所共同剖析事故原因，研究对策，完善监管措施。在押人员因病死亡，其家属对看守所提供的医疗鉴定有疑义向人民检察院提出的，人民检察院监所检察部门应当受理。经审查认为医疗鉴定有错误的，可以重新对死亡原因作出鉴定。在押人员非正常死亡的，人民检察院接到看守所通知后，原则上应当在24小时内对尸体进行检验，对死亡原因进行鉴定，并根据鉴定结论依法及时处理。对于看守所发生的重大事故，驻所检察室应当及时填写《重大事故登记表》，报送上一级人民检察院，同时对看守所是否存在执法过错责任进行检察。看守所发生重大事故的，上一级人民检察院应当检查驻所检察室是否存在不履行或者不认真履行监督职责的问题。

（二）教育管理活动检察

教育管理活动检察主要是检察看守所的教育管理活动是否符合有关规定，在押人员的合法权益是否得到保障。根据《看守所条例》、《看守所条例实施办法》（试行）等有关文件的规定，看守所教育管理活动包括警械看守、械具使用、提讯、生活卫生、会见通信、教育奖惩等内容。教育管理活动检察重点检察：（1）看守所是否按照规定对羁押的犯罪嫌疑人、被告人由民警直接监管，监管民警有无体罚、虐待或者变相体罚、虐待在押人员，以及利用在押人员管理在押人员；（2）看守所是否严格执法，监管民警有无为在押人员通风报信、私自传递信件、伪造立功材料；（3）看守所是否按照规定对收押的男犯和女犯、同案犯、未成年罪犯和成年罪犯实行分别羁押，有无对在押人员混管混押；（4）看守所对关押犯罪嫌疑人、被告人的监室及其他活动场所的安全防范措施是否落实，特别是重要案犯、死刑犯的监管警戒措施是否严密、安全；（5）看守所是否按照规定依法使用警械具，有无违反规定使用警械具或者使用非法定械具；（6）看守所是否按照规定适用禁闭措施，有无违反规定的条件和程序适用禁闭措施；（7）看守所是否按照规定安排办案人员提讯犯罪嫌疑人、被告人，有无违反规定安排办案人员一人提讯；（8）看守所是否按照规定安排律师及在押人员家属与在押人员会见，有无违反规定安排律师及在押人员家属与在押人员会见；（9）看守所是否按照规定执行在押人员的生活卫生标准，伤病治疗是否得到及时；（10）看守所是否按照规定安排在押人员劳动，在押人员有无超时间、超体力劳动情况。

教育管理活动检察主要采取以下工作方法：一是对监区、监室、提讯室、会见室进行实地检察和巡视检察；二是查阅在押人员登记名册、伙食账簿、会见登记和会见手续；三是向在押人员及其亲属和监管民警了解情况，听取意见；四是在法定节日、重大活动之前或者期间，督促看守所进行安全防范和生活卫生检查。发现看守所在教育管理活动中有下列情形的，应当及时提出纠正意见：（1）监管民警体罚、虐待或者变相体罚、虐待在押人员的；（2）监管民警为在押人员通风报信、私自传递信件物品、伪造立功材料的；（3）没有按照规定对在押人员进行分别羁押的；（4）监管民警违法使用警械具或者使用非法定械具的；（5）违反规定对在押人员适用禁闭措施的；（6）没有按照规定安排办案人员提讯的；（7）没有按照规定安排律师及在押人员家属与在押人员会见的；（8）没有及时治疗伤病在押人员的；（9）没有执行在押人员生活标准规定的；（10）没有按照规定安排在押人员劳动，存在在押人员超时间、超体力劳动情况的；

（11）其他违反教育管理规定的。

驻所检察室应当与看守所建立联席会议制度，及时了解看守所发生的重大情况，共同分析监管执法和检察监督中存在的问题，研究改进工作的措施。联席会议每半年召开一次，必要时可以随时召开。驻所检察室应当协助看守所对在押人员进行经常性的法制宣传教育。驻所检察人员应当每周至少选择1名在押人员进行个别谈话，并及时与要求约见的在押人员谈话，听取情况反映，提供法律咨询，接收递交的材料等。

五、留所服刑检察

根据《刑事诉讼法》等有关法律法规的规定，看守所留所执行刑罚的人员包括以下两种情形：一是被判处有期徒刑、交付执行刑罚前剩余刑期在3个月以下的罪犯；二是被判处拘役的罪犯。留所服刑检察，主要是检察看守所办理罪犯留所服刑是否符合有关规定；看守所是否将未成年犯或者被决定劳教人员留所执行；看守所是否将留所服刑罪犯与其他在押人员分别关押。留所服刑检察可以采取审查看守所《呈报留所服刑罪犯审批表》及相关材料；向有关人员了解留所服刑罪犯的表现情况；对留所服刑人员的监室实行巡视检察等方法。发现看守所办理罪犯留所服刑活动有下列情形的，应当及时提出纠正意见：（1）将未成年犯和劳教人员留所执行的；（2）将留所服刑罪犯与其他在押人员混管混押的；（3）其他违反留所服刑规定的。

留所服刑检察主要是检察看守所提请或者呈报减刑、假释、暂予监外执行的罪犯，是否符合法律规定条件；提请或者呈报减刑、假释、暂予监外执行的程序是否符合法律和有关规定；对依法应当减刑、假释、暂予监外执行的罪犯，看守所是否提请或者呈报减刑、假释、暂予监外执行。主要工作方法包括：一是查阅被提请减刑、假释罪犯的案卷材料；二是审查被呈报暂予监外执行罪犯的病残鉴定和病历资料；三是列席看守所审核拟提请或者呈报罪犯减刑、假释、暂予监外执行的会议；四是向有关人员了解被提请或者呈报减刑、假释、暂予监外执行罪犯的表现等情况。对于看守所提请或者呈报减刑、假释、暂予监外执行活动的检察情况，驻所检察室应当记入《看守所办理减刑、假释、暂予监外执行情况登记表》。

1987年最高人民法院、最高人民检察院、公安部、司法部《关于罪犯在看守所执行刑罚以及监外执行的有关问题的通知》规定，因侦破重大、疑难案件需要和极个别罪行轻微又确有监视死刑犯、重大案犯需要暂时留作耳目的，可以在看守所服刑。这里包括两种人，即因侦破重大、疑难案件需要的“特情”和确有监视死刑犯、重大案犯需要的“耳目”。《看守所条例实施办法》（试行）第56条规定：“看守所因工作特殊需要，经主管公安局、处长批准，并经人民检察院同意，对个别余刑在一年以上的已决犯，可以留在看守所执行。”1996年修改《刑事诉讼法》时明确规定了可以留所服刑的罪犯必须是剩余刑期在1年以下的罪犯。2008年公安部《看守所留所执行刑罚罪犯管理办法》也明确规定被判处有期徒刑的罪犯，在被交付执行刑罚前，剩余刑期在1年以下的，由看守所代为执行刑罚。2012年修改《刑事诉讼法》时又将留所服刑的条件限定为剩余刑期在3个月以下。因此，1987年"两高两部"对留所服刑条件作出的规定应当认为已经失效，看守所不能以侦破重大、疑难案件需要和极个别罪行轻微又确有监视死刑犯、重大案犯需要暂时留作耳目为由，将剩余刑期在3个月以上的罪犯留所服刑。《看守所条例实施办法》（试行）规定的1年以上已决犯留所服刑报批手续也已失效。超出《刑事诉讼法》规定的法定条件办理留所服刑，就是违法留所服刑。根据《刑事诉讼法》的规定，对未成年犯应当在未成年管教所执行刑罚，看守所不得将未成年犯留所服刑。

六、办理罪犯又犯罪案件

人民检察院监所检察部门负责公安机关侦查的留所服刑罪犯又犯罪案件的审查逮捕、审查起诉和出庭支持公诉，以及立案监督、侦查监督和审判监督等工作。发现留所服刑罪犯在判决宣告前还有其他罪行没有判决的，应当分别情形作出处理：（1）适宜于服刑地人民法院审理的，依照《人民检察院看守所检察办法》第33条的规定办理；（2）适宜于原审地或者犯罪地人民法院审理的，转交当地人民检察院办理；（3）属于职务犯罪的，交由原提起公诉的人民检察院办理。犯罪嫌疑人、被告人羁押期间的犯罪案件，由原办案机关处理。驻所检察室发现公安机关应当立案而没有立案的，应当告知本院侦查监督部门。

七、受理控告、举报和申诉

驻所检察室应当受理在押人员及其法定代理人、近亲属向检察机关提出的控告、举报和申诉，根据在押人员反映的情况，及时审查处理，并填写《控告、举报和申诉登记表》。驻所检察室应当在看守所内设立检察信箱，及时接收在押人员控告、举报和申诉材料。驻所检察室对在押人员向检察机关提交的自首、检举和揭发犯罪线索等材料，依照《人民检察院看守所检察办法》的规定办理，并检察兑现政策情况。驻所检察室办理控告、举报案件，对控告人或者举报人要求回复处理结果的，应当将调查核实情况反馈控告人、举报人。驻所检察室受理犯罪嫌疑人、被告人及其法定代理人、近亲属有关羁押期限的申诉，应当认真进行核实，并将结果及时反馈申诉人。人民检察院监所检察部门审查留所服刑罪犯的刑事申诉，认为原判决或者裁定正确、申诉理由不成立的，应当将审查结果答复申诉人并做好息诉工作；认为原判决、裁定有错误可能，需要立案复查的，应当移送刑事申诉检察部门办理。

八、纠正违法和检察建议

驻所检察人员发现轻微违法情况，可以当场提出口头纠正意见，并及时向驻所检察室负责人报告，填写《检察纠正违法情况登记表》。驻所检察室发现严重违法情况，或者在提出口头纠正意见后被监督单位7日内未予纠正且不说明理由的，应当报经本院检察长批准，及时发出《纠正违法通知书》。人民检察院发出《纠正违法通知书》后15日内，被监督单位仍未纠正或者回复意见的，应当及时向上一级人民检察院报告。对严重违法情况，驻所检察室应当填写《严重违法情况登记表》，向上一级人民检察院监所检察部门报送并续报检察纠正情况。被监督单位对人民检察院的纠正违法意见书面提出异议的，人民检察院应当复议。被监督单位对于复议结论仍然提出异议的，由上一级人民检察院复核。发现刑罚执行和监管活动中存在执法不规范等可能导致执法不公和重大事故等苗头性、倾向性问题的，应当报经本院检察长批准，向有关单位提出检察建议。

在看守所检察活动中，规范开展监督工作，关键是要准确把握监管执法活动中违法行为的严重程度，相应地把握监督的方式，妥善作出处理，保证监督效果。

对于轻微违法的认定，应当综合考虑主客观等多方面的表现，以及违法行为的危害后果等。轻微违法主要表现为：因工作失误造成错押犯罪嫌疑人、被告人或罪犯的；使用在押人员管理在押人员，尚未造成“牢头狱霸”欺压其他在押人员等后果的；违法使用械具，尚未造成在押人员身体伤害的；殴打、体罚在押人员，尚未造成在押人员身体伤害的；使用冻饿等方法体罚、虐待在押人员，尚未造成在押人员身体伤害的；允许一人提审、押解在押人员的；因工作失误，延误在押人员上诉、控告、申诉尚未造成严重后果的；违反规定使用在押人员劳动的；因工作失误，造成患病的在押人员得不到及时救治，尚未引起病情加重的；办案单位羁押在看守所的在押人员已经超过法定期限，不报告人民检察院的；其他违反法律或监管法规，情节轻微尚未造成后果的。

对于严重违法的认定，监管违法行为中达到严重违法程度的主要有：已经发现依照法律规定不应收押的人，仍继续关押的；依法应当释放而不释放或者不应当释放而释放的；违法为未决在押人员变更强制措施或将罪犯暂予监外执行的；殴打、体罚、虐待在押人员造成身体轻伤，或者虽无轻伤，但引起在押人员自杀、闹监、绝食等不良后果的；有条件实行分押分管，而将同案在押人员、未成年在押人员与成年在押人员混押于同一监室的；制造使用非国家规定械具的；违反规定使用武器造成在押人员轻伤的；使用未决在押人员出所劳动的；利用职务之便为未决在押人员传递信件或者私自安排未决在押人员与亲友或其他人员会见，尚未影响案件正确审理的；出于私情对在押人员进行包庇，尚未影响案件公正审理的；收受、索取在押人员及其亲属的贿赂，数额不大，尚不够立案标准的；利用职务之便猥亵、调戏女在押人员或其亲属，情节显著轻微的；使用在押人员管理在押人员，致使“牢头狱霸”欺压其他在押人员造成严重后果的；违反法律和相关规定，收取在押人员及其家属费用的；被判处有期徒刑余刑在3个月以上的罪犯，自判决发生法律效力之日起，1个月内不交付执行的（监狱拒收的除外）；克扣、挪用、贪污在押人员国家供应的粮款数额不大，不够立案标准的；故意延误、阻碍在押人员上诉、控告、申诉尚未造成严重后果的；其他因工作不负责任或滥用职权造成严重后果，或者利用职务之便进行违法活动尚未构成犯罪的。

派驻检察人员每月派驻看守所检察时间不得少于16个工作日，遇有突发事件时应当及时检察。派驻检察人员应当将在押人员每日变动情况、开展检察工作情况和其他有关情况，全面、及时、准确地填入《看守所检察日志》。驻所检察室实行检务公开制度。对新收押人员，应当及时告知其权利和义务。派驻检察人员在工作中，故意违反法律和有关规定，或者严重不负责任，造成严重后果的，应当追究法律责任、纪律责任。人民检察院看守所检察工作实行“一志一账六表”的检察业务登记制度。“一志一账六表”，是指《看守所检察日志》、《在押人员情况检察台账》、《监外执行罪犯出所告知表》、《看守所办理减刑、假释、暂予监外执行情况登记表》、《重大事故登记表》、《控告、举报和申诉登记表》、《检察纠正违法情况登记表》和《严重违法情况登记表》。驻所检察机构登记“一志一账六表”，应当按照“微机联网、动态监督”的要求，实行办公自动化管理。

第三节　看守所检察制度的改革与完善

一、现行看守所检察制度执行中存在的主要问题

目前，检察机关对看守所羁押、监管活动和执行刑罚活动的法律监督主要是采取派驻检察的方式，以出所入所检察、监管执法检察、羁押期限检察、交付执行检察、留所服刑检察等为主要内容。近年来，检察机关通过加强派驻检察和开展集中清理纠正超期羁押专项工作，建立健全纠防超期羁押的长效机制，使全国新发生的超期羁押案件逐年大幅度减少。通过对看守所违法留所服刑、违规使用戒具、体罚虐待、超时禁闭、超时超体力劳动、违法办理减刑、假释、保外就医等情况开展专项检察，促进了监管机关依法文明管理，维护了在押人员的合法权益。通过加强安全防范检察和被监管人脱逃、伤残以及非正常死亡等事故检察，积极推行与看守所的监管信息联网和监控联网，加强对监管活动的动态监督，促进了监管场所安全警戒设施、管理制度的落实，保障了刑事诉讼活动的顺利进行。

目前，看守所检察工作也存在一些问题和困难亟待解决：一是监督依据不完善。1979年《刑事诉讼法》第164条规定，“人民检察院对刑事案件的判决、裁

定的执行和监狱、看守所、劳动改造机关的活动是否合法，实行监督”，但1996年修改《刑事诉讼法》时取消了这一规定。目前检察机关开展法律监督的主要依据是《刑事诉讼法》第8条、《人民检察院组织法》第5条和《看守所条例》第8条的概括性规定，这些规定过于原则，可操作性不强，增加了检察机关开展法律监督工作的困难。二是监督程序不完善。有关法律对于看守所检察的内容、程序，看守所接受法律监督的义务没有作出具体规定，影响了法律监督工作的正常开展，致使各地监督工作不够规范、统一。三是监督手段不完善。尽管法律规定检察机关对看守所执法活动中的违法行为可以发出《纠正违法通知书》，但对被监督单位不接受监督意见、不纠正违法行为应承担的法律后果则未作规定，监督意见能否得到落实，往往取决于被监督单位。这种状况不仅严重影响了法律监督的实效性，还会因为一些长期存在的违法行为得不到及时纠正，造成更为严重的后果。四是监督方式不完善。由于检察机关对看守所羁押、监管和执行刑罚活动缺乏随时介入权和对违法行为的调查权，多数地方停留在事后监督上，对看守所执法活动的同步监督工作仍处在探索阶段，仍有一些地方未能与看守所实行监管信息联网，无法及时、准确地掌握相关情况，难以做到动态监督，影响了监督的力度和效果。

上述问题的存在，原因是多方面的。其中，现行看守所管理体制也是影响检察监督工作开展的一个重要因素。现行看守所由公安机关管理的体制，有利于公安机关在打击刑事犯罪时对侦查、羁押活动实行统一指挥、统一管理，方便采取提押、讯问、组织鉴定、辨认等侦查措施，提高侦查效率和开展狱侦工作，总体上是符合现阶段国情的。近年来，公安机关通过完善看守所工作机制，不断提高监管工作质量，保障了刑事诉讼活动的顺利进行，同时也在一定程度上起到了对侦查活动的内部制约作用。但是，也有不少地方反映看守所管理体制和工作存在一些问题，需要在深化司法体制改革中加以研究。一是违背了刑事诉讼活动中分工负责、互相配合、互相制约的原则。按照《刑事诉讼法》规定的分工，公安机关只负责刑事案件的侦查、拘留、执行逮捕、预审，而由公安机关管理看守所，就造成了“侦、押、执”合一的现象，公安机关既是刑事案件的侦查机关，又是犯罪嫌疑人、被告人的羁押机关，同时还是判处有期徒刑剩余刑期在3个月以下罪犯的刑罚执行机关。二是现行管理体制使看守所难以充分发挥对刑讯逼供等违法侦查行为的制约和对被羁押人合法权益的保障作用。看守所由公安机关管理，容易导致看守所的羁押、监管活动为侦查办案活动服务，以致对侦查机关在看守所中的违法行为不能或不愿监督纠正，难以制止纠正犯罪嫌疑人被侦查人员刑讯逼供、超时限提审、超期羁押的问题，不能发挥看守所在羁押、监管活动中保障被羁押人合法权益的作用。同时，也容易出现侦查机关以“白条子”押人、将不符合规定的病犯、伤犯交付羁押、妨碍律师正常会见、在检察机关作出不批捕决定后不及时放人等问题。有的地方看守所收押时发现犯罪嫌疑人受过体罚，但考虑到同属一个部门领导，因此隐瞒被体罚人员的身体检查情况。有的地方公安机关办案人员以侦查需要为由，违反规定的条件将犯罪嫌疑人提出所外进行讯问，时间长达五六天，还有的长时间连续讯问犯罪嫌疑人，而看守所对此往往采取放任的态度，不能严格履行监管职责。三是一些地方公安机关存在重侦查、轻监管的思想，致使监管制度不健全、监管秩序混乱，造成在押人员脱逃、非正常死亡问题较为突出。四是看守所由公安机关管理，使得同为监管机关的看守所与监狱之间存在一些矛盾难以解决，严重影响了刑罚执行活动的顺利执行。近年来，看守所对不符合留所服刑条件的已决犯，受利益驱动等因素违法留所服刑的问题屡禁不止，不仅违法留所服刑罪犯人数多，而且将暴力犯罪罪犯留所服刑，严重影响了监管场所的安全稳定。有的看守所利用留所服刑徇私舞弊，为罪犯违法办理减刑、假释、保外就医。五是看守所设点不合理，有的城区设置多个看守所，最多的关押超过5000人，最少的只有三五十人，存在重复建设、重复设点的问题。上述问题的存在，究其原因，症结在于现行的看守所管理体制使看守所在追诉方与被追诉方之间的天平上明显地向追诉方倾斜，在刑事诉讼活动中没有保持应有的中立地位。

实践中，不少同志从加强看守所对侦查活动的制约，防止发生刑讯逼供和超期羁押的角度，建议将看守所改由司法行政机关管理。笔者认为，目前发生刑讯逼供和超期羁押的原因是多方面的，发生在看守所内的刑讯逼供数量极少，超期羁押主要是办案单位的责任，因此改变看守所隶属关系并不能从根本上解决这一问题。而且，从看守所在押人员中深挖犯罪是公安机关侦破重大疑难案件必不可少的途径。因此，目前不需要改变看守所的管理归属，但是应当通过完善制度加强看守所的监管工作，发挥其对侦查活动的制约作用。从长远来看，将看守所交由司法行政机关管理有利于从根本上解决看守所存在的一些突出问题，也有利于与国际社会接轨。

二、现行看守所检察制度的改革与完善

根据中央司法体制和工作机制改革精神，需要完善看守所相关立法，进一步健全检察机关对看守所的监督机制，充分发挥检察机关的法律监督作用，严防刑讯逼供、超期羁押等违法行为发生。2010 年 10 月，最高人民检察院、公安部联合印发了《关于人民检察院对看守所实施法律监督若干问题的意见》。该意见分为明确监督范围、规范监督方式、完善监督程序、严格监督责任四个部分，重点完善了派驻检察、监管事故检察、信息联网和监控联网制度、联席会议制度、在押人员约见派驻检察官制度等工作制度，强化了公安机关特别是基层看守所自觉接受检察机关监督的意识和责任。

（一）关于监督范围

以往这方面虽有规定，但不够全面和明确，客观上影响了监督工作的开展。《关于人民检察院对看守所实施法律监督若干问题的意见》明确，看守所下列执法和管理活动接受人民检察院的监督。其中执法活动包括：收押、换押；羁押犯罪嫌疑人、被告人；提讯、提解、押解；安排律师会见；使用警械和武器；执行刑事判决、裁定；执行刑罚；释放；其他执法活动。管理活动包括：分押分管；安排家属会见、通信；安全防范；教育工作；生活卫生；在押人员死亡等重大事件的调查处理；其他管理活动。

（二）关于监督方式

《关于人民检察院对看守所实施法律监督若干问题的意见》对近年来检察机关建立或者倡导的一些工作方式和制度作了进一步规定，有些虽然在实践中进行了探索，但没有从全国性制度的层面作出规定。监督方式主要包括：派驻检察、巡回检察、在押人员死亡等重大事件调查、看守所执法和监管活动中的职务犯罪案件的立案侦查、通过监管信息和监控联网实行动态监督、联席会议、在押人员约见检察官等。

（三）关于监督程序

《关于人民检察院对看守所实施法律监督若干问题的意见》明确了一些时限要求。检察机关发现看守所有违法情形的，应当口头或者书面提出纠正意见。看守所对检察机关提出的纠正意见无异议的，应当在2日内予以纠正并通知纠正结果。其中，对检察机关书面提出纠正意见的，应当书面通知。看守所对检察机关提出的口头纠正意见有异议的，可以采取口头形式说明情况或者理由；检察机关仍然认为必须纠正的，应当以书面形式向看守所提出。另外，《关于人民检察院对看守所实施法律监督若干问题的意见》还规定了看守所对人民检察院提出的书面纠正意见有异议的复议和复核程序。

（四）关于监督责任

《关于人民检察院对看守所实施法律监督若干问题的意见》从公安和检察两个方面作了规定，明确看守所应当自觉接受人民检察院的监督，对人民检察院提出的检察纠正意见应当按照规定进行纠正并反馈结果。对不按照规定进行纠正，又不说明情况或者理由，也不按照程序要求复议、提请复核的，公安机关应当依法依纪作出处理；构成犯罪的，应当依法追究刑事责任。人民检察院应当按照法律及有关规定，采取切实措施，加强对看守所的法律监督工作。派驻检察人员、巡回检察人员应当认真履行法律监督职责，对检察发现的各种违法犯罪问题，必须及时进行处理，不得渎职。对因滥用职权或者玩忽职守，不认真履行法律监督职责，对看守所执法和管理工作中存在的问题，应当提出意见和建议而不提出意见和建议，应当通知纠正而未通知的，对看守所在执法和管理活动中发生的职务犯罪案件不依法予以立案侦查的，以及对看守所发生的在押人员死亡等重大事件，不及时进行调查，造成工作失误或者帮助掩盖事实真相的，依法给予纪律处分；构成犯罪的，依法追究刑事责任。

三、看守所检察制度的立法完善

为强化检察机关对看守所羁押、监管和执行刑罚活动的法律监督，在制度逐步健全的基础上，建议完善立法规定，为检察机关行使监督权提供有力的法律保障。主要是制定《刑事执行法》或者完善《刑事诉讼法》的规定，将羁押、监管犯罪嫌疑人、被告人和罪犯单列一章，进一步规范羁押、监管活动，同时对检察机关法律监督的内容、程序、措施、效力等作出明确、具体的规定。

1. 赋予检察机关对看守所羁押、监管和执行刑罚活动的随时介入权、同步监督权、对违法行为的调查权、对违法行为的责任人员的提请惩戒权。犯罪嫌疑人提出在看守所内受到刑讯逼供或者体罚虐待的，检察机关既可以依据自身存储的监控录像进行审查，也可以向看守所调取讯问同步录音录像或者电子监控录像进行审查。

2. 建立完善羁押期限预警提示、提前告知、超期羁押催办督办、责任追究长效机制，如案件出现超期羁押，检察机关有权对办案单位进行通报，有权建议处分办案人，有权监督看守所对超期羁押的犯罪嫌疑人予以释放。对于羁押期限届满而办案部门未改变强制措施的，检察机关应当监督看守所依法释放在押犯罪嫌疑人。

3. 强化检察机关《纠正违法通知书》和检察建议的法律效力。明确看守所必须根据检察机关的意见和建议，在5日内查明有关情况，纠正违法行为，追究有关人员责任，并在办结后3日内书面告知检察机关。

4. 明确看守所将监管信息向检察机关公开、重大监管情况及时报送检察机关备案等义务，使派驻检察室能够与看守所实行监管信息联网和监控联网，真正实现动态监督，预防和减少监管违法行为的发生。派驻检察人员可以随时查阅看守所监管工作资料，不受阻碍和干涉地随时同在押人员通信、谈话，实时、动态地开展法律监督。

同时，进一步加强看守所的建设和管理。笔者建议，一是规定对在押犯罪嫌疑人、被告人只能在看守所内进行讯问，并且由看守所对讯问过程实行同步录音录像；二是规定看守所在羁押期限即将届满时，有责任提示办案部门改变强制措施，羁押期满而未改变强制措施的，看守所有责任依法释放在押犯罪嫌疑人；三是硬性规定在看守所所有的监舍、过道等处安装电子监控设施，防止“牢头狱霸”侵犯在押人员人身权利以及看守所工作人员为在押人员通风报信等问题。

第八章　劳教检察制度

劳教检察，是指人民检察院依照有关法律法规的规定，对劳动教养机关审批、执行劳教决定和教育管理劳教人员的活动是否合法实行的法律监督。劳教检察是国家赋予人民检察院的一项重要法律监督职责，是监所检察的一项重要业务。劳教检察的任务是：保证国家法律法规在劳动教养活动中的正确实施，维护劳教人员合法权益，维护劳教场所监管秩序稳定，保障惩治和矫正劳教人员工作的顺利进行。

第一节　劳教检察制度的发展与特点

劳教检察作为检察机关法律监督职责的重要内容，其产生和发展是与检察业务特别是监所检察业务的产生和发展紧密联系在一起的，同时，其作为一项对劳动教养机关的活动实行法律监督的权力，也是伴随着劳教制度的产生、发展而产生、发展的。

一、劳教检察制度的发展历程

人民检察院对劳动教养工作实行监督早在20世纪50年代就开始了，但1979年以前，这项工作都没有成为一项独立的检察业务。因为这一时期全国一般没有专门设置劳动教养场所，而是将劳教人员单独编队安置在劳改场所、就业场所内，人民检察院劳改检察部门对劳改、就业场所进行检察的同时，也担负了对劳动教养执行情况的监督检察任务。1979年11月，全国人大常委会批准了《关于劳动教养的补充规定》，其第5条规定，“人民检察院对劳动教养机关的活动实行监督”，从立法上将劳动教养明确纳入人民检察院的监督范围。之后，1982年1月国务院转发的公安部《劳动教养试行办法》第6条规定：“劳动教养机关的活动，接受人民检察院的监督。”再加上1992年8月司法部《劳动教养管理工作执法细则》第4条规定：“劳动教养机关的执法活动，受人民检察院的监督。”这是目前检察机关开展劳教检察的主要法律法规依据。其他还有一些行政法规、规章和规范性文件对此作出规定，最高人民检察院也制定了一些规范性文件。如同劳动教养缺乏严格意义上的法律为依据，劳教检察也是如此，但至少在现行劳教制度框架下，监督依据还是比较充分的。

国务院《关于劳动教养的补充规定》明确了检察机关的法律监督职责后，1980年4月，最高人民检察院党组研究决定，把劳教检察正式列入监所检察业务范围。从1980年下半年开始，最高人民检察院和担负有劳教检察任务的地方各级人民检察院先后设置劳教检察机构或者配备专职劳教检察干部。当时最高人民检察院监所检察厅设置了劳教检察处。1983年3月，最高人民检察院专门制定了《人民检察院劳教检察试行办法》，明确了劳教检察的任务、业务范围、程序、方法等。1987年7月，最高人民检察院制定下发了《人民检察院劳教检察工作办法（试行）》，规定了检察机关劳教检察的职权任务、工作原则、业务范围、工作制度和方法以及派驻机构设置要求，推动了全国检察机关劳教检察机构的建立和劳教检察业务工作的全面开展。1992年10月，最高人民检察院办公厅印发了《关于劳改、劳教检察工作实行经常化、制度化的意见》，提出监所检察人员配备、派驻检察时间、工作制度、履行工作职责“四到位”的要求，推动了劳教检察工作的开展。2001年9月，最高人民检察院下发了《关于监所检察工作若干问题的规定》，对监所检察部门、监所派出检察院、派驻检察室的职责范围，及监所派出检察机构的设置等提出了明确要求，进一步推进了劳教检察工作。2003年6月，最高人民检察院下发了《关于加强派驻监管场所检察室规范化建设的意见》，各地组织开展了派驻监管场所检察室规范化等级评定工作，推动了派驻劳教检察工作的开展。

2007年3月，最高人民检察院下发了《关于加强和改进监所检察工作的决定》，明确了监所检察的职责和重点、监所检察制度建设、派驻检察机构建设和监所检察队伍建设的要求，促进了劳教检察工作的深入开展。2008年3月，最高人民检察院制定下发了《人民检察院劳教检察办法》，既充分考虑到了监所检察的一些共性要求，也体现了对劳教检察的一些特殊要求。

通过回顾劳教检察的发展历程，有三点启示：（1）劳教检察的依据较为充分。理论依据、实践依据、法律规范依据都比较充分。（2）劳教检察的规范性文件较少，主要是劳教制度一直在呼吁改革，在许多方面始终没有定论，影响了劳教检察文件的制定。特别是在1992年以后很少就劳教检察出台专门的规范性文件。（3）如何规范开展劳教检察工作是《人民检察院劳教检察办法》制定的主线，此外，还强调劳教检察必须自觉接受监督制约。《人民检察院劳教检察办法》要求，驻所检察机构实行检务公开制度，对新收容劳教人员，应当及时告知其权利和义务。另外还规定了被监督单位对检察机关的纠正违法意见提出异议的复议、复核制度。检察机关并不是仅仅强调要加强监督，而且也要致力于规范监督，解决好监督与配合的关系，与劳教所共同维护监管秩序、执法公正和劳教人员的合法权益。

二、劳教检察的特点

（一）从检察实践来看，劳教检察主要是劳教执行监督和监管活动监督

虽然根据国务院《关于劳动教养的补充规定》、公安部《劳动教养试行办法》等有关规定，劳动教养机关的活动受人民检察院的监督。劳动教养机关自然包括审批机关、复议机关和执行机关，劳动教养机关的活动当然包括审批活动、执行活动等，劳动教养机关的审批活动是否合法也属于劳教检察的范围。但由于对劳教审批活动的监督缺乏具体的操作程序，多数地方没有开展或者只是处于探索阶段。因此，从检察实践来看，劳教检察主要是对劳教机关劳教执行和监管活动进行监督。《人民检察院劳教检察办法》在内容上也体现了这一点。《人民检察院劳教检察办法》在劳教检察职责中没有直接规定对劳教审批活动的监督，主要是考虑到三点：一是《人民检察院劳教检察办法》主要是针对派驻检察活动中如何履行劳教检察职责进行规定；二是劳教审批活动的监督涉及公安机关，相关规定需要联合出台，而目前相关规定尚未出台；三是劳教审批是司法改革的内容，检察机关是否监督及如何监督尚未确定，因此对这方面内容不宜在《人民检察院劳教检察办法》中作出明确规定。但这并不意味着目前就不能对劳教审批活动进行监督。对劳教审批活动进行监督，也是劳教检察的职责，应当属于《人民检察院劳教检察办法》中规定的“其他依法应当行使的监督职责”。此外，对劳教决定交付执行的监督和具体所外执行情况的监督也属于“其他依法应当行使的监督职责”。派驻检察机构发现入所人员不符合劳动教养条件或者需要依法追究刑事责任的，应当在发现后3日内，报经本院检察长批准，将有关材料转交劳教审批地人民检察院监所检察部门办理。劳教审批地人民检察院监所检察部门收到相关材料后，应当在15日内进行核查，并将核查情况和处理意见反馈劳教执行地人民检察院监所检察部门。人民检察院监所检察部门审查不服劳教决定的申诉，认为原决定有错误可能，需要复查的，应当移送原劳教审批地的人民检察院监所检察部门办理。目前对劳教审批活动的监督，可以概括为四句话，就是“没有硬性要求，可以积极探索，并非工作重点，监督并非无据”。

（二）从工作制度来看，劳教检察制度是中国特色社会主义检察制度的重要组成部分

长期以来，我们一直把劳动教养视为一项具有中国特色的法律制度。我国的劳教检察也具有中国特色，在监督内容上使检察机关的法律监督活动涉及行政执法领域，而且在监督方式上普遍实行派驻检察。为了更好地发挥派驻检察的作

用，近年来，在劳教所的大力支持下，一些派驻检察室开始实现网络化管理和动态监督，积极探索对执行劳教活动实行同步监督。《人民检察院劳教检察办法》中许多内容体现了这一精神，坚持和发展了劳教检察的中国特色。

（三）从业务分工来看，劳教检察是监所检察的一项重要业务

劳教检察是监所检察部门的四大业务之一。不过，劳教监督称为劳教检察，而不是劳教所检察，而监狱检察、看守所检察都是针对监督场所来命名的。这主要是根据目前的法律法规规定，检察机关的监督范围是劳动教养机关的活动，不仅仅包括劳教所。劳教检察与其他监所检察业务在本质上具有相同之处，都是通过强化法律监督，维护执法公正和被监管人的合法权益，维护国家法律的统一正确实施。同时，劳教检察与其他监所检察业务相比又具有明显的不同。一是监督的对象不同。劳教检察是对违反行政法律法规，情节严重的或者轻微犯罪尚不够刑事处罚或不需要给予刑事处罚的人决定劳动教养和实行教育管理活动进行的监督。其他监所检察是对犯罪嫌疑人、被告人羁押情况、因犯罪被法院依法判处死缓、无期徒刑、有期徒刑、拘役等刑罚的罪犯的监内执行和监外执行情况进行的监督。二是检察所依据的法律分属不同的法律部门。劳教检察依据的是有关劳动教养法规，属于行政法；其他监所检察依据的主要是《刑法》、《刑事诉讼法》的有关规定。

（四）从权力性质看，劳教检察是行政执法监督

人民检察院的刑事立案监督、侦查监督、审判监督、执行监督都是对刑事诉讼活动进行的法律监督，属于刑事诉讼监督。劳教检察则不同，劳教检察是依照行政法规对劳教机关的活动是否合法进行的法律监督，属于行政执法监督。尽管对劳动教养的性质有不同的认识和看法，有的认为属于行政性强制教育措施，有的认为属于行政处罚，但都认为劳动教养具有行政性、教育性和强制性。因此，劳教检察属于行政执法监督。监狱检察、看守所检察和监外执行检察虽然也有行政执法监督的内容，但总体上仍属于刑事诉讼监督。这也是劳教检察与其他监所检察业务的重要区别。当然，目前的劳教执行程序与刑事诉讼程序也有交叉或者关联。

第二节　劳教检察的主要职责

《人民检察院劳教检察办法》规定了人民检察院劳教检察的六项职责，即：（1）对劳教所执行劳教决定和监管活动是否合法实行监督；（2）对劳教所呈报和劳教管理机关批准延期、减期、提前解教、所外执行、所外就医活动是否合法实行监督；（3）对劳教执行和监管活动中发生的职务犯罪案件进行侦查，开展职务犯罪预防工作；（4）对公安机关侦查的劳教人员犯罪案件审查逮捕、审查起诉和出庭支持公诉；对公安机关的立案、侦查活动和人民法院的审判活动是否合法实行监督；（5）受理劳教人员及其法定代理人、近亲属的控告、举报和申诉；（6）其他依法应当行使的监督职责。其中，第1项职责是劳教检察的工作主线，围绕这一主线规范了下面的5项职责，第2项是劳教变更执行监督，是监督的重点内容，最后一项是兜底条款。第3项关于办案工作的规定其实是一种特殊的监督方式，不仅纠正违法是监督，办案也是监督。

关于劳教检察的工作重点，在劳教检察的发展过程中曾出现多次变化。20世纪80年代初，特别是1981年全国人大常委会《关于处理逃跑或者重新犯罪的劳改犯和劳教人员的决定》下发后，劳教检察主要是把打击劳教人员犯罪、维护监管改造秩序稳定作为首要工作。1987年第二次全国监所检察工作会议提出把劳教单位执行法律政策情况的检察放在首位。1996年第三次全国监所检察工作会议强调把执法监督放在首位的同时，提出了“以办案为龙头，带动执法监督全面开展”的业务指导思想。而目前劳教检察工作的重点也发生了新的变化，主要有三项：一是开展对劳教变更执行的监督，二是监督纠正侵犯劳教人员合法权益的违法行为，三是查办劳教执行和监管活动中的职务犯罪案件工作。做好劳教检察工作，最起码要做到两点：一是维护正常的监管秩序，二是维护劳教人员的基本权益。做到了这两点，就是实现了劳教检察的基本价值。

《人民检察院劳教检察办法》分为总则、入所、出所检察、劳教变更执行检察、监管活动检察、办理劳教人员犯罪案件、受理控告、举报和申诉、纠正违法和检察建议、其他规定、附则九章，共46条。同时还附有《人民检察院劳教检察工作图示》和“一志六表”的印制式样。《人民检察院劳教检察办法》用了大部分篇幅规定入所、出所检察、劳教变更执行检察、监管活动检察等日常劳教检察的内容、方法和应当提出纠正意见的情形，这部分内容被视为劳教检察业务的主要内容。

一、日常执法检察的内容

1. 检察劳教所收容管理、解除劳教和劳教人员出所管理、呈报延期、减期、提前解教、所外执行、所外就医、适用和执行禁闭、教育管理等执法活动是否符合有关规定。主要是是否符合规定的权限、条件、程序。这里的“有关规定”既包括劳动教养专门的行政法律、法规、规章及规范性文件的规定，也包括与劳教制度相关的法律、法规和司法解释的规定，主要有：全国人大常委会批准的国务院《关于劳动教养问题的决定》和《关于劳动教养的补充规定》、国务院转发的公安部《劳动教养试行办法》，公安部制定下发的《公安机关办理劳动教养案件规定》，司法部制定下发的《劳动教养管理工作执法细则》、《劳动教养管理工作若干制度》、《劳动教养教育工作规定》、《劳改劳教工作干警行为准则》、《劳动教养人员守则》、《劳动教养人员生活卫生管理办法》、《关于加强劳动教养场所警戒工作的暂行办法》、《关于推行劳动教养管理机关执法活动“两公开一监督”制度的规定（试行）》、《劳动教养场所安全生产管理规定》、《监狱劳教人民警察执法过错责任追究办法（试行）》、《劳动教养人员教育矫治纲要》、《关于进一步深化劳教办特色推进管理工作改革的意见》，司法部劳教局制定的《劳动教养管理所所务公开内容》等行政法规、规章以及一些规范性文件。人民法院审理劳动教养行政案件，以《关于劳动教养问题的决定》、《劳动教养试行办法》、《关于将强制劳动和收容审查两项措施统一于劳动教养的通知》等行政法规及地方性法规为依据，参照公安部《公安机关办理劳动教养案件规定》等规章及规范性文件。有的可以作为监督的依据，有的可以作为监督的参照。

2. 检察劳教人员的合法权益是否得到保障。例如，劳教所是否收容了不应当收容的人员；对应当减期、提前解教、所外执行、所外就医的劳教人员，劳教所是否呈报减期、提前解教、所外执行、所外就医。根据有关规定，不满16周岁的少年；虽然年满16周岁但未满18周岁，属于初犯、在校学生，且其父母或者其他监护人有实际管教能力的人；精神病人、呆傻人员属于不应当决定劳教的人员。而对盲、聋、哑人，严重病患者，怀孕或者哺乳自己不满1周岁婴儿的妇女，以及年满60周岁又有疾病等丧失劳动能力者，一般不决定劳动教养，确有必要劳动教养的，可以同时决定劳动教养所外执行。入所检察要检察是否收容了不应当收容的人员。

3. 审查有关法律文书和凭证是否齐备、合法、有效、正确。例如，劳教所收容劳教人员和劳教人员出所有无相关凭证。解除劳教人员是否具备解除劳动教养证明书、劳教审批机关撤销原劳教决定书、人民法院撤销原劳教决定的判决书。

4. 检察劳教场所发生的事故。主要包括劳教人员逃跑、破坏监管秩序、群体病疫、伤残、非正常死亡等事故。

二、日常执法检察的方法

日常执法检察的方法既有逐人检察，也有重点检察；既有实地检察、巡视检察，也有书面审查。从《人民检察院劳教检察办法》规定的内容看，日常执法检察方法主要涉及五个方面。具体是：

1. 深入生活、学习、劳动现场、会见室、禁闭室和事故现场等进行实地检察。入所检察时，劳教人员个别入所的，实行逐人检察；劳教人员集体入所的，实行重点检察；对新收劳教人员大队，实行巡视检察。对禁闭室进行现场检察。教育管理活动检察时，需要对劳教人员生活、学习、劳动现场和会见室进行实地检察和巡视检察。派驻检察机构接到劳教所事故报告后，应当立即派员赴现场了解情况，认为可能存在违法犯罪问题的，还应当深入事故现场，调查取证，共同剖析事故原因，研究对策，完善监管措施。

2. 查阅有关登记、凭证、资料、证明、记录、审批表和案卷材料等。《人民检察院劳教检察办法》规定，出所检察时需要查阅出所人员的出所登记和出所凭证。变更执行检察时需要查阅被呈报延期、减期、提前解教、所外执行、所外就医劳教人员的案卷材料，劳教人员所在中队办公会记录、计分考核原始凭证、劳教人员病历资料、医院诊断证明以及劳教所的审查意见。禁闭活动检察时需要查阅禁闭登记和审批手续。教育管理活动检察时需要查阅劳教人员登记名册、伙食账簿、劳动记录、会见登记和会见手续等。需要查阅的这些材料涉及劳教所执行劳教决定和管理教育活动的方方面面，是检察认定事实，提出监督意见的重要依据。

3. 与劳教人员及其亲属、出所人员、监管民警及其他有关人员谈话，了解情况，听取意见。出所检察时，与出所人员进行个别谈话，了解情况。变更执行检察时，向有关人员了解被呈报延期、减期、提前解教、所外执行、所外就医劳教人员的表现等情况。禁闭检察时，听取被禁闭人和有关人员的意见。教育管理活动检察时，向劳教人员及其亲属和监管民警了解情况，听取意见。

4. 列席劳教所有关会议。如变更执行检察时，列席劳教所研究呈报延期、减期、提前解教、所外执行、所外就医的会议。

5. 在法定节日、重大活动之前或者期间，督促劳教所进行安全防范和生活卫生检查。

三、日常检察应当及时提出纠正违法意见的情形

《人民检察院劳教检察办法》列举了劳教检察工作中应当及时提出纠正意见的 30 种具体情形和一些兜底条款。具体包括五个方面：

1. 违反法定条件收容劳教人员、呈报延期、减期、提前解教、所外执行、所外就医、适用禁闭、使用戒具。例如，收容了怀孕的妇女、正在哺乳自己未满 1 周岁婴儿的妇女、丧失劳动能力的人；除法律、法规有特殊规定外的精神病人、呆傻人、盲、聋、哑人，严重病患者。对多次流窜作案被劳教的人员、因吸毒被劳教尚未戒除毒瘾的人员、患有性病未治愈的劳教人员呈报所外执行。

2. 滥用执法和管理权。例如，个别监管民警体罚、虐待或者变相体罚、虐待劳教人员，违法使用警械、戒具，安排劳教人员超时间、超体力劳动，超期限禁闭。

3. 执法不作为。一是没有履行必要的通知、送达等程序或者不及时办理解教等手续。例如，劳教人员入所后未按时通知其家属；到期不及时办理解教手续

或者无故扣押解教证明；没有向解教人员居住地公安机关送达解除劳动教养通知书；没有向所外执行、所外就医人员居住地公安机关送达有关法律文书。二是没有严格执行有关管理规定。例如，应当收容而拒绝收容；没有按照规定对劳教人员实行分类编队、分级管理；没有对劳教人员实行直接管理；没有按照规定安排劳教人员与其亲属会见；没有及时治疗伤病劳教人员；没有执行劳教人员生活标准规定；被刑事拘留、逮捕或者因办案需要临时离所以及调离转所人员，没有劳教所民警或者办案人员押解。

4. 缺乏必要的凭证、证明、手续，或者人证不符、手续不完备。例如，收容劳教人员和出所人员没有入所、出所凭证或者入所、出所凭证不齐全；收容劳教人员、出所人员与入所、出所凭证不符；呈报所外就医人员没有劳教所医院或者指定地方县级以上医院出具的证明，或者没有家属提出书面申请或者担保；禁闭的审批手续不完备。

5. 其他违反劳教执行规定的情形。

第三节　劳教检察的主要内容和方法

2008年3月最高人民检察院印发的《人民检察院劳教检察办法》对劳教检察的主要内容、程序和方法等作了详细的规定。

一、入所检察

开展入所检察是保障劳动教养执行活动依法进行的第一个阶段。劳教检察人员要及时掌握劳教所收容劳教人员的时间，按时进入收容现场开展检察活动。入所检察对象不仅包括新收容劳教人员，也包括被收回所内执行剩余劳教期的劳教人员和从其他劳教所调入的劳教人员。收回所内执行剩余劳教期的劳教人员包括收回所内继续执行劳教的所外执行、所外就医人员和试工、试农、试学人员。

发现劳教所在收容管理活动中有下列情形的，应当及时提出纠正意见：（1）没有入所凭证或者入所凭证不齐全的；（2）收容劳教人员与入所凭证不符的；（3）应当收容而拒绝收容的；（4）收容怀孕的妇女、正在哺乳自己未满1周岁婴儿的妇女或者丧失劳动能力的人的；（5）收容除法律、法规有特殊规定外的精神病人、呆傻人、盲、聋、哑人，严重病患者的；（6）劳教人员入所后未按时通知其家属的；（7）其他违反收容规定的。这里的“法律、法规有特殊规定”，是参照司法部《劳动教养管理工作执法细则》第5条的规定作出的。实践中主要是对一些多次实施盗窃行为的盲、聋、哑人，故意利用孕妇身份兜售非法出版物的妇女等，可以决定和收容执行劳动教养。

在入所检察过程中，需要注意以下几个方面的问题：

（一）重点检察劳教所收容管理活动是否符合有关规定

尽管入所检察过程中，必然涉及对劳教有关法律文书的审查和对劳教决定的监督，但由于时间关系，不可能做到全面、深入的检察。监督的重点是劳教所的收容管理活动。司法部《劳动教养管理工作执法细则》等规章和规范性文件规定了收容活动的执法要求。入所检察，就是着重对这些执法要求的落实情况进行监督。

（二）重点检察被决定劳教的人是否属于劳教的适用对象，是否属于需要追究刑事责任的人

在入所检察中，要认真审查有关法律文书和审批手续。既有形式审查，也有实质审查。由于时间关系，有些审查活动要在事后进行。特别是对于一些有疑点的，事后要进行深入细致的审查和调查。要从形式上检察交付执行的劳教决定是否合法、有效、齐全，如法律文书是否由劳教管理委员会作出并盖有印章，法律文书确定的被劳教人员是否与交付执行的人员相符，重点是审查被决定劳教的人是否属于劳教的适用对象。劳动教养的对象有哪些？从我国建立劳教制度到现在，50 多年来，劳教对象根据国家的政治、经济和社会治安状况，先后有过几次调整变动。最初国务院《关于劳动教养问题的决定》规定了 4 种人，至 80 年代初期，《劳动教养试行办法》将收容劳教的对象扩大为 6 种人。2002 年《公安机关办理劳动教养案件规定》吸收了 1990 年全国人大常委会《关于禁毒的决定》、《关于严禁卖淫嫖娼的决定》和《中华人民共和国治安管理处罚条例》等法律、法规和司法解释的有关内容，将劳动教养的对象明确为 10 类，多达 45 种人。这是目前确定劳教适用对象的主要依据，入所检察就是要检察被决定劳教的人是否属于上述适用对象。同时，还要检察被劳教人员是否属于需要追究刑事责任的人，即是否存在“以教代刑”、“以教代拘”的现象。还要注意检察是否存在一事双罚的现象。

（三）重点检察法律文书是否存在劳教期计算折抵差错等错误

相对于监狱检察而言，刑事案件这方面问题也有，但没有劳教案件突出。除了对劳教期的计算发生错误之外，最常见的是劳教期折抵发生差错，如某市一次就清理纠正了 155 名劳教人员的劳教期计算错误。有的地方还开展了劳教期错误专项整治活动，其中纠正最长错误劳教期达 11 个月共 335 天。有的同一个劳教人员既存在没有将强制戒毒的 30 天作为劳教期予以折抵，又存在少计算 1 年劳教期的问题。根据规定，劳教人员在投送劳动教养场所执行之前，因同一行为被先行羁押的，或者被行政拘留的，或者以其他形式被留置审查而实际上失去人身自由的，都应当予以折抵劳教期，1 日折抵 1 日。

（四）重点检察是否收容了不应当收容的人员

不应当收容的人员包括：一是本身属于不应当决定劳教的人员。例如，不满16周岁的少年；虽然年满16周岁但未满18周岁，属于初犯、在校学生，且其父母或者其他监护人有实际管教能力的人；精神病人、呆傻人员。二是决定劳动教养正确，但应当所外执行、所外就医的，也就是属于不应当所内执行的劳教人员。例如，对盲、聋、哑人，严重病患者，怀孕或者哺乳自己不满1周岁婴儿的妇女，以及年满60周岁又有疾病等丧失劳动能力者，一般不决定劳动教养，确有必要劳动教养的，可以同时决定劳动教养所外执行。

二、出所检察

出所检察主要是检察劳教所对解除劳教和劳教人员出所管理活动是否符合有关规定；劳教人员出所有无相关凭证。出所人员主要包括五类人员，即解除劳教人员、所外执行人员、所外就医人员、离所人员和放假、准假人员。其中解除劳教人员，要检察是否具备解除劳动教养证明书、劳教审批机关撤销原劳教决定书、人民法院撤销原劳教决定的判决书；所外执行人员，要检察是否具备所外执行劳教呈批表、所外执行劳教证明；所外就医人员，要检察是否具备劳教人员所外就医呈批表、劳教人员所外就医证明；离所人员，要检察是否具备拘留证、逮捕证、调离转所审批手续或者因办案需要临时离所批准手续；放假、准假人员，要检察是否具备劳教人员放假、准假呈批表、劳教人员准假证明。行政复议机关复议后决定撤销劳教决定的，复议决定书也是解除劳教人员出所的重要依据。

发现劳教所在出所管理活动中有下列情形的，应当及时提出纠正意见：（1）出所人员没有出所凭证或者出所凭证不齐全的；（2）出所人员与出所凭证不符的；（3）到期不及时办理解教手续或者无故扣押解教证明的；（4）被刑事拘留、逮捕或者因办案需要临时离所以及调离转所人员，没有劳教所民警或者办案人员押解的；（5）没有向解教人员居住地公安机关送达解除劳动教养通知书的；（6）没有向所外执行、所外就医人员居住地公安机关送达有关法律文书的；（7）其他违反出所规定的。

三、劳教变更执行检察

劳教变更执行包括变更执行期限和变更执行方式，前者包括延期、减期、提前解教，后者包括所外执行、所外就医。劳教变更执行检察是劳教检察工作的重点。既包括对劳教所呈报活动的同步监督，也包括对劳教管理机关和劳教所决定活动的事后监督。主要是检查呈报延期、减期、提前解教、所外执行、所外就医的劳教人员以及相关决定是否符合规定的条件和程序；对应当延期、减期、提前解教、所外执行、所外就医的劳教人员，是否呈报和决定延期、减期、提前解教、所外执行、所外就医。

派驻检察机构要根据与劳教所建立的工作联系制度，加强日常检察工作。一是认真查阅被呈报延期、减期、提前解教、所外执行、所外就医劳教人员的案卷材料；二是认真查阅劳教人员所在中队办公会记录、计分考核原始凭证、劳教人员病历资料、医院诊断证明以及劳教所的审查意见；三是向有关人员了解被呈报延期、减期、提前解教、所外执行、所外就医劳教人员的表现等情况；四是列席劳教所研究呈报延期、减期、提前解教、所外执行、所外就医的会议，并提出检察意见。

在劳教变更执行检察过程中，需要注意以下几个方面的问题：

（一）严把延期、减期、提前解教、所外执行、所外就医的条件关

要检察对劳教人员延长劳动教养期限，是否具备《劳动教养试行办法》第58条规定的拉帮结伙，打架斗殴，经常扰乱管理秩序，逃跑、组织逃跑或逃跑作案情节较轻等10种应当予以惩罚的情形。要检察减期、提前解教的劳教人员是否具备《劳动教养试行办法》第57条规定的一贯遵守纪律，努力学习，积极劳动等8种应当予以奖励的情形，累计减期和提前解教所减少的劳教期限是否超过原决定劳动教养期限的1/2。要检察劳教所外执行是否具有公安部、司法部规定的特殊情况、特殊困难和原工作单位特殊需要等情形。适用所外执行的条件过于原则，实践中容易造成执法随意性较大。监督过程中，要监督是否符合规定条件，同时重点监督是否属于不得批准所外执行的五类人，关键是防止所外执行权的滥用。要检察所外就医是否符合规定的劳动教养人员在劳动教养管理所内患严重疾病，因工或其他原因造成严重损伤，劳教所的医疗单位不具备医疗条件或短期内无法治愈的情形。对于一些特定对象在特殊时期可以在法律规定范围内适当放宽变更执行的条件。

（二）严把延期、减期、提前解教、所外执行、所外就医的程序关

检察劳教变更执行是否经过逐级上报、批准，是否经过集体讨论等。其中延期、减期3个月以上和提前解教的是否经过劳动教养管理委员会或受其委托的劳动教养工作管理局（处）审批；延期、减期3个月以下（含3个月）的是否经过劳动教养管理委员会委托的劳动教养管理所审批。检察所外执行、所外就医是否经过劳动教养管理委员会或受其委托的劳动教养工作管理局（处）审批。目前来看，一些劳教所除了办理所外执行、所外就医必须报省劳教局批准外，延期、减期和提前解教的主要是3个月以下，自行审批。对自行审批程序也要加强监督。

（三）严格审查延期、减期、提前解教、所外执行、所外就医有关材料的真实性

检察是否有虚假“记分”、“表扬”、“记功”、“处分”、“医疗鉴定”、“诊断证明”等。相关案卷材料、会议记录、计分考核凭证是劳教所提供的，派驻检察室也方便调查，故造假的可能性相对不大。但也要注意少数干警提供假的计分考核凭证，徇私舞弊为劳教人员办理减刑、提前解教的问题。实践中，主要是一些所外执行、所外就医的相关证明材料系劳教人员单位或者家属提供，劳教所只是书面审核，因而劳教人员家属可能为了使劳教人员得以所外执行、所外就医，想尽一切办法提供虚假材料，因此要把此种材料作为审查的重点。

（四）维护变更执行的公正性

劳教作为一种教育矫治措施，是以矫治对象回归社会为最终目的的，因此应当充分发挥所外执行对于劳教人员教育改造的促进作用。既要监督对不符合规定条件的劳教人员办理变更执行，也要监督应当呈报和决定变更执行而没有呈报和决定的问题。就所外就医而言，目前存在很多问题，主要是对劳教人员的所外就医的疾病和伤残范围没有一个较为明确的规定，使得劳教机关对劳教人员所外就医的条件难以把握，这不仅容易出现不该所外就医而所外就医，也容易出现应当所外就医而没有所外就医的现象。对此，在所外就医检察时要注意监督纠正。

（五）保证监督的准确性

《人民检察院劳教检察办法》明确要求，派驻检察机构收到劳教所移送的呈报劳教变更执行材料的，应当及时审查并签署意见。认为呈报不当的，应当提出纠正意见。对呈报延期、减期、提前解教所提纠正意见未被采纳的，可以报经本院检察长批准，向受理本案的劳教管理机关的同级人民检察院报送。签署意见成为劳教变更执行检察的一项硬性要求，不能再像以往那样只审查不明确提出意见了。但派驻检察机构应当从法律监督的角度提出审查意见，而不是从上级管理机关的角度提出审批意见。因为派驻检察机构掌握的材料和情况是有限的，案件量大时间紧，一些深层次的问题很难通过书面审查发现。因此，提出的监督意见并不是直接表示同意或者不同意，检察机关没有这个权力，同意或者不同意实际上是一种管理权、审批权。

四、监管活动检察

对劳教所监管活动的检察主要包括禁闭检察、事故检察和教育管理活动检察三个方面。

（一）禁闭检察

禁闭检察主要是检察适用禁闭的条件、程序和执行措施是否符合规定。派驻

检察室至少每周进行一次禁闭检察，通过对禁闭室进行现场检察，查阅禁闭登记和审批手续，听取被禁闭人和有关人员的意见等方式，及时发现和纠正禁闭活动中存在的滥用禁闭措施和戒具、禁闭审批手续不完备、越时限禁闭等违法问题。在禁闭活动检察过程中，需要注意以下几个方面的问题：（1）对劳教人员适用禁闭是否符合规定的条件。要检察被禁闭劳教人员是否具有《劳动教养管理工作执法细则》规定的在所内有现行违法犯罪行为，需移送公安、检察机关审查处理等7种适用禁闭的情形。对不具有上述情形的劳教人员适用禁闭就是滥用禁闭权。（2）禁闭的审批手续是否完备。检察采取禁闭措施是否由劳教人员所在中队填写禁闭呈批表，报劳动教养管理所批准。在紧急情况下采取禁闭措施的，是否在24小时内办理呈批手续。（3）是否存在超期或者擅自提前解除禁闭的情况。禁闭时间不得超过10天。对问题已经查清、现行危险消除的，应及时解除禁闭。检察机关已经批准逮捕的，应及时转送看守所。（4）禁闭的执行措施是否符合有关规定。例如，对被禁闭的劳教人员使用戒具是否符合有关规定，被使用戒具的劳教人员是否具有强行逃跑、行凶和其他暴力性现行危险，破坏场所设施或其他国家财产行为被禁闭，在执行禁闭中表现恶劣等情形。对被禁闭人提出的申诉控告等材料，是否及时转送，是否存在扣压现象等。也要注意监督纠正不严格执行禁闭措施，达不到禁闭效果的问题。

（二）事故检察

劳教所事故主要有劳教人员逃跑、破坏监管秩序、群体病疫、伤残、非正常死亡等，这都属于事故检察的范围。派驻检察机构接到劳教所事故报告后，应当立即派员赴现场了解情况，并及时报告本院检察长；认为可能存在违法犯罪问题的，派驻检察人员应当深入事故现场，调查取证；与劳教所共同剖析事故原因，研究对策，完善监管措施。在事故检察过程中，要注意以下几个方面的问题：一是准确把握事故检察的职责。派驻检察人员为了查清事实，明确责任，需要参与事故调查，但不是主导或者替代劳教所调查事故。二是注意做好劳教人员死亡事故检察工作。三是准确判定事故是一般事故还是重大事故，作出相应的处理。

（三）教育管理活动检察

对劳教人员进行教育管理是劳动教养执行工作的重要内容，必须符合依法、严格、文明教育管理的要求。对教育管理活动进行检察，是劳教检察的一项经常性工作。主要是检察劳教所的教育管理活动是否符合有关规定；劳教人员的合法权益是否得到保障。这两个方面是相辅相成的。劳教所严格依照有关规定开展教育管理活动，就能够使劳教人员的合法权益得到保障。侵犯劳教人员合法权益的现象，往往也是与教育管理不依法、不严格、不文明交织在一起的。教育管理活动检察涉及面较大，必须掌握科学的工作方法。《人民检察院劳教检察办法》规定了教育管理活动检察的具体方法，即对劳教人员生活、学习、劳动现场和会见室进行实地检察和巡视检察；查阅劳教人员登记名册、伙食账簿、劳动记录、会见登记和会见手续；向劳教人员及其亲属和监管民警了解情况，听取意见；在法定节日、重大活动之前或者期间，督促劳教所进行安全防范和生活卫生检查。《人民检察院劳教检察办法》第 27 条规定，发现劳教所在教育管理活动中有监管民警体罚、虐待或者变相体罚、虐待劳教人员，监管民警违法使用警械、戒具等违反教育管理规定等 9 种情形的，应当及时提出纠正意见。在教育管理活动检察过程中，需要注意监督纠正以下几个问题：（1）监督纠正教育管理活动中不依法、不严格、不文明等执法不作为和执法乱作为的问题。第一，监督管理活动是否具有法律法规依据、是否严格按照有关规定开展教育管理工作。例如，一些分类编队要求是硬性的，如不同性别、成年与未成年、新入所与即将解教、团伙或同案劳教人员分类编队的要求，必须严格落实。第二，监督纠正滥用管理权的问题。如在何种情况下可以使用警械、戒具，使用的时间，达到的程度，有关法规和行政规章都有明确规定，超出规定使用就是滥用权力。第三，监督纠正执法不文明的问题。有的劳教民警在管教工作中，听信他人“劳教人员不愿意劳动，抗拒劳动教养”的反映，不加以判断，擅自对劳教人员实施捆绑；有的在处理学员纠纷时，粗暴管理，将学员打伤，显然这都超出了正常的文明执法的尺度。第四，监督纠正管理不到位的问题。重点是劳教场所安全防范方面存在的问题，要检察劳教所的防逃防暴防火等警戒设施是否牢固、健全和使用正常；劳动工具是否按规定保管和存放；对劳教人员行为的要求是否严格规范；对于危险性劳教人员是否掌握情况并实行监控等。第五，监督纠正重生产轻教育的问题。发现有因生产长期挤占教育时间的情况，应当提出纠正意见。（2）监督纠正侵犯劳教人员合法权益的问题。劳教检察的原则、任务都涉及这一问题，在教育管理活动检察时，更是要注意这一点。因为教育管理对劳教人员合法权益的影响面是劳教执行环节中最大的。根据司法部劳教局《劳动教养管理所所务公开内容》的规定，劳教人员享有八项权利，包括：选举权；人格尊严不受侮辱，人身不受体罚虐待，个人合法财产不受侵犯的权利；按规定通信、会见的权利；对劳动教养管理所的工作提出建议的权利；对国家机关及其工作人员的违法、失职行为提出申诉、控告的权利；享受劳动保护、人身安全的权利；按期解除劳动教养的权利；其他法定权利。既要全面保障劳教人员的权利，又要突出工作重点，切实保障劳教人员最为关切的权益。保障劳教人员人身安全不受侵犯。检察纠正劳教干警对劳教人员滥用警械、戒具、体罚虐待、侮辱人格、伤害人身等行为，打击劳教人员故意伤害等侵犯其他劳教人员人身安全的犯罪活动。保障劳教人员通信和会见家属的权利。检察劳教所是否按规定安排劳教人员与其亲属会见；是否有违反规定限制、扣押和检查劳教人员的通信的行为，及时提出纠正意见。保障劳教人员合法民事财产权。对劳教所收容时代管劳教人员财产和解教时返还劳教人员财产情况、劳教人员原处理机关执法处置劳教人员财产情况进行监督。保障劳教人员的生活卫生权。

（四）建立健全有关工作制度

考虑到教育管理活动检察的重要性，《人民检察院劳教检察办法》还专门就建立相关工作制度提出了要求。一是建立联席会议制度。派驻检察机构应当与劳教所建立联席会议制度，及时了解劳教所发生的重大情况，共同分析监管执法和检察监督中存在的问题，研究改进工作的措施。联席会议每半年召开一次，必要时可以随时召开。此外，派驻检察人员应当参加劳教所每月定期召开的所情分析会，针对劳教人员思想动态、监管秩序等方面存在的问题，提出意见和建议，与劳教所共同研究对策，制定措施。二是建立帮教劳教人员制度。派驻检察机构每半年协助劳教所对劳教人员进行一次集体法制宣传教育。这实际上带有帮教性质，派驻检察人员宣讲的内容相对更容易为劳教人员所接受。三是建立检察官谈话和约见制度。派驻检察人员应当每周至少选择一名劳教人员进行个别谈话，并及时与要求约见的劳教人员谈话，听取情况反映，提供法律咨询，接收递交的材料等。在执行《人民检察院劳教检察办法》的过程中，可以进一步完善劳教人员约见检察官制度。

五、办理劳教人员犯罪案件

劳教人员犯罪案件，包括劳教人员在劳教期间的犯罪案件；发现的劳教人员在决定劳教时所没有发现的罪行，需要追究刑事责任的案件。劳教人员在劳教期间的犯罪案件又包括在劳教所内的犯罪案件和在逃跑、所外执行、所外就医期间的犯罪案件。在办案过程中，需要注意以下几个问题：

（一）明确案件管辖和监所检察部门的职责

《刑事诉讼法》第24条规定："刑事案件由犯罪地的人民法院管辖。如果由被告人居住地的人民法院审判更为适宜的，可以由被告人居住地的人民法院管辖。"根据这一立法精神，并结合劳教场所特点，劳教人员在劳教场所内实施的刑事犯罪案件，由劳教场所所在地公安机关负责侦查，由人民检察院监所检察部门负责审查批捕、审查起诉和出庭支持公诉，以及立案监督、侦查监督和审判监督等工作。对于劳教人员逃跑后犯罪、所外执行、所外就医期间犯罪，如果其罪行是在劳教场所发现的，可以由担负该劳教所检察任务的人民检察院受理，如果其罪行是在犯罪地发现的，可以由犯罪地人民检察院受理。《人民检察院劳教检察办法》规定，对发现的劳教人员在决定劳教时所没有发现的罪行，需要追究刑事责任的案件，如果适宜于劳教执行地人民法院审理的，则由劳教执行地人民检察院监所检察部门负责审查批捕、审查起诉和出庭支持公诉，以及刑事诉讼监督工作。如果适宜于原审批地或者犯罪地人民法院审理的，转交当地人民检察院办理。

（二）区分罪与非罪，此罪与彼罪的界限

一是要把犯罪行为与违反所规所纪的行为区分开来；二是要把聚众斗殴、闹事中的主犯与一般参与者区分开来；三是要把破坏监管秩序与因个人问题没有得到合理解决而发泄不满情绪区分开来。

（三）认真执行宽严相济等有关政策，区别对待，妥善处理

对过失犯、初犯、从犯、偶犯等具有法定或者酌定从宽情节的案件，因劳教人员之间矛盾引发的轻微刑事案件，以及主观恶性和人身危险性不大、社会危害性较小的犯罪，采取轻缓的刑事政策，可捕可不捕的不捕、可诉可不诉的不诉，尽可能给他们改过自新的机会。对劳教人员犯罪后，能主动交待和有立功表现的，或逃跑后犯罪，主动归案，如实交待的，也要依法适当地从宽处理。对于犯罪后顽固对抗，逃跑被抓回后继续进行违法犯罪活动的，要依法从严处理。这里需要注意的是，对于劳教人员在劳教期间主动交待司法机关尚未发觉的自己的罪行的，应当认定为自首，依法从宽处理。实践中，还有的劳教人员刚被投入劳教，便主动交代劳教前的犯罪问题，恳请被法院判刑，从而用较短的刑期来免去较长的劳教期。对于这种现象，不能片面地认为劳教人员是在规避法律。如果被决定劳教的行为与其主动交待的罪行属于同一性质的行为，构成犯罪的，应当据此确定是否判处刑罚以及判处何种刑罚。无论刑期是否长于劳教期，均应执行刑罚，不应再执行剩余劳教期，而且已经执行的劳教期应当折抵刑期。如果被决定劳教的行为与其主动交待的罪行不属于同一性质的行为，不构成犯罪的，其交待的罪行被判处拘役、有期徒刑以上刑罚并需要在监狱、看守所执行刑罚的，应当先执行刑罚，再执行剩余劳教期。同时，也应当注意正确运用政策，防止和纠正劳教人员的投机行为。例如据报道，有的地方吸毒劳教人员为逃避长达两年的劳教，竟编造假贩毒案自首，以期让法院判处短期徒刑。

（四）注意扩大办案效果

办理劳教人员犯罪案件，要注意办案效果，不能就案办案。一是要把办案与对劳教人员的法制宣传教育工作结合起来。二是要把办案同纠正违法结合起来，通过办案发现劳教所在执行政策、法律方面存在的问题，及时提出纠正意见。三是要把办案同帮助劳教场所改进工作结合起来，防范恶性案件和重大事故的发生。此外，还应结合办案，配合劳教所开展所内深挖犯罪活动。

六、劳教检察业务登记制度

人民检察院劳教检察工作实行“一志六表”的检察业务登记制度。“一志六表”，是指《劳教检察日志》、《劳教所办理延期、减期、提前解教不当情况登记表》、《劳教所办理所外执行、所外就医情况登记表》、《重大事故登记表》、《控告、举报和申诉登记表》、《检察纠正违法情况登记表》和《严重违法情况登记表》。派驻检察机构登记“一志六表”，应当按照“微机联网、动态监督”的要求，实行办公自动化管理。

“一志六表”是实现驻所检察规范化的重要内容和形式，是检察机关履行法律监督时进行后续工作，以及对劳教检察工作进行考核的重要依据。填写“一志六表”，是劳教检察中的一项重要的工作要求，驻所检察人员对此要有充分的认识。通过填写和运用“一志六表”，经常发现驻所检察工作中自身工作的不足和漏洞，及时地加以纠正和完善，促进驻所检察工作规范、深入地开展。过去这方面存在的问题是，对劳教检察志表填写的重要性认识不足，忽视了志表的作用，特别是把“检察日志”简单地当做“工作日记”来对待，当做“流水账”来记录，用语不规范、文字书写格式混乱、文件资料管理散乱，使“检察日志”在驻所工作中失去了应有的重要作用。《人民检察院劳教检察办法》对“一志六表”从格式到具体内容、写法的要求是非常严格的。最高人民检察院监所检察厅对监狱检察日志、看守所检察日志的填写曾下发过通知，提出具体的要求，在填写劳教检察日志时可以参考。全面、及时、准确是对填写劳教检察“一志六表”的基本要求。全面，就是按照每项内容的要求逐项清楚、完整地把该填写的内容全部填写好，达到监督劳教所执法活动和检查驻所检察工作的目的。对重点工作要写清检察结果及处理情况。及时，就是检察日志的内容原则上应当日完成，周六、周日及节假日遗漏的情况要及时补填。填写的检察情况要以时计算。其他表格也要在开展监督工作时及时填写。准确，就是要将检察情况准确地记载下来，用语、格式要规范、贴切。记载的内容不能仅仅是反映劳教工作的基本情况，而应突出法律监督职能。对于一些表格，要按照要求报送有关单位，以及续报一些情况。

第四节　劳教制度改革对劳教检察的影响

劳动教养是一项具有中国特色的法律制度，也是一个长期以来国内有争论、国际上有批评，至今还没有得到很好解决的问题。自1957年确立50多年来，劳动教养作为管理、教育和挽救严重违法和轻微犯罪人员的一种强制性的行政措施，在维护社会稳定和治安秩序，促进社会和谐，保护公民合法权益等方面发挥了积极的作用。但是在依法治国方略全面深入实施、对人权保护日益重视，以及我国政府1998年10月签署《公民权利与政治权利国际公约》已十年多的时代背景下，劳动教养的弊端也逐渐凸显。党的十七大召开后，劳教制度改革作为司法改革的一项内容，再次被提上议事日程。

一、劳动教养制度的改革进程

改革劳动教养制度，不仅是推进司法改革的一项重要内容，也是推进我国法制建设的一个重要方面。早在1986年，全国人大常委会就开始研究制定《劳动教养法》，标志着我国劳动教养制定法律工作正式启动。1987年劳教立法被列入国务院法制局的"七五"立法规划，此后在1991年、1995年，又分别被列入"八五"和"九五"立法规划。特别是1994年与劳动教养同时开始立法工作的《监狱法》出台后，无论学术界还是实务界，对劳动教养立法的呼声越来越高。1996年《中华人民共和国行政处罚法》颁布实施和1998年10月我国签署加入《公民权利与政治权利国际公约》后，推进劳教制度改革和立法的呼声更高。该公约第9条第1款规定："人人有权享有人身自由和安全。任何人不得加以任意逮捕或拘禁。除非依照法律所确定的根据和程序，任何人不得被剥夺自由。"根据联合国有关机构的解释，这里的"法律"，是指立法机关制定的法律；这里的"程序"，是指经过合格的法庭审理。1998年，全国人大常委会明确将劳动教养列入立法规划。2000年《中华人民共和国立法法》出台，对劳动教养立法提出了更加紧迫的要求，立法机关也面临着很大的压力。2003年废除收容遣送制度，对劳教制度又是一个冲击。2004年3月7日，《违法行为矫治法》首次被列入十届全国人大常委会的五年立法规划，且为一类法律，即应在本届人大任期内审议的法律草案。这就使人们逐渐明确劳动教养制度的立法方向。同年，中央批转的中央司法体制和工作机制改革领导小组提出的改革意见中提出将劳动教养制度改革为违法行为教育矫治制度，又使人们明确了劳动教养制度的改革方向。2005年，《违法行为矫治法（草案）》曾被考虑与《中华人民共和国治安管理处罚法》一并提交4月份全国人大常委会审议。搁置两年后，2007年《违法行为矫治法（草案）》几经修改，在取得相对一致意见后，再次被明确列入全国人大常委会立法计划。根据立法计划的安排，2007年10月全国人大常委会第30次会议安排审议。但是《违法行为矫治法（草案）》没有如期提起审议。2008年，新一届全国人大常委会又将《违法行为矫治法》列入五年立法规划，不过变成了二类法律，也就是说不再是应在本届人大任期内审议的法律草案。

目前劳教制度改革和立法之所以进展不快，主要是当前中国的社会治安状况比较严峻，而在违法与犯罪之间，缺乏一个很好的衔接机制。再就是有关部门在违法行为矫治的决定权及决定程序方面分歧较大。全国人大常委会法工委有关部门负责人在2008年“两会”期间接受采访时说，《违法行为矫治法（草案）》尚需时日进行研究。这部法律要对实行已经50年的劳教制度进行改革，很多问题还需要研究，如劳教的对象范围、审批程序、执行期限和方法等一系列的问题。一方面法律要保护劳教当事人的合法权利，另一方面也要让这项制度在维护社会治安稳定方面发挥作用。这部法律草案什么时候能够提起审议，还要看新一届人大常委会的统筹安排。

从劳教立法过程中各方面的意见和进展情况看，大家普遍认为，劳动教养制度建立和存在所要解决的问题，即劳动教养所满足的治理违法犯罪行为的社会需要是合理的，但满足这种合理需要的手段和方法是不正当的。不能简单地否定或者废除劳动教养，而是应当从更加科学、合理地满足这种社会需要的目标出发，通过立法对劳动教养制度进行改革、改造，使它能够满足维护社会秩序和保障公民权利的双重要求。

二、劳动教养制度改革和立法的方向

从20世纪80年代开始，国内学者对劳动教养制度改革问题进行了较为深入的探讨。在劳动教养制度设计方面，主要有四种基本主张：一是劳动教养轻罪化；二是劳动教养保安处分化；三是劳动教养行政处罚化；四是劳动教养社会矫治化。目前来看，劳动教养的替代制度已经明确，就是违法行为教育矫治制度。

以违法行为教育矫治替代劳动教养，不仅使名称更为科学，而且可以体现其丰富内涵。因为“劳动教养”容易使人误以为只是通过强迫劳动进行教育改造，与对罪犯的劳动改造混淆，劳教人员甚至被称为“二劳改”。而“教育矫治”则可以涵盖多种方法，如感化教育、心理矫治、行为规范等，充分体现教育、感化、挽救违法行为人的指导思想。另外，违法行为教育矫治主要针对违法行为及行为人，这样可以与对因犯罪判刑的罪犯的惩罚和改造区别开来，实践中容易理解，执行中也便于操作。因此，不论是从内容还是形式上，劳动教养制度立法的名称定为《违法行为教育矫治法》更为合适。

违法行为教育矫治成为劳动教养制度的改革和立法方向，实质上也就否定了劳动教养轻罪化、保安处分化和行政处罚化这三项主张。这主要是基于：（1）尽管在有的国家，主要是美国、法国、德国、意大利、瑞士和俄罗斯，犯罪分为重罪、轻罪和违警罪，有的分为重罪、轻罪和保安处分，但从中国文化传统和法律观念来看，犯罪意味着一种强烈的社会谴责。如果劳动教养轻罪化，实际上也是犯罪化，会给当事人打上犯罪的烙印，贴上罪犯的标签，影响会是十分严重的、终身的，甚至对于这些人的社会关系都会产生不利影响。而且劳动教养轻罪化，势必会大幅度扩大犯罪圈，增加犯罪量，使我国的犯罪总量大幅增长。从另一个层面讲，轻罪化也不利于公民权利的保护。因此，不少人坚决反对劳动教养的轻罪化。(2) 为什么不能实行劳动教养保安处分化呢? 所谓保安处分，是指以特殊预防为目的，以人身危险性为适用基础，对符合法定条件的特定人所采取的以矫正、感化、医疗等方式预防犯罪的特殊措施。保安处分适用对象是已构成了犯罪并且依然存在危害社会可能性的人，而且刑罚与保安处分同时适用，在适用的前提、目的、对象、期限和程序上与我国的劳动教养均有所不同。有的学者指出，以"人身危险性"、"危险个人"为理论基础的保安处分，具有与劳动教养同样的被滥用的可能和条件。将劳动教养保安处分化，无法解决目前劳动教养的调整对象问题。我国现行劳动教养对象都是未构成犯罪或者构成轻微犯罪尚不足以适用刑罚的人，而且不一定是适用保安处分所要求的明显地具有人身危险性的人。(3) 劳动教养行政处罚化难以克服劳动教养目前存在的以行政措施并不经司法程序长期限制人身自由的难题。最重要的是，将长期限制甚至剥夺人身自由的措施归入行政处罚，有违现代法治精神，容易给国际社会攻击中国人权状况以借口。

三、关于建立违法行为教育矫治制度的主要观点

(一) 通过立法对违法行为教育矫治的性质、适用范围、适用条件、教育矫治的期限及审批程序作出明确规定

关于教育矫治对象，有人提出界定为：2 年内受过 3 次治安拘留的或者有证据证明属于常习性的违法行为人。有人提出界定为三类人：严重或多次违反治安行政法规的违法行为人；不需要给予刑罚处罚的轻微犯罪行为人；现行有关法律法规规定的应予以收容或教养的行为人，包括强制戒毒、强制医疗、收容教育、收容教养的适用对象。

关于教育矫治的方式和期限，有人提出，根据行为人违法的严重程度，可分别在违法行为矫治所或者社区进行教育矫治，期限一般为 1 年，有法定情形的，最长不超过 2 年。有人认为，《违法行为教育矫治法》所称的违法行为教育矫治，是对扰乱社会治安秩序，具有违法习性的人进行强制性教育的措施。违法行为教育矫治的期限，应当根据被教育矫治行为的情况、违法习性的程度等确定，为 6 个月以上 18 个月以下。

关于执行方式，有人认为，根据违法行为的严重程度，分别放在社区或者违法行为教育矫治所矫治。违法行为教育矫治所实行社会化管理，包括半开放和开放式的管理，广泛调动社会资源参与教育矫治工作。半开放，是指在矫治所内部是开放的，对外是不开放的，矫治对象在场所内可以自由活动。开放式，就是矫治对象周末可以回家，平时可以请假回家。根据矫治对象违法的严重程度，决定矫治对象白天在外面劳动、工作，晚上必须回来，或者是白天在矫治所劳动，晚上回家。违法行为矫治场所将没有铁窗、铁门，实行人性化的管理。

（二）保证违法行为教育矫治程序的正当化

程序是民主的基石，程序正义是实体正义的保障。所谓正当程序，是指每个被告人，无论受到何种指控，都有权经过一定的程序，确保他最终得到公正的、根据法律进行的、公开的、让公众对这个制度的公正性感到放心的审判。有人提出，教育矫治由公安机关提出建议，教育矫治委员会决定，教育矫治院执行。教育矫治委员会由本级人民政府或者地区派出机关的有关负责人，公安、司法行政、教育、民政等部门的有关负责人组成，由本级人民政府或者地区派出机关的有关负责人任主任委员。教育矫治院由司法行政机关领导和管理。有人建议，设置治安法院或者治安法庭，专门承担违法行为矫治以及治安管理处罚等限制人身自由措施的裁决和对职务犯罪案件的审查逮捕工作。违法行为矫治可由公安机关提起，由治安法院或者治安法庭依法审理和裁决。在矫治过程中需要变更执行内容的，也应提请治安法院或治安法庭裁决。同时，建立当事人权利救济程序，保障其依法享有知情权、申辩权、获得律师帮助权、申请回避权、申诉权和申请国家赔偿权。

（三）建立检察机关对违法行为教育矫治活动进行法律监督的机制

检察机关通过受理申诉和向违法行为教育矫治所派驻检察的方式，对人民法院审理违法行为教育矫治案件和违法行为教育矫治决定的执行活动实行法律监督。

四、劳动教养制度改革对劳教检察工作的影响

《中华人民共和国禁毒法》（以下简称《禁毒法》）的公布实施被一些同志视为劳教制度的一次改革，客观上对劳教检察工作产生了一定影响。2007 年 12 月 29 日，全国人大常委会通过了《禁毒法》，自 2008 年 6 月 1 日起正式施行。这部法律引人注目之处在于，将原由公安机关负责执行的强制戒毒与由司法行政机关执行的劳教戒毒合并为强制隔离戒毒，劳动教养这种自 1990 年全国人大常委会《关于禁毒的决定》颁布以来最重要的一种矫治吸毒者的措施，没有在《禁毒法》中出现。

对强制隔离戒毒所的强制隔离戒毒活动，检察机关是无权实行法律监督的，因为其性质已不属于劳教活动，因此实行监督缺乏法律法规依据。对于实践中戒毒人员与劳教人员混管混押的，检察机关应当监督纠正。对于劳教所民警利用管理戒毒人员的职务之便，收受他人贿赂涉嫌职务犯罪的，检察机关应当依法立案侦查。

虽然劳教制度改革的方向已经明确，但改革的具体内容尚未最终确定，因此只能说是改革对劳教检察可能产生的影响。

对违法行为教育矫治所实行派驻检察，以加强对执行活动的监督，保护被矫治人的合法权益，这是各方面达成的共识。因为矫治场所毕竟是较长时间限制人身自由的地方，不能完全对社会开放，那么必须在执行机关之外另有一个具有相对独立地位的国家机关介入，以监督权制约矫治权，达到保障被矫治人合法权益的目的。因此，劳动教养制度改革可能不会对派驻检察工作产生很大的冲击。有人认为，全国人大常委会批准的国务院《关于劳动教养的补充规定》规定，人民检察院对劳动教养机关的活动实行监督。这里的“劳动教养机关”，实际是指劳动教养的执行机关。多年来，检察机关在劳教场所派驻检察人员，对劳教执行活动实行监督。将劳教制度改革为违法行为教育矫治制度，对教育矫治执行工作继续由检察机关实行监督，是必要和可行的。

是否对违法行为教育矫治决定活动进行监督，有人认为，教育矫治由政府教育矫治委员会决定，即该决定在性质上属于行政决定。如规定由检察机关对教育矫治决定实行监督，涉及检察机关是否有权对行政机关的行政决定进行监督的问题。在《人民检察院组织法》规定的检察机关实施法律监督的具体职权中，没有赋予检察机关对行政机关的行政决定进行监督的权力。因此，不宜规定由检察机关对教育矫治决定实行监督。也有人认为，在一般情况下，检察机关对行政机关的决定不行使法律监督权，但是如果该决定是由参与刑事司法活动的行政机关作出的涉及限制公民人身自由的准司法性质的决定，检察机关就应当进行法律监督。教育矫治决定就属于这一性质的行政决定，而且实践中公安机关办理劳教案件往往同办理刑事案件相关联。为了切实维护公民的合法权益，检察机关应当对教育矫治的审批活动进行监督，以确保执法公正，不枉不纵。而且，现行法律已有关于检察机关对一些特殊行政决定进行监督的规定，如《刑事诉讼法》规定的检察机关对省级监狱管理机关和公安机关批准暂予监外执行决定的监督。1979年国务院《关于劳动教养的补充规定》明确规定人民检察院对劳动教养机关的活动实行监督，劳动教养机关的活动不仅包括执行活动，也应当包括审批活动，检察机关的监督应当是全过程的监督。即使检察机关不监督，这么重要的权力，也必须建立必要的监督机制。

第九章　监外执行和社区矫正检察制度

监外执行和社区矫正检察，是指人民检察院对人民法院、监狱、看守所对判决、裁定或决定管制、剥夺政治权利、缓刑、假释和暂予监外执行的案件送达法律文书、交付执行和社区矫正机构监督管理社区矫正罪犯、公安机关监督管理剥夺政治权利罪犯的活动实行的法律监督。监外执行和社区矫正检察的任务是：保证国家法律法规在监外执行和社区矫正活动中的正确实施，维护监外执行和社区矫正罪犯的合法权益，维护社会和谐稳定。开展对监外执行和社区矫正的法律监督，是检察机关刑罚执行监督的重要内容，也是监所检察部门的一项重要任务。

近几年，由于一些地方对监外执行和社区矫正工作重视不够，监外执行和社区矫正工作不够规范，对监外执行和社区矫正罪犯没有依法交付执行和进行有效的监督管理，加之市场经济条件下人员流动性加大，监外执行和社区矫正罪犯脱管漏管成为当前刑罚执行中的一个突出问题。有的监外执行和社区矫正罪犯又实施违法犯罪行为，严重影响了社会和谐稳定。这就使得监外执行和社区矫正检察的重要性逐渐为人们所认识。从监所检察部门来讲，也开始重视发展这项业务，特别是有的基层没有监管场所，监所检察的任务主要是监外执行和社区矫正检察。2007 年 6 月至 12 月，最高人民检察院会同中央综治办、最高人民法院、公安部、司法部联合开展了核查纠正监外执行罪犯脱管漏管专项行动，发现和纠正了一批监外执行罪犯脱管漏管问题，进一步提升了监外执行和社区矫正检察的影响力，促进了监外执行和社区矫正检察工作的发展。

第一节　现行监外执行和社区矫正的主要规定

为加强和规范监外执行工作，中央社会治安综合治理委员会办公室、最高人民法院、最高人民检察院、公安部、司法部于 2009 年 6 月制定了《关于加强和规范监外执行工作的意见》，该意见的其中一部分内容就是关于监外执行检察监督的规定。涉及建立台账以及对送达、交付、告知、监管、处罚、收监、减刑、侵权、脱管、漏管等 12 种情况的监督。有关部门对监外执行也很重视，将其纳入社会治安综合治理的内容。2011 年 2 月全国人大常委会通过的《刑法修正案（八）》和 2012 年 3 月全国人大通过的《关于修改〈中华人民共和国刑事诉讼法〉的决定》，分别从刑事实体法和程序法的角度对社区矫正作出规定，使社区矫正成为一项重要的刑罚执行制度。为进一步规范社区矫正工作，加强和创新特殊人群管理，根据中央关于深化司法体制和工作机制改革的总体部署，在深入调研论证和广泛征求意见的基础上，最高人民法院、最高人民检察院、公安部、司法部于 2012 年 1 月 10 日联合印发了《社区矫正实施办法》，并自 2012 年 3 月 1 日起施行。可以说，上述法律规定和规范性文件是现行监外执行和社区矫正的主要依据。根据修改后的《刑法》、《刑事诉讼法》的规定，先前中央社会治安综合治理委员会办公室、最高人民法院、最高人民检察院、公安部、司法部等部门制定的《关于加强和规范监外执行工作的意见》和《社区矫正实施办法》等均需要作相应的修改，但基本精神仍是适用的。

一、监外执行和社区矫正判决、裁定、决定的交付执行

对于判处管制、宣告缓刑、裁定假释、决定暂予监外执行，依法实行社区矫正的罪犯，人民法院、公安机关、监狱应当核实其居住地，在向其宣判时或者在其离开监所之前，书面告知其到居住地县级司法行政机关报到的时间期限以及逾期报到的后果，并通知居住地县级司法行政机关；在判决、裁定生效起 10 个工作日内（《社区矫正实施办法》规定为 3 个工作日内，需要根据修改后的《刑事诉讼法》加以修改），送达判决书、裁定书、决定书、执行通知书、假释证明书副本等法律文书，同时抄送其居住地县级人民检察院和公安机关。县级司法行政机关收到法律文书后，应当在 3 个工作日内送达回执。

暂予监外执行的社区矫正人员，由交付执行的监狱、看守所将其押送至居住地，与县级司法行政机关办理交接手续，并将暂予监外执行决定书等法律文书抄送罪犯居住地县级人民检察院监所检察部门。

罪犯服刑地与居住地不在同一省、自治区、直辖市，需要回居住地暂予监外执行的，服刑地的省级监狱管理机关、公安机关监所管理部门应当书面通知罪犯居住地的同级监狱管理机关、公安机关监所管理部门，指定一所监狱、看守所接收罪犯档案，负责办理罪犯收监、释放等手续，并通知罪犯居住地县级公安机关主管部门、县级人民检察院监所检察部门。人民法院决定暂予监外执行的，应当通知其居住地县级司法行政机关派员到庭办理交接手续。

社区矫正人员应当自人民法院判决、裁定生效之日或者离开监所之日起 10 日内到居住地县级司法行政机关报到。县级司法行政机关应当及时为其办理登记接收手续，并告知其 3 日内到指定的司法所接受社区矫正。发现社区矫正人员未按规定时间报到的，县级司法行政机关应当及时组织查找，并通报决定机关。

人民法院对罪犯单处剥夺政治权利，应当在判决、裁定生效后10个工作日内，核实罪犯居住地后将判决书、裁定书、执行通知书送达罪犯居住地公安机关主管部门，并抄送罪犯居住地县级人民检察院监所检察部门。

对主刑执行完毕后附加执行剥夺政治权利的罪犯，监狱、看守所应当核实罪犯居住地，并在释放罪犯前1个月将刑满释放通知书、执行剥夺政治权利附加刑所依据的判决书、裁定书等法律文书送达罪犯居住地县级公安机关主管部门，抄送罪犯居住地县级人民检察院监所检察部门。

被单处剥夺政治权利的判决、裁定作出后，以及主刑执行完毕后附加执行剥夺政治权利罪犯出监时，人民法院、监狱、看守所应当书面告知其必须按时到居住地公安派出所报到，以及不按时报到应承担的法律责任，并由罪犯本人在告知书上签字。自人民法院判决、裁定生效之日起或者监狱、看守所释放罪犯之日起，在本省、自治区、直辖市裁判或者服刑、羁押的应当在10日内报到，在外省、自治区、直辖市裁判或者服刑、羁押的应当在20日内报到。告知书一式三份，一份交监外执行罪犯本人，一份送达执行地县级公安机关，一份由告知机关存档。执行地公安机关收到人民法院、监狱、看守所送达的法律文书后，应当在5个工作日内送达回执。

二、社区矫正罪犯的监督管理

司法所接收社区矫正人员后，应当及时向社区矫正人员宣告判决书、裁定书、决定书、执行通知书等有关法律文书的主要内容，社区矫正期限，社区矫正人员应当遵守的规定、被禁止的事项以及违反规定的法律后果，社区矫正人员依法享有的权利和被限制行使的权利，矫正小组人员组成及职责等有关事项。宣告由司法所工作人员主持，矫正小组成员及其他相关人员到场，按照规定程序进行。

司法所应当为社区矫正人员确定专门的矫正小组。矫正小组由司法所工作人员担任组长，由《社区矫正实施办法》第3条第2、3款所列相关人员组成。社区矫正人员为女性的，矫正小组应当有女性成员。司法所应当与矫正小组签订矫正责任书，根据小组成员所在单位和身份，明确各自的责任和义务，确保各项矫正措施落实。司法所应当为社区矫正人员制定矫正方案，在对社区矫正人员被判处的刑罚种类、犯罪情况、悔罪表现、个性特征和生活环境等情况进行综合评估的基础上，制定有针对性的监管、教育和帮助措施。根据矫正方案的实施效果，适时予以调整。县级司法行政机关应当为社区矫正人员建立社区矫正执行档案，包括适用社区矫正的法律文书，以及接收、监管审批、处罚、收监执行、解除矫正等有关社区矫正执行活动的法律文书。司法所应当建立社区矫正工作档案，包括司法所和矫正小组进行社区矫正的工作记录，社区矫正人员接受社区矫正的相关材料等。同时留存社区矫正执行档案副本。

社区矫正人员应当定期向司法所报告遵纪守法、接受监督管理、参加教育学习、社区服务和社会活动的情况。发生居所变化、工作变动、家庭重大变故以及接触对其矫正产生不利影响人员的，社区矫正人员应当及时报告。保外就医的社区矫正人员还应当每个月向司法所报告本人身体情况，每3个月向司法所提交病情复查情况。对于人民法院禁止令确定需经批准才能进入的特定区域或者场所，社区矫正人员确需进入的，应当经县级司法行政机关批准，并告知人民检察院。

社区矫正人员未经批准不得离开所居住的市、县（旗）。社区矫正人员因就医、家庭重大变故等原因，确需离开所居住的市、县（旗），在7日以内的，应当报经司法所批准；超过7日的，应当由司法所签署意见后报经县级司法行政机关批准。返回居住地时，应当立即向司法所报告。社区矫正人员离开所居住市、县（旗）不得超过1个月。

社区矫正人员未经批准不得变更居住的县（市、区、旗）。社区矫正人员因居所变化确需变更居住地的，应当提前1个月提出书面申请，由司法所签署意见后报经县级司法行政机关审批。县级司法行政机关在征求社区矫正人员新居住地县级司法行政机关的意见后作出决定。经批准变更居住地的，县级司法行政机关应当自作出决定之日起3个工作日内，将有关法律文书和矫正档案移交新居住地县级司法行政机关。有关法律文书应当抄送现居住地及新居住地县级人民检察院和公安机关。社区矫正人员应当自收到决定之日起7日内到新居住地县级司法行政机关报到。

社区矫正人员应当参加公共道德、法律常识、时事政策等教育学习活动，增强法制观念、道德素质和悔罪自新意识。社区矫正人员每月参加教育学习时间不少于8小时。有劳动能力的社区矫正人员应当参加社区服务，修复社会关系，培养社会责任感、集体观念和纪律意识。社区矫正人员每月参加社区服务时间不少于8小时。根据社区矫正人员的心理状态、行为特点等具体情况，应当采取有针对性的措施进行个别教育和心理辅导，矫正其违法犯罪心理，提高其适应社会能力。

司法行政机关应当根据社区矫正人员的需要，协调有关部门和单位开展职业培训和就业指导，帮助落实社会保障措施。司法所应当根据社区矫正人员个人生活、工作及所处社区的实际情况，有针对性地采取实地检查、通信联络、信息化核查等措施及时掌握社区矫正人员的活动情况。重点时段、重大活动期间或者遇有特殊情况，司法所应当及时了解掌握社区矫正人员的有关情况，可以根据需要要求社区矫正人员到办公场所报告、说明情况。社区矫正人员脱离监管的，司法所应当及时报告县级司法行政机关组织追查。司法所应当定期到社区矫正人员的家庭、所在单位、就读学校和居住的社区了解、核实社区矫正人员的思想动态和现实表现等情况。对保外就医的社区矫正人员，司法所应当定期与其治疗医院沟通联系，及时掌握其身体状况及疾病治疗、复查结果等情况，并根据需要向批准、决定机关或者有关监狱、看守所反馈情况。司法所应当及时记录社区矫正人员接受监督管理、参加教育学习和社区服务等情况，定期对其接受矫正的表现进行考核，并根据考核结果，对社区矫正人员实施分类管理。发现社区矫正人员有违反监督管理规定或者人民法院禁止令情形的，司法行政机关应当及时派员调查核实情况，收集有关证明材料，提出处理意见。

社区矫正人员有下列情形之一的，县级司法行政机关应当给予警告，并出具书面决定：（1）未按规定时间报到的；（2）违反关于报告、会客、外出、居住地变更规定的；（3）不按规定参加教育学习、社区服务等活动，经教育仍不改正的；（4）保外就医的社区矫正人员无正当理由不按时提交病情复查情况，或者未经批准进行就医以外的社会活动且经教育仍不改正的；（5）违反人民法院禁止令，情节轻微的；（6）其他违反监督管理规定的。社区矫正人员违反监督管理规定或者人民法院禁止令，依法应予治安管理处罚的，县级司法行政机关应当及时提请同级公安机关依法给予处罚。公安机关应当将处理结果通知县级司法行政机关。

缓刑、假释的社区矫正人员有下列情形之一的，由居住地同级司法行政机关向原裁判人民法院提出撤销缓刑、假释建议书并附相关证明材料，人民法院应当自收到之日起 1 个月内依法作出裁定：（1）违反人民法院禁止令，情节严重的；（2）未按规定时间报到或者接受社区矫正期间脱离监管，超过 1 个月的；（3）因违反监督管理规定受到治安管理处罚，仍不改正的；（4）受到司法行政机关 3 次警告仍不改正的；（5）其他违反有关法律、行政法规和监督管理规定，情节严重的。司法行政机关撤销缓刑、假释的建议书和人民法院的裁定书同时抄送社区矫正人员居住地同级人民检察院和公安机关。

暂予监外执行的社区矫正人员有下列情形之一的，由居住地县级司法行政机关向批准、决定机关提出收监执行的建议书并附相关证明材料，批准、决定机关应当自收到之日起 15 日内依法作出决定：（1）发现不符合暂予监外执行条件的；（2）未经司法行政机关批准擅自离开居住的市、县（旗），经警告拒不改正，或者拒不报告行踪，脱离监管的；（3）因违反监督管理规定受到治安管理处罚，仍不改正的；（4）受到司法行政机关 2 次警告，仍不改正的；（5）保外就医期间不按规定提交病情复查情况，经警告拒不改正的；（6）暂予监外执行的情形消失后，刑期未满的；（7）保证人丧失保证条件或者因不履行义务被取消保证人资格，又不能在规定期限内提出新的保证人的；（8）其他违反有关法律、行政法规和监督管理规定，情节严重的。

司法行政机关的收监执行建议书和决定机关的决定书，应当同时抄送社区矫正人员居住地同级人民检察院和公安机关。人民法院裁定撤销缓刑、假释或者对暂予监外执行罪犯决定收监执行的，居住地县级司法行政机关应当及时将罪犯送交监狱或者看守所，公安机关予以协助。监狱管理机关对暂予监外执行罪犯决定收监执行的，监狱应当立即赴羁押地将罪犯收监执行。公安机关对暂予监外执行罪犯决定收监执行的，由罪犯居住地看守所将罪犯收监执行。

社区矫正期满前，社区矫正人员应当作出个人总结，司法所应当根据其在接受社区矫正期间的表现、考核结果、社区意见等情况作出书面鉴定，并对其安置帮教提出建议。社区矫正人员矫正期满，司法所应当组织解除社区矫正宣告。宣告由司法所工作人员主持，按照规定程序公开进行。司法所应当针对社区矫正人员不同情况，通知有关部门、村（居）民委员会、群众代表、社区矫正人员所在单位、社区矫正人员的家庭成员或者监护人、保证人参加宣告。宣告事项应当包括：宣读对社区矫正人员的鉴定意见；宣布社区矫正期限届满，依法解除社区矫正；对判处管制的，宣布执行期满，解除管制；对宣告缓刑的，宣布缓刑考验期满，原判刑罚不再执行；对裁定假释的，宣布考验期满，原判刑罚执行完毕。县级司法行政机关应当向社区矫正人员发放解除社区矫正证明书，并书面通知决定机关，同时抄送县级人民检察院和公安机关。暂予监外执行的社区矫正人员刑期届满的，由监狱、看守所依法为其办理刑满释放手续。社区矫正人员死亡、被决定收监执行或者被判处监禁刑罚的，社区矫正终止。社区矫正人员在社区矫正期间死亡的，县级司法行政机关应当及时书面通知批准、决定机关，并通报县级人民检察院。对于被判处剥夺政治权利在社会上服刑的罪犯，司法行政机关配合公安机关，监督其遵守《刑法》第54条的规定，并及时掌握有关信息。被剥夺政治权利的罪犯可以自愿参加司法行政机关组织的心理辅导、职业培训和就业指导活动。

社区矫正人员社区矫正期满的，司法所应当告知其安置帮教有关规定，与安置帮教工作部门妥善做好交接，并转交有关材料

三、剥夺政治权利罪犯的监督管理

根据《刑法》规定，剥夺政治权利是剥夺下列权利：（1）选举权和被选举权；（2）言论、出版、集会、结社、游行、示威自由的权利；（3）担任国家机关职务的权利；（4）担任国有公司、企业、事业单位和人民团体领导职务的权利。剥夺政治权利的期限，除《刑法》第57条规定外，为1年以上5年以下。判处管制附加剥夺政治权利的，剥夺政治权利的期限与管制的期限相等，同时执行。对于危害国家安全的犯罪分子应当附加剥夺政治权利；对于故意杀人、强奸、放火、爆炸、投毒、抢劫等严重破坏社会秩序的犯罪分子，可以附加剥夺政治权利。

独立适用剥夺政治权利的，依照《刑法》分则的规定。对于被判处死刑、无期徒刑的犯罪分子，应当剥夺政治权利终身。在死刑缓期执行减为有期徒刑或者无期徒刑减为有期徒刑的时候，应当把附加剥夺政治权利的期限改为 3 年以上 10 年以下。

附加剥夺政治权利的刑期，从徒刑、拘役执行完毕之日或者从假释之日起计算；剥夺政治权利的效力当然施用于主刑执行期间。

被剥夺政治权利的犯罪分子，在执行期间，应当遵守法律、行政法规和国务院公安部门有关监督管理的规定，服从监督；不得行使《刑法》第 54 条规定的各项权利。

罪犯未在规定时间内报到的，公安派出所应当上报县级公安机关主管部门，由县级公安机关通报作出判决、裁定或者决定的机关。

公安机关应当建立对罪犯的考核奖惩制度，根据考核结果，对表现良好的应当给予表扬奖励。罪犯在执行期内，违反法律、行政法规或者国务院公安部门有关监督管理规定的，由公安机关依照《中华人民共和国治安管理处罚法》第 60 条的规定给予治安管理处罚。罪犯在剥夺政治权利期间死亡的，公安机关应当核实情况后通报原作出判决、裁定的人民法院和原关押监狱、看守所，或者接收该罪犯档案的监狱、看守所，以及执行地县级人民检察院监所检察部门。被判处剥夺政治权利的罪犯执行期满的，公安机关应当通知其本人，并向其所在单位或者居住地群众公开宣布恢复政治权利。

四、社区矫正罪犯的减刑

社区矫正人员符合法定减刑条件的，由居住地县级司法行政机关提出减刑建议书并附相关证明材料，经地（市）级司法行政机关审核同意后提请社区矫正人员居住地的中级人民法院裁定。人民法院应当自收到之日起 1 个月内依法裁定；暂予监外执行罪犯的减刑，案情复杂或者情况特殊的，可以延长 1 个月。司法行政机关减刑建议书和人民法院减刑裁定书副本，应当同时抄送社区矫正人员居住地同级人民检察院和公安机关。

五、剥夺政治权利罪犯的减刑

对符合法定减刑条件的，应当依法提出减刑建议，人民法院应当依法裁定。执行机关减刑建议书副本和人民法院减刑裁定书副本应当抄送同级人民检察院监所检察部门。

六、未成年人的社区矫正

对未成年人实施社区矫正，应当遵循教育、感化、挽救的方针，按照下列规定执行：（1）对未成年人的社区矫正应当与成年人分开进行；（2）对未成年社区矫正人员给予身份保护，其矫正宣告不公开进行，其矫正档案应当保密；（3）未成年社区矫正人员的矫正小组应当有熟悉青少年成长特点的人员参加；（4）针对未成年人的年龄、心理特点和身心发育需要等特殊情况，采取有益于其身心健康发展的监督管理措施；（5）采用易为未成年人接受的方式，开展思想、法制、道德教育和心理辅导；（6）协调有关部门为未成年社区矫正人员就学、就业等提供帮助；（7）督促未成年社区矫正人员的监护人履行监护职责，承担抚养、管教等义务；（8）采取其他有利于未成年社区矫正人员改过自新、融入正常社会生活的必要措施。犯罪的时候不满 18 周岁被判处 5 年有期徒刑以下刑罚的社区矫正人员，适用上述规定。

七、社区矫正活动中的分工与协作

司法行政机关负责指导管理、组织实施社区矫正工作。人民法院对符合社区矫正适用条件的被告人、罪犯依法作出判决、裁定或者决定。人民检察院对社区矫正各执法环节依法实行法律监督。公安机关对违反治安管理规定和重新犯罪的社区矫正人员及时依法处理。县级司法行政机关社区矫正机构对社区矫正人员进行监督管理和教育帮助。司法所承担社区矫正日常工作。社会工作者和志愿者在社区矫正机构的组织指导下参与社区矫正工作。有关部门、村（居）民委员会、社区矫正人员所在单位、就读学校、家庭成员或者监护人、保证人等协助社区矫正机构进行社区矫正。

人民法院、人民检察院、公安机关、监狱对拟适用社区矫正的被告人、罪犯，需要调查其对所居住社区影响的，可以委托县级司法行政机关进行调查评估。受委托的司法行政机关应当根据委托机关的要求，对被告人或者罪犯的居所情况、家庭和社会关系、一贯表现、犯罪行为的后果和影响、居住地村（居）民委员会和被害人意见、拟禁止的事项等进行调查了解，形成评估意见，及时提交委托机关。

司法行政机关应当建立例会、通报、业务培训、信息报送、统计、档案管理以及执法考评、执法公开、监督检查等制度，保障社区矫正工作规范运行。司法行政机关应当建立突发事件处置机制，发现社区矫正人员非正常死亡、实施犯罪、参与群体性事件的，应当立即与公安机关等有关部门协调联动、妥善处置，并将有关情况及时报告上级司法行政机关和有关部门。司法行政机关和公安机关、人民检察院、人民法院建立社区矫正人员的信息交换平台，实现社区矫正工作动态数据共享。

社区矫正人员的人身安全、合法财产和辩护、申诉、控告、检举以及其他未被依法剥夺或者限制的权利不受侵犯。社区矫正人员在就学、就业和享受社会保障等方面，不受歧视。司法工作人员应当认真听取和妥善处理社区矫正人员反映的问题，依法维护其合法权益。各级人民法院、人民检察院、公安机关、司法行政机关应当切实加强对社区矫正工作的组织领导，健全工作机制，明确工作机构，配备工作人员，落实工作经费，保障社区矫正工作的顺利开展。

第二节　监外执行和社区矫正检察的主要内容和方法

最高人民检察院2008年3月印发的《人民检察院监外执行检察办法》对监外执行检察的主要内容和方法作了详细规定，由于当时社区矫正仍处于试点阶段，因而其未对社区矫正作出规定。但其基本精神还是适用于社区矫正检察的。根据有关法律和《人民检察院监外执行检察办法》等规定，检察机关监外执行和社区矫正检察的职责是：（1）对人民法院、监狱、看守所交付执行活动是否合法实行监督；（2）对社区矫正机构和公安机关监督管理社区矫正罪犯和剥夺政治权利罪犯活动是否合法实行监督；（3）对社区矫正机构、公安机关、人民法院、监狱、看守所变更执行活动是否合法实行监督；（4）对监外执行和社区矫正活动中发生的职务犯罪案件进行侦查，开展职务犯罪预防工作；（5）其他依法应当行使的监督职责。人民检察院在监外执行和社区矫正检察工作中，应当坚持依法独立行使检察权，坚持以事实为根据、以法律为准绳。检察人员履行监外执行和社区矫正检察职责，应当严格遵守法律，恪守检察职业道德，忠于职守，清正廉洁；应当坚持原则，讲究方法，注重实效。

一、交付执行检察

交付执行检察主要是检察人民法院、监狱、看守所交付执行活动是否符合有关法律规定；人民法院、监狱、看守所交付执行的相关法律手续是否完备；人民法院、监狱、看守所交付执行是否及时。交付执行检察主要采取以下工作方法：一是监所检察部门收到本院公诉部门移送的人民法院判处管制、独立适用剥夺政治权利、宣告缓刑、决定暂予监外执行的法律文书后，应当认真审查并登记，掌握人民法院交付执行的情况；二是通过对人民检察院派驻监狱、看守所检察机构的《监外执行罪犯出监（所）告知表》内容进行登记，掌握监狱、看守所向执行地社区矫正机构和公安机关交付执行被裁定假释、批准暂予监外执行以及刑满释放仍需执行附加剥夺政治权利的罪犯情况；三是向执行地社区矫正机构和公安机关了解核查社区矫正和剥夺政治权利罪犯的有关法律文书送达以及罪犯报到等情况。发现在交付执行活动中有下列情形的，应当及时提出纠正意见：（1）人民法院、监狱、看守所没有向执行地社区矫正机构和公安机关送达有关法律文书或者送达的法律文书不齐全的；（2）监狱没有派员将暂予监外执行罪犯押送至执行地司法行政机关的；（3）人民法院、监狱、看守所没有将社区矫正和剥夺政治权利罪犯的有关法律文书抄送人民检察院的；（4）人民法院、监狱、看守所因交付执行不及时等原因造成罪犯漏管的；（5）其他违反交付执行规定的。县、市、区人民检察院对辖区内的社区矫正和剥夺政治权利罪犯，应当逐一填写检察台账，并记录有关检察情况。

二、监督管理活动检察

监督管理活动检察主要是检察社区矫正机构、公安机关监督管理社区矫正罪犯和剥夺政治权利罪犯活动是否符合有关法律规定；社区矫正罪犯和剥夺政治权利罪犯是否发生脱管现象；社区矫正罪犯和剥夺政治权利罪犯的合法权益是否得到保障。监督管理活动检察主要采取以下工作方法：一是查阅社区矫正机构和公安机关监督管理档案；二是向协助社区矫正机构和公安机关监督考察社区矫正及剥夺政治权利罪犯的单位和基层组织了解、核实有关情况；三是与社区矫正和剥夺政治权利罪犯及其亲属谈话，了解情况，听取意见。发现社区矫正机构和公安机关在监管活动中有下列情形的，应当及时提出纠正意见：（1）没有建立社区矫正罪犯和剥夺政治权利罪犯监管档案和组织的；（2）没有向社区矫正和剥夺政治权利罪犯告知应当遵守的各项规定的；（3）社区矫正和剥夺政治权利罪犯迁居，迁出地社区矫正机构和公安机关没有移送监督考察档案，迁入地社区矫正机构和公安机关没有接续监管的；（4）对社区矫正和剥夺政治权利罪犯违法或者重新犯罪，没有依法予以治安管理处罚或者追究刑事责任的；（5）社区矫正机构人员和公安民警对社区矫正和剥夺政治权利罪犯有打骂体罚、侮辱人格等侵害合法权益行为的；(6）社区矫正机构和公安机关没有及时向人民检察院通报对社区矫正和剥夺政治权利罪犯的监督管理情况的；（7）其他违反监督管理规定的。人民检察院监所检察部门应当与社区矫正机构、公安机关、人民法院的有关部门建立联席会议制度，及时通报有关情况，分析交付执行、监督管理活动和检察监督中存在的问题，研究改进工作措施。联席会议可每半年召开一次，必要时可以随时召开。

三、变更执行检察

变更执行检察包括收监执行检察、减刑检察、终止执行检察。

1. 收监执行检察。主要是检察社区矫正机构撤销缓刑、假释的建议和对暂予监外执行罪犯的收监执行是否符合有关法律规定；人民法院撤销缓刑、假释裁定是否符合有关法律规定；监狱、看守所收监执行活动是否符合有关法律规定。收监执行检察主要采取以下工作方法：一是查阅社区矫正机构记录缓刑、假释、暂予监外执行罪犯违法违规情况的相关材料；二是向与缓刑、假释、暂予监外执行罪犯监管有关的单位、基层组织了解有关情况；三是必要时可以与违法违规的缓刑、假释、暂予监外执行罪犯谈话，了解情况。发现在收监执行活动中有下列情形的，应当及时提出纠正意见：（1）社区矫正机构对缓刑罪犯在考验期内违反法律、行政法规或者公安部门监督管理规定，情节严重，没有及时向人民法院提出撤销缓刑建议的。（2）社区矫正机构对假释罪犯在考验期内违反法律、行政法规或者有关监督管理规定，尚未构成新的犯罪，没有及时向人民法院提出撤销假释建议的。（3）原作出缓刑、假释裁判的人民法院收到社区矫正机构提出的撤销缓刑、假释的建议书后没有依法作出裁定的。（4）有关机关对人民法院裁定撤销缓刑、假释的罪犯，没有及时送交监狱或者看守所收监执行的。（5）社区矫正机构对具有未经社区矫正机构批准擅自外出，应当收监执行；骗取保外就医；以自伤、自残、欺骗等手段故意拖延保外就医时间；办理保外就医后无故不就医；违反监督管理规定经教育不改；暂予监外执行条件消失且刑期未满等情形的暂予监外执行罪犯，没有及时通知监狱、看守所收监执行的。（6）监狱、看守所收到社区矫正机构对暂予监外执行罪犯的收监执行通知后，没有及时收监执行的。（7）不应当收监执行而收监执行的。（8）其他违反收监执行规定的。

2. 减刑检察。主要是检察提请、裁定减刑罪犯是否符合法律规定条件；提请、裁定减刑的程序是否符合法律和有关规定；对依法应当减刑的罪犯是否提请、裁定减刑。减刑检察主要采取以下工作方法：一是查阅被提请减刑罪犯的案卷材料；二是向有关人员了解被提请减刑罪犯的表现等情况；三是必要时向提请、裁定减刑的机关了解有关情况。县、市、区人民检察院监所检察部门应当将提请、裁定减刑检察活动情况，填入《社区矫正和剥夺政治权利罪犯减刑情况登记表》。

3. 终止执行检察。主要是检察终止执行的罪犯是否符合法律规定条件；终止执行的程序是否合法，是否具备相关手续。终止执行检察主要采取以下工作方法：一是查阅刑事判决（裁定）书等法律文书中所确定的社区矫正罪犯的刑期、考验期；二是了解社区矫正机构对终止执行罪犯的释放、解除等情况；三是与刑期、考验期届满的罪犯谈话，了解情况，听取意见。发现在终止执行活动中有下列情形的，应当及时提出纠正意见：（1）社区矫正机构对执行期满的管制罪犯，没有按期宣布解除并发给《解除管制通知书》的。（2）公安机关对执行期满的剥夺政治权利罪犯，没有按期向其本人和所在单位、居住地群众宣布恢复其政治权利的。（3）社区矫正机构对考验期满的缓刑、假释罪犯没有按期予以公开宣告的。（4）社区矫正机构对刑期届满的暂予监外执行罪犯没有通报监狱的；监狱对刑期届满的暂予监外执行罪犯没有办理释放手续的。（5）社区矫正机构和公安机关对死亡的社区矫正和剥夺政治权利罪犯，没有及时向原判人民法院或者原关押监狱、看守所通报的。（6）公安机关、人民法院、监狱、看守所和社区矫正机构对刑期、考验期限未满的罪犯提前释放、解除、宣告的。（7）其他违反终止执行规定的。

四、纠正违法和检察建议

人民检察院对人民法院、公安机关、监狱、看守所和社区矫正机构交付监外执行活动和监督管理社区矫正罪犯和剥夺政治权利罪犯的活动实行法律监督，发现违法违规行为的，应当及时提出纠正意见。在监外执行和社区矫正检察中，应当依照有关规定认真受理社区矫正和剥夺政治权利罪犯的申诉、控告，妥善处理他们反映的问题，依法维护其合法权益。人民检察院应当采取定期和不定期检察相结合的方法进行监外执行和社区矫正检察，并针对存在的问题，区别不同情况，发出纠正违法通知书、检察建议书或者提出口头纠正意见。交付执行机关和执行机关对人民检察院提出的纠正意见、检察建议无异议的，应当在15日内纠正并告知纠正结果；对纠正意见、检察建议有异议的，应当在接到人民检察院纠正意见、检察建议后7日内向人民检察院提出，人民检察院应当复议，并在7日内作出复议决定；对复议结论仍然提出异议的，应当提请上一级人民检察院复核，上一级人民检察院应当在7日内作出复核决定。

人民检察院发现人民法院、公安机关、监狱、看守所和社区矫正机构有下列情形的，应当提出纠正意见：（1）没有依法送达有关法律文书，没有依法将罪犯交付执行，没有依法告知罪犯权利义务的；（2）人民法院收到有关机关对撤销缓刑、假释、暂予监外执行的建议后，没有依法进行审查、裁定、决定的；（3）社区矫正机构没有及时接收罪犯，没有落实监管责任、监管措施的；（4）公安机关对违法的社区矫正和剥夺政治权利罪犯依法应当给予处罚而没有依法作出处罚或者建议处罚的；（5）公安机关、监狱管理机关应当作出收监执行决定而没有作出的；（6）监狱、看守所应当将罪犯收监执行而没有收监执行的；（7）对依法应当减刑的罪犯，社区矫正机构和公安机关没有提请减刑或者提请减刑不当的；（8）对依法应当减刑的罪犯，人民法院没有裁定减刑或者裁定减刑不当的；（9）罪犯刑期或者考验期满，公安机关、监狱、看守所和社区矫正机构未及时办理相关手续和履行相关程序的；（10）人民法院、公安机关、监狱、看守所和社区矫正机构在交付执行、监督管理过程中侵犯罪犯合法权益的；（11）社区矫正罪犯出现脱管、漏管情况的；（12）其他依法应当提出纠正意见的情形。罪犯在执行期间涉嫌犯罪，公安机关依法应当立案而不立案的，人民检察院应当加强立案监督工作。在实施社区矫正过程中，司法工作人员有玩忽职守、徇私舞弊、滥用职权等违法违纪行为的，依法给予相应处分；构成犯罪的，依法追究刑事责任。

监外执行和社区矫正检察工作实行“一账三表”的检察业务登记制度。“一账三表”，是指《罪犯社区矫正和监外执行情况检察台账》、《检察纠正违法情况登记表》、《严重违法情况登记表》、《社区矫正和剥夺政治权利罪犯减刑情况登记表》。监所检察部门登记“一账三表”，应当按照“微机联网、动态监督”的要求，实现办公自动化管理。

第三节　近年来监外执行和社区矫正检察工作开展情况

近年来，各级检察机关监所检察部门积极适应形势发展的需要，坚持全面推进与突出重点相结合，定期检察与随时检察相结合，日常监督与专项检察相结合，不断规范和加强监外执行检察工作，积极探索适应社区矫正特点的监督方式，有效预防、纠正监外执行和社区矫正罪犯脱管、漏管及重新违法犯罪，促进了监外执行和社区矫正试点工作的依法规范进行，为维护社会和谐稳定和公平正义作出了积极贡献。

一、建立健全监外执行和社区矫正检察机制

2005 年，最高人民检察院根据全国监外执行和社区矫正检察工作发展及社区矫正试点的新形势，在监所检察厅增设了监外执行检察处，具体指导全国的监外执行和社区矫正检察工作。此后，最高人民检察院及最高人民检察院监所检察厅就做好监外执行和社区矫正检察工作出台了《关于加强监外执行检察工作的意见》、《关于在社区矫正试点工作中加强法律监督的通知》、《关于加强对监外执行罪犯脱管、漏管检察监督的意见》、《人民检察院监外执行检察办法》等专门性文件；会同有关部门联合印发了《关于加强和规范监外执行工作的意见》、《社区矫正实施办法》等规范性文件。这些规范性文件较为全面地规范了监外执行和社区矫正检察工作，明确了监外执行和社区矫正检察工作“干什么、怎么干”以及监督的手段和程序等问题。各地根据《人民检察院监外执行检察办法》的规定，将监外执行定期检察作为主要检察方式，每年至少开展两次监外执行定期检察活动。同时在日常工作中实行不定期的随机检察、巡回检察，对于监外执行中发生的重大事件，做到及时检察。检察人员主动深入各乡镇（街道），通过走访公安派出所、司法所，查阅监外执行和社区矫正档案，与管教民警、村（居）委会工作人员、罪犯亲属座谈，约见罪犯谈话等多种途径检察监外执行、社区矫正执法情况，发现存在违法行为或者倾向性、苗头性问题的，及时提出纠正意见或者检察建议，对于违法、违规的监外执行罪犯，及时建议有关机关收监执行或者予以治安管理处罚。地方各级检察机关及监所检察部门也根据本地实

际，自行或联合其他部门建立健全了监外执行及社区矫正检察和社区矫正法律监督机制。

二、开展核查纠正监外执行罪犯脱管漏管专项行动

为有效解决监外执行罪犯脱管、漏管较为突出的问题，2007 年 6 月至 2008 年年初，最高人民检察院会同中央综治办、最高人民法院、公安部、司法部联合组织开展了全国核查纠正监外执行罪犯脱管漏管专项行动。经过全国各级监所检察部门的积极努力和各方面的协作配合，专项行动取得了明显成效。首次基本摸清了全国监外执行罪犯的底数和脱管、漏管数。集中督促纠正了一批监外执行罪犯的脱管、漏管问题，严肃惩治了一批在监外执行期间重新违法犯罪的罪犯。依法维护了监外执行罪犯的合法权益，促进了监外执行和监外执行检察工作的规范化。减少了社会不安定因素，促进了社会的和谐稳定。专项行动结束后，各级检察机关针对专项行动中发现的问题和工作漏洞，进一步采取措施，建立完善预防和纠正监外执行罪犯脱管、漏管长效机制，巩固专项行动成果。经过最高人民检察院的积极建议，中央综治部门决定将监外执行工作纳入对各省社会治安综合治理的目标责任考评之中，并由检察机关具体负责组织考核、初评打分工作，提高了各级地方党委、政府和政法各部门对监外执行、社区矫正工作的重视程度，也有力地促进了法律监督工作的开展。

三、加强监外执行和社区矫正检察基层基础工作

随着监外执行和社区矫正检察工作的深入开展，各级检察机关更加重视监外执行和社区矫正检察机构建设，相应地增加了人员编制，调整充实了监外执行和社区矫正检察人员。一些地方基层检察院积极探索设立社区矫正检察官办公室、社区矫正监督流动工作站、监外执行检察室等监外执行和社区矫正检察机构；有的原来没有设立监所检察部门的城区检察院设立了监所检察部门；有的原来撤销了监所检察部门的县级院，重新设立了监所检察部门；有的地方检察院领导主动争取党委、政府支持，增加监外执行和社区矫正检察人员编制，一批年轻、业务素质较高的检察人员被充实到监外执行和社区矫正检察岗位。

四、积极探索适应社区矫正试点工作特点的监督方式

自从 2003 年全国部分省、市开展社区矫正试点活动以来，各级检察机关特别是试点地区的检察机关积极参与社区矫正试点工作，加强法律监督，注重做好与司法行政机关、公安机关和人民法院的协调配合，不断探索完善适合新形势下社区矫正法律监督的模式和经验，及时监督纠正对不符合法定条件实行社区矫正和社区矫正罪犯脱管、漏管的情况，促进了社区矫正试点工作的顺利进行。

第四节 监外执行和社区矫正检察制度的改革与完善

据统计，2007年全国监外执行的罪犯约有57万人。随着刑罚制度改革和行刑社会化的发展趋势，以及社区矫正的全面推行，监外执行和社区矫正人员在罪犯中的比例又发生了新的变化。2009年年底，中央提出政法机关要深入推进社会矛盾化解、社会管理创新、公正廉洁执法三项重点工作，对加强监外执行和社区矫正检察工作又提出了新的要求。监外执行和社区矫正检察工作开展的如何，直接关系到检察机关深入推进三项重点工作的整体实效。最高人民检察院《关于深入推进社会矛盾化解、社会管理创新、公正廉洁执法的实施意见》明确要求，检察机关在参与社会管理创新中要“积极参加社区矫正工作”，“协助做好特殊人群的服务管理”。做好监外执行和社区矫正检察工作，还关系到宽严相济刑事政策在监外执行环节的落实。近两年，全国社区矫正罪犯每年都有30多万人，而且人数不断上升。随着2011年2月全国人大常委会通过的《刑法修正案(八)》首先在立法上对社区矫正作出规定，2012年3月全国人大通过的《关于修改〈中华人民共和国刑事诉讼法〉的决定》从刑罚执行程序的角度对社区矫正作出规定，监外执行和社区矫正检察工作面临新的形势和任务。为适应监外执行和社区矫正工作面临的新形势，必须积极改革和完善监外执行和社区矫正检察工作机制。

一、完善监外执行和社区矫正罪犯脱管、漏管的发现、纠正和责任追究机制

通过完善监外执行和社区矫正罪犯脱管、漏管的发现、纠正和责任追究机制，切实预防和减少监外执行和社区矫正罪犯脱管、漏管问题的发生，防止“前纠后发”、“边纠边发”现象的出现。社区矫正是由户籍所在地的检察机关进行监督，而对于外出务工或者其他原因远离户籍所在地的社区矫正人员则可能出现监督“真空”。因此，需要重点监督人户分离的个案，对于管辖“真空”的情况，及时提出检察建议予以纠正。

二、健全检察机关与其他政法部门的协作配合机制

积极发挥检察机关的职能作用，促进政法各部门健全对监外执行、社区矫正工作的联席会议制度、信息共享制度、情况通报制度等配合机制，形成工作合力，促进监外执行、社区矫正工作健康顺利开展。检察机关应当积极参加或者主动召集联席会议，共同研究解决监外执行、社区矫正工作中遇到的困难和问题，共同制定和完善有关规章制度。积极协调争取各级党委政府的支持，建立公检法

司各部门的监外执行信息共享机制和平台，实现检察机关对监外执行、社区矫正的动态监督，提高监督效率。

三、完善和落实监外执行和社区矫正重大事件报告制度

检察机关对于监外执行、社区矫正中发生的可能造成重大社会影响的监外执行罪犯重新犯罪、司法工作人员职务犯罪大要案件等重大事件，应及时掌握情况，及时上报，防止新闻舆论炒作。

四、加强监外执行和社区矫正检察机构建设

监外执行和社区矫正检察工作的主要任务靠基层检察院完成。只有基层基础工作扎实有效，监外执行和社区矫正检察、社区矫正法律监督的整体工作才能上台阶、上水平。各基层检察院应根据监外执行和社区矫正检察工作面临的新形势、新任务，切实加强监外执行和社区矫正检察机构建设，增加监外执行和社区矫正检察力量。没有成立监所检察部门的城区检察院，应积极向当地党委、政府争取，与当地编制部门协调，尽快成立监所检察部门。继续探索设立社区矫正检察官办公室、社区矫正检察流动工作站或者由乡镇检察室负责监外执行、社区矫正法律监督工作等检察模式，延伸社区矫正法律监督触角。合理配备监外执行、社区矫正检察人员力量，做到监外执行和社区矫正检察工作在基层有人抓、有人管。加强对基层监所检察人员的教育培训，提高检察业务素质和法律监督水平。

第十章　刑事羁押期限监督机制

在刑事诉讼羁押期限检察中，最突出的就是纠防超期羁押和久押不决的问题。一个时期以来，刑事诉讼活动中的超期羁押问题十分突出，成为刑事司法工作的一个“顽症”，影响了刑事诉讼的顺利推进，侵犯了在押人员的合法权益，也损害了司法机关的执法形象，社会各界对此反映强烈，也引起了各级党委和人大的重视和关注。在全国人大常委会的支持下，检察机关依法履行法律监督职责，积极采取措施，督促有关部门严格执行法律规定，加大对超期羁押问题的纠正力度，取得了良好的效果。但久押不决问题一直还没有得到很好的解决。为维护犯罪嫌疑人、被告人的合法权益，维护国家法律的尊严，保障刑事诉讼活动的顺利进行，必须加强纠防超期羁押和久押不决的机制建设，以有效遏制和预防直至杜绝超期羁押和久押不决的现象。

第一节　近年来纠正和防止超期羁押与久押不决工作开展情况

刑事羁押期限监督，是监所检察特别是看守所检察的一项重点工作。严格来讲，根据诉讼监督的不同，刑事羁押期限监督也是侦查监督、审判监督的重要方面，相应的，侦查监督部门、公诉部门也负有刑事羁押期限监督职责。近年来，检察机关坚持加强日常派驻检察和有针对性地开展专项检察相结合，加强纠正违法和防止违法相结合，纠防超期羁押与久押不决相结合，不断推进刑事羁押期限监督工作。

一、积极开展纠防超期羁押和久押不决案件集中清理等专项活动，遏制超期羁押、久押不决屡禁不止的问题

2003 年 5 月，最高人民检察院会同有关部门部署开展了集中清理纠正超期羁押专项工作，发现和纠正了一批历史遗留的超期羁押问题，新发生超期羁押案件逐年大幅度减少，维护了犯罪嫌疑人、被告人的合法权益，促进了司法效率的

提高，促进了严格、公正、文明执法，得到了各级党委、人大和社会各界的充分肯定，成为近年来检察工作中的一个亮点。超期羁押人数也由2003年的2万多人下降到2004年的4000多人，之后每年超期羁押人数一直保持在1000人以内，最少时降至两位数。

2009年以来，检察机关还开展了久押不决案件集中清理活动，清理了一批久押不决案件。对掌握的久押不决案件，检察机关实行分级负责，逐件清理。对于羁押8年以上的，由最高人民检察院挂牌督办；羁押8年以下的，由省级检察院负责清理和督办。其中2011年一年会同公安机关、人民法院集中清理久押不决案件463件。在集中清理活动中，检察机关要求做到目标、任务、措施、要求和责任“五明确”。在清理过程中，认真分析导致案件久押不决的原因，加强与有关部门的协商。同时，对那些因办案人员严重不负责任导致案件久押不决的，依法追究其失职、渎职的责任。

二、建立健全长效机制，坚决防止超期羁押和久押不决问题反弹

纠防超期羁押专项行动结束后，各级检察机关坚持把对审判被告人羁押期限的监督作为刑事审判监督的重要内容来抓，积极建立健全纠防超期羁押工作机制，巩固和扩大纠防超期羁押成果。最高人民检察院会同最高人民法院、公安部下发了《关于严格执行刑事诉讼法，切实纠防超期羁押的通知》，实行羁押期限预警提示、提前告知、纠正超期羁押催办督办、责任追究机制。一些地方检察机关积极与人民法院、公安机关沟通，共同推行《刑事案件换押提讯提解证》“一证通”制度，简化了换押手续，杜绝了违法提讯和交叉提讯情况的发生，遏制了“前清后超”、“边纠边超”的顽症，增强了监督的实效。这些规定的制定和实行，对各办案机关及办案人员树立严格遵守羁押期限的法制意识，防止超期羁押，促进严格公正执法，都发挥了积极作用。

针对久押不决问题，重点建立久押不决案件报告和备案审查制度、分级督办制度，以及办理在押人员及家属申诉制度等。此外，检察机关还将积极探索对羁押的必要性进行法律监督，促进减少不必要的羁押，从源头上预防和减少案件久押不决问题的发生。

三、加强派驻检察和日常执法监督，从源头上防止和减少超期羁押与久押不决问题的发生

目前，全国各级检察机关共对94%的看守所实行了派驻检察。通过加强派驻检察，全面及时掌握在押人员羁押情况，对即将超期羁押案件做到及时提示、及时督促，对已经发生的超期羁押问题做到及时发现、及时提出纠正意见。最高人民检察院通过采取对全国超期羁押案件、久押不决案件实行定期通报、对重大

典型案件派员进行督办、对一个时期超期羁押和久押不决问题突出的省份实行重点督促指导、加强与最高人民法院沟通和协调等措施，强化了日常执法监督，保证了纠防超期羁押和久押不决的力度和效果。

通过多年来的积极努力，各地纠防超期羁押的意识较以往明显增强，“大面积”地超期羁押的问题基本上已不多见，但也存在一些突出问题，主要有：(1)仍然存在一些案件久押不决，有的案件被告人被羁押后长达10年案件仍未办结。造成案件久押不决的原因是多方面的，有些属于案件事实不清、证据不足，考虑到社会稳定等因素迟迟未能下判。有些属于超期羁押但并没有反映到统计数字之中，这其中一个主要原因是当地公检法曾联合下发通知，明确因请示定性、维护稳定等原因超审限的不计入超期羁押的范畴。由于一些地方没有将请示案件、二审超审限审理案件等计算到超期羁押案件中，致使一些地方的统计情况没有真实反映当地实际超期羁押情况。有的案件在审判环节请示时间过长，造成久审不决，同时也影响了对被告人是否超期羁押的界定。(2)换押制度不规范、不统一、不落实。2002年最高人民检察院制发的法律文书中规定了新的检察环节换押文书，与1999年最高人民法院、最高人民检察院、公安部联合制定的换押制度不一致；多数地方二审及以后的诉讼环节没有执行换押制度，造成羁押期限情况不明，难以明确被告人在不同诉讼阶段的羁押期限，也难以准确界定案件是否超期羁押。这些都给检察机关开展监督工作增加了困难。(3)对死刑二审案件超审限审理问题难以很好地履行监督职责，监督成效不大。2007年1月1日，最高人民法院收回死刑复核权后，各省(区、市)高级人民法院对一审判处死刑立即执行的案件不再行使死刑复核权，减少了工作量，但对其负责审理的死刑二审案件必须实行开庭审理，这在一定程度上增加了工作量，使得实践中一些地方死刑二审案件超审限审理，案件久审不决，被告人长期超期羁押。对此类案件，检察机关虽然积极努力监督，但由于缺乏必要的监督依据和手段，一些案件监督效果不够理想。(4)纠防超期羁押长效机制的建立完善任重而道远。由于涉及对超期羁押的界定标准认识分歧较大，有的部门坚持不将请示定性等案件计入审理期限，最终影响了纠防超期羁押长效机制的建立，也致使一些地方久押不决问题长期存在得不到监督纠正。(5)相关立法规定不完善，难以有力地监督纠正一些超期羁押案件。《刑事诉讼法》在第8条概括地规定，“人民检察院依法对刑事诉讼实行法律监督”，但对办案期限实施监督的保障措施并没有作出明确规定，特别是对超期羁押等程序违法行为没有确定相应的责任或强有力的监督纠正措施。

第二节　超期羁押和久押不决的原因及其危害性

一、超期羁押和久押不决的主要原因

在刑事诉讼过程中，超期羁押可分为两种类型：一是明显的超期羁押，如没有法定理由超过法定期限羁押犯罪嫌疑人、被告人；未及时办理延期审批手续导致超期羁押；在羁押后呈报劳动教养期间不改变强制措施导致超期羁押；在请示定性期间出现超期羁押等。二是变相或隐性的超期羁押，如不认真执行有关换押制度导致超期羁押等。总的来看，造成超期羁押、久押不决的原因，既有主观方面的原因，也有客观方面的原因；既有立法方面的原因，也有执法方面的原因。归纳起来主要有：

1. 一些执法、司法机关和人员存在“重打击、轻保护”，“重实体、轻程序”的思想。从司法实践来看，这些传统执法观念仍广泛存在并在相当程度上起着负面影响。有的办案人员把惩罚犯罪作为刑事诉讼的唯一目的，对于保障人权重视不够，认为只要在执行实体法上不出问题，超期羁押、久押不决就没有关系。有的虽然认识到超期羁押属于程序违法，久押不决会损害执法公信力，但认为可在判刑后将羁押时间折抵刑期，危害性不大。还有的办案人员责任心不强，执法随意性大，缺乏依法办案的自觉性，不能严格执法，导致超期羁押、久押不决。

2. 执法水平不适应日益复杂的案情和越来越高的办案质量要求，导致办案效率不高，造成案件超期羁押、久押不决。总体上看，虽然这几年政法队伍整体素质和执法水平有了大幅提高，但仍有相当一部分侦查、司法人员的业务素质较低，有的证据意识不强，适用法律水平不高，对案件定性把握不准，从而导致案件在法定期限内难以定论，不能按时办结，造成超期羁押、久押不决。也有的地方属于案件多、任务重，但人员少，往往是旧案未结，又来新案，一些办案人员以此作为超期羁押犯罪嫌疑人、被告人的理由。此外，还有极个别案件承办人利用办案之便，以案谋私，故意拖延时间，以达到向在押犯罪嫌疑人、被告人的亲属索取、收受贿赂的目的。

3. 案情重大复杂，犯罪嫌疑人、被告人归案时间不一，造成有的犯罪嫌疑人、被告人羁押时间过长。主要是一些犯罪集团案件，涉案人员多、作案次数多、涉及地域广、时间跨度长，甚至主犯在逃；有的共同犯罪案件中，部分在押犯罪嫌疑人所犯罪行已经查清，需进行下一个诉讼环节时，又有其他犯罪嫌疑人被缉拿归案，需要合并处理，以新羁押的犯罪嫌疑人羁押时间为起点计算羁押期限，这实际上造成了对先行羁押犯罪嫌疑人的超期羁押或者久押不决，甚至出现

被羁押数年而一直不能交付审判的现象。有的则是由于部分犯罪嫌疑人未能抓获归案，难以查清案件事实，为此作挂案处理，从而造成超期羁押、久押不决。

4. 案件证据发生重大变化，定案处理较为困难，造成久押不决。一些重大疑难案件，因在侦查取证期间，重要证据没有及时提取或证据灭失，庭审中被告人翻供或提供新的证据等，现有证据在质量上出现瑕疵，在二审审理时反复发回重审，补充证据，造成案件久拖不决。

5. 侦查、司法机关之间缺乏必要的协调和配合，对定性处理存在较大争议，致使案件久拖不决。主要表现在：一是不同部门司法解释或规范性文件存在矛盾，对同一法律条文的理解不一致，造成了一些案件在各诉讼环节上的扯皮现象。二是不同部门办案人员对案件认识不一致，怕承担责任而相互推诿，造成案件久拖不决。

6. 侦查终结后在呈报劳动教养期间不释放犯罪嫌疑人造成超期羁押。在司法实践中，有一些案件，侦查机关在羁押犯罪嫌疑人后，经过一段时间侦查，发现被羁押人的行为尚不构成犯罪，决定呈报有关部门作劳动教养处理。同时担心解除羁押后，一旦劳动教养决定下达，找不到当事人，于是在有关部门审批期间，继续羁押当事人，从而造成超期羁押。

7. 办案经费不足，影响调查取证或司法鉴定，未能及时结案。有的案件因缺乏办案经费，使证据无法及时得以固定和收集，有的证据甚至因此而灭失，最终影响案件的及时处理。有的犯罪嫌疑人、被告人被关押后患上精神病，需作司法鉴定予以确认，同时还需要对其释放后的监护或强制医疗工作做好安排，而鉴定费、医疗费等有关费用无法落实，致使案件一拖再拖，难以结案，造成超期羁押。

8. 立法规定不完善，难以有力地惩治超期羁押、久押不决行为，客观上导致超期羁押、久押不决现象屡禁不止。从立法层面上讲，纠防超期羁押和久押不决所需要的立法规定还不够完善。例如，羁押期限的管理责任不明确。虽然看守所是羁押犯罪嫌疑人、被告人的机关，但是已经超期羁押的犯罪嫌疑人、被告人，看守所无权直接决定释放或者变更强制措施。《刑事诉讼法》在第 8 条概括地规定，“人民检察院依法对刑事诉讼实行法律监督”，但对办案期限实施监督的保障措施并没有作出明确规定，特别是对超期羁押等程序违法行为没有确定相应的罚则或强有力的监督纠正措施。司法实践中，检察机关对超期羁押行为监督纠正的方法仅仅是向超期羁押、久押不决的部门进行“告知”、“催办”，发出《纠正违法通知书》。但如果有的办案部门以种种理由或方式不予理睬，检察机关则无能为力。立法上的欠缺，致使超期羁押、久押不决现象难以从根本上得到有效遏制。有的犯罪嫌疑人、被告人被羁押后长期关押在看守所，案件长期得不到最终处理，也没有变更强制措施，一个重要原因，就是我国《刑事诉讼法》

没有规定独立的刑事羁押制度，犯罪嫌疑人被执行逮捕后，对其羁押的期限与办案期限往往相对应。一些重大疑难复杂案件，往往会因事实不清、证据不足，在公检法机关多次反复，有的案件在法院审理环节多次发回重审，仍难以作出最终判决。办案期限拖得很长，客观上造成羁押时间很长，导致案件久押不决。

二、超期羁押和久押不决的危害性

超期羁押、久押不决不仅严重侵犯了犯罪嫌疑人、被告人的合法权益，同时也妨碍了刑事诉讼活动的顺利推进，损害了侦查、司法机关的形象，对于诉讼公正和效率价值的实现造成了严重的负面影响，具有较大的危害性。具体来说，主要表现在：

（一）影响了刑事诉讼活动的顺利推进

《刑事诉讼法》为了防止犯罪嫌疑人逃跑、自杀、串供、毁灭罪证或者继续进行犯罪活动，规定了刑事拘留、逮捕强制措施。同时为了保障被羁押人的人身权利不受任意的、非法的侵犯，保证执法的公正和高效，对羁押期限作出了严格的限定。这体现了惩罚犯罪与保障人权并重、实体公正与程序公正并重的指导思想。而超期羁押、久押不决则是违反了法律规定，背离了立法精神，对国家法律的严肃性造成了严重的损害。

（二）侵害了犯罪嫌疑人、被告人的合法权益

我国法律保护全体公民的合法权益，当然也包括被羁押的犯罪嫌疑人、被告人的合法权益。《刑事诉讼法》有关办案期限的规定，就体现了法律对犯罪嫌疑人、被告人合法权益的保护。虽然我国法律规定，犯罪嫌疑人、被告人的羁押时间可以折抵刑期，但有些犯罪行为的法定刑期少于被羁押时间，司法实践中一些地方审判机关往往按羁押时间量刑，违背了罪刑一致、罪罚相当的原则，侵犯了犯罪嫌疑人、被告人的合法权益。而且有些犯罪嫌疑人、被告人分别在侦查、审查起诉和审判阶段被排除犯罪嫌疑或宣告无罪，法定时限内的羁押已经是对其合法权益的侵害，而超期羁押则是对其合法权益更为严重的侵害。

（三）损害了侦查、司法机关的执法公信力

超期羁押是侦查、司法机关在执法活动中滥用追诉权的违法行为，违背了严格执法、公正司法的要求，相对其他诉讼参与人违法行为而言，在一定程度上具有更大的危害性。

（四）增加了诉讼成本，降低了诉讼效率

超期羁押、久押不决延长了办案期限，使案件不能在法定的期限内办结，有的甚至久拖不决，从而增加了办案所需的人力、物力，加大了办案成本，浪费了有限的司法资源，并且降低了诉讼效率，影响了其他案件的正常办理。而且，超

期羁押、久押不决也加重了被羁押人亲属和羁押场所的负担。目前，多数看守所存在警力不足、监舍面积小、监管设施差、经费紧缺等问题。而超期羁押、久押不决使得一些犯罪嫌疑人、被告人长期羁押在看守所，势必给监管工作带来更大的压力，不利于看守所的管理工作，同时给看守所及犯罪嫌疑人、被告人家属造成了过重的经济负担。

第三节　刑事羁押期限监督机制的完善

巩固纠防超期羁押、清理久押不决的成果，依法维护犯罪嫌疑人、被告人的合法权益，是全国各政法部门面临的共同任务，也是人民检察院作为法律监督机关义不容辞的责任。从检察机关法律监督工作的角度讲，需要继续加大对超期羁押和久押不决的纠防力度，提升羁押期限监督水平。依靠党委政法委和人大支持，重点对侦查、审判环节久押不决案件，组织进行集中清理纠正。对发现的超期羁押问题的整改情况进行跟踪监督，督促有关部门加以纠正，确保监督活动取得实效。同时，建立完善相关工作机制。

一、规范超期羁押和久押不决案件报告制度

各级地方检察机关对在押犯罪嫌疑人、被告人羁押期限超过 3 年的，要层报省级检察院监所检察处；对超期羁押犯罪嫌疑人、被告人 3 年以上的案件，在提出纠正意见的同时，要逐级层报最高人民检察院监所检察厅。

二、实行案件羁押情况定期检查通报制度

从检察机关自侦案件来讲，人民检察院在犯罪嫌疑人被逮捕或者在决定、批准延长侦查羁押期限、重新计算侦查羁押期限以后，侦查部门应当在 3 日以内将有关情况书面通知本院监所检察部门。人民检察院在决定对在押的犯罪嫌疑人延长审查起诉期限、改变管辖、退回补充侦查、重新计算审查起诉期限以后，公诉部门应当在 3 日以内将有关情况书面通知本院监所检察部门。对犯罪嫌疑人异地羁押的，办案部门应当将羁押情况书面通知羁押地人民检察院的监所检察部门。羁押地人民检察院监所检察部门发现羁押超期的，应当及时报告、通知作出羁押决定的人民检察院监所检察部门，由作出羁押决定的人民检察院监所检察部门对超期羁押提出纠正意见。已经建成计算机局域网的人民检察院，有关部门可以运用局域网通报、查询羁押情况。

各级人民检察院应当将检察环节遵守法定羁押期限情况作为执法检察工作的重点之一。检察长对本院办理案件的羁押情况、上级检察机关对下级检察机关办理案件的羁押情况应当定期进行检查；对办案期限即将届满的，应当加强督办。

各业务部门负责人应当定期了解、检查本部门办理案件的犯罪嫌疑人羁押情况，督促办案人员在法定期限内办结。基层人民检察院监所检察部门应当向本院检察长及时报告本院业务部门办理案件执行法定羁押期限情况。地市级以上人民检察院都应当及时通报辖区检察机关办案中执行法定羁押期限情况。

从其他刑事案件来讲，一是必须在办案机关、羁押机关、监督机关之间建立健全羁押情况检查通报制度，形成纠防超期羁押和久押不决的工作合力，共同努力杜绝和根除超期羁押、久押不决的现象。办案机关要有专门的内部案件管理部门对被押的犯罪嫌疑人、被告人实行跟踪监督，并制定催办、纠正超期羁押、久押不决的制度和措施，从源头上促进办案人员严格依照法定期限办案。二是不同诉讼环节的办案机制之间要加强工作衔接和情况通报，防止因信息缺乏沟通，衔接不力导致超期羁押。三是羁押机关要切实发挥对办案机关的监督制约作用，发现有可能出现超期羁押的，应当及时向办案机关提出，办案机关同时也可以对送押的犯罪嫌疑人、被告人在羁押期间合法权益的保障情况进行监督，真正在办案机关与羁押机关之间形成相互监督的机制。四是检察机关要切实发挥专门监督职能作用，特别是派驻检察室要发挥派驻检察的职能优势，全面、及时地掌握羁押人员变动情况、羁押期限情况，加强动态监督，防止出现超期羁押和久押不决。

三、规范、统一换押制度

换押制度，是指人民法院、人民检察院、公安机关在办理案件中，按照法律规定变更诉讼程序对被羁押的犯罪嫌疑人、被告人递次移送时，应当履行的期限交接手续的制度。1999 年“两高一部”印发了《关于羁押犯罪嫌疑人、被告人实行换押制度的通知》，规定凡对在押的犯罪嫌疑人、被告人依法变更刑事诉讼程序的，均应办理换押手续，即公安机关、国家安全机关侦查终结后人民检察院决定受理的，人民检察院审查或者侦查终结后人民法院决定受理的，以及人民检察院退回补充侦查的，在递次移送交接时，移送机关应当填写《换押证》，随案移送；接收机关应当在《换押证》上注明承接时间，填写本诉讼阶段的法定起止时间，及时送达看守所。从实践看，该制度还存在一定的缺点，需要进一步完善：一是换押程序不全面，法院二审程序不换押，死刑复核程序不换押，造成二审期限难以掌握。二是接收机关换押不积极，因换押不及时而造成隐性超期羁押问题。三是羁押期限变更通知制度没有落实，各环节期限变更情况无法了解。为此，各地在监督工作中也进行了积极的探索和尝试，对现行的换押制度予以完善。有的地方实行移送机关与接收机关同时换押的做法，以弥补接收机关换押的不足；有的地方实行“一证通”制度，“一张提票”反映各个机关的办案期限执行情况，保证换押环节的有效衔接。当前，需要总结一些地方政法机关实行“一证通”制度的工作情况，以及在解决“前清后超”、“隐性超期”、防止超期羁押方面所发挥的作用，促使在刑事诉讼的各个环节严格执行换押制度。

检察机关自侦案件要严格依法执行换押制度。人民检察院凡对在押的犯罪嫌疑人依法变更刑事诉讼阶段的，应当严格按照有关规定办理换押手续。对于公安机关等侦查机关侦查终结移送审查起诉的、决定退回补充侦查以及决定提起公诉的案件，公诉部门应当在 3 日以内将有关换押情况书面通知本院监所检察部门。

四、实行羁押期限届满提示制度

就检察机关自侦案件而言，监所检察部门对本院办理案件的犯罪嫌疑人的羁押情况实行一人一卡登记制度。案卡应当记明犯罪嫌疑人的基本情况、诉讼阶段的变更、羁押起止时间以及变更情况等。有条件的地方应当推广和完善对羁押期限实施网络化管理。监所检察部门应当在每月月底向检察长报告本院办理案件的羁押人员情况。监所检察部门应当在本院办理案件的犯罪嫌疑人羁押期限届满前 7 日制发《犯罪嫌疑人羁押期满提示函》，通知办案部门犯罪嫌疑人羁押期限即将届满，督促其依法及时办结案件。《犯罪嫌疑人羁押期满提示函》应当载明犯罪嫌疑人的基本情况、案由、逮捕时间、期限届满时间、是否已经延长办案期限等内容。案件承办人接到提示后，应当检查案件的办理情况并向本部门负责人报告，严格依法在法定期限内办结案件。如果需要延长羁押期限、变更强制措施，应当及时提出意见，按照有关规定办理审批手续。

五、建立完善羁押必要性审查制度

修改后的《刑事诉讼法》第 93 条规定，犯罪嫌疑人、被告人被逮捕后，人民检察院仍应当对羁押的必要性进行审查。对不需要继续羁押的，应当建议予以释放或者变更强制措施。有关机关应当在 10 日以内将处理情况通知人民检察院。因此，检察机关必须建立完善羁押必要性审查制度，促进依法适度适用羁押性强制措施，缩短羁押期限，完善羁押替代性措施。在保证刑事诉讼活动顺利进行的前提下，尽量减少羁押。促进完善取保候审、监视居住等不羁押犯罪嫌疑人、被告人的强制措施，建立羁押分流制度，适度减少逮捕后不必要的羁押人数。人民检察院在审查决定、批准逮捕中，应当讯问犯罪嫌疑人。检察人员在讯问犯罪嫌疑人的时候，应当认真听取犯罪嫌疑人的陈述或者无罪、罪轻的辩解。犯罪嫌疑人委托律师提供法律帮助或者委托辩护人的，检察人员应当注意听取律师以及其他辩护人关于适用逮捕措施的意见。人民检察院在办理直接受理立案侦查的案件中，对于被逮捕的人，应当由承办部门办案人员在逮捕后的 24 小时以内进行讯问，讯问时即应把逮捕的原因、决定机关、羁押起止日期、羁押处所以及在羁押期间的权利、义务用犯罪嫌疑人能听（看）懂的语言和文书告知犯罪嫌疑人。人民检察院在逮捕犯罪嫌疑人以后，除无法通知的以外，应当在 24 小时以内通知被逮捕人的家属，告知其家属有权为犯罪嫌疑人申请变更强制措施，对超期羁押的有权向人民检察院投诉。无论在侦查阶段还是审查起诉阶段，人民检察院依法延长或者重新计算羁押期限，都应当将法律根据、羁押期限书面告知犯罪嫌疑人、被告人及其委托的人。人民检察院应当将听取和告知记明笔录，并将上述告知文书副本存于工作卷中。

六、建立超期羁押和久押不决投诉和纠正制度

犯罪嫌疑人及其法定代理人、近亲属或者犯罪嫌疑人委托的律师及其辩护人认为超期羁押的，有权向作出逮捕决定的人民检察院或其上级人民检察院投诉。在押的犯罪嫌疑人可以约见驻所检察人员对超期羁押进行投诉。人民检察院监所检察部门负责受理关于超期羁押的投诉，接受投诉材料或者将投诉内容记明笔录，并及时对投诉进行审查，提出处理意见报请检察长决定。检察长对于自侦案件确属超期羁押的，应当立即作出释放犯罪嫌疑人或者变更强制措施的决定。人民检察院监所检察部门在投诉处理以后，应当及时向投诉人反馈处理意见。对于其他部门负责办理的案件超期羁押的，要及时提出纠正意见。

七、健全超期羁押和久押不决案件责任追究制度

由于超期羁押、久押不决问题涉及多个部门，因此，需要最高人民检察院、最高人民法院和公安部等部门联合制定这一制度。一方面，要树立案件程序错误也是错案的思想；另一方面，对因超期羁押、久押不决造成被羁押人员伤残、死亡或者其他严重后果的，要依法严肃追究有关人员的刑事责任，不断加大惩治超期羁押、久押不决行为的力度。对于违反《刑事诉讼法》和有关规定，滥用职权或者严重不负责任，造成犯罪嫌疑人超期羁押的，应当追究直接负责的主管人员和其他直接责任人员的纪律责任；构成犯罪的，依照《刑法》关于滥用职权罪、玩忽职守罪的规定追究刑事责任。

进一步完善法律规定，从立法层面为杜绝超期羁押创造条件。《刑事诉讼法》应明确规定超期羁押的违法性以及侦查、司法机关和有关人员超期羁押的法律责任。

第十一章　刑罚变更执行监督机制

刑罚变更执行监督，通常是指对减刑、假释、保外就医活动的监督。这其实还不够全面，因为规范地说，刑罚变更执行主要是指减刑、假释和暂予监外执行，保外就医只是暂予监外执行的主要情形之一。暂予监外执行主要有三种情形：有严重疾病需要保外就医的；怀孕或者正在哺乳自己婴儿的妇女；生活不能自理，适用暂予监外执行不致危害社会的。适用对象是对被判处有期徒刑或者拘役的罪犯。被判处无期徒刑的罪犯，如果属于怀孕或者正在哺乳自己婴儿的妇女的，可以暂予监外执行。刑罚变更执行监督多年来一直被视为监所检察工作的重点，因此，建立完善刑罚变更执行监督机制，特别是同步监督机制，是监所检察制度建设的重要方面。

第一节　减刑、假释、暂予监外执行监督开展情况

近年来，一些地方违法减刑、假释、暂予监外执行问题较为突出，严重损害了刑罚执行的严肃性和司法机关的执法形象。针对这一状况，各级检察机关坚持把刑罚执行监督的重点放在减刑、假释、暂予监外执行活动上，强化监督措施，完善工作机制，努力及时发现和纠正存在的违法问题。

2004 年 5 月至 2005 年 3 月，最高人民检察院会同司法部、公安部组织开展了减刑、假释、保外就医专项检察活动，对 2002 年以后的呈报、裁定和决定减刑、假释、暂予监外执行案件进行了集中清理和检查，对检察发现的问题，及时提出纠正意见。为了巩固专项行动成果，建立健全刑罚执行监督长效机制，一些地方检察机关还针对专项活动中发现的问题，积极与有关部门沟通，联合制定了加强和规范减刑、假释、暂予监外执行工作的具体意见，进一步使减刑、假释、暂予监外执行工作步入规范化、制度化的轨道。2007 年 3 月，最高人民检察院检察委员会通过了《关于减刑、假释法律监督工作的程序规定》，明确规定了人民检察院减刑、假释的监督程序，体现了人民检察院对减刑、假释工作全过程监督和同步监督的要求。2010 年年底至 2012 年年初，检察机关又组织开展了保外

就医专项检察活动。从近年来对减刑、假释和暂予监外执行监督开展情况看，主要是把握好三个问题：一是积极推进同步监督，二是强调对一些罪犯实行重点监督，三是促进刑罚变更执行及其监督的规范化。

一、减刑、假释和暂予监外执行及相关监督工作存在的主要问题

（一）减刑、假释、暂予监外执行活动中存在的主要问题

1. 违反法定条件减刑、假释、暂予监外执行。例如，罪犯宋某某 1995 年 2 月因犯贪污罪被判处无期徒刑，在服刑期间没有“重大立功表现”，却在 1998 年 4 月被市中级人民法院裁定减刑为有期徒刑 17 年。这就违反了 1997 年最高人民法院《关于办理减刑、假释案件具体应用法律若干问题的规定》第 6 条“无期徒刑罪犯在执行期间，如果确有悔改表现的，或者有立功表现的，服刑二年以后，可以减刑……一般可以减为十八年以上二十年以下有期徒刑”的规定。一些地方较为普遍地存在将患乙肝、慢性丙肝、一般性肺结核病、腰间盘突出、严重贫血等疾病的罪犯决定、批准保外就医的情况，而这些疾病均不属于司法部、最高人民检察院、公安部 1990 年发布的《罪犯保外就医执行办法》中《罪犯保外就医疾病伤残范围》的病残范围。

2. 成批办理减刑、假释，难以保证案件质量。一些监狱在办理罪犯减刑、假释时均采取成批办理的做法，有的一年内集中办理二批，或者三四批。例如，某监狱一天审议了 300 多名罪犯减刑案件，因监狱成批呈报，法院审判力量有限，很难进行细致审理。某市中级人民法院有一批减刑的日期竟然和监狱提请减刑建议书的签署日期是同一天。有的裁定书甚至是由监狱制作打印然后由法院盖章的。

3. 减刑的幅度和间隔时间不符合法律规定。2012 年最高人民法院《关于办理减刑、假释案件具体应用法律若干问题的规定》规定了减刑的幅度和间隔时间，但是仍有法院超过减刑幅度减刑或者不满间隔时间裁定减刑。

4. 有的省出台的规定与国家法律法规相抵触，制定的减刑计分考核制度不尽合理。有的执行机关把劳动成果作为评价罪犯劳动改造好坏的单一标准，甚至出现罪犯用钱购买其他罪犯劳动成果的现象。老弱病残罪犯很难获得计分得到减刑，严重影响了老弱病残罪犯改造的积极性。

5. 减刑、假释程序不够公开和明确。有的地方审批程序不明确，未建立公示制度，对减刑过程缺乏有效的监督，易进行“暗箱操作”，影响狱内监管秩序的稳定。

（二）减刑、假释、暂予监外执行监督方面存在的主要问题

1. 法律规定的刑罚执行监督程序与刑罚执行监督的客观需要不相适应。

1996年修改后的《刑事诉讼法》只规定了事后监督，对事前和同步监督无具体规定，造成监督滞后。2012年修改《刑事诉讼法》时对建立刑罚变更执行同步监督机制的要求已有所体现。

2. 检察人员的监督理念与刑罚变更执行同步监督的客观需要不相适应。一些地方监所检察人员没有牢固树立事前、事中、事后监督并重的观念，影响了刑罚执行监督活动的全面开展和效果。《刑事诉讼法》对人民检察院发现减刑、假释、暂予监外执行不当后如何处理作了进一步明确，但这并不意味着人民检察院的监督只是停留在减刑、假释、暂予监外执行裁定或者决定作出之后，根据《刑事诉讼法》关于“人民检察院依法对刑事诉讼实行法律监督”的规定，人民检察院的监督应当是全过程的监督。

3. 检察机关事前、事中监督的力度与维护刑罚执行公正的客观需要不相适应。由于一些地方对减刑、假释、暂予监外执行缺乏事前和事中监督，不当适用减刑、假释、暂予监外执行的现象比较突出，有的罪犯不惜贿赂司法人员，伪造“假材料”。即使检察机关在事后提出了纠正意见，但由于减刑、假释、暂予监外执行裁定或决定已经生效执行，罪犯已经减去余刑或者被假释，客观上给监督工作造成了一定的难度。特别是保外就医的案件，由监狱报主管部门批准即可，一经决定就可以释放。有的监狱向法院申报前一两天才将材料送到检察机关，由于减刑人数很多，检察机关很难进行仔细审查，无法做到有效监督。

4. 各地刑罚变更执行同步监督工作的规范化程度与近年来对规范执法行为的要求不相适应。从各地同步监督工作开展情况看，不规范、不统一的问题较为突出。有的地方只是停留在对刑罚执行的某些方面探索全程监督，显然不够全面。有的地方是规定监狱、看守所作为刑罚执行机关在向法院提请对罪犯减刑、假释时，必须附有检察机关的审查意见，否则法院不予受理。有的地方是派驻检察机构在监狱呈报环节进行监督，列席有关评审会，提出审查意见后，不再列席监狱长办公会。有的地方对减刑、假释的同步监督停留在对监狱、看守所提请活动进行监督，对法院审理活动不能向公诉机关介入审判活动一样进行介入，谈不上对法院审理活动的同步监督。还有就是检察机关对提请减刑、假释书面材料进行审查后提出的审查意见不规范的问题也较为突出，或者在审查后不提出任何意见，造成这些问题，主要是由于缺乏立法或者司法解释的统一规定。

二、对减刑、假释、暂予监外执行实行同步监督的必要性

为什么要加强对刑罚变更执行的同步监督？一是基于刑罚变更执行的特点。刑罚执行是刑事诉讼的最后环节，一旦发生错误，就可能因为罪犯已经释放而难以纠正。有的即使得到纠正，也加大了监督和纠错的成本。刑罚执行机关对服刑罪犯的改造情况进行量化考核，这往往是提请和裁定减刑、假释的基础，对减

刑、假释工作往往起着决定性作用。因此，检察机关必须对日常考核工作实行监督。此外，对刑罚执行机关提请活动以及人民法院审理活动，也需要及时介入，及时掌握情况，及时发现和纠正存在的违法问题。二是基于维护刑罚执行公正的客观需要。要发挥检察机关的职能作用，就必须增强监督的及时性和有效性。这就需要强调刑罚执行监督活动前移，强化事前、事中监督。三是基于强化人权保障的客观需要。相对于监管场所，罪犯处于非常明显的“弱势”地位，借助自身的力量维护自己的合法权益非常困难。这就需要检察机关以法律监督者的身份全程介入刑罚执行过程之中，以法律监督权制约刑罚执行权，加强对刑罚变更执行的监督，维护刑罚变更执行的公正性。四是基于保证刑罚执行和监管改造效果的需要。如果监管活动不规范、不文明，侵犯罪犯合法权益的行为得不到及时发现和纠正，罪犯就会产生抵触情绪，难以做到认罪服法、改过自新，以致影响监管改造质量。五是派驻检察的监督方式使刑罚变更执行同步监督成为可能。目前，检察机关对绝大多数监管场所实行了派驻检察。为了推进刑罚变更执行同步监督工作，必须建立健全对减刑、假释的提请、裁定活动和暂予监外执行的呈报、审批活动全过程同步监督机制。因此，必须强化同步监督，及时发现和纠正侵犯在押人员人权的现象。

为了保证同步监督的力度和效果，最高人民检察院要求对“九类罪犯”逐步建档和重点监督。最高人民检察院在2007年3月印发的《关于加强和改进监所检察工作的决定》明确提出对“九类罪犯”实行逐人建档和重点监督。所谓“九类罪犯”就是：（1）职务犯罪的罪犯；（2）涉黑涉恶涉毒犯罪的罪犯；（3）破坏社会主义市场经济秩序的侵财性犯罪的罪犯；（4）服刑中的顽固型罪犯和危险型罪犯；（5）从事事务性活动的罪犯；（6）多次获得减刑的罪犯；（7）在看守所留所服刑的罪犯；（8）调换监管场所服刑的罪犯；（9）其他需要重点监督的罪犯。2008年3月印发的《人民检察院监狱检察办法》也作出了类似规定。为什么强调对“九类罪犯”实行逐步建档和重点监督？一是基于开展同步监督的需要。开展同步监督的前提或者说基础是全面及时掌握对罪犯执行刑罚和监管情况，如果不掌握这些情况，就难以有效地开展同步监督。二是基于监内执行罪犯数量大，难以全面开展同步监督的现状。目前监狱罪犯有160多万人，看守所还有一些留所服刑罪犯，这些罪犯在执行刑罚期间，大多获得减刑或者假释，有的还多次被减刑，而派驻检察人员人数较少，为了保证同步监督的效果，必须有重点地进行监督，因此检察机关研究确定了对“九类罪犯”进行重点监督。具体到每一个监管场所，还不能机械地执行，可以在最高人民检察院确定的“九类罪犯”实行逐步建档和重点监督的框架下，结合本地实际，确定具体的重点监督对象。

第二节　刑罚变更执行同步监督的制度设计

减刑、假释、暂予监外执行监督工作应当坚持依法、公正、客观、规范的原则，按照专人办理、分级审批、突出重点、全面审查的要求，切实履行检察职责，变静态监督为动态监督，变被动监督为主动监督，变事后监督为同步监督。检察机关应当加强与刑罚执行机关、刑罚执行管理机关、审判机关的互相配合，互相制约。发现违法办理减刑、假释、暂予监外执行的，应当依法提出纠正意见；构成犯罪的，依法追究刑事责任。

一、同步监督的程序设计

2007 年最高人民检察院印发了《关于减刑、假释法律监督工作的程序规定》，以加强和规范减刑、假释法律监督工作。同时，对暂予监外执行的监督程序也有参照价值。

减刑、假释、暂予监外执行法律监督工作应当实行书面审查与实际调查相结合、全面监督与重点监督相结合的工作方法。检察人员应当深入罪犯劳动、生活、学习现场，通过设立检察信箱、谈话、座谈等形式，了解罪犯计分考核、奖惩记录等罪犯改造表现情况。

人民检察院应当重点监督前述“九类罪犯”的减刑、假释、暂予监外执行情况。及时对监狱提请减刑、假释罪犯的计分考核情况进行监督。对监狱送交的提请减刑、假释书面材料认真审查，派员列席监狱提请减刑、假释会议，并发表检察意见。对具有间隔期不够，改造不稳定，积分异常等情形的，应当进行重点审查监督。

人民检察院收到监狱提请减刑、假释的材料后，应当重点对以下内容进行审查：（1）提请减刑、假释的罪犯是否符合法律规定的条件；（2）提请减刑、假释的程序是否符合规定；（3）提请减刑、假释的材料是否真实、齐全。人民检察院应当在收到监狱提请减刑、假释的材料后 10 个工作日内审查完毕并提出意见。认为提请减刑不当的，应当提出纠正意见并填写《监狱提请减刑不当情况登记表》。所提意见未被采纳的，应当及时报告上一级人民检察院。收到提请假释的材料后，应当填写《监狱提请假释情况登记表》，报有权作出假释裁定的人民法院的同级人民检察院。认为提请假释不当的，应当提出纠正意见，将意见以及监狱采纳情况一并填入《监狱提请假释情况登记表》。监狱对纠正意见有异议的，可以向人民检察院提出复议；对于复议结论仍有异议的，可以向上一级人民检察院提请复核。人民检察院发现罪犯符合减刑、假释情形，监狱未提请减刑、假释的，应当及时提出提请减刑、假释的检察建议。对人民法院采取听证或者庭审方式审理减刑、假释案件的，同级人民检察院应当派员参加，发表检察意见并对听证或者庭审过程是否合法进行监督。

人民检察院收到同级人民法院减刑、假释的裁定书副本后，应当及时进行审查，认为裁定不当的，应当在收到裁定书副本后20日以内，向作出裁定的人民法院提出书面纠正意见，并监督人民法院在收到书面纠正意见后1个月内是否重新组成合议庭进行审理，以及所作的再次裁定是否符合法律规定。超过20日发现人民法院裁定减刑、假释不当的，或者认为再次裁定减刑、假释仍然不当的，应当报经检察长批准或者检察委员会决定，向作出减刑、假释裁定或者再次裁定的人民法院提出纠正意见，提请人民法院另行组成合议庭重新审理。

对人民法院减刑、假释裁定的纠正意见，由作出减刑、假释裁定的人民法院的同级人民检察院书面提出。下级人民检察院发现减刑、假释裁定不当的，应当及时向作出减刑、假释的人民法院的同级人民检察院报告。人民检察院对人民法院裁定假释的罪犯是否依法交付执行实行监督，发现监狱对被裁定假释的罪犯应当交付监外执行而不交付监外执行的，应当提出纠正意见。人民检察院在法律监督工作中发现司法工作人员利用职务之便，徇私舞弊违法办理减刑、假释案件的，应当依法向刑罚执行机关及人民法院发出《纠正违法通知书》；构成犯罪的，依法追究有关人员的刑事责任。

二、同步监督的途径和要求

检察机关通过与刑罚执行机关建立刑罚变更执行工作联系制度，及时掌握刑罚执行机关减刑、假释的工作计划和可能适用暂予监外执行罪犯的病残程度，有重点、有针对性地开展减刑、假释、暂予监外执行检察。

（一）审查提请减刑、假释和呈报暂予监外执行案件的主要途径和方法

派员列席刑罚执行机关减刑、假释、暂予监外执行的评审委员会会议；核查罪犯计分考核原始材料、罪犯认罪悔罪改造情况材料、罪犯奖惩情况材料、集体评议记录、狱政部门审查意见、罪犯的病历资料、病残鉴定等有关材料；通过召开罪犯座谈会、个别谈话、听取监管民警意见，进行文证鉴定等方式，核实有关事实。审查刑罚执行机关拟提请减刑、假释和呈报暂予监外执行的案件，应当查明内容是否真实，程序是否合法，是否符合法定条件，有无违法违纪和徇私舞弊等情况。审查减刑、假释，包括减刑、假释的提请，是否经过逐级上报，评审委员会讨论，进行公示等程序；提请的材料中，“计分”、“表扬”、“记功”、“劳积”、“立功”等是否真实；减刑的奖惩、幅度和间隔期限或假释的余刑、担保和户籍所在地公安机关意见等条件，是否符合法律法规和有关规定；审查暂予监外执行的呈报，是否经过病残鉴定，经过集体讨论等程序；暂予监外执行罪犯的

病残鉴定，是否由指定医疗机构出具，是否与客观实际相符，是否达到法律规定的暂予监外执行的标准。

（二）减刑、假释、暂予监外执行监督的主要环节

1. 日常派驻检察工作中的监督。派驻检察机构应当建立罪犯减刑、假释、暂予监外执行的专门档案，记载日常检察的相关信息。对重点罪犯跟踪检察，客观、全面掌握重点罪犯的服刑情况。派驻检察人员应当定期对已接近减刑条件的罪犯情况进行分析，作出预期评估，拟订工作预案，为下阶段的审查工作做好准备。

2. 对执行机关拟提请、呈报减刑、假释和暂予监外执行案件的审查监督。检察人员应当结合日常派驻检察工作中所掌握的情况进行审查，核对材料是否齐全。审查发现材料不全或内容有差错可能影响减刑、假释、暂予监外执行的，现减刑未达到间隔期限规定的，应当提出监督意见。审查发现暂予监外执行的鉴定有疑义的，可以提出委托检察机关技术部门进行文证鉴定的意见。对于拟提请、呈报减刑、假释和暂予监外执行的罪犯属于原处级以上干部职务犯罪的罪犯；涉黑、涉恶、涉毒犯罪的主犯；服刑中的顽固型和危险型的罪犯；多次获得减刑的罪犯；从事事务性劳动的罪犯等需要重点审查的罪犯，还应进行集体讨论、检察长审批，必要时开展实际调查。调查应当采取恰当的方法，具有针对性，调查的情况应当形成书面材料。检察机关收到刑罚执行机关移送减刑、假释案卷材料后，一般在10个工作日内审结；收到暂予监外执行案卷材料后，一般应在5个工作日内审结，审结后应出具书面检察意见。检察发现罪犯符合减刑、假释、暂予监外执行情形，刑罚执行机关未提请或呈报的，可以提出减刑、假释或呈报暂予监外执行的检察建议。刑罚执行机关对检察意见有异议，向人民检察院提出复议的，复议机关应当及时予以答复；刑罚执行机关对复议结论仍有异议，向上一级人民检察院提请复核的，复核机关应当及时予以答复。

3. 对执行机关已提请、呈报减刑、假释和暂予监外执行案件的审查监督。根据修改后的《刑事诉讼法》的规定，执行机关在向人民法院、省级以上监狱管理机关、市级以上公安机关提请、呈报减刑、假释和暂予监外执行的，应当将建议书或书面意见的副本抄送检察机关。检察机关在收到建议书或书面意见的副本后，应结合先前监督情况，及时进行审查。需要向受理减刑、假释案件的人民法院和暂予监外执行的决定或者批准机关提出书面意见的，应当及时提出检察机关的意见。对法院开庭审理的减刑、假释案件，检察机关应当派员出庭监督。

4. 对减刑、假释和暂予监外执行的裁定、决定的监督。审查人民法院作出的减刑、假释裁定和决定，批准机关作出的暂予监外执行的决定，应当在收到有关法律文书后及时审查完毕；应当查明裁定、决定是否正确，程序是否合法，内容有无错漏；重点审查人民法院和决定、批准机关对检察机关与刑罚执行机关意

见不同的案件所作的裁定或决定；审查发现裁定或决定有疏漏差错的，应当提出纠正意见；审查认为人民法院减刑、假释裁定不当的，在收到裁定书副本后20日内，向人民法院提出书面纠正意见；审查认为暂予监外执行决定不当的，应当在收到决定书后1个月内，向决定或者批准暂予监外执行的机关提出书面纠正意见。

第三节　减刑、假释案件开庭审理的监督

2010年2月，最高人民法院出台了《关于贯彻宽严相济刑事政策的若干意见》，规定了减刑、假释案件要采取开庭审理与书面审理相结合的方式，尤其对于职务犯罪案件中原为县处级以上领导干部罪犯的减刑、假释案件，要一律开庭审理。对于故意杀人、抢劫、故意伤害等严重危害社会治安的暴力犯罪分子，有组织犯罪案件中的首要分子和其他主犯以及其他重大、有影响案件罪犯的减刑、假释，原则上也要开庭审理。2012年1月17日公布的最高人民法院《关于办理减刑、假释案件具体应用法律若干问题的规定》进一步规定，人民法院审理减刑、假释案件，可以采用书面审理的方式。但下列案件，应当开庭审理：（1）因罪犯有重大立功表现提请减刑的；（2）提请减刑的起始时间、间隔时间或者减刑幅度不符合一般规定的；（3）在社会上有重大影响或社会关注度高的；（4）公示期间收到投诉意见的；（5）人民检察院有异议的；（6）人民法院认为有开庭审理必要的。该规定还明确要求，人民法院审理减刑、假释案件，应当一律予以公示。公示地点为罪犯服刑场所的公共区域。有条件的地方，应面向社会公示，接受社会监督。随着减刑、假释案件开庭审理的不断探索和实践，如何做好庭审监督工作是刑罚变更执行监督机制建设面临的一个新课题，也是具有现实紧迫性的一个课题。

一、检察机关对开庭审理的减刑、假释案件出庭监督的必要性

研究建立检察机关对开庭审理的减刑、假释案件出庭监督机制，首先必须明确出庭监督的必要性和案件范围。近年来，刑罚变更执行的公开、公正和规范越来越受到社会的关注。长期以来，由于减刑、假释、暂予执行案件审理、审查活动缺乏公开、透明，导致一些司法人员和执法人员以权谋私，徇私舞弊，违法办理减刑、假释和暂予监外执行。由于书面审理是主要的审理方式，过程封闭，罪犯难以发表意见。法院审理活动过分依赖执行机关提供的书面材料，也难以详细了解罪犯的实际情况，对是否符合减刑、假释条件往往只能作形式上的判断。即使去监狱调查，也仅是对服刑罪犯作简单的书面调查笔录，原审被害人、附带民事诉讼原告人及相关证人一般也不知情。由于审判过程不够公开，给“暗箱操

作”留下了空间。检察机关虽然大多在提请、呈报前已经介入并开展监督工作，但也只是书面审查，由于缺乏相关方面的共同参与，这种监督有时难以发现深层次问题，实际发挥的监督作用不够理想。再加上法院未实行开庭审理，检察机关对法院审理活动也缺乏必要的监督，不利于促进刑罚变更执行的公正。这种审理方式和参与模式，导致执行机关实际主导审理活动，执行权缺乏必要的监督和制约，审判机关也缺乏外部和内部监督，容易发生“人情案”、“关系案”和“金钱案”，严重损害法律的尊严和刑罚执行的严肃性，损害了执法机关的公信力及党和政府的形象。有的不符合条件的罪犯被违法办理减刑、假释和暂予监外执行后实施新的犯罪，严重影响了社会稳定。另外，由于审理审批程序的不完善，也存在一些符合条件的罪犯得不到变更执行的问题，严重损害了其合法权益。实行开庭审理和书面审理相结合，既考虑到了开庭审理的必要性，又考虑到了其可行性，突出了刑罚变更执行案件审理活动的重点，这也是检察机关需要监督的重点。因此，凡是法院决定开庭审理的案件，检察机关都应出庭，履行法律监督职责。即使检察机关对于执行机关提请、呈报前已经审查提出检察意见并为执行机关所采纳，也有必要出庭，发表意见，并对庭审过程中出现的新的事实、证据和意见发表看法。例如，罪犯朱某被呈报减刑后，检察人员通过查阅其档案资料，发现其在报请减刑前的两个季度因赌博和故意倒掉众多犯人的饭菜，两次分别被禁闭 15 天，而提请减刑意见书却称朱某在此期间受到表扬。当法院开庭审理罪犯朱某的减刑案时，执行机关宣读提请减刑意见书及其证据后，检察人员即提出质疑，并向法庭出示了朱某前两个季度违犯监规监纪两次被禁闭的证据，指出朱某不符合减刑条件，建议法庭裁定不予减刑。法庭休庭合议后，当庭宣布朱某违犯监规不符合减刑条件，裁定不予减刑①。

检察机关只有对所有开庭审理的减刑、假释案件派员出庭监督，对刑罚变更执行的同步监督才能具有完整性，真正实现对全过程的监督。检察机关对刑罚变更执行案件实行同步监督主要包括三个环节，一是对执行机关提出减刑、假释案件的意见书进行书面审查和相关调查，进行事前监督。二是对公开开庭审理的减刑、假释案件派员出庭，进行事中监督。三是对人民法院和批准、决定机关作出的裁决进行事后监督。检察人员出庭监督，不仅仅是针对执行机关提出的意见进行监督，对法院审理活动也存在监督问题，对罪犯合法权益也存在保障问题。通过出庭监督，还可以适度做好法律监督宣传工作，向社会展示检察机关的职责和任务。

① 朱碧巍：《如何在公开审理减刑、假释案件中履行好法律监督职责》，资料来源：http：//www. huangshi. jcy. gov. cn。

二、检察人员出席法庭的身份和主要职责

建立检察机关对开庭审理减刑、假释案件的出庭监督机制，必须准确把握出庭检察人员的身份和定位。出庭检察人员的身份是检察员，是法律监督者，必须立足于发挥法律监督职能定位自己的角色和职责，不能将检察机关定位为与罪犯、执行机关相对立的控方。在庭审过程中，检察机关监督的是执行机关提请活动的合法性及相关事实和证明材料的真实性，以及庭审活动的合法性，既防止违法办理减刑、假释，也防止侵犯罪犯的合法权益。

目前减刑、假释案件庭审程序的设计基本是：首先由执行机关出庭人员宣读提请减刑、假释意见书，被提请减刑、假释的罪犯介绍个人改造表现及立功受奖情况，其后检察机关出庭人员向罪犯发问，由执行机关举证，检察机关质证并发表意见，被提请减刑的罪犯作最后陈述，最后休庭合议重新开庭，审判长宣读裁定结果。检察机关要根据庭审程序的设计，明确出庭检察官的职责。在庭审过程中，检察人员主要是通过当庭询问、质证来确认执行机关提请减刑、假释人员的条件是否具备，提请减刑、假释意见书所列立功或受表扬的事实是否存在、相关证据是否真实有效，同时对合议庭是否依据事实和法律审核裁定进行监督。为此，出庭检察人员一是要认真聆听法庭核实被提请减刑、假释罪犯的身份信息和原判信息，执行机关宣读的提请减刑、假释意见书，听取被提请减刑、假释的罪犯具体介绍个人改造表现及立功受奖情况。二是在法庭调查过程中，针对发现的问题和存在的疑问进行发问，向被提请减刑、假释罪犯的同监舍罪犯了解相关表现情况，进一步查清有关情况。三是在质证时，详细查看监狱提供的提请减刑、假释意见书、奖励审批表、罪犯小组讨论记录、监狱民警讨论记录等相关证据，作出准确的判断。四是在核实拟减刑、假释罪犯的实际服刑期、减刑假释起始时间、减刑假释间隔时间、罪犯服刑期间现实表现后，当庭发表法律监督意见。出庭检察人员的任务是监督庭审程序和内容的合法性，并对服刑罪犯能否被减刑、假释发表监督意见。

准确把握出庭监督职责，还必须准确界定庭审程序的性质。以前法院审理部分重大减刑、假释案件一般采取听证会方式，现在修改为开庭审理，显然其性质和程序已经发生了变化。听证主要是国家行政机关在作出决定之前，通过一定的程序给利害关系人提供发表意见的机会，而减刑、假释案件的庭审是一种司法程序，应包括提出主张、法庭调查、示证、质证、最后陈述等阶段。减刑、假释案件的庭审对象不是被告人的行为，而是执行机关提出的减刑、假释意见及所依据的相关证据材料，核心问题是这些证据材料的真实性和提出的减刑、假释意见的合法性和合理性，它与刑事诉讼一、二审程序的区别在于：一、二审程序需要解决的是是否对被告人定罪和判处刑罚，以及刑罚种类和长短问题，而减刑、假释

案件庭审要解决的是刑罚变更执行问题；一、二审程序基本诉讼结构是完整的，有控辩审三方，并具有比较明显的对抗性，而减刑、假释案件庭审的诉讼结构不再是典型的控辩审三方，实践中检察机关对执行机关提出的减刑、假释意见大多是没有异议的，庭审活动的进行更多的是通过公开审查保证刑罚变更执行的公正性，缺乏明显的对抗性。

三、检察人员的庭前准备工作

执行机关将提请减刑、假释意见书副本送达检察机关后，检察机关首先应对提请减刑、假释意见书进行初步审查，重点审查被提请减刑的罪犯是否曾经减刑、减刑间隔时间是否符合相关法律规定、被提请假释的罪犯的刑期起止时间、已经执行的刑期是否过半、提请减刑、假释的罪犯是否从外地监狱转来服刑、是否重刑犯、是否可能存在人情关系因素。其次，对被提请减刑、假释人员的服刑档案进行书面审查。重点审查罪犯接受教育改造的事实及认定其有嘉奖、立功、重大立功的证据材料，是否真实、客观、全面，是否有误报、瞒报问题。例如，罪犯石某的提请减刑意见书中，没有说明该罪犯前次减刑的具体时间，经检察人员调查发现前次减刑具体时间至本次开庭时间不足 1 年，其后，检察人员在开庭审理时指出，合议庭当即采纳检察意见，裁定不予减刑。最后，推行“三见面”制度，即与管教干警见面、与当事人见面、与罪犯见面，进行深入调查，获取第一手资料与证据，确保以事实为依据，以法律为准绳，做到不枉不纵。例如，有的检察人员通过“三见面”谈话发现执行机关为提请减刑夸大、虚报了拟减刑罪犯的劳动成果一事，经依法提出纠正意见，执行机关主动撤回对罪犯的减刑意见。

四、庭审后的监督工作

继续做好庭审后的监督工作，是加强对刑罚变更执行全过程监督的客观需要。一是可能当庭发表的检察意见没有被采纳，二是可能会发现新的事实和证据证明裁决错误。例如罪犯刘某的不当减刑案，监狱将刘某家属向监狱捐赠的 100 多件物品作为该罪犯减刑条件呈报减刑，在庭审中检察人员向执行机关及罪犯本人就此问题提出质疑，法院审核裁定时仍对刘某裁定减刑 11 个月，并送达了减刑裁定书。检察人员查阅了司法部《关于禁止监狱以任何形式接受罪犯及其家属捐赠钱物的通知》第 3 条“对向监狱捐赠钱物的罪犯给予计分奖励的，在呈报减刑意见时应当扣除因向监狱捐赠钱物所获奖励的分值”的规定，认为对刘某减刑存在问题。根据《刑事诉讼法》的规定，检察机关依法向法院提出了纠正意见。后法院采纳了检察机关的意见，撤销了刘某的减刑裁定书①。

另外，有的减刑、假释案件虽然进行了开庭审理，但由于人多量大及其他原因，开庭过程中不一定能够全面查清所有呈报减刑、假释案件的真实情况。例如罪犯陈某某减刑案，检察人员根据反映审查发现裁定减刑的主要证据材料存在疑问，查明陈某某系外地转监人员，在提请减刑时，执行机关有关人员虚报其在原监狱受表扬材料。检察机关向法院提出了纠正意见，法院撤销了减刑裁定。同时，还依法追究了执行机关相关人员的责任②。

检察人员应结合出庭监督，认真分析日常监督和庭前准备的不足，有针对性地加强和改进日常监督工作。派驻检察人员在日常派驻检察工作中应注意深入了解执行机关对罪犯的日常考核工作，借助科技手段，提高日常监督的效果。通过约见罪犯、调阅罪犯的日常考核记录，听取其他罪犯的意见，列席分监区集体评议，参加提请减刑、假释案件的评议，对罪犯的累积得分和执行机关提请减刑、假释的初步意见进行监督。深化检务公开，让罪犯了解派驻检察室及派驻检察人员的工作职责，同时督促执行机关提高日常考核和提请减刑、假释活动的透明度和规范性。对于日常监督工作中发现的违法办理减刑、假释、暂予监外执行的案件线索，应注意深挖细查，加大查处监管民警违法犯罪的力度，增强监督的权威性。另外还要会同有关部门组织监管民警及服刑罪犯旁听减刑、假释案件庭审，加强教育与警戒，同时也进一步促进审判机关公正司法。

第四节　刑罚变更执行监督机制的完善

建立刑罚变更执行同步监督机制，是推进司法体制和工作机制改革的重要内容。根据中央司法体制和工作机制改革意见精神以及加强刑罚变更执行同步监督的客观需要，2012 年 3 月全国人大《关于修改〈中华人民共和国刑事诉讼法〉的决定》从完善程序的层面，对加强刑罚变更执行同步监督作了规定。修改后的《刑事诉讼法》第 255 条规定，监狱、看守所提出暂予监外执行的书面意见的，应当将书面意见的副本抄送人民检察院。人民检察院可以向决定或者批准机关提出书面意见。第 256 条规定，决定或者批准暂予监外执行的机关应当将暂予监外执行决定抄送人民检察院。人民检察院认为暂予监外执行不当的，应当自接到通知之日起 1 个月以内将书面意见送交决定或者批准暂予监外执行的机关，决

① 朱碧巍：《如何在公开审理减刑、假释案件中履行好法律监督职责》，资料来源：http：//www. huangshi. jcy. gov. cn。

② 朱碧巍：《如何在公开审理减刑、假释案件中履行好法律监督职责》，资料来源：http：//www. huangshi. jcy. gov. cn。

定或者批准暂予监外执行的机关接到人民检察院的书面意见后，应当立即对该决定进行重新核查。第 262 条第 2 款规定，被判处管制、拘役、有期徒刑或者无期徒刑的罪犯，在执行期间确有悔改或者立功表现，应当依法予以减刑、假释的时候，由执行机关提出建议书，报请人民法院审核裁定，并将建议书副本抄送人民检察院。人民检察院可以向人民法院提出书面意见。第 263 条规定，人民检察院认为人民法院减刑、假释的裁定不当，应当在收到裁定书副本后 20 日以内，向人民法院提出书面纠正意见。人民法院应当在收到纠正意见后 1 个月以内重新组成合议庭进行审理，作出最终裁定。这就改变了过去《刑事诉讼法》对刑罚变更执行监督只有事后监督的具体条款的局限性，增加了执行机关在向法院和审批机关提请、呈报减刑、假释、暂予监外执行时，必须将建议书或书面意见的副本抄送检察机关，检察机关可以向人民法院和暂予监外执行的批准或决定机关提出书面意见的规定，从而第一次在《刑事诉讼法》中将检察机关对刑罚变更执行的监督由人民法院审理作出裁决后和批准、决定机关作出决定后提前到在人民法院和批准、决定机关审理、审批之前。监督环节的提前，实际上是从立法上肯定了加强刑罚变更执行同步监督的做法，这也是落实中央司法体制和工作机制改革意见精神的重要措施。有关部门之所以没有从立法层面对检察机关对执行机关的提请、呈报活动进行事中监督作出规定，主要是考虑到现有检察人员的力量还不能完全适应，立法条件不够成熟。

在《刑事诉讼法》修改之前，一些地方检察机关已经较为普遍地开展了刑罚变更执行监督工作，这在前文已有介绍。主要做法是：执行机关在向人民法院或暂予监外执行批准或决定机关提请、呈报之前，将有关材料送检察机关审查提出监督意见，检察机关提出不同意见的，绝大多数执行机关予以采纳。但检察机关的监督意见不影响执行机关最终决定是否向人民法院和暂予监外执行批准或决定机关提请、呈报减刑、假释和暂予监外执行。一些省级地方检察机关和人民法院、公安、司法行政机关就此会签了文件，但从全国的层面还缺乏具体明确的规范性文件予以规范。2012 年最高人民法院《关于办理减刑、假释案件具体应用法律若干问题的规定》第 24 条规定，人民法院受理减刑、假释案件，应当审查执行机关是否移送下列材料：（1）减刑或者假释建议书；（2）终审法院的裁判文书、执行通知书、历次减刑裁定书的复制件；（3）罪犯确有悔改或者立功、重大立功表现的具体事实的书面证明材料；（4）罪犯评审鉴定表、奖惩审批表等；（5）其他根据案件的审理需要移送的材料。提请假释的，应当附有社区矫正机构关于罪犯假释后对所居住社区影响的调查评估报告。人民检察院对提请减刑、假释案件提出的检察意见，应当一并移送受理减刑、假释案件的人民法院。经审查，如果上述材料齐备的，应当立案；材料不齐备的，应当通知提请减刑、假释的执行机关补送。这个司法解释颁布在全国人大《关于修改〈中华人民共和国刑事诉讼法〉的决定》之前，修改后的《刑事诉讼法》实际上肯定了目前司法解释中关于刑罚变更执行监督的一些做法。该司法解释要求人民检察院对提请减刑、假释案件提出的检察意见，应当一并移送受理减刑、假释案件的人民法院。但并不是要求所有案件都必须有检察意见，如果案件有检察意见，执行机关必须移送人民法院，如果没有则无需移送。但仅仅根据该司法解释，还得不出检察机关提出检察意见是执行机关向人民法院提请减刑、假释的必经程序的结论。

2011年8月，全国人大法工委公布了《刑事诉讼法》修正案征求意见稿，该意见稿规定："监狱、看守所提出暂予监外执行的书面意见的，应当将书面意见的副本抄送人民检察院。人民检察院可以向决定或者批准机关提出书面意见。被判处管制、拘役、有期徒刑或者无期徒刑的罪犯，在执行期间确有悔改或者立功表现，应当依法予以减刑、假释的时候，由执行机关提出建议书，报请人民法院审核裁定，并将建议书副本抄送人民检察院。人民检察院可以向人民法院提出书面意见。"相对于这个征求意见稿的规定，全国人大《关于修改〈中华人民共和国刑事诉讼法〉的决定》在立法表述上有了变化，但在实际内容上没有变化。在立法机关征求意见的过程中，有的同志对此提出了不同的意见，认为《刑事诉讼法》修正案征求意见稿的内容体现了加强刑罚变更执行同步监督的精神，但还不够到位。建议修改为："监狱、看守所在向法院或者上级审批机关提出减刑、假释建议或者暂予监外执行的书面意见前，应当听取检察机关的意见。"主要理由是：（1）征求意见稿的方案虽然在建立刑罚变更执行同步监督机制方面向前迈出了一步，但没有到位。建立同步监督机制，就是对减刑、假释、暂予监外执行活动从监狱、看守所提请、呈报到人民法院审理、省级监管机关审批的全过程都进行监督，其出发点就是要强化对提请、呈报环节的监督。而按照征求意见稿的方案，检察机关实际上对提请、呈报环节并没有做到真正的同步监督。（2）征求意见稿的方案也不利于操作。按照征求意见稿的方案，检察机关收到监狱、看守所抄送的副本后，案件已经送到人民法院或审批机关，检察机关在此后提出意见，不利于人民法院或审批机关及时审查。实践中，人民法院和审批机关由于对罪犯及监管改造情况缺乏必要的了解，审理、审批活动基本上是形式审查，难以发现和纠正提请、呈报环节存在的问题，这就需要检察机关发挥派驻检察了解情况的优势，在提请、呈报前通过同步监督发现和纠正存在的问题。从近年来的实践来看，经过检察机关的同步监督，90%以上的减刑、假释、暂予监外执行违法或不当问题在提请、呈报环节就得到了较好的解决。（3）与目前的通行做法不相一致，也不适应实践需要。目前各地监狱、看守所在向法院提请减刑、假释之前，大都是把有关案卷材料送检察机关审查提出监督意见，而不是在提请后将提请意见抄送检察机关。现在亟须的是通过立法对实践中的通行做法予以肯定和明确。（4）检察机关对监狱、看守所提请活动的监督不影响提请权的行使，不论检察机关是否同意提请单位的意见，提请单位都可以将提请材料送人民法院。但最终全国人大在《关于修改〈中华人民共和国刑事诉讼法〉的决定》中没有采纳这一修改意见，基本上坚持了征求意见稿的内容。

在全国人大作出修改《刑事诉讼法》的决定后，下一步如何落实修改后的《刑事诉讼法》的规定、最高人民法院新的司法解释，如何进一步落实中央司法体制和工作机制改革意见的精神，以及当前推进刑罚变更执行监督的做法还是否坚持等，都需要进一步明确，以统一思想认识，规范司法实践。笔者认为，这需要解决好三个方面的问题：一是准确理解和把握《刑事诉讼法》的新规定；二是准确理解和把握最高人民法院新的司法解释的规定；三是准确理解立法规定、司法解释规定和实践中的普遍做法的关系。

一、严格执行《刑事诉讼法》的新规定

检察机关对执行机关提请、呈报的减刑、假释、暂予监外执行案件，在收到执行机关抄送检察机关的书面意见和建议书后，要结合日常派驻检察工作掌握的情况，认真进行审查，开展必要的调查工作。对是否符合法定条件、法定程序、证明罪犯确有悔改或者立功、重大立功表现的具体事实的书面材料、证明符合保外就医条件的医疗鉴定意见等是否真实作出准确的判断，认为违法或不当的，及时向人民法院和批准、决定机关提出书面意见。

修改后的《刑事诉讼法》对检察机关可以向决定或批准机关、人民法院提出书面意见是一种授权规定，考虑到不是每个案件都必须提出书面意见，执行机关只是提出了提请、呈报减刑、假释、暂予监外执行的意见，最终还是由人民法院和批准、决定机关审理、审查后作出裁决、决定，因此，立法规定了检察机关“可以”提出书面意见。这并不是说检察机关发现存在违法或不当情形，可以提出书面意见，也可以不提出书面意见。这一点与《刑事诉讼法》第 217 条关于一审抗诉的规定的表述不同，《刑事诉讼法》第 271 条规定，地方各级人民检察院认为本级人民法院第一审的判决、裁定确有错误的时候，应当向上一级人民法院提出抗诉。因为这时审判机关已经作出一审判决，如果没有上诉或抗诉，判决即将生效。因此，如果发现确有错误，就应当向上一级人民法院提出抗诉。而在提请、呈报减刑、假释、暂予监外执行的案件中，执行机关只是向有裁决权或批准、决定权的机关提出了意见，有裁决权或批准、决定权的机关尚未作出裁决或决定，因此，从立法层面也不宜规定“应当”提出书面意见。

二、准确理解立法精神

全国人大《关于修改〈中华人民共和国刑事诉讼法〉的决定》虽然没有完全肯定目前司法实践中关于开展刑罚变更执行同步监督的做法，特别是检察机关

在执行机关提请、呈报前提出检察意见，但立法规定与实践中的做法并没有发生直接冲突，坚持目前实践中的做法与立法规定并不矛盾。实践中的做法没有上升为立法规定，是因为立法条件还不够成熟，实践中可以继续坚持和进一步完善这一做法，而且可以在坚持现行做法的同时，严格执行《刑事诉讼法》的新规定。对减刑、假释、暂予监外执行案件，执行机关在提请、呈报前，将有关材料移送检察机关审查提出意见的，检察机关可以提出检察意见。执行机关采纳检察机关监督意见后再向人民法院或批准、决定机关提请、呈报的，将有关书面意见或建议书抄送检察机关，检察机关没有新的意见的，可以不向人民法院或者批准、决定机关提出书面意见。如果发现执行机关的意见及所依据的证明材料有新的变化，检察机关有不同意见的，可以向人民法院或者批准、决定机关提出书面意见。对于执行机关在提请、呈报前，将有关材料移送检察机关审查提出意见后，没有采纳检察机关的监督意见，坚持向人民法院或批准、决定机关提请、呈报的，检察机关在收到执行机关抄送的书面意见或建议后，要重点进行审查，认为需要坚持向原执行机关提出检察意见的，应当及时向人民法院或者批准、决定机关提出书面意见，继续加强检察监督工作。

三、准确理解立法规定与最高人民法院新的司法解释规定之间的关系

2012 年最高人民法院《关于办理减刑、假释案件具体应用法律若干问题的规定》第 24 条与《刑事诉讼法》的新规定同样没有直接矛盾，可以说并行不悖。坚持现行检察机关对执行机关提请、呈报活动进行监督的做法，势必会有对提请减刑、假释案件的检察意见，那么执行机关在向法院移送有关材料时，就应执行最高人民法院司法解释的规定，将检察意见一并移送受理减刑、假释案件的人民法院。有检察意见不移送的，人民法院应当通知提请减刑、假释的执行机关补送。

四、继续推进刑罚变更执行监督机制建设

虽然《刑事诉讼法》和有关司法解释对推进刑罚变更执行同步监督机制建设作出了新的规定，但从实际工作需要和机制建设的层面讲，还需要最高人民法院、最高人民检察院、公安部、司法部就提请、报请活动的同步监督联合出台规范性文件。另外，还要进一步建立完善暂予监外执行同步监督机制建设。目前，司法部正在研究制定《暂予监外执行办法》。该办法草稿中也有关于检察机关法律监督的内容和程序，加强对暂予监外执行的同步监督的内容。参照 2012 年最高人民法院《关于办理减刑、假释案件具体应用法律若干问题的规定》的规定，有必要在这个办法中规定，经审议拟对罪犯呈报暂予监外执行的，由监狱、看守

所填写《暂予监外执行审批表》，连同有关鉴定或者检查、鉴定材料和保证人的保证书以及检察机关的意见，报请审批机关审批。因为同步监督应当是对暂予监外执行全过程实行监督，而不仅仅是事后监督。监狱提请环节是关键环节，也是容易出问题的环节，必须加强监督。派驻检察室的意见只是监督意见，表明对程序和实体的看法。提出意见后并不妨碍监狱、看守所的提请、呈报权，也不妨碍省级以上监狱管理机关、市级以上公安机关的批准权、决定权。

五、完善相关刑罚执行规定和机制，促进刑罚变更执行同步监督深入开展

第一，建议监狱改变成批办理减刑、假释的做法，做到减刑、假释工作的日常化。各监狱应做到符合减刑、假释的条件就及时办理，不能积压到一大批再集中办理。第二，建议最高人民法院要求各级法院严格依照法律和司法解释规定的条件办理减刑、假释，尽可能地扩大开庭审理减刑、假释案件的范围。监狱和法院应正确理解法律规定，消除顾虑，适当扩大罪犯假释的比例。第三，建议修改《罪犯保外就医执行办法》和《罪犯保外就医疾病伤残范围》，制定《罪犯暂予监外执行规定》和《暂予监外执行条件》。《罪犯保外就医执行办法》和《罪犯保外就医疾病伤残范围》制定于1990年，而《监狱法》于1994年制定，《刑事诉讼法》于1996年、2012年先后两次大规模修改，对有关保外就医的规定等作了修改，同时实践中出现了许多新类型的疾病也需要保外就医，因此修改《罪犯保外就医执行办法》和《罪犯保外就医疾病伤残范围》十分重要而紧迫。修改内容应主要包括：一是对《罪犯保外就医疾病伤残范围》第29条“其他应当保外就医的疾病”的范围明确细化，增强应该保外就医的新类型的严重疾病，如非典型性肺炎、具有严重传染性的肝炎等。如继续保留这一兜底性条款，应该规定更为严格的鉴定和审批程序，可以明确规定医疗鉴定程序。第四，建议将暂予监外执行的决定权统一交由法院行使，由作出决定的法院的同级检察机关行使监督权，改变监狱管理机关、公安机关和法院都有权批准暂予监外执行的混乱局面。因为从法理上讲，法院的刑事判决具有高度的既判力和权威性，非经法院的裁定不能随意变更，而暂予监外执行是对法院判决裁定刑罚的执行方式、地点的重大变更，因而只能由法院变更，不宜由其他刑罚执行机关变更。

第十二章　被监管人死亡检察机制

对监狱、看守所、劳教所等监管场所发生的事故进行检察是检察机关监管活动监督的重要内容。在监管场所发生的事故中，在押人员非正常死亡占有一定的比例，社会关注的程度也比较高，容易诱发家属闹事、上访等不稳定因素，且容易成为媒体炒作热点，影响政法机关形象和国际人权斗争大局，危害较大。对此，必须引起高度重视，采取切实有力的措施，做好事故检察和安全防范工作，建立完善相关检察机制。2009 年 2 月，云南省晋宁县看守所在押人员李荞明被"牢头狱霸"殴打致死，之后一些看守所又连续发生在押人员非正常死亡事件，引起了社会各界的普遍关注。为杜绝此类事件的发生，最高人民检察院于 2004 年 4 月、10 月分别会同公安部、司法部部署开展了全国看守所监管执法专项检察活动和全国监狱"清查事故隐患、促进安全监管"专项活动，着力解决一些地方监管工作不到位、安全措施不到位、法律监督不到位、责任追究不到位和在押人员死亡事故调查处理机制不完善等问题。2010 年又会同公安部等 8 个部门联合开展了全国看守所安全大检查活动，2011 年开展了全国看守所械具和禁闭使用情况专项检察活动。通过开展这些专项活动，促进了监管场所依法文明科学管理，及时发现和纠正了一些违法监管问题和安全隐患，强化了对被监管人合法权益的保障，全国监管场所在押人员非正常死亡数量同比明显下降，有力地维护了监管秩序和社会稳定。

第一节　被监管人死亡的检察程序

规范检察程序是做好被监管人死亡检察工作的重要保证。2010 年年底，最高人民检察院出台了《关于监管场所被监管人死亡检察程序的规定（试行）》，确保检察机关对监管场所被监管人死亡检察工作的规范、有序进行。

一、受理和报告程序

人民检察院接到监管场所发生被监管人死亡的情况报告后，应当立即受理，并开展审查、调查和相关处理工作。县级人民检察院担负派驻或者巡回检察任务的监管场所发生被监管人死亡事件的，由地市级人民检察院负责审查、调查和相关处理工作，或者组织、指导县级人民检察院开展审查、调查和相关处理工作。这主要是考虑到被监管人死亡处理工作的极端重要性，以及基层地方检察院作为日常派驻检察机关，由其负责被监管人死亡的检察处理，往往会遇到难以克服的阻力和干扰，而且也有可能因怕承担日常监督不力的责任而心存顾虑，不愿尽职尽责地进行调查。因此，需要由地市级人民检察院负责审查、调查和相关处理工作，或者组织、指导县级人民检察院开展审查、调查和相关处理工作。实践中，还有一些监管场所是由地市级以上人民检察院担负派驻或者巡回检察任务的，如果这些监管场所发生被监管人死亡事件的则由地市级以上人民检察院负责审查、调查和相关处理工作。另外，还有一些监管场所是由专门担负监管场所检察任务的派出检察院负责派驻检察的，如果发生了被监管人死亡事件，则由派出检察院负责审查、调查和相关处理工作。如果被监管人死亡事件属于重大、敏感、社会关注的监管事件，则应由省级人民检察院负责审查、调查处理或者组织办理，以保证检察处理的力度和效果，同时也防止因处理和应对不当，造成严重的负面影响。

监管场所发生被监管人死亡事件的，担负派出、派驻或者巡回检察任务的人民检察院应当立即口头报告上一级人民检察院，并在报告后的 24 小时内填报被监管人死亡情况登记表。上一级人民检察院收到被监管人死亡情况登记表后，应当在 12 小时内进行审查并填写审查意见后呈报省级人民检察院。辖区内被监管人非正常死亡的，省级人民检察院应当在接到下级人民检察院报告后的 24 小时内，在被监管人死亡情况登记表上填写审查意见后呈报最高人民检察院。遇有法定节假日，应当在 24 小时内口头报告，再书面补充报告。这也就是说，一旦发生被监管人死亡，必须在 48 小时内报告到最高人民检察院。全国监管场所被监管人死亡情况均报至最高人民检察院，不仅可以使最高人民检察院全面及时地掌握有关情况，还可以深入剖析原因，查找监管和监督工作的薄弱环节，有针对性地采取解决措施，加强业务指导。实践中，有一些被监管人死亡事件，是否属于非正常死亡，需要经过深入调查才能得出结论，即被监管人死亡原因一时还难以确定，对此类事件，则应当先按照非正常死亡的报告程序向上级检察机关报告，待死因查明后再补充报告。实践中比较典型的是猝死事件，死亡的具体原因一时难以确定，也容易出现按正常死亡对待的现象。要求此类案件先按照非正常死亡的报告程序报告是必要的，有利于对此类死亡情况进行深入调查，作出客观公正的结论，也有利于上级检察机关全面及时掌握情况，加强必要的指导。

二、审查和调查程序

担负派出、派驻或者巡回检察任务的人民检察院接到监管场所发生被监管人死亡报告后，应当立即派员赶赴现场。地市级人民检察院接到县级人民检察院关于被监管人死亡的报告后，应当派员在24小时内到达现场，开展调查和指导工作。交通十分不便的，应当派员在48小时内到达现场。检察人员到达现场后，应深入了解被监管人死亡的有关情况，结合日常派驻检察掌握的情况，对被监管人死亡事件作出初步判断和分析。同时，监督监管场所对现场进行妥善保护并拍照、录像，或者根据需要自行对现场进行拍照、录像，防止现场遭到破坏，影响调查取证工作的正常开展。另外，协同有关部门调取或者固定被监管人死亡前15日内的原始监控录像，封存死亡的被监管人的遗物。这对固定证据很重要，可以防止人为销毁或破坏证据，导致一些案件事实无法查清。检察人员还要注意收集值班民警的值班记录或者值班巡视记录，调取死亡的被监管人档案，根据需要对有关材料进行复印、复制。实践表明，开展被监管人死亡的调查工作，全面、及时地收集、固定证据非常关键。而一些地方监所检察人员这方面的意识还不是很强，有的被监管人死亡事件最终有些关键事实难以查清，往往与事件发生之初不注意、不善于发现、收集和固定证据有很大的关系。被监管人死亡事件发生在监管场所，监管场所自身及其主管机关也会组织开展调研工作，检察人员在依法独立开展调查工作的同时，也可以参与有关部门组织的一些调查工作，及时了解相关部门调查工作的进展情况。

一些被监管人死亡事件中，监管场所及其主管机关经过调查，将有关材料和调查结论移送检察机关，或者征求检察机关意见，对此，检察人员应当根据自身调查了解的情况，以及日常派驻检察工作中掌握的情况，认真及时进行审查。审查的重点内容包括：现场勘验资料；原始监控录像、死亡的被监管人档案、值班民警值班记录或者值班巡视记录；监管机关提供的讯问笔录、谈话记录等有关材料；死亡证明书、尸表检验报告、法医鉴定书；其他与死亡的被监管人有关的情况和材料。检察机关经过审查，对监管机关作出的调查结论和死亡原因有异议的，应当进行或者继续进行调查，并将调查结果通知监管机关。如果对监管机关的调查材料和结论无异议的，则无须再进行或继续进行调查。如果死亡的被监管人的家属对监管机关提供的死亡原因有疑义，向检察机关提出的，检察机关应当认真受理，并进行必要的审查。经审查认为需要进一步调查的，应当进行调查，并将调查结果通知监管机关，同时告知死亡的被监管人的家属。如果经过初步判断分析被监管人系非正常死亡的，担负调查任务的人民检察院应当深入进行调查，查清事实，明确责任，并将调查结果通知监管机关，同时告知死亡的被监管人的家属。

在调查过程中，检察人员可以要求监管机关对现场进行复验、复查，或者对现场自行进行勘验，并制作勘验笔录。可以查验尸表，对尸体拍照或者录像，制作尸表查验笔录。可以检查已封存的死亡的被监管人的遗物，对有关物品和文件进行拍照、录像或者复印。同时，注意向监管民警和狱医调查了解死亡的被监管人生前被监管及治疗情况，制作调查笔录。向其他被监管人及知情人调查了解死亡的被监管人死亡时间、抢救经过及生前情况，制作调查笔录。向医院调取抢救记录，向参加抢救的医生调查了解有关情况，制作调查笔录。调查和收集其他与死亡的被监管人有关的情况和材料。检察机关在审查和调查过程中，可以根据工作需要，指派、聘请有专门知识的人进行技术性审查和鉴定。注意为鉴定人进行鉴定提供必要条件，向鉴定人介绍有关情况、明确提出要求鉴定解决的问题。需要向鉴定人提供的材料主要有：（1）死亡的被监管人基本情况、入监（所）体检情况及病历档案等原始材料；（2）死亡发生过程等与鉴定有关的材料；（3）死亡的被监管人发病、救治情况材料；（4）医院出具的死亡证明书、监管机关提供的被监管人死亡医疗鉴定或者法医鉴定等材料；（5）其他需要提供的材料。对于技术性审查意见和鉴定意见，检察人员应当进行审查，必要时，可以提出补充鉴定或者重新鉴定的意见，报检察长批准后进行补充鉴定或者重新鉴定。检察长也可以直接决定进行补充鉴定或者重新鉴定。

审查和调查工作结束后，检察人员应当写出被监管人死亡检察报告。内容应当包括：事件来源、审查和调查经过、认定事实、死亡原因和处理意见。对于被监管人非正常死亡或者死亡原因一时难以确定的，省级人民检察院应当每月向最高人民检察院报告一次工作进展情况和下步工作意见。对于重大、敏感、社会关注的被监管人死亡事件，省级人民检察院应当随时向最高人民检察院报告工作进展情况。

三、处理程序

审查和调查工作结束后，人民检察院应当根据审查结论和调查结果，作出妥善处理。如果认为监管机关对被监管人死亡事件的调查处理意见不当的，提出检察意见或者建议。对被监管人死亡事件暴露出来的监管机关在日常监管执法以及事件调查过程中存在的问题，提出纠正意见或者检察建议，督促监管机关进行整改。经调查认定被监管人涉嫌故意伤害等刑事犯罪的，依法移送有关主管机关处理。对负有渎职侵权责任的监管民警及相关人员，建议有关部门给予纪律处分或者组织处理。如果涉嫌职务犯罪的，检察机关应依法进行立案侦查。

监管机关或者死亡人员家属对人民检察院的调查结论和处理决定有异议要求复议的，人民检察院应当复议；监管机关或者死亡人员家属对复议结论有异议提请复核的，上一级人民检察院应当复核。人民检察院在对被监管人死亡的审查和调查处理过程中，发现检察监督工作存在问题的，应当及时整改；对负有责任的检察人员，应当依法依纪作出处理。

在对被监管人死亡的善后处理工作中，人民检察院应当立足检察职能，同监管机关相互配合。担负调查任务的人民检察院可以根据需要，经省级人民检察院同意，适时将工作进展情况、调查结论及处理结果以适当方式向社会发布，接受社会监督。对于被监管人非正常死亡的，担负调查任务的人民检察院应当在调查处理工作结束后15日内，将调查过程、死亡结论、监管工作和检察监督工作中存在的问题及处理情况，书面报告上一级人民检察院，并附死亡证明书、法医鉴定书、相关证人证言等主要证据材料和有关资料复印件。省级人民检察院在接到下级人民检察院非正常死亡调查处理情况的报告后，应当进行审查。经审查认为需要补充有关材料的，可以要求下级人民检察院补充调查，也可以自行补充调查。经审查或者补充调查认为可以终结的，应当将死亡人员基本情况、调查过程、相关事实、有关责任人员处理情况及本院的审查处理意见等形成调查处理情况综合报告呈报最高人民检察院，并附死亡证明书、法医鉴定书、相关证人证言、下级人民检察院报告等主要证据材料和有关资料复印件。

审查和调查处理工作结束后，担负派出、派驻或者巡回检察任务的人民检察院及担负审查和调查任务的人民检察院应当建立死亡的被监管人的档案。死亡的被监管人的档案材料主要包括：被监管人死亡情况登记表；调查笔录、勘验笔录、监控录像材料；死亡证明书、审查意见、尸表检验报告或者法医鉴定书等相关资料的复印件；被监管人死亡情况审查报告和调查报告；相关责任人员处理情况及被追究刑事责任人员立案决定书、起诉书、判决书等相关文书的复印件；纠正违法通知书、检察建议书及监管场所相关回复材料；复议、复核情况材料；调查处理情况综合报告；其他需要归档的材料。

人民检察院在监管场所被监管人死亡检察工作中，死亡的被监管人为少数民族的，应当尊重其民族风俗习惯，妥善处置相关事宜。死亡的被监管人为我国港澳台居民、外国人和无国籍人的，应当按照国家有关规定办理。

第二节　被监管人正常死亡和非正常死亡的界定

在押人员死亡分为正常死亡和非正常死亡。正常死亡，是指因人体衰老或者疾病等原因导致的自然死亡。非正常死亡，是指自杀死亡，或者由于自然灾害、意外事故、他杀、体罚虐待、击毙等外部原因作用于人体造成的死亡。做好被监管人死亡检察工作，关键是要准确判定在押人员是正常死亡还是非正常死亡，在此基础上作出妥善处理。正常死亡大多是由于在押人员人体衰老或患有不可治愈的疾病而最终医治无效死亡。非正常死亡的原因比较复杂，包括畏罪自杀、轻生绝望自杀、被同监人殴打、刑讯逼供、体罚虐待伤害致死、意外事故等。目前，对在押人员非正常死亡的界定，可以参考公安部十一局《关于如何划分正常死亡与非正常死亡界限问题的答复》的规定，即如何划分正常死亡与非正常死亡问题，应当根据死亡原因，逐个作具体分析，如自杀、逃跑击毙、工伤致死、自然灾害致死、医疗事故致死、虐待折磨致死，患浮肿、干瘦病致死，以及由于不顾体力消耗与体力恢复的平衡，强制过度劳动，甚至强迫病号出工，以致发生成批死亡等，都应视作非正常死亡。

那么，派驻检察机构作为监管活动监督部门，如何确定在押人员是正常死亡还是非正常死亡呢?

一、进行必要的调查

对死者同监室的人、监管民警进行调查了解。需要查清的情况主要有：(1) 是否存在自杀、伤害或者刑讯逼供、体罚虐待、意外事故等；(2) 在押人员入监（入所）以来的表现、健康状况、病情，生前有无身体不适的反应，有无中毒或遭受各种伤害的可能；(3) 死者有无自杀的念头或准备等；(4) 现场是否存在打斗痕迹，死者衣衫是否整齐、完整，尸体皮肤颜色是否正常、体表有无新鲜外伤痕迹等；(5) 死者与同监人、监管民警的关系；(6) 是否存在监管人员犯罪、监管民警失职、渎职、虐待被监管人等犯罪发生的可能；(7) 是否存在“攻守同盟”，隐瞒、掩饰事实真相的现象。

二、监督监管场所对死亡原因作出鉴定，必要时可自行鉴定

被监管人因病死亡，其家属对监管机构提供的医疗鉴定有疑义向人民检察院提出的，人民检察院应当受理。经审查认为医疗鉴定有错误的，可以重新对死亡原因作出鉴定。被监管人非正常死亡的，人民检察院接到监管机构通知后，原则上应在24小时内对尸体进行检验，对死亡原因进行鉴定，并根据鉴定结论依法及时处理。《监狱法》第55条规定：“罪犯在服刑期间死亡的，监狱应当立即通知罪犯家属和人民检察院、人民法院。罪犯因病死亡的，由监狱作出医疗鉴定。人民检察院对监狱的医疗鉴定有疑义的，可以重新对死亡原因作出鉴定。罪犯家属有疑义的，可以向人民检察院提出。罪犯非正常死亡的，人民检察院应当立即检验，对死亡原因作出鉴定。”《看守所条例实施办法》（试行）第33条规定，犯罪嫌疑人、被告人死亡，应当由法医或者医生作出医疗鉴定。对于非正常死亡的，还应经过当地人民检察院检验，并通报办案机关。《劳动教养管理工作执法细则》第59条规定：“劳动教养人员正常死亡的，凭医院出具的死亡鉴定，通知其亲属或原单位。其亲属或原单位对死亡原因提出异议要求重新鉴定的，应通知当地检察机关派人到场，并由法医再做鉴定。法医鉴定确系正常死亡的，所需

鉴定费用由死者亲属或原单位承担。”第 60 条规定：“劳动教养人员非正常死亡，应当及时报告当地检察机关检验，由法医做出鉴定，通知劳动教养人员亲属或原单位，并报告原审批机关。”对于死亡的被监管人，需要检察机关检验的，监所检察部门要主动配合检察技术部门的工作。根据 1995 年最高人民检察院《关于执行〈监狱法〉有关问题的通知》第 5 条的规定，“人民检察院接到监狱关于罪犯在服刑期间死亡的通知后，应即派员到现场进行检察，并根据罪犯死亡性质，分别作出以下处理：（一）对罪犯因病死亡的，人民检察院应对监狱的医疗鉴定进行认真的检查，如有疑义，可以邀请专业人员重新对死亡原因作出鉴定。死亡罪犯家属对监狱作出的医疗鉴定有疑义，并向人民检察院提出的，人民检察院应当认真地进行调查。经查，认为罪犯家属提出的意见无理的，应予驳回，并配合监狱做好说服教育工作；认为罪犯家属提出的意见有理的，可以邀请专业人员对死亡原因重新作出鉴定。（二）对罪犯非正常死亡的，人民检察院应在接到监狱通知后二十四小时内对尸体进行检验，对死亡原因作出鉴定。人民检察院对罪犯死亡原因的鉴定，由担负该罪犯所在监狱检察任务的人民检察院负责，如该人民检察院缺乏鉴定的专门技术，可请上一级人民检察院或聘请有关部门或具有法定资格的专门技术人员作出鉴定”。1996 年最高人民检察院《关于人民检察院监所检察部门和检察技术部门在开展对罪犯在服刑期间死亡和罪犯保外就医的法律监督工作中互相配合的有关问题的通知》规定，对罪犯因病死亡的，监所检察部门对监狱或看守所的医疗鉴定有疑义或认为家属提出的意见有理的，可请检察技术部门审查，决定是否对死亡原因作出鉴定；罪犯非正常死亡的，监所检察部门应及时通知检察技术部门，检察技术部门原则上应在 24 小时内对尸体进行检验，对死亡原因进行鉴定，监所检察部门根据检察技术部门鉴定结论依法及时处理。

三、确定是否属于非正常死亡

在押人员非正常死亡，主要原因是自杀、被“牢头狱霸”及其他在押人员殴打致死、安全事故致死，此外还存在民警体罚虐待致死的问题。检察人员应根据调查和检验鉴定情况，综合判断死者是否属于非正常死亡，剖析造成在押人员非正常死亡的具体原因，依法及时处理。

四、发现违法问题的，提出纠正违法意见

构成职务犯罪的，及时立案侦查，及时发现和固定证据。对在押人员殴打致死的，要开展立案监督，打击在押人员犯罪，维护监管秩序。对于在押人员在押期间在监管场所内死亡问题，应当对死亡和伤残的原因作客观的分析，不应简单地追究监管场所和监管民警的责任。一些在押人员的家属平时从不探视或很少探

视，一旦在押人员死亡就来监管场所纠缠，索要高额赔偿，给监管场所和监管民警造成很大的精神压力和经济负担。关键要判明是否属于非正常死亡，正常死亡不应由监管场所承担责任。

第三节　被监管人死亡事件的警示

2009年2月12日，云南省晋宁县看守所发生在押人员李荞明非正常死亡。事件发生后，公安机关向李荞明家属说明李荞明死亡原因是因为在看守所监室内与同监室人员玩“躲猫猫”游戏时，头部不慎撞墙后死亡。此消息经媒体发布后，在社会上引起很大反响，网络上对李荞明的死亡原因普遍提出质疑。后经有关部门调查，查明李荞明自2009年1月29日被刑事拘留后，多次被同监室在押人员以各种借口进行殴打，致使其头部、胸部多处受伤。2月8日下午，同监室在押人员又以玩游戏为名，用布条将李荞明眼睛蒙上进行殴打，致其头部撞墙后倒地昏迷，经送医院抢救无效于2月12日死亡。经法院审理，参与殴打的3名在押人员以故意伤害罪分别被判处无期徒刑和有期徒刑。2名监管民警也被追究刑事责任。云南“躲猫猫”事件发生之后，一段时间内媒体又报道了多起被监管人死亡事件。这些事件的发生及之后的处理工作对检察机关做好监管事故检察工作主要有以下几点警示作用。

一、检察机关必须高度重视监管事故检察工作

2009年云南“躲猫猫”事件发生后，媒体对监管场所在押人员死亡事故，不管是正常死亡还是非正常死亡，都保持持续的高度关注，进行了广泛、深入、连续报道。李荞明案引起的是一场网络事件，比一个单纯的群体性事件对党和政府的损害都大。这也说明，在法治和人权已经渐入人心的当代社会，人民群众不仅关心案件是否被侦破，犯罪嫌疑人是否被抓获，被告人是否受到应有的审判，也开始关注犯罪嫌疑人在被羁押期间人权是否得到应有的保障，以及法院的最终判决是否得到正确的执行。因此，从监所检察部门来讲，必须从保障人权和社会稳定的高度，更加重视监管事故检察和防范工作。目前来看，脱逃特别是重刑犯脱逃，有关部门都不敢懈怠，一是危害社会稳定，二是明显是责任事故，三是脱逃的往往是重刑犯。而在押人员死亡事故，就存在正常与非正常的问题，如果是正常死亡，就不存在责任界定。因此，事故发生后，就有可能出现不深入调查，或掩盖事实真相，把非正常死亡说成是正常死亡的问题。作为法律监督机关，负有查清事实的责任。在押人员非正常死亡，是监管事故的一种，必须采取切实有效的措施，做好事故检察工作。

二、派驻检察人员必须尽职尽责地做好事故防范和检察工作

实践中，有的同志提出，派驻检察室地位不高，风险较大，压力较大，希望明确如何履行职责才算是尽职尽责，不至于因失职、渎职被追究责任。笔者认为，要做到这一点，首先，必须明确派驻检察的职责是什么，如何履行职责。应当说监所检察“四个办法”中有 3 个文件都对此作了规定，这就是派驻检察人员应当履行的职责。至于立法不完善、制度不健全的问题，是另一个层面的问题。其次，派驻检察人员要在现有的立法和制度框架下尽职尽责地开展工作，严格按照监所检察“四个办法”开展工作，在任务繁重与人员偏少的情况下在力所能及的范围内开展工作。重点是防范事故、妥善处理事故、维护监管秩序稳定、维护在押人员合法权益。监狱、看守所“牢头狱霸”问题，解决得不好，就是一种特殊的安全隐患，一旦监督不到位，出了严重的事故，再加上媒体炒作，派驻检察室主任就很有可能因此被免职。因此，不能抹不开情面，如果该监督的不监督，该提出纠正意见的不提出，该填入检察日志和有关表格的不填入，该开展后续监督工作的不开展，该请示的不请示，该报告的不报告，就会被认为是失职、渎职。所做的监督工作必须通过一定的载体和形式反映出来，监督意见提出后得不到落实与未提出监督意见是两码事。监所检察“四个办法”规定，辖区内监管场所发生重大事故的，省级人民检察院应当检查派驻检察机构是否存在不履行或者不认真履行监督职责的问题；派驻检察人员在工作中故意违反法律和有关规定，或者严重不负责任，造成严重后果的，应当追究法律责任、纪律责任。这就对派驻检察人员提出了基本的要求：一是要履行监督职责，二是要认真履行监督职责，三是不能故意违反法律和有关规定。没有做好日常监督工作是失职，事故发生后没有认真履行监督职责，草率地认同监管场所的调查结论，也是失职。

三、检察机关必须依法独立履行好事故检察职责

依法独立履行好事故检察职责就是要“查清事实，明确责任，依法处理”。派驻检察机构获知监管场所发生上述事故后，必须立即派员赴现场了解情况，并及时报告本院检察长，开展事故检察工作。主要是：检察监管场所在事故发生后是否及时通知派驻检察机构、在押人员亲属。检察监管场所是否立即采取措施处理事故，包括是否及时派员赶赴现场，调查取证，查清事故的真实情况等。深入事故现场，调查取证。检察监管场所执法过程中是否存在滥用职权、玩忽职守、侵犯劳教人员合法权益、管理不到位、制度不健全等问题。与监管场所共同剖析事故原因，研究对策，完善防止脱逃、自杀等监管措施，防止事态恶化。特别要防止在没有搞清楚事故原因之前，从所谓维护监管秩序出发，对外界和家属胡乱

表态。这样做负面效应很大，严重损害检察机关的执法公信力。

四、必须完善事故检察工作机制

完善事故检察工作机制主要是改革完善事故报告机制、调查机制、责任追究机制等。目前不及时报告或者错报、漏报的问题仍时有发生。看守所发生在押人员死亡的，当地检察机关要立即向上一级检察机关报告，由上一级检察机关负责调查或指导基层检察院做好调查工作。对发生重大事故负有监督不力责任的检察室，依法依纪追究有关人员的责任，撤销检察室的规范化等级。在监督方式上，提倡派驻检察与上级院巡回检察相结合，发挥上级院监所检察部门巡回检察的作用。

五、必须高度重视媒体特别是网络应对工作

云南“躲猫猫”事件等暴露出检察机关特别是基层检察院的领导缺乏应对新闻媒体的经验。出了事故，首先应尽快查清事实真相，这有个过程，而新闻媒体讲究时效性，二者势必会产生一定的矛盾。在这一过程中，必须坚持不查清事实，不能轻易下结论，更不能向媒体透露。一旦有一个媒体报道，就会成为全国性的新闻。这就需要做好舆论应对特别是网络应对工作。现在一些在押人员非正常死亡事故，之所以被媒体和网络恶意炒作，与有关部门应对不当也有关系。

六、基层检察院特别是派驻看守所检察室必须把防止重大事故发生作为监管活动监督的重点

防止重大事故发生是公安机关和检察机关的共同责任。检察机关应从李荞明事件以及其他有关事件中认真总结经验教训，从思想上、工作中深入查找法律监督工作不到位的问题，采取切实办法，强化对看守所监管执法活动的监督。

七、必须加强突发事件应对能力建设

突发事件应对能力建设包括监管场所重大安全事故以及容易引起媒体和领导关注问题的应对能力建设。应对突发事件的能力，已经成为监所检察监督能力建设的重要内容，成为衡量检察人员工作能力的重要标准，这也是监所检察面临的新的考验和挑战。从检察机关对监管事故的检察处理情况看，一些地方特别是基层监所检察部门的同志还严重缺乏应对突发事件的能力和应对新闻媒体的经验，造成应对不及时、不得当，该做的事情没有做好，不该做的事情、不该说的话却做了、说了，导致工作很被动，有的还严重损害了检察机关的执法公信力和形象。最高人民检察院多次强调要加强突发事件应对能力建设，很多是针对监所检察讲的。首先，增强敏锐性。要通过完善和落实监管事故检察机制，加大日常监督力度，增强监督的权威性，保证派驻检察人员能够在第一时间接到监管场所事

故报告或者通过其他途径了解事故的发生，及时作出妥善处理并报告上级。上级监所检察部门也要增强工作主动性，多关注网络，及时掌握事态的进展，掌握工作的主动权。其次，稳妥地做好应对工作。将应对突发事件能力建设作为业务培训和专题研讨的重要内容。认真总结或借鉴应对突发事件的经验做法，研究制定应对监管场所突发事件的预案，加强研判和分析，保证及时、正确、稳妥地应对突发事件，取得良好的社会效果。监管场所出了事故，检察机关首先要从法律监督的角度履行职责，尽快查清事实真相，反应要迅速，考虑要周全，措施要得力，报告要及时。要注意妥善处理好与被监督单位的关系。有困难、有阻力、有干扰，以及自身处置能力跟不上的，要及时向上级报告请示，争取支持。要妥善处理好与媒体的关系。一定要提高与媒体沟通的能力，既要敢于面对媒体，在媒体的监督下开展工作，同时又要善于应对一些媒体的恶意炒作。再次，做好重大突发事件的报告工作。最后，严明纪律。监管场所发生重大事故的，监所派出检察院或者派驻检察室所在院的领导要亲自到场，坐镇指挥，及时制定措施，果断应对处置。事态严重的，还要依靠当地党委、政府和上级检察机关妥善作出处置，不能擅作主张，轻易表态。不能在未查清事实、未明确责任的情况下，轻易下结论或者认同其他部门结论；不能草率地向媒体发表意见或看法；不能帮助监管单位掩盖事实真相。对社会关注的个案，要注意发挥主流媒体的导向作用，做好舆论应对特别是网络应对工作。

第四节　被监管人死亡处理机制的完善

从近年来媒体报道的被监管人死亡情况看，被监管人非正常死亡事故中自杀和事故致死的仍占较大比例。看守所被监管人非正常死亡人数虽然在所有监管场所被监管人死亡人数中不是最高的，但引起社会关注和媒体热炒却相对较多。因此，必须认真分析看守所在押人员死亡原因，有针对性地完善看守所在押人员死亡的处理机制。

看守所在押人员非正常死亡发生的主要原因。一是监管民警严重失职、渎职。有的监管民警责任心不强，对工作不负责任，不严格执行巡视制度和管理责任，该巡视的不巡视，该管理的不管理，发现“牢头狱霸”苗头不及时制止，对出现的问题听之任之，给“牢头狱霸”可乘之机。有的违反规定使用在押人员管理在押人员，致使一些在押人员在监室内为所欲为，变为“牢头狱霸”。二是“牢头狱霸”殴打致死。这个问题在前几年比较突出。虽然一些监管场所条件得到改善，监控设施得到应用，但一些看守所“人满为患”，监管民警思想麻痹，管理松懈，客观上给“牢头狱霸”的形成提供了条件。一些案件办案期限过长，这些人员长期关押在同一监室，容易形成“牢头狱霸”，将新入所人员作为发泄对象，进行殴打体罚。三是监管民警违法使用械具，造成在押人员伤残、死亡事故。四是责任追究不到位。有的地方在事故发生后，不认真查找监管民警主观上的失职、渎职责任，而是强调警力不足等客观原因，大事化小，小事化了。一些地方派驻检察流于形式，派而不驻，驻而不察，不能及时发现监管场所存在的问题，及时提出纠正意见，即使发现了问题，也不能有效监督纠正，检察监督不到位。为了加强和规范监管场所被监管人死亡检察工作，维护被监管人合法权益，维护监管场所正常秩序，保障刑事诉讼活动顺利进行，必须建立完善看守所在押人员死亡处理机制。2011 年 12 月 29 日，最高人民检察院、公安部、民政部联合印发了《看守所在押人员死亡处理规定》，对看守所在押人员死亡处理机制作了比较全面的规定。

一、分工协作机制

监管场所发生在押人员死亡事故的，看守所及其主管机关应当依法深入开展调查工作，查清事实，明确责任，妥善处理。人民检察院应从法律监督机关的角度，分别不同情形，根据职责分工，依法开展检察工作。人民检察院在押人员死亡检察工作中，应当坚持依法独立行使检察权，主动及时，客观公正，注重与有关部门协调配合，查明事实、原因和责任，从法律监督的角度依法妥善处理。

二、报告、通知机制

在押人员死亡后，看守所应当立即通知死亡在押人员的近亲属，报告所属公安机关和人民检察院，通报办案机关或者原审人民法院。死亡的在押人员无近亲属或者无法通知其近亲属的，看守所应当通知死亡在押人员户籍所在地或者居住地的村（居）民委员会或者公安派出所。在押人员死亡后，公安机关、人民检察院应当按照有关规定分别层报公安部、最高人民检察院。

三、调查、检察机制

在押人员死亡后，对初步认定为正常死亡的，公安机关应当立即封存、查看在押人员死亡前 15 日内原始监控录像，对死亡现场进行保护、勘验并拍照、录像；必要时，分散或者异地分散关押同监室在押人员并进行询问；对收押、巡视、监控、管教等岗位可能了解死亡在押人员相关情况的民警以及医生等进行询问调查；封存、查阅收押登记、入所健康和体表检查登记、管教民警谈话教育记录、禁闭或者械具使用审批表、就医记录等可能与死亡有关的台账、记录等；登记、封存死亡在押人员的遗物；查验尸表，对尸体进行拍照并录像；组织进行死亡原因鉴定。公安机关调查工作结束后，应当作出调查结论，报告同级人民检察院，并通知死亡在押人员的近亲属。人民检察院应当对公安机关的调查结论进行审查，并将审查结果通知公安机关。

人民检察院接到看守所在押人员死亡报告后，应当立即派员赶赴现场，开展相关工作。对在押人员非正常死亡的；死亡在押人员的近亲属对公安机关的调查结论有疑义，向人民检察院提出，人民检察院审查后认为需要调查的；人民检察院对公安机关的调查结论有异议等需要由人民检察院调查的，依法深入开展调查工作。人民检察院在调查期间，公安机关应当积极配合，并提供便利条件。人民检察院调查结束后，应当将调查结论书面通知公安机关和死亡在押人员的近亲属。

公安机关或者人民检察院组织进行尸检的，应当通知死亡在押人员的近亲属到场，并让其在《解剖尸体通知书》上签名或者盖章。对死亡在押人员无近亲属或者无法通知其近亲属，以及死亡在押人员的近亲属无正当理由拒不到场或者拒绝签名或盖章的，不影响尸检，但是公安机关或者人民检察院应当在《解剖尸体通知书》上注明，并对尸体解剖过程进行全程录像，并邀请与案件无关的人员或者死者近亲属聘请的律师到场见证。

公安机关、人民检察院委托其他具有司法鉴定资质的机构进行尸检的，应当征求死亡在押人员的近亲属的意见；死亡在押人员的近亲属提出另行委托具有司法鉴定资质的机构进行尸检的，公安机关、人民检察院应当允许。

公安机关或者死亡在押人员的近亲属对人民检察院作出的调查结论有异议、疑义的，可以在接到通知后 3 日内书面要求作出调查结论的人民检察院进行复议。公安机关或者死亡在押人员的近亲属对人民检察院的复议结论有异议、疑义的，可以向上一级人民检察院提请复核。人民检察院应当及时将复议、复核结论通知公安机关和死亡在押人员的近亲属。

四、责任追究机制

在调查处理在押人员死亡工作中，人民警察、检察人员以及从事医疗、鉴定等相关工作人员应当严格依照法律和规定履行职责。对有玩忽职守、滥用职权、徇私舞弊等违法违纪行为的，依法依纪给予处分；构成犯罪的，依法追究刑事责任。看守所及其工作人员在行使职权时，违法使用武器、警械，殴打、虐待在押人员，或者唆使、放纵他人以殴打、虐待等行为造成在押人员死亡的，依法依纪给予处分；构成犯罪的，依法追究刑事责任，并由公安机关按照《中华人民共和国国家赔偿法》的规定予以赔偿。对不属于赔偿范围但死亡在押人员家庭确实困难、符合相关救助条件的，死亡在押人员的近亲属可以按照规定向民政部门申请救助。死亡在押人员的近亲属及相关人员因在押人员死亡无理纠缠、聚众闹事，影响看守所正常工作秩序和社会稳定的，公安机关应当依法予以处置；构成犯罪的，依法追究刑事责任。

第十三章　被监管人合法权益保障机制

近几年来，以云南“躲猫猫”事件为代表的被监管人非正常死亡事件引起了国内外的广泛关注，使得被监管人的人权保障成为一个社会热点问题。如何发挥监所检察职能，加强和改进被监管人人权保障工作，促进监管场所依法、文明、科学管理，成为新形势下检察机关强化法律监督、推进法制建设过程中需要深入研究和着力解决的一个重要课题。完善被监管人合法权益保障机制，也日益成为监所检察制度建设的重要内容。

第一节　保障被监管人合法权益是监所检察的重要价值目标

监所检察是检察机关的一项重要职责，主要职能是对刑罚执行和监管活动实行法律监督。保障被监管人人权，是监所检察工作的重要价值目标。随着法制建设的推进，人权保障观念日益深入人心。检察机关作为国家法律监督机关和社会公平正义的守护者，强化监督、保障人权是其应当履行的重要法定职责。检察机关不仅通过职务犯罪侦查、刑事犯罪案件审查批捕、审查起诉和刑事诉讼监督活动等实现对犯罪的打击和对公民的人权保护，还通过刑罚执行和监管活动监督保障被监管人未被法律剥夺或限制的权利。保障被监管人人权也是监所检察的一项重要任务。长期以来，检察机关高度重视被监管人的人权保障，坚持把监督纠正侵犯被监管人合法权益的行为作为监所检察的重点，有针对性地强化监督措施，完善工作机制，促进了监管执法活动的依法规范进行，推进了我国人权事业的发展。

一、监所检察在保障被监管人人权方面具有特殊的职能优势

首先，检察机关的刑罚执行和监管活动监督权是宪法和法律赋予的，能够有效发挥“以权力制约权力，以权力保障权利”的作用，这一点是社会监督包括律师监督、当事人监督和新闻舆论监督难以做到的。

其次，检察机关在绝大多数监管场所设置了派驻检察室，配备了一支具有专

业素质和经验的派驻检察队伍，与多数监管场所实现了监管信息联网和监控联网，能够全面掌握监管动态，及时发现、纠正以及防范侵犯被监管人人权的问题。截至2011年年底，全国检察机关共设置了83个派出检察院和3500多个派驻检察室，共有派驻检察人员9000多人，对全国94%的监管场所实行了派驻检察。

再次，监所检察职权的内容广泛，既负责对刑罚执行和监管活动是否合法进行日常监督，也负责对罪犯和劳教人员在羁押期间犯罪案件的审查逮捕、审查起诉和出庭支持公诉，以及刑事立案监督、侦查监督、审判监督，同时还负有立案侦查刑罚执行和监管活动中职务犯罪案件的职责。通过全面履行这些职责，可以对侵犯被监管人人权的违法犯罪行为给予有力的惩治。

最后，监所检察的内容基本涉及刑事诉讼的全过程，从犯罪嫌疑人、被告人被羁押的第一天起直至释放，都有监所检察的内容。因此，检察机关是保障被监管人人权的一支重要力量。监所检察与被监管人人权保障具有紧密的联系，其监督力度和成效如何，直接关系到被监管人的权益保障状况。

二、新的形势要求检察机关必须更加重视保障被监管人合法权益

当前，检察机关保障被监管人人权工作面临新的形势和任务。既有难得的发展机遇，也有严峻的挑战需要应对。一是由于我国正处在深化改革和加快转变经济发展方式的新时期，利益格局深刻调整，刑事犯罪处于高发态势，导致监管场所押量上升，羁押监管条件受到严重影响，各种矛盾和不稳定因素明显增多，监管安全压力明显增大。二是被监管人人权保障状况在国家民主法制建设中的重要性日益凸显，各方面关注程度和要求不断提高。被监管人由于身处“高墙”内，其人权保障状况一直是国际人权社会最为关注的敏感问题，也是衡量和体现一个国家人权保障水平的重要方面，同时也被视为一个国家人权保障的最薄弱环节。因此，一个国家要提高整体人权保障水平，必须高度重视、积极关注和不断改善被监管人的人权保障状况。三是从人民群众的法律需求来看，随着法律意识、维权意识，特别是借助网络媒体维权的意识明显增强，人民群众更加迫切希望检察机关切实发挥派驻检察作用，保障被监管人人权。而从我国被监管人人权保障状况看，虽然整体上取得了长足发展，但在一些方面仍然不容乐观。近年来频繁见诸媒体的被监管人非正常死亡事件，折射出少数执法人员仍然存在体罚虐待、放纵“牢头狱霸”等行为，一些地方被监管人的人权仍处于被漠视或忽视的状态，以至于被监管人非正常死亡现象时有发生。这对党和政府的形象，对司法机关的执法公信力，对当事人的合法权益，对社会的和谐稳定等都造成了严重的损害。有人形象地将被监管人的人权保障比喻为“人权保障木桶上最短的一块木板”。而从检察机关来讲，如何有效发挥监所检察职能作用，预防和减少被监管人非正常死亡，以及其他侵犯被监管人人权现象的发生，是对法律监督能力新的考验。

四是“深入推进三项重点工作”对加强被监管人人权保障工作提出了新的要求。检察机关必须通过加强派驻检察工作，及时了解、掌握和化解监管活动中的突出矛盾和问题，提高重大监管事件的应对和防范能力；必须加大查办刑罚执行和监管活动中职务犯罪的力度，促进监管单位公正廉洁执法。随着《刑法修正案(八)》的实施和修改后的《刑事诉讼法》即将实施，刑罚制度和刑罚执行程序得到改革与完善，刑罚执行领域会出现一些新情况和新问题，需要检察机关从监督的角度积极应对。五是西方敌对势力日益把被监管人人权保障情况作为渗透破坏的主要目标，大肆渲染少数监管场所发生的被监管人死亡事件，并借机攻击我国的社会主义司法制度，国际人权斗争形势更加复杂。综上，检察机关必须积极适应当前被监管人人权保障工作面临的新形势和新任务，切实转变执法理念，全面履行监所检察职责，特别是要加强和改进派驻检察工作，不断完善监督机制，不断提升保障被监管人人权的能力和水平。

三、牢固树立保障被监管人合法权益的执法理念

当今社会，以人为本、保障人权的观念深入人心，片面追求惩罚与报应的刑罚思想已被历史所淘汰，保障被监管人人权成为检察机关监所检察的重要任务和价值体现。近几年来，少数监管场所非正常死亡事件时有发生，在反映出存在监管不力、监督不到位的问题的同时，也折射出一些执法人员执法理念不适应形势发展，保障人权意识严重缺失。因此，对检察机关而言，强化新形势下被监管人人权保障工作，必须从转变执法理念，强化人权意识抓起，在社会主义法治理念的指引下，牢固树立保障被监管人人权的执法理念和与之相适应的监督理念。

（一）牢固树立尊重被监管人人权的执法理念

国家可以惩罚一个罪犯，羁押一个犯罪嫌疑人，限制一个劳教人员的人身自由，但必须尊重每个被监管人的人权，进而有效保障他们的人权。被监管人是人，其做人的尊严和权利必须得到法律的保护。被监管人是公民，其仍享有宪法和法律规定的一些权利。被监管人是具有一定特殊身份的公民，国家有义务为其行使和实现未被法律剥夺或限制的权利提供必要的帮助。

（二）牢固树立惩罚犯罪与保障人权并重的执法理念

惩罚犯罪与保障人权同为刑事诉讼追求的目标，不可偏废。保障被监管人人权是检察机关履行保障人权职责、践行检察官客观公正义务的重要体现，是保障在全社会实现公平正义的重要方面。作为一名检察官，必须除去历史和传统遗留下来的“重打击、轻保护”的思想沉疴，为树立人权保障意识留出空间。

（三）牢固树立强化被监管人权利救济的执法理念

在现代法治国家，国家应该在剥夺一个公民部分权利的同时，予以其最大程

度的救济机会，同时还应该充分保护其未被剥夺或限制的那部分权利。其中，司法救济被视为最有效的救济手段。控告、举报和申诉在一定意义上是公民的政治权利，同时也是一项重要的救济权利。检察机关在监所检察工作中必须把畅通被监管人权利救济渠道作为保障其合法权益的重要手段，认真受理、及时办理和妥善处理被监管人及其亲属的控告、举报和申诉。

（四）牢固树立主动、及时监督的执法理念

与一般意义上的侦查监督、审判监督主要是对个案进行监督不同，监所检察主要是对监管执法活动的日常性、经常性监督，监督工作必须具有主动性，如强调要实行派驻检察，主动、及时发现和纠正监管违法问题。被监管人死亡检察和应对工作也需要变被动为主动。有的被监管人死亡事件暴露出来的监控死角、“牢头狱霸”、监管民警不按规定值班巡视、滥用械具等问题平时就存在。这就需要派驻检察人员主动、及时地开展监督工作，探索对监管执法活动实行全程、实时监督，使被监管人的人权状况从被羁押的第一天起就置于检察机关的监督之下，直至释放，以尽早发现和制止侵犯人权的现象。

（五）牢固树立依法监督、规范监督的执法理念

检察机关保障被监管人人权工作，必须严格在法律法规的框架内进行，做到既不越权，也不失职。在监督工作中，要及时收集和固定证据，靠事实和证据说话。要及时总结工作经验，完善被监管人权益保障机制，规范监督的程序和方法，保证监督实效。

（六）牢固树立监督与支持相结合的执法理念

实践中，有些派驻检察人员只讲配合，不讲监督，忘记了自己作为监督者的角色和应履行的职责，造成被监管人不敢、不愿向检察官反映自己权利被侵犯的问题。因此，必须强化检察人员的监督意识和责任意识，牢固树立监督与支持相结合的执法理念。通过监督，促使监管单位强化被监管人权益保障；通过支持，促进羁押监管条件的改善，形成保障被监管人合法权益的合力。

第二节　全面履行保障被监管人合法权益的重要职责

检察机关要在牢固树立保障被监管人人权的执法理念的基础上，把保障被监管人合法权益工作作为刑罚执行和监管活动监督的重点来抓，全面履行好各项工作职责。

一、加强对侵犯被监管人合法权益问题的日常检察和监督纠正

日常检察是对监管执法活动开展监督工作的起点。要监督监管场所依法收

押、收监和释放，防止当事人被非法羁押和超期羁押。深入被监管人劳动、学习、生活“三大现场”和禁闭室、会见室、监狱医院等，加强日常巡视和安全防范检察，加强对重点人员的谈话教育，掌握思想动态，及时化解各类矛盾。督促监管单位严格依法履职和落实各项监管制度，如入监入所体表检查、清点罪犯人数、夜间值班、被监管人劳动、学习、生活和卫生保障、会见、探亲、通信、危重急症在押人员救治等制度。对发现的违法问题，要视情节轻重，提出口头纠正意见，或发出《纠正违法通知书》予以纠正。

二、突出做好被监管人非正常死亡等监管事故的检察和防范工作

防范被监管人非正常死亡等监管事故的发生，是保障被监管人人权的重要方面，必须积极落实防范和应对措施。一旦出现被监管人员死亡事件，派驻检察人员要反应灵敏，行动迅速，第一时间到达现场，第一时间向上级报告，第一时间开展调查工作。在调查过程中，要严格执行被监管人死亡检察程序的规定，坚持实事求是和客观公正，查明事实和原因，分清责任，依法妥善处理。要通过监管事故检察，查明监管民警有无失职、渎职行为，构成职务犯罪的，依法立案查办。不论是非正常死亡还是正常死亡，都要认真反思法律监督是否到位，有没有漏洞，有没有失职、渎职，切实改进监督工作。

三、依法严厉打击被监管人特别是“牢头狱霸”在监管场所内的违法犯罪活动

被监管人特别是“牢头狱霸”在监管场所内的违法犯罪活动是严重侵犯其他被监管人合法权益的主要形式。为此，必须坚持露头就打，绝不姑息，不断加大打击力度。监督看守所和监管民警严格执行2009年5月公安部监所管理局制定的《看守所防范和打击“牢头狱霸”十条规定》。发现有“牢头狱霸”苗头和迹象的，要及时提出检察建议，督促看守所采取果断措施予以制止和查处。要督促监管场所改善监管设施和装备建设，安装全方位、无死角的监控录像设备；严格落实定时巡视监室、24小时监控等制度；按照规定标准配备警力，严禁使用在押人员管理在押人员。会同有关部门探索将被监管人在看守所羁押期间的表现纳入量刑情节，对遵守监规、服从管理、表现较好的，作为酌定从轻情节，反之作为酌定从重情节予以考虑，这样就可以有效约束和激励被监管人遵守监规，防止“牢头狱霸”的产生。

四、畅通被监管人及其亲属的权利救济渠道

一方面要深化检务公开，告知被监管人的权利和义务，促使他们增强自我保护意识，在权利遭到侵犯时知道该找谁、怎么找，及时、主动地向检察官反映，

便于及时调查处理。另一方面要严格落实约见检察官、与被监管人谈话、检察信箱等工作制度，及时受理和依法处理被监管人及其亲属反映的问题。对直接向监管民警提出控告、举报和申诉，监管民警不认真处理的，要注意及时提出纠正意见。注重对被监管人中弱势群体的保护。例如，对一些老病残犯，符合变更执行条件的，积极建议有关部门依法办理保外就医和假释。

五、有针对性地开展专项检察活动

通过专项检察，集中各方面力量监督纠正侵犯被监管人合法权益的一些突出问题。近几年，检察机关先后会同有关部门联合开展了纠防超期羁押、减刑假释保外就医专项检察、全国看守所监管执法专项检察、全国监狱清查事故隐患、促进安全监管专项活动等，发现和纠正了一批侵犯被监管人合法权益的问题，严厉打击了“牢头狱霸”，促进了监管执法活动的规范。下一步，应继续坚持和不断完善这一做法，巩固和扩大监督成果。例如，要在继续做好纠防超期羁押工作的基础上，把刑事羁押期限监督的重点转到清理久押不决案件上来，协调有关部门适时联合开展集中清理，着力监督变相超期羁押的问题。

六、严肃查处与侵犯被监管人人权相关联的职务犯罪

重点查处监管民警利用职权索贿受贿、徇私舞弊办理减刑、假释、暂予监外执行的犯罪、体罚虐待被监管人的犯罪和监管事故背后隐藏的一些失职、渎职犯罪。通过设立宣传栏、举报箱、个别谈话、加强与监管机关纪检监察部门联系、受理相关人员举报和控告等多种途径，有效解决案件线索发现难的问题。强化上级检察机关的督办指导作用，整合办案资源，建立健全符合监所检察办案特点的侦查机制。通过加强办案，增强监督的刚性，更加有力地维护被监管人的合法权益。

第三节　被监管人合法权益保障机制的完善

近年来，最高人民检察院先后出台了《关于加强和改进监所检察工作的决定》和监所检察“四个办法”等规范性文件，对监所检察工作的职责、任务、程序、方法等进行了全面的规范，重点建立健全了保障被监管人人权等工作机制，促进和引导派驻检察室依法履行保障被监管人权益的职责。同时也要看到，这些制度本身还存在适应形势需要不断完善，以及在一些地方没有得到很好落实的问题。每一件被监管人非正常死亡事件在损害司法机关公信力的同时，也在叩问现行监管执法及监督制度在制定和落实方面存在的不足。因此，必须认真反思检察机关在被监管人权益保障机制方面存在的问题，结合落实《关于深化中央司法体制和工作机制改革若干问题的意见》的有关内容，构建和完善能够实现

保障被监管人权益的价值目标的监所检察工作机制。

一、建立健全派驻检察工作机制

建立健全包括日常巡视检察、监管事故检察、重大监管事件报告、检察信箱、在押人员约见派驻检察官、派驻检察官与在押人员谈话、受理在押人员投诉、对监管民警涉嫌违法犯罪行为调查和纠正等工作制度，为被监管人提供及时有效的救济手段，更好地维护其合法权益。严格落实监所检察“四个办法”中对安全防范检察工作的有关规定，注意加强对被监管人出入狱（所）、变更强制措施和监管过程中身体健康状况的监督，防范非正常死亡。进一步推进与监管场所的信息联网和监控联网工作，实现实时监督、动态监督。

着力完善在押人员约见检察官制度，保障每位在押人员的合法权益受到公平对待。在押人员约见检察官申请表由派驻检察室主任指定专人根据监管改造场所的具体情况发放至各监室，安排专人每日回收。派驻检察室主任按照申请事由的轻重缓急在3个工作日内安排专人约见在押人员，检察室工作人员根据安排在3个工作日内找在押人员谈话；因特殊情况未能在3个工作日内约见的，应在3个工作日内口头通知在押人员。除法律咨询外，检察室工作人员与在押人员的谈话应制作谈话笔录。在谈话中发现举报线索、监管改造场所隐患等重大信息的，检察室工作人员应立即报告检察室主任，由主任呈报监所检察部门领导；涉及监管改造场所存在的问题，由主任负责向监管改造场所反馈。检察室主任指定专人在每月末将当月的谈话情况上报监所检察处，年终作一总结。

二、探索建立同级派驻检察与上级巡回检察相结合的监督机制

即对监管场所，在实行派驻检察的基础上，由派驻检察机关的上一级检察机关进行巡回检察。这一监督模式可以避免因长期派驻、缺乏流动而造成派驻检察流于形式，被监管场所“同化”的问题；可以解决一些基层检察院没有设立监所检察部门，监所检察权由侦查监督或者公诉部门代为行使，工作相对薄弱的状况；可以强化上一级检察机关的责任，其到基层派驻检察室和监管场所，不再是一般意义上的指导工作，同时也负有对刑罚执行和监管活动直接进行巡回检察的责任。在押人员也可以约见上级检察院的检察官，以利于消除其思想顾虑。

三、完善惩治和预防“牢头狱霸”的机制

完善被监管人权益保障机制，关键是要抓住侵犯被监管人权益的突出问题，以及被监管人最为关心的权益问题，建立健全和严格落实相关监督机制，特别是打击和防范“牢头狱霸”的工作机制。这主要还是靠监管场所及监管民警更新观念，严格执法，规范管理，严格落实定时巡视监室、24 小时监控等制度，严

禁使用在押人员管理在押人员。同时，检察机关也应充分利用与监管场所信息联网和监控联网等科技手段，加强动态监督和巡视检察。发现“牢头狱霸”苗头和迹象，果断采取措施予以制止和打击。对于监管执法或者检察监督工作不负责任，发生“牢头狱霸”致伤、致死在押人员事故的，依法依纪追究有关人员的责任。

四、建立健全派驻检察责任制和问责制

落实执法责任制和问责制，是杜绝和减少执法随意性、执法不作为或乱作为的重要保障。一是明确监督职责和程序。要根据最高人民检察院《关于加强和改进监所检察工作的决定》和监所检察“四个办法”的规定，界定一个监所检察人员特别是派驻检察人员应当承担的监督职责和义务。二是建立科学的考核标准和评价体系，客观评价一个检察官是否尽职尽责，何种情形属于滥用职权、玩忽职守和监督不力等。三是细化问责的情形，视情节轻重，分别追究相关单位和人员的责任。监管场所发生重大问题，派驻检察室负有监督不力责任的，要严格按照规定撤销派驻检察室的规范化等级；对严重失职的派驻检察人员，要依法依纪追究责任；对领导不力的院领导及部门负责人，要实行问责。

五、建立健全与监管场所的协作机制

要与监管部门建立工作联席会议制度，定期召开联席会议。派驻检察人员还应当参加狱情分析会，及时掌握监管动态。与监管场所一起建立健全对“牢头狱霸”的预防和打击处理机制。影响被监管人人权保障和人道主义待遇的因素是多方面的，监管场所有些客观上的困难，需要检察机关督促相关部门予以解决，如羁押、监管和医疗条件的改善等。

六、完善派出派驻检察机构和派驻检察队伍管理机制

进一步规范派出检察院和派驻检察室的设置，理顺领导体制，加强对监管场所的“对等监督”。根据监管场所押量和监督工作需要，加强派驻检察人员配备，选好配强派驻检察室主任，派驻检察人员实行定期轮岗交流，改善人员年龄和知识结构。健全派驻检察室学习制度，强化理论武装和专业素养，加强业务培训和岗位练兵，加强职业道德建设和纪律作风建设，把维护刑罚执行公正和维护监管秩序、维护被监管人权益更好地统一起来，建设一支素质过硬、作风扎实、监督有力、甘于奉献的派驻检察队伍。

第十四章　强制医疗执行监督机制

《刑事诉讼法》第289条规定，人民检察院对强制医疗的决定和执行实行监督。强制医疗作为对实施暴力行为，危害公共安全或者严重危害公民人身安全，经法定程序鉴定依法不负刑事责任，并有继续危害社会可能的精神病人，采取的具有强制监管和医疗性质的一项措施，对其决定和执行情况进行监督，是《刑事诉讼法》赋予检察机关的一项新的业务。由于这一措施具有强制监管性质，是对被监管人人身自由的限制，对其执行情况进行监督自然成为监管活动监督的范围，也自然成为监所检察的内容。因此，建立完善强制医疗检察机制也是新形势下加强监所检察制度建设的重要内容，许多方面值得研究和探讨。

第一节　强制医疗执行监督的主要职责

强制医疗执行监督，是指人民检察院依照有关法律法规的规定，对强制医疗机构执行人民法院作出的强制医疗决定，对特定精神病人进行强制监管和治疗的活动是否合法实行的法律监督。从目前实践来看，强制医疗机构主要是指公安机关成立的安康医院。安康医院是依法收治危害社会治安的精神病人的专门机构，具有监管和医疗的双重职能，是公安机关的组成部分。①

从检察机关内部分工来看，对强制医疗的决定和执行的监督将由不同的部门承担。根据《刑事诉讼法》的规定，对精神病人强制医疗的，由人民法院决定。公安机关发现精神病人符合强制医疗条件的，应当写出强制医疗意见书，移送人民检察院。对于公安机关移送的或者审查起诉过程中发现的精神病人符合强制医疗条件的，人民检察院应当向人民法院提出强制医疗的申请。人民法院在审理案件过程中发现被告人符合强制医疗条件的，可以作出强制医疗的决定。那么，对人民法院审理和决定强制医疗案件的活动是否合法的监督，将由检察机关内部负

① 郭建安、郑霞泽主编：《限制对人身自由的限制——中国行政性限制人身自由法律处分的法治建设》，法律出版社2005年版，第505页。

责向人民法院提出强制医疗申请的部门负责。显然，这个部门不会是监所检察部门。由监所检察部门负责的是对强制医疗执行的监督。虽然检察机关内部除了监所检察部门负责刑罚执行和监管活动监督之外，还有个别部门承担这方面的职责，如对死刑临场的监督由公诉部门负责，个别地方民行检察部门负责对劳教决定的监督等，但对监管活动的监督，对监管场所监管执法的日常监督都是由监所检察部门承担的。当然，如果在执行监督的过程中，发现人民法院作出的强制医疗的决定有错误的，监所检察部门也可借鉴刑罚执行监督过程中发现法院刑事判决错误的做法，有的可以直接向人民法院提出纠正意见，有的需要移交公诉部门审查决定是否提出纠正意见。

将强制医疗执行监督权赋予检察机关，拓展了检察机关监管活动监督的范围，也丰富了监所检察制度的中国特色。考虑到强制医疗的场所是医院，主要任务是对特定的精神病人进行强制性监管和治疗，此外，强制医疗机构还承担精神疾病司法鉴定、精神卫生心理咨询和检测、配合开展精神疾病社区防治等工作。因此，检察机关不宜像对其他监管场所那样实行派驻检察，相对来说，执行检察的任务也不是很重，通过巡回检察即可完成执行检察任务。

从权力性质看，强制医疗执行监督是刑事执行检察，而非行政执法监督。这一点与劳教检察不同。强制医疗虽不是刑罚和刑事强制措施，但它是在《刑法》和《刑事诉讼法》中规定的，适用的对象也是实施暴力行为，危害公共安全或者严重危害公民人身安全，经法定程序鉴定依法不负刑事责任，并有继续危害社会可能的精神病人，是刑事性的强制监管措施。因此，强制医疗执行监督具有刑事执行检察的性质。

借鉴最高人民检察院监所检察“四个办法”，结合《刑事诉讼法》的有关规定，强制医疗执行监督的主要职责包括：（1）对强制医疗机构执行强制医疗决定，对被强制医疗的人进行的强制监管和医疗活动是否合法实行监督；（2）对强制医疗机构向人民法院呈报解除强制医疗的活动是否合法实行监督；（3）对强制医疗决定执行和监管、医疗活动中发生的职务犯罪案件进行侦查，开展职务犯罪预防工作；（4）受理被强制医疗的人及其法定代理人、近亲属的控告、举报和申诉；（5）受理被强制医疗的人及其近亲属提出的解除强制医疗的申请，并转交人民法院依法处理；（6）其他依法应当行使的监督职责。

第二节　强制医疗执行监督的主要内容和方法

一、收治检察

在收治检察过程中，重点检察收治活动是否符合有关规定，是否收治了不应当收治的人员；被决定强制医疗的人是否属于《刑事诉讼法》规定的适用对象，是否属于需要追究刑事责任的人；收治的医疗机构是否属于依法成立的强制医疗机构。

《刑法》第 18 条第 1 款规定，精神病人在不能辨认或者不能控制自己行为的时候造成危害结果，经法定程序鉴定确认的，不负刑事责任，但是应当责令他的家属或者监护人严加看管和医疗；在必要的时候，由政府强制医疗。《中华人民共和国人民警察法》第 14 条规定，公安机关的人民警察对严重危害公共安全或者他人人身安全的精神病人，可以采取保护性约束措施。需要送往指定的单位、场所加以监护的，应当报请县级以上人民政府公安机关批准，并及时通知其监护人。收治检察中所指的强制医疗的对象，是指《刑事诉讼法》“依法不负刑事责任的精神病人的强制医疗程序”一章中规定的强制医疗对象，必须同时具备以下条件：（1）实施暴力行为，危害公共安全或者严重危害公民人身安全；（2）经法定程序鉴定依法不负刑事责任的精神病人；（3）有继续危害社会可能；（4）经人民检察院提出强制医疗的申请，人民法院审查决定，或者人民法院在审理案件过程中自行决定。收治检察就是要检察被决定强制医疗的人是否符合上述条件。

根据《安康医院管理办法》的规定，凡实施下列行为之一、经司法精神疾病鉴定确认为无责任能力的精神病人，安康医院应予以收治：（1）有杀人、放火、强奸、爆炸行为的；（2）严重扰乱党政军机关办公秩序和企事业单位生产、工作秩序的；（3）严重扰乱公民秩序、交通秩序、危害公共安全的；（4）当众出丑，有伤风化的；（5）影响社会安定，造成严重后果的。下列精神病人暂不宜收治：（1）有急、慢性传染病的；（2）患有严重躯体疾病的；（3）丧失肇事肇祸能力的；（5）其他不适应强制住院的。[①] 在《刑事诉讼法》修改后，有关不负刑事责任的精神病人强制医疗的规定需要相应的修改，检察机关在收治检察过程中，首先要检察收治活动是否符合《刑事诉讼法》的规定，同时可参考公安机关的有关规定。

检察收治的医疗机构是否属于依法成立的强制医疗机构。例如，某市在论证组建安康医院的紧迫性时指出，“随着经济社会的迅速发展，工作和生活节奏加快，人们的竞争意识不断增强，精神压力也随之增大，加上其他种种原因，近年来我市精神、心理疾病患者明显增加。在这类精神病人中，有暴力杀人或其他严重危害社会行为的精神病人对社会造成危害很大。这些精神病人不仅严重影响市容市貌，而且直接威胁到人民群众的生命安全。然而迄今为止，我市没有专门收

---

① 郭建安、郑霞泽主编：《限制对人身自由的限制——中国行政性限制人身自由法律处分的法治建设》，法律出版社 2005 年版，第 513 页。

治有暴力杀人或其他严重危害社会行为精神病人的医院，这些精神病人只能分散关押在市公安看守所内。目前，全市各公安看守所关押的这类精神病人共130人，其中市第二看守所一个面积为231平方米的精神病管治中心先后收治了300多名精神病人，目前仍收治有95人，收治时间最长的已达23年"①。因此，收治检察的一项重要任务就是要检察收治的场所是否符合法律规定。

刑罚执行过程中，也会发现有些罪犯属于精神病患者。如果属于判决错误，经鉴定属于不负刑事责任的精神病人，并符合《刑事诉讼法》规定的强制医疗条件的，应通过再审程序改判，并通过强制医疗程序由法院作出强制医疗的决定。如果属于执行期间开始患有精神病的，可以采取必要的医治，但不属于《刑事诉讼法》规定的强制医疗对象。因此，也不属于本章探讨的强制医疗执行监督的内容。

二、解除强制医疗的检察

《刑事诉讼法》第288条规定，强制医疗机构应当定期对被强制医疗的人进行诊断评估。对于已不具有人身危险性，不需要继续强制医疗的，应当及时提出解除意见，报决定强制医疗的人民法院批准。被强制医疗的人及其近亲属有权申请解除强制医疗。检察机关对解除强制医疗的检察，就是要检察解除强制医疗的活动是否符合《刑事诉讼法》的规定，主要是：（1）被解除强制医疗的人是否已经不具有人身危险性，不需要继续强制医疗；（2）是否经过决定强制医疗的人民法院批准。与刑罚执行检察、劳教执行检察不同，法律并没有规定强制医疗的执行期限，是否解除关键是看对被强制医疗的人的治疗情况，是否属于经过治疗，已不具有人身危险性，不需要继续强制医疗的人。也正是由于强制医疗没有执行期限，因此，《刑事诉讼法》规定解除强制医疗必须经过决定强制医疗的人民法院的批准。

三、变更执行检察

刑罚和劳教的变更执行，包括变更执行期限和变更执行方式。而强制医疗由于没有执行期限的规定，因此，变更执行不涉及延期、减期、提前解除的问题。由于适用对象的特定性，也不存在院外执行、所外就医的问题。强制医疗执行监督所涉及的变更执行检察，主要有两种情形，一是变更执行机构，基于强制医疗的需要，被决定强制医疗的人在医治的过程中，可能需要由一个强制医疗机构调整到另一个强制医疗机构进行强制医疗。二是临时出院的问题。例如，遇有直系

---

① 《转发市人大常委会审议市人民政府办理关于组建安康医院等两个议案实施方案决议的通知》，http：//china. findlaw. cn。

亲属婚丧嫁娶或其他重大事件，被强制医疗的人本人需要参加，而其病情又允许的。临时出院必须严格审批手续，并确保监管安全。如果被强制医疗的人经过重新鉴定或补充鉴定，具有刑事责任能力，需要承担刑事责任的，办案机关可以向人民法院提出解除强制医疗的申请，因为被强制医疗的人已经不符合《刑事诉讼法》规定的适用强制医疗的条件。而对这一情况的检察，应属于解除强制医疗的检察，而非变更执行检察。

四、医疗和监管活动检察

强制医疗机构的主要任务就是执行人民法院作出的强制医疗决定，对被强制医疗的人进行医疗，并进行强制性监管，既要通过医疗手段控制和缓解被强制医疗的人的病情，又要对被强制医疗的人进行必要的强制性监管，防止逃跑、自杀、自残、行凶伤人等监管事件的发生，以维护监管安全和社会稳定。检察机关对强制医疗机构的医疗和监管活动进行日常检察，防止侵犯被强制医疗的人的合法权益和出现监管事故。

被强制医疗的人的法律地位与罪犯不同，只是限制其自由，而不是完全剥夺其自由，相应的教育管理措施有所不同。对其采取的强制性监管措施，是为了保障医疗活动的正常进行，也是为了防止其实施新的违法犯罪行为，在强制程度上达到这两个方面的要求即可。因此，强制医疗机构应注意不能用管理罪犯的方法管理被强制医疗的人，做到依法、文明、科学管理。

五、医疗和监管事故检察

与监狱、看守所、劳教所的监管事故有所不同，强制医疗中的事故检察主要包括医疗事故检察和监管事故检察。其中，强制医疗机构发生的医疗事故又不同于一般医院的医疗事故，从广义上讲也是一种特殊的监管事故。强制医疗过程中，也可能会因监管不到位，导致被强制医疗的人逃跑、破坏监管秩序、伤残、非正常死亡等事故的发生。强制医疗机构一旦发生医疗事故和监管事故，检察机关必须依法开展检察工作，查清事实，明确责任，作出妥善处理。检察机关在接到强制医疗机构关于事故的报告后，应当立即派员赴现场了解情况，并及时报告本院检察长。认为可能存在违法犯罪问题的，应当深入事故现场，调查取证。与强制医疗机构共同剖析事故原因，研究对策，完善监管措施。

被强制医疗的人在强制医疗期间因病死亡，其家属对强制医疗机构提供的医疗鉴定有疑义向人民检察院提出的，人民检察院应当受理。经审查认为医疗鉴定有错误的，可以重新对死亡原因作出鉴定。被强制医疗的人非正常死亡的，人民检察院接到强制医疗机构通知后，原则上应在 24 小时内对尸体进行检验，对死亡原因进行鉴定，并根据鉴定结论依法及时处理。对于强制医疗机构发生的重大事故，担负检察任务的检察机关应当及时填写《重大事故登记表》，报送上一级人民检察院，同时对强制医疗机构是否存在执法过错责任进行检察。辖区内强制医疗机构发生重大事故的，省级人民检察院应当检察担负检察任务的检察机关是否存在不履行或者不认真履行监督职责的问题。

第三节　强制医疗执行监督机制的建立与完善

一、明确强制医疗执行的检察机构

修改后的《刑事诉讼法》规定了检察机关对强制医疗决定和执行的监督职责，需要最高人民检察院进一步明确检察机关内部负责强制医疗决定和执行监督的部门。笔者认为，应由公诉部门负责对强制医疗决定的监督，由监所检察部门负责对强制医疗执行的监督，并建立内设部门之间的协作配合机制，全面履行好检察机关对强制医疗决定和执行的监督职责。

二、建立日常执行检察机制

1. 检察机关应与强制医疗机构及其主管机关建立联席会议制度，定期通报和研究有关情况，促进强制医疗机构不断提高对被强制医疗的人的医治水平，完善监管措施。

2. 建立检察官谈话和约见制度。当前，需要进一步完善被强制医疗的人及其近亲属约见检察官制度，积极争取强制医疗机构的支持，联合下发有关规定，确定为一项管理和检察制度，既保障被强制医疗的人的合法权益，也可以进一步规范负责强制医疗的人员的医疗和监管活动。

3. 规范监督方式。口头提出意见即可的，不发出《纠正违法通知书》。必须发出《纠正违法通知书》的，应依法发出。用检察建议更为合适的，就用检察建议。这就需要把握好以下几点：一是正确区分违法行为的严重程度，是轻微违法还是严重违法。判断标准主要是：（1）行为的性质和情节是否严重；（2）主观上是故意还是过失，是一般过失还是严重过失；（3）行为危害程度的大小；（4）行为的现实危险程度；（5）行为的危害后果是否严重，对监管秩序和监管安全的破坏程度；（6）行为对被强制医疗人的合法权益的侵犯程度；（7）行为的社会影响是否恶劣。二是正确适用检察建议。检察人员检察发现强制医疗执行活动中存在医治和监管不规范等可能导致重大事故等苗头性、倾向性问题的，应当报经本院检察长批准，向有关单位提出检察建议。

三、完善保障被强制医疗的人合法权益的机制

赋予检察机关对强制医疗决定和执行的监督权，是对被强制医疗的人的权利救济程序的完善。因此，保障被强制医疗的人的合法权益是强制医疗执行监督的一项重要任务。与其他被监管人不同，被强制医疗的人本身属于精神病人，因而其合法权益的保障基本上要借助外界的力量，在检察机关更应重视对其合法权益的保障。执行强制医疗决定的过程中，必须贯彻人道主义原则、治疗和监管相结合原则。注意拓宽被强制医疗的人及其近亲属申诉的途径，畅通救济渠道。在与被强制医疗的人及其近亲属谈话、受约约见及在日常检察工作中，注意发挥检察职能作用。保障被强制医疗的人获得及时解除强制医疗的权利。如果被强制医疗的精神病人已经恢复正常或者已经不具有社会危害性，就不应再对其采取强制医疗措施，而应通过人民法院决定对其解除强制医疗措施，恢复人身自由，重新回归社会。

第十五章　监所检察办案机制

针对监所检察办案工作，最高人民检察院曾于1996年2月印发了《关于加强监所检察办案工作的意见》，该意见明确监所检察是一项综合性业务，包括立案侦查、审查批捕、审查起诉和抗诉等项工作，承办案件的范围很广，并提出“以办案为龙头，带动执法监督工作全面开展”。这里的“办案”是广义上的办案工作。本章所指的“办案工作”，仅指查办刑罚执行和监管活动中的职务犯罪案件工作。

加强查办和预防刑罚执行和监管活动中的职务犯罪，监所检察部门四项重点工作之一，近年来总体上保持了稳步发展的态势，同时也面临着加强和规范的任务。当前刑罚执行和监管活动中职务犯罪现象还比较严重，社会反映也非常强烈。突出表现在：有的监管民警利用职权搞权钱交易，索贿受贿，徇私舞弊，违法为罪犯办理减刑、假释和保外就医；有的利用职务之便，为在押人员通风报信、传递信件，帮助犯罪分子逃避处罚，甚至私放在押人员；有的随意体罚虐待在押人员，侵犯在押人员合法权益；有的大肆收受贿赂，为在押人员提供特殊照顾，使监狱成为个别罪犯的休闲地；有的利用掌管职权的便利，在单位基建工程、生产经营等活动中收受贿赂，使国家利益遭受严重损失；有的工作严重不负责任，致使在押人员脱逃或发生重大事故。这些职务犯罪社会影响极坏，严重损害了党和政府以及政法机关的形象，严重干扰了刑罚正确执行和刑事诉讼活动的顺利进行。监所检察办案工作是检察机关反腐败工作的重要组成部分。监所检察主要任务是对监狱、看守所、劳动教养场所监管执法活动实行法律监督，监督的最主要、最有力的手段就是办案，通过办案纠正违法，以保障国家法律在监狱、看守所、劳教所的正确实施，维护刑罚执行的严肃性和权威性。

第一节　检察机关恢复重建以来监所检察部门职务犯罪侦查权的配置情况

1988年12月，最高人民检察院在与监察部联合印发的《关于检察机关和监察机关在查处案件工作中协调配合的暂行规定》的附件中明确了经济检察、法纪检察和监所检察部门之间的侦查管辖分工，规定由监所检察部门负责侦查体罚虐待犯罪嫌疑人、被告人案和私放罪犯案。

1996年2月最高人民检察院印发的《关于加强监所检察办案工作的意见》明确监所检察部门办案范围主要有：（1）承办监狱、看守所、劳动教养场所中发生的应由检察机关直接受理、立案侦查的贪污、贿赂、“侵权”、渎职等职务犯罪案件。（2）对监狱、公安机关侦查的被监管人员的犯罪案件，依法审查批捕，审查起诉。（3）受理、复查被监管人员及其家属向检察机关提出的控告、申诉案件。（4）承办对人民法院确有错误的减刑、假释裁定提出抗诉的案件。（5）承办本院检察长和上级检察院交办的案件。监所检察部门对于上述各类案件都要积极受理，严肃负责地承办。特别是对第一、四类案件，要坚持原则，依法办理，注意防止和纠正有案不立，有罪不究，大事化小，小事化了的问题。

1998年5月，最高人民检察院根据修改后的《刑事诉讼法》制定下发了《关于人民检察院直接受理立案侦查案件范围的规定》，对检察机关职务犯罪管辖范围作了相应的调整，但由监所检察部门查办刑罚执行和监管活动中的职务犯罪的权力配置格局未变。随着1998年下半年检察机关教育整顿活动的开展，开始强调“侦查权归口”，除了反贪污贿赂局、反渎职侵权部门分别行使贪污贿赂犯罪、渎职侵权犯罪侦查权，监所检察部门负责查办“四种职务犯罪案件”外，其他业务部门不再行使职务犯罪侦查权。

1998年6月最高人民检察院《关于重新明确监所检察部门办案范围的通知》规定，根据全国检察机关深入开展教育整顿工作会议有关侦查工作必须归口承办的精神，结合监所检察工作的实际，明确监所检察部门包括派驻监管改造场所检察室负责承办案件的范围为：（1）关于承办直接侦查案件的范围。各级人民检察院监所检察部门负责刑罚执行和监管改造活动中发生的虐待被监管人案、私放在押人员案、失职致使在押人员脱逃案、徇私舞弊减刑、假释、暂予监外执行案的侦查工作。（2）关于承办批捕、起诉案件的范围。监狱、公安机关立案侦查，移送检察机关审查批捕、审查起诉的服刑罪犯又犯罪案件、劳教人员犯罪案件，由监所检察部门负责审查批捕、审查起诉、出庭公诉工作。（3）各级人民检察院监所检察部门直接侦查的犯罪案件，需要逮捕、起诉或不起诉的，一律移送刑事检察部门审查，加强内部制约。（4）关于受理申诉案件的范围。服刑罪犯及其法定代理人、近亲属不服已发生法律效力的刑事判决、裁定，劳教人员及其家属不服劳教决定，向检察机关提出的申诉，由监所检察部门负责受理。经立案复查，判决、裁定确有错误需要向人民法院提出抗诉的，移送刑事检察部门审查，提出抗诉。（5）派驻监管改造场所检察院行使县级人民检察院的职权，其办理案件范围继续按原规定办理。

实践表明，这一强调侦查归口的做法，不利于监所检察监督工作的开展，而且客观上也淡化了职务犯罪侦查权的法律监督属性。于是，最高人民检察院在2004年9月出台了《关于调整人民检察院直接受理案件侦查分工的通知》，对检察机关内部职务犯罪侦查权的配置作了新的调整。监所检察部门负责监管场所发生的贪污贿赂、渎职侵权等案件的侦查工作。除虐待被监管人案、私放在押人员案、失职致使在押人员脱逃案、徇私舞弊减刑、假释、暂予监外执行案继续由监所检察部门负责侦查外，原由反贪污贿赂部门和反渎职侵权部门负责侦查的监管场所发生的职务犯罪案件，划归监所检察部门负责侦查。监所检察部门负责侦查的案件，如属于重大、复杂或者跨地区犯罪案件，应当报告检察长，检察长可以将案件交由反贪污贿赂部门或者渎职侵权检察部门办理，监所检察部门予以配合。

从检察机关恢复重建30年多来内设机构行使职务犯罪侦查管辖权情况来看，由反贪污贿赂部门、反渎职侵权部门分别行使贪污贿赂犯罪、渎职侵权犯罪侦查权是一个基本的配置格局。此外，监所检察部门也一直行使一定范围的职务犯罪侦查权。监所检察部门的职务犯罪侦查权主要是在侦查管辖范围上有所变化。与反贪污贿赂、反渎职侵权部门一直定位为职务犯罪侦查部门不同，监所检察部门虽然行使一定的职务犯罪侦查权，但其定位是诉讼监督部门，职务犯罪侦查被视为强化刑罚执行和监管活动监督的手段和保障。

赋予监所检察部门职务犯罪侦查权，主要是基于以下几点：

（一）基于职务犯罪侦查权的性质

为什么侦查权可以分别由不同的机关来行使？原因就在于侦查本身只是一种带有强制性的调查方法，其性质取决于它所侦查的对象和要实现的目的。同理，检察机关职务犯罪侦查权也需要由行使法律监督权的不同部门行使。那么，为什么不能赋予侦查监督和公诉部门职务犯罪侦查权？主要是由于这两个部门的主要职能不是诉讼监督，而是直接介入刑事诉讼的某个环节，行使刑事诉讼权力。

（二）基于强化法律监督的客观需要

片面强调归口管理会影响诉讼监督的力度和权威性，最终不是维护而是损害检察机关强化法律监督、维护公平正义的执法形象。由于强化法律监督的需要，职务犯罪侦查权与诉讼监督权需要紧密结合，切实发挥职务犯罪侦查对诉讼监督的促进作用。因此，在检察机关内部，反贪污贿赂部门、反渎职侵权部门作为职务犯罪侦查部门，当然具有职务犯罪侦查权。由于侦查监督部门行使审查逮捕权，公诉部门行使公诉权，因而不能直接行使职务犯罪侦查权。而监所检察部门是对刑罚执行和监管活动进行日常监督，对监管场所实行派驻检察的部门，为强化监督工作，必须行使一定范围的职务犯罪侦查权。控申检察部门的权力主要是受理控告和申诉，而不是诉讼监督，因此不宜行使职务犯罪侦查权。

（三）基于职务犯罪侦查工作专业化的客观需要

尽管刑罚执行和监管活动中的职务犯罪从犯罪类型来看，属于贪污贿赂犯罪、渎职侵权犯罪，与其他领域或者诉讼环节发生的职务犯罪没有本质的区别，但有其自身的规律和特点。由监所检察部门负责立案侦查，有利于增强侦查专业化程度，提高侦查能力和水平。

（四）基于减少办案成本，提高办案效率的客观需要

就监所检察办案工作而言，由于实行派驻检察，对刑罚执行和监管活动情况能够做到全面、及时地了解，在摸索和掌握刑罚执行和监管活动中的职务犯罪规律和特点也具有驻所检察优势，有利于发现案件线索，找准案件切入点和突破口，提高办案效率，降低办案成本。

当然，对于将职务犯罪侦查权交由监所检察部门行使，有些同志还有不同的认识和顾虑，认为这样做一是会造成侦查资源的浪费，加剧案多人少的矛盾；二是不利于公正执法，会出现利用侦查权达到不正当的诉讼监督目的的现象；三是监所检察部门办案力量不适应行使职务犯罪侦查权的客观需要。从权衡利弊来看，显然将职务犯罪侦查权交由监所检察部门行使是利多弊少，关键还是基于职务犯罪侦查权的法律监督属性。办案力量都有从不适应到适应的过程，而且经过检察长同意可以将一些重大案件交由反贪污贿赂部门或者反渎职侵权部门牵头侦查。

第二节　刑罚执行和监管活动中职务犯罪案件的发案规律和特点

发生在刑罚执行和监管活动中的职务犯罪案件与其他职务犯罪案件相比，有着自身的发案规律和特点。从近年来全国检察机关监所检察部门查办的职务犯罪案件看，呈现以下特点：（1）案件主要来源于自行发现和举报。在查办的案件中，自行发现案件线索、通过接受举报和自首获得案件线索均分别占总数的35%左右。另外还有30%左右来自本院分流、他院转来、领导交办、上级院交办和纪检监察、监狱、公安等机关移送等。（2）大要案占有一定比例。其中大案占立案总数的1/4左右。相对于其他类型的职务犯罪案件，大要案的比例要低一些。这也是刑罚执行和监管活动中职务犯罪案件的一个特点，数额虽然相对不大，但危害严重，影响恶劣。（3）查办了一批领导人员职务犯罪案件。包括省级监狱管理局局长、劳教局局长、监狱长、监狱政委、副监狱长、监狱副政委、监狱医院院长、看守所所长、看守所教导员、看守所副所长、劳教所所长、劳教所副所长、法院刑庭庭长等担任一定领导职务的执行机关、监管机关和监管场所的负责人。（4）在查办的案件中，涉嫌的罪名共有20余个。犯罪类型前五位为：受贿罪、贪污罪、玩忽职守罪、虐待被监管人罪、失职致使在押人员脱逃罪。五类犯罪合计约占立案总数的70%左右。（5）犯罪主体多为监狱和看守所民警。此外还有劳教所民警、未成年犯管教所民警、其他公安人员、检察人员、法院人员、司法行政人员等。刑罚执行和监管执法活动中的职务犯罪，从表现形式而言，一是有积极作为的故意犯罪，如虐待被监管人罪，贪污罪，受贿罪，私放在押人员罪，徇私舞弊减刑、假释、暂予监外执行罪；二是有消极不作为的过失犯罪，主要有玩忽职守罪、失职致使在押人员脱逃罪。

近几年来，检察机关监所检察部门在深刻把握刑罚执行和监管活动中职务犯罪发案规律和特点的基础上，摸索和积累了一些成功的经验，形成了规律性的做法。

一、拓展案源

监所检察部门获取职务犯罪案件线索，既需要深化检务公开，依靠群众举报和犯罪嫌疑人自首，也需要不断提高自行发现案件线索的能力，善于从监管违法背后发现职务犯罪案件线索。一是深化检务公开，利用群众举报获取案件线索。发生在刑罚执行和监管活动中的职务犯罪案件，严重危害刑事诉讼活动的顺利进行和刑罚的正确执行，社会反映强烈，广大监管民警和在押人员及其家属对此也深恶痛绝，普遍要求检察机关严肃查处。通过深化检务公开，宣传、昭示检察机关查处职务犯罪案件的职责和清除司法腐败的决心，采取各种措施，畅通举报渠道，消除举报人后顾之忧，使广大群众对检察机关查办刑罚执行和监管活动中发生的职务犯罪案件树立信心，敢于举报，愿意举报。从近年来办案情况看，群众举报仍然是一些地方检察机关发现职务犯罪案件的重要渠道。二是从监管违法问题、不正常的管理现象和监管事故的背后发现案件线索。刑罚执行和监管活动中发生的职务犯罪案件，受其特殊环境影响，了解内情的人很少，隐蔽性较强，举报线索相对较少，所以派驻检察人员开展执法监督是发现职务犯罪案件线索的又一重要渠道。监管场所的某些工作部位和执法环节易发生职务犯罪，是检察机关执法监督的重点。例如，在刑罚执行中，存在罪犯减刑幅度、间隔时间不符合规定和违反法定条件假释；改造表现一般，却多次立功受奖；犯重罪或无特长却被安排特殊岗位；身体健康却被保外就医；无特别原因却频繁调监等不正常现象。又如，在刑事诉讼中，存在涉嫌职务犯罪或经济犯罪的犯罪嫌疑人突然翻供、串供；刑期长却被留所服刑等不正常现象。对这些监管工作中出现的违法问题和不正常现象进行深入调查就有可能发现职务犯罪案件线索。

二、选准突破口

发生在刑罚执行和监管活动中的职务犯罪案件有着自身独特的规律和特点。一是具有一定的隐蔽性。不仅是贿赂犯罪案件，在其他一些案件中，权钱交易的特点也比较明显。犯罪行为人往往暗中交易，难为外界所知晓，但这类职务犯罪涉及多个执法环节，易暴露的环节又多于其他领域职务犯罪。二是案件之间具有关联性，群体性作案特点突出。刑罚执行环节的职务犯罪往往不是一个人的职务行为就能够达到犯罪目的，需要多个行为人共同操作才能完成。三是当事人身份具有双重性，案件知情人往往就是利害关系人，取证困难。但是，由于在押人员人身自由受到限制，权钱交易一般需要通过中间人（在押人员家属或亲朋好友）来实施，又给调查取证扩大了空间。四是犯罪嫌疑人具有较强的反侦查能力。涉案的人员要么是监管民警或者司法工作人员，要么是在押人员，这些人熟悉办案程序和办案方式，都有较强的反侦查能力。例如，徇私舞弊减刑、假释和暂予监外执行案件往往与受贿牵连在一起，监管民警又往往与审判人员相勾结。在查办这类案件时，有时寻找权钱交易的中间人并获取证据，就是找到了案件突破口。在看守所发生的跑风漏气案件中，很多是看守所民警利用职务之便为犯罪嫌疑人、被告人提供手机进行串供，手机的通话记录往往就是侦破案件的突破口。

三、全面、及时收集固定证据

收集和获取证据是侦查工作的灵魂，侦查过程就是收集、固定证据的过程。一是在查办贿赂案件中，从外围开始收集证据，先固定证人、知情人、行贿人的证据，由外及内，由表及里。二是在查办徇私舞弊犯罪案件中，加强对书证的收集、固定，先查实舞弊的行为，再由书证与证人证言相结合，合力突破口供，取得主观徇私的证据。三是善于运用已经收集到的证据深入开展侦查工作。四是注重对证据的综合分析研究，包括从伪证、串供和翻供中发现和收集证据。五是重视预审工作，通过预审向犯罪嫌疑人收集和印证证据。例如，首先利用审讯和外调相结合的方法，确定犯罪嫌疑人；其次查明虚假保外就医呈报材料，固定舞弊的证据；最后因人制宜开展审讯，逐个突破徇私行为。

四、深挖窝案、串案

由于监管工作的特点，刑罚执行和监管活动中发生的职务犯罪案件往往在上下级之间、内外部之间都有一定的联系。近年来一些地方检察机关查办的不少案件都是办案人员在办案中深挖犯罪，发现新的犯罪线索，从一案中挖出多案，查一人带出一串，从而侦破一系列窝案、串案。

五、突破"夹生"案

在查办职务犯罪案件中，往往有一些案件经过多次侦查，由于侦查方法不当而突破不了，成为"夹生"案件。这类案件已经打草惊蛇，犯罪嫌疑人有了充分的准备，转移或毁灭了证据，订立了攻守同盟，侦查起来难度更大。办案人员只要认真分析案情，查微析疑，另辟蹊径，千方百计寻找疑点，加强外围初查工作，把取证工作做扎实，就能突破案件，最终制服犯罪分子。

六、整合侦查资源

针对刑罚执行和监管活动中职务犯罪的特点，根据监所检察队伍的现状，逐步探索、建立一体化侦查机制，特别是在查办重大案件时，省、市院监所检察部门加强与反贪、反渎部门的协调和配合，统一抽调办案力量，统一指挥协调，发挥整体作战效能。

第三节　监所检察办案机制的改革与完善

结合监所检察办案特点和需要，改革和完善以下办案机制。

一、监管场所职务犯罪案件线索发现机制

目前影响监所检察部门查办职务犯罪工作发展的因素很多，其中一个主要因素就是案源匮乏，线索来源渠道不畅。必须努力改变获取案件线索被动的局面，不断提高自行发现犯罪的能力。

（一）深化检务公开

在监管场所比较醒目的位置设立检务公开栏，使被监管人及其亲属了解检察机关及派驻监管场所检察室的性质、职责和任务，使其在被监管期间合法权益遭受侵害时，知晓如何维权。向被监管人发放权利告知卡。有意识地公布一些监所检察部门查办的监管场所民警职务犯罪的典型案例。在便于被监管人投递的地方设置检察信箱。坚持与在押人员谈话制度、派驻检察官约见被监管人及其亲属制度、与被释放人员的联系制度等，获取监管场所在执法中违法犯罪的信息，拓展信息来源。加强与监管单位纪检监察部门的联系，互通执纪执法方面的信息，加强与他们的沟通，争取他们的理解和信任，从中获取职务犯罪线索。加强监所检察部门与本院自侦部门、侦监部门、公诉部门和控申部门的联系，从这些部门办理的案件中发现刑罚执行和监管活动中的职务犯罪线索。

（二）确定监督重点

确定监督重点与刑罚变更执行监督的重点有所不同。监狱、看守所内的在押人员数量众多，根据检察机关多年的工作实践和办案经验，其中有可能与监管民警进行权钱交易的主要有：一是职务犯罪的罪犯。职务犯罪罪犯中有一些人原来担任一定的领导职务，有着一定的社会背景，进了监狱、看守所后，其本人或者其亲属、朋友会动用原来的关系网或者使用金钱寻求监管场所的“特殊关照”。二是涉黑、涉毒犯罪的罪犯。这些罪犯大多有一定的经济实力，其家人或者同伙、朋友会用各种手段拉拢腐蚀监管民警，帮助其在监管场所内获取违法减刑、假释、保外就医，以及在生产、生活等方面得到特殊照顾和待遇。实践中，有个别素质不高的监管民警也热衷于同这些罪犯及其亲友打交道。三是经济犯罪的罪犯。其中有些罪犯经济条件较好，为了获得违法减刑、假释或者保外就医，不惜金钱铺路，贿赂监管民警或者其他司法人员。四是工种清闲而记分高的罪犯。这些人因为与监管民警有着这样或那样的人情关系，在监管场所内受到“优待”和特殊照顾，一般从事值班、质检安全、保管统计、维修保障、担任大小组长等勤杂事务性工作，还有的犯了重罪或没有任何特长却被安排在特殊岗位。不同的工种和岗位有不同的考核基础分和加扣分标准，受到特殊照顾的罪犯的工种不仅轻松，而且其记分和加分标准也往往高于一般工种，获得减刑、假释的机会也多于其他罪犯。五是多次获得减刑或者保外就医的罪犯。例如，有的罪犯减刑幅度过大，超过一般情况；有的在服刑期间多次减刑；有的一到间隔时间或者间隔时间不符合规定就办理减刑；有的不符合保外就医条件获得保外就医。六是违法留所服刑的罪犯。有的罪犯为了留所服刑，千方百计找关系、走后门。在实践中，除了符合法定条件的罪犯以外，一些能够留所服刑的罪犯往往有着特殊的背景。七是跨省市、跨监狱调整监管单位的罪犯。对于上述七类罪犯，派驻检察人员应将其作为重点监督对象，注意掌握监管情况，加强跟踪监督。建立专门的检察档案，重点审查其减刑、假释、保外就医的办理情况，密切关注并掌握与他们有关的各种情况、信息，并注意从中发现他们背后可能涉及的职务犯罪线索。

（三）找准易发环节

刑罚执行和监管活动中的职务犯罪案件的易发环节主要有：罪犯留所服刑环节，分配监区环节，日常奖惩考核环节，安排劳动工种环节，违反监规所纪处理环节，提请、呈报、审理、审批罪犯减刑、假释、保外就医和劳教人员减期、所外执行、所外就医环节，监外罪犯脱管漏管环节，监管场所生产经营环节等。不同监管场所的发案特点又有所不同。例如，有的监狱职务犯罪主要发生在减刑、假释、保外就医环节，工种岗位安排环节，对违反监规事件处理环节，生产经营环节，基本建设环节，粮食、药品等采购环节。有的看守所职务犯罪主要发生在翻供、串供背后的通风报信、帮助犯罪分子逃避处罚等、帮助犯罪分子制造假立功材料、虐待罪犯、利用未决犯及其亲属的心理弱点进行索贿、诈骗、克扣囚粮囚款等环节。

（四）拓宽发现案件线索渠道

主要是从日常派驻检察监督中发现案件线索；从监管事故、事件的调查中发现案件线索；从开展的专项检察活动中发现案件线索；从在押人员及其亲属的控告、举报和申诉中获取案件线索；从与监管机关纪检监察部门的工作联系中获取案件线索；从查办职务犯罪案件中深挖案件线索等。派驻检察人员应注意加强对监管场所的日常巡视检察工作，通过深入“三大现场”，全面及时了解和掌握被监管人在监管场所内的表现情况。重点掌握立功受奖和违规受罚两类人员。注意了解被监管人的身体状况，特别是经常生病或患有重病的人员，通过查看他们的身体状况和查处就医记录，判断病情的真实性。通过加强日常派驻检察，有针对性地拓宽发现案件线索渠道。

二、侦查审讯机制

（一）完善初查机制

认真甄选案件线索，慎重选择初查时机和突破口，提高初查成案率，切忌盲目行动，浪费宝贵的线索资源。对被举报对象明确、举报事实清楚的线索，先不惊动被举报人，从外围开始秘密调查，收集证据；对被举报人知道部分举报内容的线索，采取声东击西的方法，引开被举报人的注意力，出其不意，攻其不备。将对刑罚执行和监管活动中的违法问题和监管事故的调查处理与开展对涉嫌职务犯罪案件线索的初查结合起来，尽可能地隐藏初查意图。

（二）完善讯问机制

侦查工作的基本任务是通过调查、讯问等手段获取确凿的犯罪证据，侦查的对象是犯罪嫌疑人。要认真研究犯罪嫌疑人的特点，重点围绕讯问、询问、搜查等侦查措施和拘留、逮捕等强制措施来设计和使用侦查谋略，不断提高突破犯罪和深挖窝案、串案的能力。完善讯问机制应从以下几方面入手：（1）加大审讯工作力度。审讯工作是侦查工作的重要组成部分，是印证证据、深挖余罪、揭露新的犯罪的重要手段。刑罚执行和监管活动中职务犯罪主体身份的特殊性和案件固有的隐蔽性，要求监所检察人员必须进一步加强审讯工作，完善相关机制，努力提高讯问犯罪嫌疑人的水平。（2）准确把握审讯时机，促使犯罪嫌疑人交待问题。搞好第一次预审，趁犯罪嫌疑人惊魂未定、心中无数的时候，突破其心理防线。特别是对已经采取强制措施的犯罪嫌疑人，一定要把第一次预审工作做好。（3）认真研究分析犯罪嫌疑人和证人的心理状态。犯罪嫌疑人一般具有的心理状态：一是侥幸心理，企图蒙混过关；二是避重就轻；三是担心自己的行为会殃及亲人；四是浑水摸鱼，推卸责任。证人一般具有的心理状态：一是怕受牵连；二是担心既得利益受到损害；三是担心遭打击报复；四是担心自己受到法律追究。针对不同的心理状态，监所检察人员应采取不同的讯问和询问策略。

（三）完善取证机制

依法收集、固定证据，提高证明犯罪的能力。证据是证实犯罪的核心和保证案件质量的基础。侦查工作要以证据为核心展开，侦查过程中的一切活动，各种手段和方法的使用，都必须围绕证据这个核心来进行。要依法收集证据，严禁刑讯逼供、暴力取证和以威胁、引诱、欺骗以及其他非法方法收集言词证据。既要重视口供，又不能完全依赖口供，实现“由供到证”到“由证到供、以证促供”的转变，把功夫下在正面接触犯罪嫌疑人之前，注意通过收集间接证据和犯罪嫌疑人实施反侦查的再生证据，揭露和证实犯罪。

三、以省级院主导、市级院为主体、基层院为基础的办案体制

监所检察部门办案工作与反贪、反渎部门不同，这些侦查部门强调的是“以省级院为龙头、以市级院为主体、以县级院为基础”的办案机制，这是与他们的机构设置、人员配置相适应的。而监所检察部门在机构设置和人员配置上有自身的特点，日常监督工作强调以派驻检察为主，主要是由派出检察院和派驻检察室承担，而办案工作则强调“以省级院主导，以市级院为主体，以基层院为基础”，更强调省级院的办案责任。龙头作用注重强调宏观上把握方向，而主导作用更强调对全省监所检察办案工作的直接管理和指导，要求上更具体一些。

省级院监所检察部门必须加强对办案工作的督办指导，加强内外协调，根据需要指定管辖，必要时直接领办案件，真正把全省（区、市）的办案工作统管起来。注意加强对案件线索的统一管理。注意选择办案工作相对滞后地区，通过座谈、调研、走访、一起办案等多种手段，认真查找、分析问题和原因，帮助其尽快扭转落后局面。对一些有影响的案件，要亲自上阵，加强领办和督办指导。

尽管监所检察的力量主要在基层，但考虑到基层办案的难度，所以一直强调要发挥市级院监所检察部门的办案主体作用。市级院监所检察部门要能够整合全市监所检察办案力量，带领派出检察院和派驻检察室，集中突破本辖区内刑罚执行和监管活动中发生的职务犯罪。

对于基层院监所检察部门而言，要注意发挥基础性作用，在做好对看守所日常监督工作的基础上，捕捉案件线索，积极配合市级院做好办案工作。不过，对派出检察院的要求又有所不同，虽然一直强调要发挥派出检察院的办案主力军作用，但这方面作用还不够明显。

只要在法律规定的框架内，能够强化监所检察部门办案工作，办成案、办好

案，就是好的。既可以在本省范围内选择和指定几个基层院，动用全院力量集中查办一些刑罚执行和监管活动中的职务犯罪，也可以进一步发挥派出检察院的办案作用，或者是以监所检察部门为主，从其他部门抽调人员组成专门的办案组。对于一些重大复杂的案件，检察长指定反贪、反渎部门办理或者以他们为主办理的，一定要积极配合。

四、侦查一体化工作机制

当前，发生在刑罚执行和监管活动中的职务犯罪手段日趋隐蔽，窝案、串案增多，加之犯罪主体身份特殊，反侦查能力强，办案工作干扰多、阻力大，单靠一个院监所检察部门的侦查力量困难很多，很难胜任。因此，在这种形势下，需要加强侦查一体化机制建设，形成工作合力。实行侦查一体化，有利于排除干扰和阻力，有利于克服监所检察人员不足的困难，发挥上下一体、整体作战效能，将侦查办案工作引向深入。

1. 紧紧围绕线索管理、案源调度、指挥协作、侦查保障、激励机制等方面，进一步探索推进侦查一体化机制建设。纵向上强调发挥全省（区、市）监所检察部门整体优势，协调一个地市乃至全省（区、市）的优秀办案骨干集中突破案件，横向上注意与反贪、反渎部门搞好协作配合。例如，某省检察机关在查办一起职务犯罪大要案和窝案、串案过程中，既注意充分发挥自身的指挥协调作用，又注意发挥市州院和派出检察院的办案作用，调动全省监所检察部门办案力量，同时还积极寻求反贪、反渎部门的支持，上下、左右都形成了工作合力。

2. 有效整合监所检察部门的侦查资源。省级院监所检察部门负责有影响的大要案和跨地区案件的组织和协调，必要时灵活运用参办、督办、提办和异地交办等方式，加强对办案工作的指导。严格按照条件认真选拔人员，建立和使用侦查人才库，充分发挥侦查人才库人员的办案骨干作用，推动查办职务犯罪案件工作迅速发展。监所检察办案工作中，加强地区之间的协作配合十分重要。监管场所具有特定的区域性，罪犯具有流动性，涉及原籍地、服刑地等，有时需要跨省进行调查取证，为了节约办案成本，提高办案效率，各省之间应该互相支持，提供便利。

3. 加强监所检察部门与反贪污贿赂、反渎职侵权等部门的协作配合。加强监所检察部门与自侦部门的协作配合是检察机关深化完善职务犯罪侦查工作一体化机制的应有之义；是切实解决看守所在押职务犯罪嫌疑人、被告人监管过程中暴露出的突出问题，确保职务犯罪侦查工作健康发展的重要举措；是监所检察部门不断强化对看守所监管活动的法律监督，加强查处监管场所职务犯罪案件工作的有效途径。监所检察部门应学习和借鉴反贪污贿赂部门、反渎职侵权部门的侦查经验，利用反贪污贿赂、反渎职侵权和检察技术等部门的侦查资源和侦查技术优势，形成打击合力，共同促进查办刑罚执行和监管活动中职务犯罪案件工作深入开展。

第十六章　派驻检察制度

根据1979年《人民检察院组织法》第2条第3款关于“省一级人民检察院和县一级人民检察院根据工作需要，提请本级人民代表大会常务委员会批准，可以在工矿区、农垦区、林区等区域设置人民检察院作为派出机构”的规定，30多年来，一些检察机关根据工作需要在大型监狱和监狱、劳教所相对集中的区域设置了派出检察院，还在部分监狱、看守所和劳教所设置了派驻检察室。据统计，截至2011年年底，全国共有监所检察院83个，派驻监管场所检察室3500多个。派出检察院、派驻检察室，统称为派出检察机构，在派出它的人民检察院的直接领导下开展工作，形成了具有中国特色的派驻检察制度。

第一节　派驻检察制度的发展历程

监所检察业务是新中国检察机关建立之初就有的一项传统检察业务，当时的工作方式主要是巡回检察。考虑到一些区域监狱、劳改农场相对集中，远离城区，押犯较多，检察机关监督工作任务较重，而且监狱、劳改农场相对封闭，为便于开展检察工作，检察机关开始建立专门的派出检察院，对监所进行专门检察，这被认为是派驻检察制度的发端。虽然有了派出检察院，但还是广义上的派驻检察。严格意义上的派驻检察，是成立专门的派驻检察室，派驻在监狱、看守所和劳教所，对执行刑罚和监管活动进行日常监督检察，每月派驻检察时间不少于16个工作日。广义上的派驻检察还包括基层检察院在乡镇设置的派出检察室，其中一项职责是负责对监外执行和社区矫正情况进行检察，但这不是本章探索的派驻检察制度。

1958年，湖北省人民检察院在沙洋劳改农场局设立了我国第一个监所检察派出检察院——湖北省沙洋地区人民检察院。1978年检察机关恢复重建后，一些地方派出检察院也陆续恢复重建，或根据工作需要新设置了一批派出检察院。1996年6月1日，中共中央办公厅印发的《关于地方各级人民检察院机构改革的意见》又重点对派出检察机构的设置及审批程序提出了要求，主要是：“地方各级人民检察院和派出检察院的设置及审批程序，按照《人民检察院组织法》第2条的规定办理。因特殊需要设置的人民检察院，县级人民检察院需经省级人民检察院审核同意，报省、自治区、直辖市机构编制主管部门审批；省级和市（地）级人民检察院需经最高人民检察院审核同意，报中央机构编制主管部门审批。地方各级人民检察院的派出机构和基层人民检察院在乡、镇设置的派驻检察室，暂维持现状不变，待进一步调查研究后提出改革意见。"

2001年3月24日中共中央办公厅印发的《关于地方各级人民检察院机构改革意见》又对派出检察机构改革和建设提出了新的意见，即"调整监狱、劳教场所的派出检察机构的设置。对于远离城市、地处偏僻、交通不便的大型监狱、监狱集中地设立的派出检察院以及在监狱设立的派出检察机构，予以保留；在其他监狱及劳教场所设立的派出检察机构，一般予以撤销，其职能由当地检察院监所检察部门承担"。

2001年9月3日最高人民检察院《关于监所检察工作若干问题的规定》第5条规定："根据机构改革的规定设置派出检察院，在监管场所设置派驻检察室。监管场所常年在押人员较少的，应实行巡回检察或派驻专职检察员。"

2005年9月12日最高人民检察院印发的《关于进一步深化检察改革的三年实施意见》提出，"规范人民检察院派出机构的设置，研究制定人民检察院派出机构管理办法，明确派出机构的设置条件和审批程序，规范派出机构的法律地位和职权范围"。

2007年3月6日最高人民检察院印发了《关于加强和改进监所检察工作的决定》，提出要规范派驻检察机构建设。对设立的派出检察院和在监狱、看守所、劳教所、拘役所设置的派驻检察室，要加强管理和规范。除直辖市外，派出检察院一般由省辖市（自治州）人民检察院派出。对于没有设置派出检察院的监狱、劳教所，一般由市级人民检察院派驻检察室。

2011年11月最高人民检察院印发了《关于加强人民检察院派驻监管场所检察室建设的意见》，对派驻检察室的设置和管理、业务建设、队伍建设和执法保障建设等进行了较为全面的规范，提出了一些新的要求。

从派驻检察制度的发展历程来看，各方面充分肯定了设置派出检察院和派驻检察室，加强对监管场所监管执法情况进行日常监督的必要性，虽然有些同志对派驻检察室职能作用的发挥提出质疑，但并不影响其对建立完善派驻检察制度的重要性和必要性以及紧迫性的认识。这一点与派出乡镇检察室的设置有明显的不同。多年来，包括目前仍有很多同志对在乡镇设置派出检察室存有异议，因而出现时撤时建的现象。而派出派驻监所检察机构基本上是不断加强和规范的。随着几十年的实践和探索，派驻检察制度也不断健全和完善。随着监狱布局调整，2001年《地方各级人民检察院机构改革意见》中有关"对于远离城市、地处偏僻、交通不便的大型监狱、监狱集中地设立的派出检察院以及在监狱设立的派出检察机构，予以保留；在其他监狱及劳教场所设立的派出检察机构，一般予以撤销，其职能由当地检察院监所检察部门承担”的内容目前已不适应形势发展的需要。2005 年最高人民检察院《关于进一步深化检察改革的三年实施意见》提出研究制定人民检察院派出机构管理办法，但目前一直没有出台。从派出检察机构科学发展、长远发展的角度来看，迫切需要制定规范、统一的派出派驻检察机构管理办法，明确派出检察机构的设置条件和审批程序，规范派出检察机构的法律地位和职权范围，切实解决目前实践中普遍存在的派出检察机构设置和管理不够规范的问题。

第二节　派驻检察制度建设过程中存在的主要问题

通过回顾派出检察机构的发展历程和分析其设置的必要性与可行性，我们可以发现派出检察机构发展过程中存在的一些问题。而探讨派出检察机构的科学发展，还需要我们对存在的问题尽可能地进行系统的归纳和梳理。

1. 相关法律依据不完善，派出检察机构的法律地位不够明确。

虽然《人民检察院组织法》第 2 条第 3 款规定了可以设置派出检察院，但没有明确规定可以设置监所派出检察院和派驻检察室。可以说，设置监所派出检察院和派驻检察室还缺乏直接的、明确的法律依据。由于大量派出检察机构没有明确的法律依据，只是根据“工作需要”产生，从而不利于国家从总体上控制派出检察机构及其人员的设置。一些派出检察机构的性质、地位不明确。目前缺乏对派出检察机构的设置条件、程序、职责范围等的规定，致使派出检察机构在实际运作过程中问题还有不少。

由于法律依据不够明确，致使实践中有的地区急需设置监所派出检察院而不能及时得到批准设置。随着司法部逐步对监狱布局进行调整，一些地区监管场所相对集中，在押人员增多，有必要设立派出检察院。

2. 有的地方派出检察领导体制不健全，不符合“谁派出，谁管理”的原则。

监所派出检察院领导体制不顺，主要是省级检察院派出市级检察院代管的派出检察院与代管的市级检察院的关系、派出检察院与派出它的检察院监所检察部门的关系在一些方面还没有完全理顺。一些派出检察院是省级检察院派出委托市级检察院代管，但在实际工作中，市级检察院容易出现“代而不管”的情况。有的省级检察院对派出检察院的业务管理也比较薄弱。有的市级检察院监所检察处与派出检察院之间工作不够协调，联系不够紧密。市级检察院监所检察处对看守所和监外执行进行检察监督，而派出检察院对一两个监狱进行监督，使有限的人力得不到有效整合。

3. 派出检察机构主动接受人大监督不够，在许多方面也难以获得人大的有力支持。

《宪法》第133条和《人民检察院组织法》第10条第1款规定，最高人民检察院对全国人民代表大会和全国人民代表大会常务委员会负责并报告工作。地方各级人民检察院对产生它的国家权力机关和上级人民检察院负责。人大的监督和支持是检察机关依法独立公正行使检察权的重要组织保证，尽管根据《人民检察院组织法》的规定，派出检察院由人大常委会批准设立，但设立之后，如何接受人大的监督，在法律规定上是有所欠缺的，这就导致了派出检察机构在实践中接受人大监督不够。一是派出检察机构所在或者所属的人民检察院在向同级人大报告工作时，很少将派出派驻检察工作为一项报告内容，也少有向人大常委会专题报告派出派驻检察工作情况的；二是人大在开展执法检查涉及检察工作时，也很少将派出派驻检察工作作为检查的重要内容。

4. 派出检察机构主要是派出检察院的经费保障体制不够健全，不利于派出派驻检察工作的正常开展。

经费短缺是长期困扰监所派出检察机构的一个难题。一些派驻检察机构的物资保障一定程度上依赖于监管场所。省级检察院对县区院可以划拨装备资金，而派出检察院往往不在其内。派出检察院的经费得不到保障，直接影响和制约了监所检察工作的开展。也在客观上导致了对监管部门的依赖性，弱化了法律监督的刚性，少数干警也容易被“同化”，损害检察机关的形象。有的院由于经费紧缺，影响了外出调查取证，办案工作难以正常进行和深入开展。

5. 设置和管理缺乏规范，在很大程度上影响和制约了派出派驻检察职能作用的充分发挥。

从派出检察院的设置和管理来看，一是设置主体不规范。同样是监所派出检察院，有的是由省级检察院派出，有的是由市级检察院派出，有的甚至是由县级检察院派出。二是重复设置派出检察院。例如，有的省一个地级市内有2个监所派出检察院，这种不合理的设置容易出现浪费人力、物力的现象，也不利于整合监所检察资源。三是业务领导机构设置不健全。检察委员会是一个检察院的业务领导机构，一些检察职能必须由检察委员会作出决定，如对犯罪情节轻微，依照《刑法》规定不需要判处刑罚或者免除刑罚的案件，可以不起诉的，必须由检察委员会作出决定。而目前全国监所派出检察院仍有少数没有设立检察委员会。派出检察院未设立检察委员会，也不利于保证决策的科学性。四是内设机构设置不科学。目前派出检察院内设机构设置多样化、职责不统一的现象较为普遍，与最高人民检察院“小机关、大派驻”的要求还有一定的差距。五是派出检察院名称不够规范、统一。

从派驻检察室的设置和管理来讲，存在的问题主要有：一是设置上具有随意性，有的想设就设，不想设就随时撤销，和政府、编办都没有任何关系。二是管理工作薄弱，有的把关不严，工作不规范。三是组织体制比较混乱，有的与基层检察院其他科室平行，有的属于派出机构，有的与检察院的监所检察科是两块牌子、一套人马。四是有的派驻检察室工作人员专业水平低，不能充分发挥派驻检察职能作用。

6. 一些派出检察机构在职能定位上存在偏差，存在失职或者越权的现象。

相对于一般检察院及其内设机构而言，派出检察院和派驻检察室的职权范围在法律上规定得不够明确，使得一些派出检察机构在行使职权时没有准确把握自身定位，在实际工作中带有一定的随意性。有的派出检察机构存在超越权限行使检察权的现象，有的派驻监管场所检察室协助监管场所执行刑罚和监管在押人员。存在这些问题，关键是没有准确把握自身的职能定位。派驻监所检察机构的工作重点是刑罚执行和监管活动监督，主要是对减刑、假释、暂予监外执行等刑罚变更执行活动的监督和刑事羁押期限的监督，而不能成为“二监管”或者“二劳教”。

另外，根据我国法律和最高人民检察院同级监督的有关规定，派出检察院和派驻检察室发现监狱管理机关、劳动教养委员会不当的决定和中级人民法院、高级人民法院不当的判决、裁定或决定，必须按照程序将有关情况报送这些执法、司法机关的同级人民检察院，由其依法履行法律监督职责，而不能直接向这些执法、司法机关提出纠正意见，这样，往往会影响监督的效率和效果，有时会因同级人民检察院不了解情况而影响监督的力度。而目前在检察机关内部，这方面的监督工作协作机制还不够健全。

7. 一些地方对派出检察机构建设重视不够，人员少、素质低的问题较为普遍。

由于法律监督的对象和区域较为特殊，办理的职务犯罪案件成本高，追赃少，导致派出它的检察院对其不够重视。主要体现在对派出检察机构的组织领导、人员调配等方面。检察机关恢复重建以来，行政编制的检察机关已经增编6次，而有的派出检察院只增编1次，且数量很少。大多数派驻监管场所检察室没有列为正式机构编制。

首先，一些派出检察院规格较低。最高人民检察院曾就监所派出检察院规定，设置规格不应低于正县级。但目前仍有一些派出检察院检察长的级别低于正县级，不符合“对等监督，同级配备”的要求。

其次，在人员配备上，派出检察院监督和办案的力量较为薄弱。相对承担的繁重的监所检察职责而言，派出检察院人员偏少的矛盾较为突出。一些派出检察院缺乏独立的编制。作为专门的派出检察院，派驻检察室本应是重要的内设机构，但多数派出检察院设置的派驻检察室没有得到编委的认可，并不属于内设机构，不利于强化派驻检察工作。一些派驻干警滋生了无所作为的思想，工作上消极被动，个别的被监管场所“同化”。

再次，缺乏独立的派出检察机构考评体系。多数派出检察院虽然具有县级检察院的职权，但在实际管辖范围、区域和职权内容等方面与其他基层检察院有一定的区别。而目前一些地方对派出检察院缺乏独立的考核标准，往往按照同一标准与其他基层检察院一起考核。再加上派出检察院总体上人少、案少、基础差的客观状况，久而久之，一些派出检察院便丧失争先创优的决心和信心，安于现状，不思进取。

最后，实践中对派出检察机构监督管理的力度不够。“有的认为派出检察人员只是检察队伍中很小的一部分，出不了什么问题，不想监督；有的认为他们远离机关，不便监督；还有的认为派出机构是监督别人的，对他们加强监督会影响其在所派驻单位的威信，不愿监督。”由于放松了对派出机构的监督，个别派出检察人员违法违纪，有的甚至走上了犯罪的道路。

第三节　派驻检察制度的改革与完善

改革和完善派驻检察制度，必须遵循监所检察工作的规律和特点，规范设置和管理派出检察机构，优化派出检察机构布局，健全领导体制，完善工作机制，提高队伍素质，充分发挥派出检察机构的职能作用。

一、规范派出检察机构的设置及审批权限

规范派出检察机构的设置，一是对一些派出检察院进行归并，明确在市、县级地域内只能设置一个同种类的派出检察院，对在同一县（市）地域内设置的两个以上派出检察院进行合并，或者将没有存在必要的派出检察院撤销变为派驻检察室或者将其职能划归监所检察等职能部门。二是增设或撤并监所派出检察院。要根据监狱布局调整后出现的新情况，考虑对现有的监所派出检察院进行必要的整合，该撤销和合并的，要及时撤销和合并。同时，及时解决一些地方监管场所相对集中，在押人员较多，需要设置监所派出检察院而没有设置的问题。

规范派出检察机构的审批程序。需要设置派出检察院的，在报经同级编委同意后，再逐级上报最高人民检察院审批，审批后由派出它的检察院报同级人大常委会批准。按照建成正式派出机构的方向建设派驻检察室，保证具有相对独立的编制和人员。最高人民检察院需要设置、变更和撤销派驻检察室的，应报经中央编委同意。地方检察院需要设置派驻检察室的，应当报经同级编委同意，报上一级人民检察院审批，并报最高人民检察院和同级人大常委会备案。省级人民检察院对不符合设置条件的检察室，有权决定撤销。

二、健全派出检察领导体制

监所派出检察院的模式可以考虑以两种形式为主。一是在直辖市采取市院派驻的模式。人员由市检察院统一抽调，轮流派驻。二是在其他省、自治区采取市级检察院派驻的模式，实行院处合一，有效整合人力资源。由市级院监所检察处处长兼任派出检察院的检察长，对内为监所检察处，对外为派出检察院，由一个院监督几个监狱，对辖区内的看守所及劳教所的检察监督工作进行指导。这是目前改革的主要方向。对已经由省级检察院设立的派出检察院，不强行要求改为市级检察院派出，但是必须坚持“谁派出，谁管理”，取消目前“省级检察院派出市级检察院代管”的模式，各派出检察院都由其派出单位直接进行管理。笔者认为，在条件成熟时，可以考虑在一些监管场所相对较多、监所检察任务繁重的省级检察院成立监所检察分院，履行市级检察院的职责，同时在大型监管场所或监管场所相对集中的地区设置派出检察院，作为基层检察院，形成省级检察院、省级检察院分院、派出检察院三级检察院，以更好地贯彻《刑事诉讼法》规定和履行监所检察职责。目前，虽然有的省级检察院设立了监所检察分院，但实际上履行的是基层检察院的职责，与此处探讨的改革模式相差甚远。同时，理顺派驻监管场所检察室的领导体制。特别是驻监狱、劳教所的检察室除了由派出检察院派驻检察的外，应由监狱、劳教所所在地的市级以上检察院派驻，以利于强化监所检察监督。

三、完善对派出检察机构的监督管理制度

派出检察机构远离机关，如果不对其加强监督和管理，容易使其被所在的行政机关或者监管场所“同化”，产生腐败现象。因此，必须高度重视和切实加强对派出检察机构的监督管理，有针对性地研究提出一些意见和措施。

1. 规范派出检察机构的职权范围。

推进派出检察机构科学发展，必须切实规范其职权范围，使其严格依法履行职责，防止超越检察权参与监管执法活动。监所派出检察院的职责是刑罚执行和监管活动监督，不能替代或者协助监管场所履行执行刑罚和监管活动职责。根据最高人民检察院《关于加强和改进监所检察工作的决定》的规定，监所派出检察院的职责主要包括：对监狱、看守所执行刑罚和监管活动是否合法实行监督；对人民法院裁定减刑、假释是否合法实行监督；对监狱管理机关、公安机关、人民法院决定暂予监外执行活动是否合法实行监督；对劳动教养机关的执法活动是否合法实行监督；对公安机关、司法行政机关管理监督监外执行罪犯活动是否合法实行监督；对刑罚执行和监管活动中的职务犯罪案件立案侦查，开展职务犯罪预防工作；对罪犯又犯罪案件和劳教人员犯罪案件审查逮捕、审查起诉，对立

案、侦查和审判活动是否合法实行监督；受理被监管人及其近亲属、法定代理人的控告、举报和申诉。

2. 建立落实派驻检察干警交流轮岗制度。

派出检察机构的检察官实行定期轮岗制度。实行一般干警轮换派驻，业务骨干相对固定的模式，以防止干警被“同化”，影响监督力度，同时防止干警的临时观念，影响检察工作的深入开展。对于监狱里有近亲属及其他有利害关系的检察干警，实行任职回避。在派出检察院改革进一步深入后，一般干警不仅要实行内部轮岗，而且还要由省级检察院组织在派出检察院之间以及派出检察院与监管场所所在地的地方检察院之间进行交流。鼓励上级人民检察院派出干部到派出检察院和派驻检察室锻炼，并从派出检察院和派驻检察室选拔优秀检察官。

3. 制定专门的派出检察机构监督管理制度。

包括两个方面：一是派出检察机构应定期向派出它的检察院报告工作情况，主要是在年度全省（市）检察院会议上，派出检察院应提交书面的年度工作报告。二是派出单位应加强专题调研，不定期向同级党委政法委和人大常委会专题报告派出派驻检察工作情况。派出单位应加强对派出检察院和派驻检察室工作开展情况的调研，全面了解掌握派出检察机构的设置、运行和工作情况，适时召开派驻检察工作经验交流会或现场会，推动派出检察机构的规范化建设，并在此基础上形成专题报告向同级党委和人大常委会报告，自觉接受党委领导和人大监督，积极争取政府支持。派出单位应通过召开人大代表、政协委员和群众代表座谈会，广泛听取社会各界对派驻检察队伍和派驻检察工作的意见。

四、建立同级派驻检察与上级巡视检察相结合的监督模式

上级监所检察部门巡视检察制度，就是在监管场所所在地检察院或者派出检察院实行派驻检察的基础上，由上级检察院组织人员进行巡回检察，既检查派驻检察室履行职责情况，又检察监管场所监管执法情况，是内部检查与外部检察相结合的产物。检察机关组织巡视检察的部门为上级检察院监所检察部门，以区别检务督察部门对派驻检察室履行职责和执行纪律情况开展的专项检务督察活动。实行同级派驻检察与上级巡视检察相结合的监督模式，可以避免因基层检察院长期派驻、缺乏流动而造成派驻检察流于形式，被监管场所“同化”的问题。可以解决一些基层检察院没有设立监所检察部门，监所检察权由侦查监督或者公诉部门代为行使，工作相对薄弱的状况；可以强化市级检察院或者派出检察院的派出机关的责任，其到基层派驻检察室和监管场所，不再是一般意义上的指导工作，同时也负有对刑罚执行和监管活动直接进行巡回检察的责任，对呈报、提请减刑、假释、暂予监外执行案件进行审查，与在押人员谈话，在押人员也可以约见上级检察院的检察官，这也有利于真正消除其思想顾虑反映真实情况。

具体来说，巡视检察就是指地（市）级以上人民检察院监所检察部门对辖区内由下级人民检察院检察的监狱、看守所、劳教所的刑罚执行和监管活动是否合法进行检察，同时对派出、派驻该监管场所检察机构履行法律监督职责情况进行检查。巡视检察应当采取随机抽查、突击检察和不定期检察等方式进行，事先不应当通知被检察的单位。对发生被监管人非正常死亡、脱逃等重大事故的监管场所，应当及时开展巡视检察。开展巡视检察工作，应当坚持以事实为依据、以法律为准绳的原则。巡视检察人员应当做到作风深入，认真细致，客观公正，廉洁自律，讲究方法，注重实效。地（市）级人民检察院监所检察部门每年巡视检察的监管场所不得少于4个，省级人民检察院监所检察部门每年巡视检察的监管场所不得少于2个，最高人民检察院监所检察厅每年应当在全国范围内选择2个以上的监管场所进行巡视检察。对每个监管场所的巡视检察时间不得少于3天。

开展巡视检察工作应当成立巡视检察组，成员不得少于3人。组长一般由监所检察部门负责人或者相当级别的检察官担任，必要时可以由分管副检察长担任巡视检察组组长。巡视检察组成员由本级人民检察院监所检察部门工作人员组成，可以视情况邀请检察技术部门工作人员或者抽调下级人民检察院监所检察部门工作人员参加。根据工作需要，可以邀请同级公安机关、司法行政机关相关业务部门工作人员参加巡视检察工作。开展巡视检察活动应当制定巡视检察工作方案，经分管副检察长批准后实施。

巡视检察组对监管场所进行巡视检察的内容包括：（1）对监狱进行巡视检察，主要检察对服刑人员的减刑、假释、暂予监外执行活动是否符合规定；对服刑人员使用械具、禁闭是否符合规定；服刑人员的生活、医疗卫生、劳动等是否符合有关规定；服刑人员的合法权益是否得到保障等。（2）对看守所进行巡视检察，主要检察对犯罪嫌疑人、被告人是否有超期羁押、久押不决情况；对在押人员使用械具、禁闭是否符合有关规定；是否存在牢头狱霸、混管混押情况；办理留所服刑及刑罚变更执行活动是否符合规定；在押人员的生活、医疗卫生管理等是否符合有关规定；在押人员的合法权益是否得到保障等。（3）对劳教所进行巡视检察，主要检察对劳教人员的减期、延期、所外就医、所外执行、提前解教活动是否符合规定；对劳教人员使用械具、禁闭是否符合规定；劳教人员的生活、医疗卫生、劳动等是否符合规定；劳教人员的合法权益是否得到保障等。

巡视检察组对派出派驻监所检察机构履行法律监督职责情况进行检查的内容包括：（1）开展刑罚执行和监管活动日常监督工作情况；（2）被监管人非正常死亡、脱逃、逃跑等事故的检察处理情况，执行监管场所重大事件报告制度情况；（3）监管民警职务犯罪案件、服刑人员又犯罪及劳教人员犯罪案件的办理情况，重点检查职务犯罪案件线索的管理、初查、立案侦查工作情况；（4）落实检务公开、检察信箱、约见检察官等制度情况，办理被监管人申诉、控告、举报情况；（5）贯彻落实最高人民检察院有关监所检察工作的规范性文件和工作制度情况，落实派驻检察时间，填写《检察日志》和有关业务登记表、台账情况；（6）其他派驻检察工作情况。

巡视检察组开展巡视检察，主要采取以下方法：一是查阅有关案卷材料、档案资料、检察日志、有关账表、会议记录、服刑人员和劳教人员计分考核、奖励材料等资料，调看监控录像和联网监管信息。二是实地查看禁闭室、会见室、监区、监舍、医疗场所及被监管人生活、学习、劳动场所。三是现场开启检察信箱，找被监管人及其亲属谈话，接受被监管人及其法定代理人、亲属的控告、举报或者申诉。四是听取监管机关、派驻检察室的情况介绍，找有关监管民警、检察人员谈话，召开座谈会。五是暗访。巡视检察组在巡视检察中，发现监狱、看守所、劳教所在刑罚执行和监管活动中存在轻微违法情况和工作漏洞、安全隐患的，应当当场向监管机关提出口头纠正意见或者建议；发现严重违法情况或者倾向性、普遍性问题的，应当责成担负该监管场所检察任务的人民检察院向监管机关发出《纠正违法通知书》或者检察建议书，并向监管机关的上级主管部门通报；发现违法情况或者职务犯罪案件线索需进一步查证的，应当向本级人民检察院监所检察部门负责人或者分管副检察长报告后，采取相应处理措施或者提出处理意见。巡视检察组在巡视检察中，发现派出检察机构及其检察人员没有履行监督职责或者不认真履行监督职责，或者明显违反上级人民检察院工作部署和要求，造成工作上的偏差或者失误的，可以进行现场处置。对一般性问题，可以当场提出批评意见或者建议，要求限期改正；情节严重的，应当责令其说明情况，并向本级人民检察院监所检察部门负责人或者分管副检察长报告后，及时作出处理；发现派驻检察人员违法违纪、渎职失职等重大情况，涉嫌违法、犯罪的，应当移交有关部门调查处理。

五、建立完善对派驻检察室履行职责和执行纪律情况的督察制度

为进一步落实最高人民检察院《关于加强和改进监所检察工作的决定》和监所检察“四个办法”的规定，深入查找和解决派驻检察工作中存在的突出问题和困难，进一步规范派驻检察工作，推进派驻监管场所检察室建设，实践中最高人民检察院和一些地方市级以上检察院组织督察组，对辖区检察机关派驻检察室进行检务督察。主要是对各级检察机关派驻检察室遵守和执行国家法律法规以及最高人民检察院重大工作部署、决议、决定、指示和各项规章制度情况，特别是贯彻落实最高人民检察院《关于加强和改进监所检察工作的决定》和监所检察“四个办法”的情况进行督察。重点督察以下两个方面的情况：

（一）督察派驻检察室执法行为和执法作风情况

重点检查：（1）派驻检察人员在岗情况。对于不在岗的，要求说明情况和

原因。通过查阅派驻检察室检察日志和有关账、表、簿，检查派驻检察人员是否严格执行最高人民检察院关于派驻检察每月不少于16个工作日、每个工作日都要有人员在岗、遇有突发事件应当及时检察的规定。（2）对监管场所日常执法活动的掌握情况。重点检查派驻检察人员对监管场所执行羁押期限、刑罚和劳教变更执行、严管、禁闭等情况是否全面、及时地掌握，特别是对久押不决案件，是否及时掌握被监管人的羁押期限以及案件的诉讼环节，对其中存在的违法问题和安全隐患是否及时发现和纠正。（3）被监管人非正常死亡事故检察处理情况。检查派驻检察人员是否做到深入事故现场，及时查明事实、分清责任、依法处理，有无检察不到位、应对不当，造成严重负面影响的问题；派驻检察室是否严格执行最高人民检察院关于监管场所重大事件报告制度，有无漏报、错报和瞒报的现象。（4）被监管人合法权益的保障情况。检查检察信箱、约见检察官制度、与在押人员谈话制度、在押人员权利义务告知制度等是否落实，被监管人合法权益的救济渠道是否畅通。派驻检察室对收到的被监管人及其亲属的控告、举报和申诉，是否依法及时妥善地处理。对殴打、体罚虐待、侮辱被监管人等侵犯被监管人合法权益的情况，是否及时发现和纠正，对存在的“牢头狱霸”现象是否依法予以严厉打击。（5）派驻检察业务登记情况。检查派驻检察室是否严格执行监所检察“四个办法”中有关填写“志账表簿”的规定，填写是否做到全面、及时、准确。（6）派驻检察队伍建设情况。检查派驻检察室人员配备、素质和能力是否适应工作需要，督促解决派驻检察室人员不足、队伍结构不合理等问题。（7）派驻检察业务保障情况。检查派驻检察室办公用房和电脑、通信设备、车辆等办公基本条件情况是否与监管场所实现信息联网和监控联网，促进派驻检察业务保障条件的改善。

（二）督察派驻检察室执行检察工作纪律的情况

重点检查：（1）上级部署和工作制度的落实情况，特别是最高人民检察院监所检察专项检察活动、检务公开制度的落实情况，有无有令不行、有禁不止的现象。（2）在执法监督和办案工作中执行工作程序、办案纪律，接受社会监督的情况。（3）执行党风廉政建设责任制和禁酒令、检容风纪有关规定情况，在派驻检察工作中是否按照规定着装。（4）执行最高人民检察院关于严禁检察人员违规驾车的四项规定等警车使用、管理规定的情况。（5）有无在监管场所领取津贴、补助或者报销费用的行为。

六、促进完善派出检察机构的相关立法规定

派出检察机构依法实施监督，必须有法可依，这需要立法机关尽快完善相关法律规定，进一步强化对派出检察机构的法律规制。

（一）完善设置派出检察机构的法律依据

一些派出检察机构的诸多问题都源于设立时无明确的法律依据，因此，应在现行《人民检察院组织法》的基础上，进一步完善派出检察机构设置的法律依据，主要是在《人民检察院组织法》中规定检察机关可以根据工作需要，设置派出检察院与派驻检察室。

（二）明确派出检察机构的设置原则

派出检察机构的设置应当贯彻精简、高效的原则，从严掌握派出检察机构的设置。

（三）严格派出检察机构的设置条件与程序

一些地方派出检察机构设置上的随意性主要源于对派出检察机构的设置条件与程序缺乏法律上的规制。为了克服设置的随意性，就必须对派出检察机构的设置条件与程序作出明确的法律规定，指明在什么情况下才可设立派出检察机构，以及设立派出检察机构应遵守哪些必要的法定程序。建议《人民检察院组织法》规定，派出检察院由派出它的人民检察院的同级人大常委会批准，设置派驻检察室应报上一级人民检察院审批。修改县级检察院可以设置派出检察院的规定，增加市级检察院可以设置派出检察院的规定，这主要是考虑到派出检察院行使的是基层以上检察院的职权，再由基层检察院派出，显然不合适。

（四）明确派出机关对派出检察机构的监督管理职责

派出检察机构的设立机关应加强对派出检察机构的直接领导与统一管理，明确其职责与权限，使其各司其职，并要求定期向设立机关报告工作。

七、改革派出派驻检察队伍管理体制

建议参照1998年12月29日全国人大常委会《关于新疆维吾尔自治区生产建设兵团设置人民法院和人民检察院的决定》的规定，改革现行派出检察队伍管理体制，明确省级检察院对其派出的检察院检察员以上法律职务的直接任免权。根据《人民检察院组织法》的有关规定，派出检察院检察长、副检察长、检察委员会委员、检察员由派出它的人民检察院的同级人大常委会任免。派出检察院的助理检察员、书记员，由本院检察长任免。派出检察院大多是基层检察院，这一管理模式使得除直辖市外，其他省级检察院不方便对派出检察院监督和管理。对此，全国人大常委会《关于新疆维吾尔自治区生产建设兵团设置人民法院和人民检察院的决定》已经作出了特殊规定，基层人民检察院检察长、副检察长、检察委员会委员、检察员，由新疆维吾尔自治区生产建设兵团人民检察院任免。因此，从加强派出检察队伍建设，强化监督管理的需要出发，建议考虑改革现行的派出检察队伍管理体制，赋予省级检察院对其派出的基层检察院检察长、副检察长、检察委员会委员、检察员的直接任免权。

第十七章　专项检察制度

针对刑罚执行和监管活动中的突出问题，在加强日常监督的基础上，适时开展专项检察，集中人员、时间和力量着力加以解决，是监所检察工作的重要方法。专项检察的规范化、制度化也是监所检察制度建设的重要方面。近年来，随着社会经济和法治建设的发展，检察机关积极适应新形势、新任务和新要求，坚持“抓专项，带全局”，不断改进监所检察监督方式，积极开展专项检察，推动监所检察工作全面协调发展。专项检察的方式以及取得的实效，得到了各级党委、人大和社会各界的认可，成为监所检察工作新的亮点。但目前对专项检察还缺乏系统性的研究，特别是在专项检察越来越经常化的情况下，对其中存在的问题和不足，更需要认真梳理和深入剖析，有针对性地提出对策建议，使其进一步规范化、制度化和系统化。

第一节　专项检察活动的开展情况及启示

本章所称“专项检察”，是指检察机关根据监所检察工作面临的形势、任务的需要，或者根据党委决策部署、人大有关决议，或者根据检察工作主题、重点和上级部署安排，针对刑罚执行和监管活动中存在的突出问题和薄弱环节，集中时间，集中力量，组织开展的专题性的法律监督活动。既包括检察机关单独组织开展的，也包括会同有关部门联合开展的。一般情况下，单独开展的称为专项检察或者专项法律监督活动，会同有关部门联合开展的称为专项检察或专项行动等。为了表述上的方便，本章中无论是检察机关单独开展还是会同有关部门联合开展的，统一称为专项检察。

一、近年来监所检察工作中专项检察开展的总体情况

检察机关恢复重建 30 多年来开展的全国性的专项活动情况，在 1980 年至 2012 年最高人民检察院向全国人大所作的年度工作报告中，以及一些专题性报告中得到体现。从这些工作报告来看，开展专项检察并作为一项具有经常性、普

遍性的工作，主要是近年来的事。20 世纪 80 年代初，检察机关也参与了一些专项行动，但主要是针对严重刑事犯罪和严重经济犯罪开展的严打和专项整治。20 世纪末，检察机关开始针对刑罚执行和监管活动领域，以及其他诉讼监督领域存在的一些突出问题，开展专项整治和专项诉讼监督活动，专项检察成为法律监督的一种重要方式并逐步规范化、制度化、经常化。通过回顾最高人民检察院 1980 年以来向全国人大所作的工作报告，以及对报告中明确涉及专项检察活动的内容的梳理，可以看出检察机关专项检察工作发展的简要历程。近年来开展的监所检察专项活动主要有：2003 年，全国检察机关开展了清理超期羁押专项行动，集中监督纠正了一批超期羁押问题。2004 年，会同公安部、司法部组织开展了减刑、假释、保外就医专项检察活动。2006 年，在部分地区组织开展了监外执行罪犯脱管漏管专项检察。2007 年，在全国范围内开展了清理纠正监外执行罪犯脱管、漏管专项行动。2009 年，深入开展刑事审判法律监督专项检察，涉及刑罚变更执行中存在的问题；会同公安机关组织开展全国看守所监管执法专项检察；会同司法行政机关组织开展全国监狱清查事故隐患、促进安全监管专项活动。2010 年，会同公安部等中央和国家机关 8 个部门开展了全国看守所安全大检查活动，单独组织开展了保外就医和清理久押不决案件专项检察活动。2011 年，继续深化久押不决案件清理专项活动，开展了全国看守所械具和禁闭使用情况专项检察活动。

在监所检察工作中开展这些专项检察活动的主要目的是：进一步加大刑罚执行和监管活动监督力度，增强监督实效；更好地服务于党和国家的中心工作，切实解决人民群众反映强烈、影响社会和谐稳定的问题；推动落实尊重和保障人权的宪法原则等。具体目的包括：切实保障犯罪嫌疑人、被告人的合法权益；加强对人权的司法保障；保证刑罚执行和监管活动严格依法进行等。专项诉讼监督活动针对性很强，主要是针对人民群众反映强烈的刑罚执行和监管活动领域中的执法不严格、不规范、不公正的问题，具体问题有：诉讼活动中超期羁押屡禁不止；减刑、假释、保外就医中存在的问题；监外执行罪犯脱管漏管；“牢头狱霸”侵犯在押人员合法权益；监管安全隐患；违法保外就医，等等。

二、清理纠正超期羁押专项行动开展情况

从 2003 年 5 月开始，最高人民检察院统一部署在全国检察系统开展超期羁押专项清理工作，以纠正检察办案环节超期羁押为重点，切实解决自身办案环节存在的超期羁押问题。同时，充分发挥法律监督职能作用，加大对公安机关、人民法院办案环节存在的超期羁押问题的检察监督力度，督促有关部门尽快清理纠正。

检察机关办案环节实现无超期羁押。在专项清理工作中，全国各级检察机关

对自身办案环节超期羁押问题进行了集中纠正，其中大部分案件经过清理向人民法院提起公诉和审查后退回公安机关补充侦查，另外还有一些案件作了办理延长羁押手续、依法变更强制措施、撤案、决定不起诉、改变管辖等处理。

公安机关、人民法院清理纠正各自办案环节超期羁押问题取得重大进展。绝大部分案件超期羁押问题得到了纠正。特别是加大对超期羁押3年以上案件的工作力度，一批严重超期羁押案件，甚至有的在押人员被羁押20多年的案件都得到了有效纠正。

检察机关开展超期羁押专项清理工作的主要措施和做法。一是实行领导责任制和办案责任制。二是加强实地检查督办和情况通报。三是建立和坚持超期羁押举报制度，畅通社会监督渠道，接受社会监督。四是实行责任追究制度。五是推进防止和纠正超期羁押长效工作机制建设。最高人民检察院会同最高人民法院、公安部联合发布《关于严格执行刑事诉讼法，切实纠防超期羁押的通知》，又单独制定下发了《关于在检察工作中防止和纠正超期羁押的若干规定》，要求全国各级检察机关在审查决定、批准逮捕中要实行、完善听取和告知制度；在侦查、公诉活动中实行羁押情况通知制、办案期限届满提示制、定期检查通报制等制度，这是检察机关为进一步落实《刑事诉讼法》的有关规定，推进检察改革，强化检察机关内部监督制约而采取的一项重要措施。六是坚持党委、人大领导和支持，与有关部门互相配合形成整体合力。

通过开展清理纠正超期羁押专项行动，加强了纠防超期羁押长效机制建设。

1. 认真贯彻执行最高人民检察院、最高人民法院、公安部《关于严格执行刑事诉讼法，切实纠防超期羁押的通知》和最高人民检察院《关于在检察工作中防止和纠正超期羁押的若干规定》。进一步转变执法观念，坚持实体法与程序法并重、打击犯罪与保护人权并重的原则。继续坚持纠防超期羁押领导责任制，各级检察院检察长是本院预防超期羁押的第一责任人，主管检察长为具体责任人。检察长应定期研究检察办案阶段的羁押期限问题，对羁押期限即将到期的，应在期限届满前依法作出处理决定；对超期羁押的，应指定专人，逐案逐人研究解决，坚决纠正。加强内部信息沟通和规范工作流程，切实执行羁押情况通知制、办案期限届满提示制、定期检查通报制等制度。侦查部门对于检察院直接立案侦查案件决定延长侦查羁押期限或者重新计算侦查羁押期限，以及案件侦查终结移送审查起诉的，侦查监督部门决定或批准逮捕、不批准逮捕决定的，公诉部门决定退回补充侦查、变更强制措施、精神病司法鉴定，决定重新计算侦查羁押期限、延长审查起诉期限、改变管辖和不起诉的，办案部门应将案件羁押期限、诉讼环节及其变化情况在3日内通知本院监所检察部门；监所检察部门应做好羁押情况登记，驻所检察室对在押犯罪嫌疑人应一人一卡进行登记，案卡明确记录犯罪嫌疑人的诉讼阶段、羁押期限及变更情况，并在案件到期前7日内通知办案部门。严格执行《刑事诉讼法》关于侦查羁押期限和办案时限的规定，依法办案，检察办案阶段绝不允许再出现超期羁押。对造成检察办案环节超期羁押的直接负责的主管人员和直接责任人员，视情况予以行政或者纪律处分；造成犯罪嫌疑人、被告人超期羁押，情节严重的，以玩忽职守罪或者滥用职权罪追究刑事责任。侦查监督部门在审查批准逮捕犯罪嫌疑人时，应当对侦查部门的侦查羁押期限和证据进行审查；对于检察院直接立案侦查案件决定延长或者重新计算侦查羁押期限的，应当对案件事实和证据认真审查。严禁利用延长羁押期限、退回补充侦查、改变管辖、设立新罪名等方式变相超期羁押犯罪嫌疑人、被告人，发现一起，纠正一起，通报一起，查处一起。

2. 继续坚持超期羁押举报制度和分级负责制。坚持受理举报检察机关超期羁押的制度，最高人民检察院、省级检察院和分（州、市）院对受理举报检察机关超期羁押的线索认真进行核查，并及时将核查结果答复举报人。对经核查后确属检察环节超期羁押的，在纠正的同时，严肃追查有关责任人员的责任。

3. 进一步完善换押证制度和案件请示协调制度。1999 年最高人民法院、最高人民检察院、公安部联合发布了《关于羁押犯罪嫌疑人、被告人实行换押制度的通知》，对于全面掌握刑事诉讼侦查羁押期限和办案时限，预防和纠正超期羁押问题起到了积极的作用。但在执行过程中，仍存在换押不及时，诉讼环节和期限难以掌握等问题，在一定程度上影响了超期羁押底数的准确掌握，各地反映十分强烈。为此，检察机关建议对目前的换押制度进一步补充完善，扩大换押的范围，调整换押机关：对于改变管辖、检察机关自侦案件移送审查起诉，法院一审、二审改变，法院审理中检察机关建议补充侦查等，均应换押；换押机关由现在的受案机关改为移送案件机关。

检察机关进一步严格请示案件的范围和程序。请示案件应当在法定羁押期限届满前提出，并给上级检察院预留合理的答复期限。请示答复的时间计入办案期限，下级检察院在请示期间内不得终止对案件的诉讼活动。上级检察院超过羁押期限未予答复的，下级检察院应当立即变更强制措施。

4. 加快实行驻所检察室与看守所网络化管理和动态监督。加大对派驻检察室的投入，实现驻所检察室与看守所网络化管理和动态监督。通过联网，驻所检察室可以随时准确掌握在押人员出入所变化情况、羁押期限和诉讼环节，增强监督的及时性和有效性。

三、减刑、假释、保外就医专项检察活动开展情况

2004 年 4 月，最高人民检察院、公安部、司法部联合部署开展减刑、假释、保外就医专项检察活动，活动自 2004 年 5 月开始，历时近 1 年。

1. 检察机关对2002年以来办理的减刑、假释、保外就医案件进行了全面清查。

重点主要集中在：职务犯罪罪犯减刑、假释、保外就医的案件；罪犯减刑次数多、幅度大的；有举报或工作组在专项检察中发现有问题的减刑、假释、保外就医的案件；保外就医罪犯不符合病残范围的案件；罪犯保外就医超过1年，未办理续保手续又未收监执行的案件；法院裁定改变监管单位呈报意见的案件；由法院、公安机关决定保外就医的案件，等等。例如，某省检察机关发现全省减刑、假释存在“三高”现象，一是职务犯罪罪犯获得减刑、假释比例高；二是从事后勤等轻松工种劳动的罪犯获得减刑、假释比例高；三是“二进宫”罪犯在前一次服刑中获得减刑、假释的比例高。通过数据分析确定了工作重心，为有效开展工作指明了方向。

2. 发现和纠正了一批违法违规问题。

一是保外就医工作中存在的问题较多，通过检察发现保外就医工作中有问题的占检察保外就医案件总数的20%，如适用保外就医对象不符合法律规定，不符合保外就医疾病伤残范围规定，决定保外就医的医院证明文件不符合法律规定；保外就医条件消失应收监未收监；保外就医期间刑期届满未及时办理释放手续；保外就医期满未办理续保手续；罪犯脱管失控，特别是外地监狱转入的保外就医罪犯交付执行脱节，只见档案不见人问题突出。二是法院在减刑工作中，减刑幅度、减刑的起始、间隔时间超过最高人民法院《关于办理减刑、假释案件具体应用法律若干问题的规定》中“一般性”规定没有说明理由的案件较多。三是公安机关办理减刑、假释、保外就医缺乏统一的程序和标准。四是与减刑、假释、保外就医案件相关的法律文书没有及时抄送检察机关的现象大量存在。五是法律文书及案件档案管理不规范的问题较为突出。

产生这些问题的主要原因在于：一是减刑、假释、保外就医工作中涉及的有关法律法规不完备，特别是1990年司法部、最高人民检察院、公安部联合制定下发的《罪犯保外就医执行办法》和《罪犯保外就医疾病伤残范围》严重滞后，不适应保外就医工作需要。二是公检法司几家在有些问题上没有达成统一认识，如法院在办理减刑、假释案件中超过最高人民法院《关于办理减刑、假释案件具体应用法律若干问题的规定》中“一般性”规定没有说明理由的案件，检察机关认为是违法行为，而法院则不认为是违法，属于法官自由裁量权的问题，没有达成共识。三是执行机关办理减刑案件普遍采取集中呈报的方式，法院审查工作难以深入进行，检察机关监督不到位。因为监狱成批呈报减刑案件，法院审判力量有限，很难对减刑案件进行细致审理，检察机关也难以监督。四是在减刑、假释计分考核中，重劳动改造，轻思想改造问题严重，甚至出现罪犯用钱买其他罪犯劳动成果的现象。另外，还存在个别司法人员责任心差，工作随意性大，执法行为不规范等原因。

3. 查办和掌握了一批职务犯罪案件和线索。

一是广开渠道，深挖举报线索。各级检察机关通过举报电话、电子信箱，接待群众来访，与罪犯及其家属谈话等多种方式深挖线索。例如，某省为了改变以往检察信箱设在监舍外，服刑人员投诉有顾虑、不方便的状况，在全省监狱和看守所普遍推行监舍内设置检察信箱的做法，接受罪犯举报。二是加强办案人才培训。一些省级检察院建立了办案人才库，就侦查技巧、监所检察办案涉及罪名的认定及相关法律规定进行培训，保证办案人才在专项检察活动和办案工作中发挥骨干作用。三是集中人员，展开攻坚。有的地方对违法问题较多的地区抽调人员组成专案组重点查办。

4. 建立健全了工作制度。

最高人民检察院、最高人民法院、公安部、司法部等有关部门积极配合，着手对《罪犯保外就医执行办法》和《罪犯保外就医疾病伤残范围》进行修改。一些省级公检法司机关也联合出台有关文件，促进了减刑、假释、保外就医活动的规范化、制度化。

四、核查纠正监外执行罪犯脱管漏管专项行动开展情况

2007 年 6 月底，中央综治办、最高人民法院、最高人民检察院、公安部、司法部联合部署开展核查纠正监外执行罪犯脱管漏管专项行动，历时 6 个多月。专项行动达到了基本掌握全国监外执行工作情况、集中纠正发现的监外执行罪犯脱管、漏管问题、严格落实监外执行罪犯交付执行和监督管理措施、有效遏制监外执行罪犯违法犯罪、进一步规范政法各部门执法行为的目的。一是首次基本查清了监外执行罪犯底数和脱管、漏管数。经核查，刑期、考验期未满，仍处于监外执行期间的有 57 万余人；共发现监外执行罪犯脱管、漏管 12 万余人。二是集中纠正了一批监外执行罪犯脱管、漏管问题。专项行动中，对发现的脱管、漏管的监外执行罪犯纠正了 10 万余人，占发现的脱管、漏管罪犯数的 80%，有力地维护了刑罚执行的严肃性和法律的尊严。对漏管罪犯，各地法院、监狱、看守所、派出所分别及时组织补送法律文书，完善手续，建立健全监管档案和帮教组织。对脱管罪犯，政法各部门一方面加大执法力度，组织查找、抓捕和网上追逃，严格落实监管措施，另一方面积极敦促罪犯主动接受监管或者归监，取得了较好效果。三是严肃惩治了一批在监外执行期间又违法犯罪的罪犯。其中对实施违法行为的监外执行罪犯，依法决定治安处罚，收监执行，扣除保外就医执行期，以及作出其他处理。对又实施犯罪行为的监外执行罪犯，依法追究了刑事责任。四是依法维护了监外执行罪犯的合法权益。坚持打击与保护并重，在纠正监外执行罪犯脱管、漏管，以及严肃处理违法犯罪行为的同时，注意依法维护其合

法权益，促进宽严相济刑事政策在监外执行环节的落实。对侵犯监外执行罪犯合法权益的行为，及时监督纠正，化解社会矛盾。五是促进了监外执行工作规范有序地开展。对核查发现的执法不规范问题，认真进行了整改。重点对交付执行、监督管理等脱管、漏管易发环节加强部门协作，改进工作措施。同时，积极探索适合监外执行罪犯特点的监管体系和教育方式，建立健全衔接紧密、权责明确的监外执行长效工作机制，防止发生新的脱管、漏管现象。一些地方建立健全了政法各部门联席会议、信息交流、协作配合、异地监外执行罪犯双列管、托管等制度，巩固专项行动成果。各地还严格落实执法责任追究制，对在监外执行工作中收受贿赂，违法判处缓刑，违法办理假释、暂予监外执行，玩忽职守致使罪犯脱管、漏管甚至违法犯罪的司法工作人员，依法进行了严肃查处，对于规范监外执行工作起到了很好的警示教育作用。

在专项活动中，发现和纠正的主要问题有：

1. 有的地方监外执行罪犯脱管、漏管问题相当突出，严重影响了社会治安稳定。

一些监外执行罪犯遵纪守法意识差，想方设法逃避监管，有的主观恶性较深，人身危险性较大，一旦缺乏严格的监督管理，容易再次实施违法犯罪行为，继续危害社会，破坏社会和谐稳定。监外执行罪犯如果长期脱管、漏管，就会严重影响群众的安全感，严重损害司法机关的执法形象和法律的权威性，使群众认为“监外执行等于不执行”、“保外就医等于刑满释放”。

2. 一些地方执法不严格、不规范的问题较为严重。

主要表现在：（1）法律文书送达不规范、不及时。有的地方不论罪犯是否羁押，一律将法律文书送达看守所；有的邮寄或者委托送达后，对执行机关是否收到不再过问。（2）罪犯交付执行手续不规范、不完备。特别是对判决前未被羁押、判决后立即释放和跨地区监外执行的罪犯，交付执行和监督管理工作未能很好衔接，有的甚至让罪犯携带法律文书到派出所报到，这就容易造成对监外执行罪犯“见档不见人”、“见人不见档”或者“人档均不见”的现象。（3）接收法律文书和罪犯的归口部门不统一。（4）监督管理工作不规范、不到位。有的地方从建档到监管都处于应付状态，监督考察措施不落实。

3. 监外执行罪犯监督管理仍是刑罚执行和社会管理工作的薄弱环节。

一些地方存在重审判、轻执行，重办案、轻监管，重监内执行、轻监外执行的思想，对监外执行工作重视不够，有的甚至将监外执行罪犯等同于社会一般人员，放松监督管理，甚至发生了监外执行罪犯出国、出境的现象。此外，造成监外执行罪犯监督管理不力也存在一些客观上的因素，如人口流动性增强，人户分离现象突出，增加了监管的难度；基层派出所警力、经费不足，任务繁重，制约了监管工作的有效开展；对一些违反规定的监外执行罪犯缺乏有效的处罚手段，影响了执法的力度。

4. 相关法律规定不够完善。

法律对监外执行的规定总体上过于原则，不够明确具体，缺乏可操作性。《刑事诉讼法》对监外执行法律文书的送达期限、对象、方式，主刑执行完毕后附加剥夺政治权利罪犯的交付执行，决定暂予监外执行的期限，收监执行的条件、程序，监外执行的法律监督等，缺乏规定或者规定不够明确。由于法律对法院裁定暂予监外执行未规定执行期限，导致一些罪犯虽是被决定暂予监外执行，但实际上是长期监外执行。由于法律对监外执行法律监督规定得不够具体，致使检察机关难以充分有效地行使法律监督权，影响了监督的力度和效果。

5. 执法机关监外执行工作机制不够健全。

法律对监外执行规定过于原则，需要最高人民法院、最高人民检察院、公安部、司法部联合制定相应的工作规范，明确各自职责，弥补立法不足。监外执行裁决、批准机关与执行机关、监督机关在判、交、送、接、管、帮、罚等诸多环节，工作职责、程序、方法不明确、不配套，缺乏必要的沟通、衔接、协作和制约机制。基层公安机关与社区矫正组织对一些监外执行罪犯监管职责分工也不够明确，容易造成互相扯皮和推诿。另外，由于缺乏全国统一的监外执行信息交流平台，造成各地、各部门掌握的监外执行罪犯信息都不全面、不具体，这就给罪犯脱管、漏管留下了空间。

五、全国看守所监管执法专项检察活动开展情况

2009 年 4 月 20 日至 9 月 30 日，最高人民检察院和公安部联合开展了全国看守所监管执法专项检察活动。开展这次专项检察活动的背景是当年 2 月发生的云南省晋宁县看守所在押人员李荞明非正常死亡事件及之后一系列被监管人死亡事件的发生并被媒体广泛炒作。

在专项检察活动中，一是对在押人员全面进行体表检查，摸清在押人员体表伤情和致伤原因。查明是否存在：入所前因身体陈旧伤、抓捕等原因造成身体损伤；入所后因自残或磕碰等自身原因致伤；被在押人员殴打致伤；办案民警刑讯逼供致伤；事故致伤；监管民警体罚虐待致伤等。在此基础上，各地驻所检察室、公安看守所建立和完善在押人员入所体表检查登记制度和病犯档案制度，及时掌握在押人员的身体状况，及时进行检察监督。二是打击“牢头狱霸”行为，坚决消除“牢头狱霸”现象。全面排查和打击“牢头狱霸”现象和行为，是这次专项检察活动的重要内容。通过专项检察活动，检察发现有的看守所存在“牢头狱霸”现象，认真清理有“牢头狱霸”行为的在押人员。对其中有“牢头狱霸”行为的人员看守所均予以严管，一些“牢头狱霸”被公安机关立案侦查。与此同时，有的公安民警因存在失职、渎职责任受到党政纪处分，有的被检察机

关立案侦查，有的检察人员也因监督不力受到党政纪处分。三是清理有的看守所违规组织在押人员劳动问题。四是清理乱收费、高价加餐、在押人员财物管理混乱问题。五是整顿监管安全隐患。六是纠正违法监管问题。

专项检察活动取得了明显的成效，主要体现在：

1. 各级检察、公安机关从领导到基层民警对维护监管秩序、维护在押人员合法权益重要性的认识有了明显提高。

各级检察、公安机关从领导到基层普遍认识到，随着在押人员权益保障日益成为社会关注的热点，如何更好防范和处置监管场所发生的各类事件，事关社会稳定的大局和政法机关的执法公信力，监管场所无小事，监管工作责任重，绝不可掉以轻心，要时刻绷紧监管安全这根弦，切实做到警钟长鸣。进一步端正了执法思想，增强了严格执法观念和人权保障意识，增强了工作的责任心和使命感。

2. 监所管理进一步规范，在押人员合法权益得到进一步保障。

有的地方监管执法中长期积存的一些突出问题，如违法监管、违规组织劳动、乱收费、高价加餐、高价销售日用品、违禁物品等问题都得到了清理和纠正。特别是存在的“牢头狱霸”问题得到了有效打击，监督管理手段得到进一步加强，促进了监管秩序的稳定。同时，普遍建立完善新收押人员过渡管理制度、在押人员受虐报警制度、在押人员体表定期检查制度等一系列规章制度，切实保护在押人员生命权不受侵犯。全面实行入所体检制度，对患病在押人员建立医疗档案，有条件的看守所引入了社会医院救治体系，改善了在押人员的医疗卫生条件，在押人员的生活给养费用大幅度提高。

3. 在押人员体表检查日常化，死亡事件调查处理程序进一步规范。

公安机关普遍对在押人员实行入所体检和日常体检制度。对身体有伤的，及时发现和登记造成损伤的时间、地点、原因、过程及伤势程度，能够变更强制措施的及时变更强制措施，不能够变更的及时送医院治疗。最高人民检察院进一步完善事故报告和调查机制。对看守所发生的在押人员死亡事故，当地检察机关都要立即向上一级检察机关报告，实行由上一级检察机关负责或指导调查的工作机制。死者家属对死亡原因有疑义的，实行省级检察院监所检察部门参与调查的机制。

4. 监管工作的基础建设有了明显加强。

一些长期存在的监管警力不足问题、在押人员经费保障不到位问题、监管设施落后问题等，有些地方已经逐步得到解决。

5. 检察监督职责进一步明确。

在日常监督工作中，注重对在押人员在人格上的尊重，克服简单粗暴的工作作风，树立耐心细致的工作作风。进一步理顺了法律监督与公安监管、强化法律监督与强化对自身的监督、法律监督与社会监督的关系，提升了监所检察的公信力。认真贯彻落实《人民检察院看守所检察办法》的规定，以建立健全工作机制为核心，全面加强派驻检察工作规范化建设。积极推进监所信息化建设，大力推进派驻检察室与看守所监控联网建设。

6. 相关工作机制建设得到加强。

一些省级检察机关制定了关于被监管人死亡事件的检察工作规定，规范检察机关对被监管人死亡事件的调查处理程序，对监管场所重大事故的报告和处理制度进一步明确。最高人民检察院、公安部就做好派驻检察室与看守所监控联网建设工作会签了有关文件，明确监控联网范围，规范监控设备规范，统筹实施规划，强化监督措施。

六、专项检察活动的几点启示

通过对检察机关恢复重建30多年来特别是近年来监所检察工作中开展的专项检察活动情况进行梳理，笔者得出以下几点启示：

1. 针对人民群众反映强烈的问题开展专项检察，是检察机关服务大局的重要内容和有效方法。无论是检察机关会同有关部门联合开展的，还是自行部署的专项活动都体现了这一点。比较典型的是2003年开展的清理纠正超期羁押专项行动，2009年开展的全国看守所监管执法专项检察活动等。与日常法律监督不同，专项检察的针对性很强，能够及时对人民群众的呼声作出回应，都是对人民群众关于检察工作新要求、新期待的回应。

2. 在加强日常监督的同时，有针对性地开展专项检察，已成为检察机关开展监所检察工作的重要方式。集中精力，集中人力，集中时间，集中资源，用专项工作的形式不断拓展新领域，是推动监所检察工作发展的有效途径。检察机关通过专项工作，积累了经验，锻炼了队伍，提升了监督能力，也深化了对监所检察监督方式的规律性认识。例如，2003年至2007年开展的清理纠正超期羁押专项行动、减刑、假释、保外就医专项检察和核查纠正监外执行罪犯脱管、漏管专项行动，发现、纠正了一大批刑罚执行和监管活动中的违法问题，提升了监所检察工作的社会影响力。

3. 专项检察越来越受到各方面的认可，具有了一定的理论基础和制度规范，成为检察工作新的亮点。开展专项检察，不仅是现实需要，在理论上也是可行的。一是基于监所检察权的性质和特点。监所检察权是法律监督权，也是司法权，具有独立性、专门性的特点，同时又不同于审判权，强调积极、主动地行使，这就给开展专项检察提供了空间。二是基于检察实践中一些相关问题的严重性、突出性和典型性，需要集中打击、集中清理、集中纠正。三是基于法律监督手段刚性的不足。开展专项检察本身并不增加检察机关监督的手段，但通过专项检察会营造一定的声势，强化上下级检察机关的合力，客观上有利于增强监督的刚性。因此，开展专项检察与检察机关的国家法律监督机关和司法机关的性质并不相悖。一些专项检察活动由于针对性和时效性很强，成效也很明显，得到各方面的高度评价。比较典型的如清理纠正超期羁押专项监督行动，得到了全国人大常委会和有关专门委员会的大力支持和充分肯定。一些地方人大代表、政协委员、人民群众等社会各界积极参与检察机关专项监督活动，踊跃建言献策，提出意见建议。随着专项活动的增多，检察机关逐步摸索出了一些规律和特点，规范化、制度化建设也受到了重视。最高人民检察院在2009年12月印发的《关于进一步加强对诉讼活动法律监督工作的意见》第42条就明确提出："积极开展专项监督活动。针对立案、侦查、审判、执行等环节中人民群众反映强烈的执法不严、司法不公问题，适时开展专项监督活动，争取每年解决几个重点问题。将专项监督与日常监督相结合，对在监督活动中发现的突出问题，建议相关部门建章立制。最高人民检察院和省级人民检察院要挂牌督办一批有影响、有示范性的典型案件，不断推动诉讼监督工作。"

4. 开展专项检察活动成为检察机关进一步规范执法行为，提高执法公信力的重要途径。检察机关通过专项监督解决突出问题，使执法行为更加规范。专项检察虽然是针对和解决刑罚执行与监管活动中存在的突出问题，但查找和纠正监所检察监督工作中的薄弱环节，建立长效监督机制也是一项重要的任务。通过这些专项检察，在促进刑罚执行和监管活动不断规范的同时，也促进了监所检察工作的不断加强和规范，建立完善了很多很好的工作机制，推进了监所检察的执法规范化建设，提升了监所检察的公信力。

5. 开展专项检察活动，为推动监所检察实践中一些突出问题和薄弱环节的解决提供了重要契机。一些地方提出要抓专项、破难题、解瓶颈。就监所检察而言，针对刑罚执行活动中的突出问题和执法监督的薄弱环节，集中开展专项检察，已经成为一些地方经过长期的检察实践形成的一项工作经验。例如，监所检察工作点多面广，职能繁杂，同时基层基础工作又比较薄弱，按现有人员及其整体监督能力和水平，还难以全面履行好监督职责。而专项检察具有集中"补短、补弱"的功能，成为推动解决监督工作薄弱环节和突出问题的有效载体。通过联合或自行组织开展一些专项活动，也推动了检察机关与有关部门达成共识，促进一些问题的解决。例如，在全国刑事审判法律监督专项检察活动中，各地检察机关通过与法院的沟通协调，不仅促使一批确有错误的裁判得到了纠正，还对部分与刑事审判和执行活动有关的问题与法院达成了共识，进一步增强了维护司法公正的合力。

6. 开展专项检察活动情况成为检察机关向人大报告工作的重要内容。这不仅体现在近年来最高人民检察院向全国人大所作的工作报告中，关于专项检察的篇幅、内容等方面都明显增加，在代表审议过程中，一些专项活动也成为讨论的热点，被称为检察工作新的亮点。最高人民检察院向全国人大常委会及有关部门所作的专项报告中也多有涉及，如2003年到2009年，全国人大常委会或者相关部门连续6年8次听取检察机关专项工作报告，报告事项就包括清理纠正超期羁押等。

7. 通过专项检察活动可以推动监所办案工作的深入开展和检察人员监督能力、业务技能的全面提高。通过一些专项活动能否查办出一批职务犯罪案件特别是司法不公背后的职务犯罪案件，是群众非常关注的问题。就监所检察开展的一些专项检察而言，专项检察是集中发现案件线索，拓展案源的有效方式。各地监所检察部门积极利用专项检察挖掘刑罚执行和监管活动中的职务犯罪案件线索并积极主动经营取得显著成效。例如，某省检察机关对一起暂予监外执行案件进行认真审核，发现被告人减轻处罚以及患严重疾病的证明材料均系伪造，据此立案查办了涉嫌受贿、徇私枉法犯罪的5名司法人员，原案也由检察机关按照审判监督程序提出抗诉 。在一些地方，专项活动也开始成为检察业务技能和工作考核的重要内容。

8. 通过多年的专项检察活动，检察机关逐步积累了一些成功经验，形成了一套基本的运作模式，如争取党委、人大和政府的重视和支持，争取相关部门的协作配合。有的问题涉及多个部门，需要联合部署开展，同时也需要有关部门的配合。又如，涉及自身和多个执法部门的，坚持从自身做起。2003年在清理纠正超期羁押专项行动中，检察机关坚持从自身做起，检察环节首先实现无超期羁押。通过多年开展专项活动，逐步形成了较为完善的工作模式，主要是明确指导思想、目标任务、主要内容和重点、方法步骤和工作要求。尽管各个专项针对的问题、内容和重点不同，但其指导思想还是有许多相通之处的，体现了贯彻中央决策部署和中央领导关于加强检察机关法律监督工作的重要指示精神；体现了全国人大关于最高人民检察院工作报告的决议的要求；体现了强化法律监督、维护公平正义的要求。

第二节　专项检察工作存在的主要问题和不足

近年来，检察机关开展的专项检察活动在取得明显成效的同时，也暴露出一些问题和不足，存在一些亟待加强和改进的地方，需要认真梳理和引起重视。

一、对专项检察活动存在一些不正确的认识

认识问题是搞好专项检察活动的一个重要基础性问题，基本上每个专项检察活动在动员部署时都强调要充分认识开展专项检察活动的重要意义。而每个专项检察活动在开展过程中也都会出现一些不正确的认识，影响和制约专项检察活动

的深入开展。这些不正确的认识主要集中在对专项检察活动开展的必要性、检察的内容、重点和方式等方面。既有来自检察机关的，也有来自其他政法部门和被监督单位的。从检察机关来讲，由于有的时段内专项检察活动较多，涉及面广，时间跨度长，工作难度大，导致少数单位和检察人员存在畏难情绪。再加上有的地方和部门专项检察活动经常搞，有的基层同志认为类似的专项检察活动搞得太多，没有必要，产生厌战思想。有的专项检察活动针对的问题在本地区并不突出，于是产生“与己无关”的思想，而没有从事关检察工作长远、全面发展的角度认识开展专项检察活动的必要性。有些地方心存疑虑，担心清查出自己的问题，被追究责任，思想压力大。联合部署开展的专项检察活动，其他部门中也有一些不正确的认识，如与公安机关联合开展的全国看守所监管执法专项检察活动，有的看守所民警就认为是老一套，解决不了实际问题。从被监督单位来讲，有的对检察机关自行组织开展的专项检察活动不配合，就是对联合开展的专项检察活动，也是消极应付，步调缓慢。

二、个别“专项不专”，把日常工作专项化

专项检察活动的特点在于“专”，集中一定时间和力量解决一两个突出问题，需要突出专项检察内容的专一性和问题的特殊性。而有的专项检察活动没有抓住这一特征，将日常监督的内容作为专项检察的项目，没有发挥好专项监督在解决重点、难点问题上的作用。由于将日常工作专项化，产生了以下几个弊端：一是由于监所检察内容点多面广，虽然能发现解决一些问题，但迫切需要解决的突出问题往往没有得到很好的解决。二是浪费监所检察资源。专项检察需要临时设置专门的机构，抽调一定的人员，上下联动，进行动员部署、实地检查、统计有关数据等，相对于日常工作，需要动用更多的检察资源。三是造成有的地方为了营造声势，引起领导重视和注意，不需要搞专项的也搞专项，有的甚至针对类似问题连续多年搞专项。四是势必造成专项过多，影响日常工作的正常开展。

三、有的地方在理解和执行上级专项检察活动要求上存在偏差

有的地方过于强调为中心工作服务，甚至偏离监所检察职能搞专项。专项检察强调既要检察纠正被监督单位存在的问题，也要监督纠正自身存在的监督不到位问题，而一些地方只是眼睛向外，忽视自身的问题。有的不能全面、准确地理解和执行上级下发的实施方案，如在减刑、假释和保外就医专项检察活动中，有的地方将主要精力集中在对规定时间段内的减刑、假释、保外就医案件的登记建档上，过分注重对程序性问题的复核审查，在对减刑、假释、保外就医是否符合法定条件等关键性实体问题的审查，以及挖掘和解决非正常现象背后隐藏的深层次问题方面做得不够。专项检察活动中，报送统计数据不及时、不准确的问题具

有一定的普遍性。有的未能按照上级要求的时间和内容上报，有的还存在上报数据与被监督单位报送主管部门的数据不一致的情况，有的是由于统计口径不一致，有的则是工作不负责任、不够细致的体现。一些地方报送的专项检察活动信息量少质低，给上级全面掌握情况，部署下一步工作造成了一定的困难。

四、专项检察活动中“边整边改、边改边犯”现象时有发生

这一现象，一方面说明专项检察需要检察的问题的严重性，不可能毕其功于一役，另一方面也说明有的地方不够重视，应付检查，有些明显的问题没有被发现纠正。这进一步说明，既要重视抓好专项检察，更要重视抓好日常工作，特别是日常监督工作。例如，在全国看守所监管执法专项检察和全国监狱“清查事故隐患、促进安全监管”专项检察活动中都存在这方面问题，有的地方在专项检察活动期间就发生了在押人员非正常死亡和脱逃事故，而且监管民警严重失职、渎职。

五、对专项检察活动的成效还缺乏科学的考评标准和体系

实践中，有的地方评价标准单一化，过于强调发现解决的问题数。衡量专项检察活动的成效，不仅要看发现解决了哪些问题，还要看制度建设及落实情况，也就是说，评价其成效也要看专项检察活动结束后工作开展情况。有些统计数字即使不开展专项检察活动同比也会上升。因此，要看发现纠正的数字与平时掌握的情况、各方面的反映情况是否差距太大。如果没有一个相对科学的评价体系，就会使每个专项检察活动的总结都是取得了明显的成效，而问题依然严重，没有从根本上好转，更谈不上从根本上得到解决。

六、专项检察后长效机制建设跟不上形势发展

基本上每个专项检察活动的实施方案中都强调要加强长效机制建设，专项检察活动结束后也都致力于长效机制建设，但由于难度较大，往往在这方面进展或者成效不够明显。例如，纠防超期羁押专项行动结束后，为了巩固清理纠正超期羁押工作的成果，有效解决“前清后超”、“边清边超”等问题，积极建立防止和纠正超期羁押的长效机制，最高人民检察院制定了《关于在检察工作中防止和纠正超期羁押的若干规定》，建立了羁押期限告知、期限届满提示、检查通报、超期投诉和责任追究等八项制度。但关键是这一问题涉及其他政法部门，建立长效机制还需要共同研究，达成共识。特别是关于超期羁押的界定标准，最高人民法院明确规定对审案法院因请示、协调、待批、核查、借卷等案外因素无法控制案件审理时间的七种情形不作为超审限案件统计，对此与检察机关分歧很大，导致长效机制难以有效建立。

第三节　专项检察制度的改革与完善

解决专项检察活动存在的突出问题，需要有针对性地加强专项检察的规范化、制度化建设。而且随着专项检察活动的增多，其重要性和作用也日益突出，只有通过加强规范化、制度化建设，改革完善相关机制，才能使其更加符合检察工作科学发展的要求，有效发挥“专项带整体，专项推全局”的作用。

一、建立完善专项检察活动的统筹规划和启动机制

首先，立足于监所检察工作的科学发展和服务经济社会科学发展，针对监所检察实践、监所检察队伍中存在的一些突出问题，以及党委政府和人民群众的法律监督需求和现实需要，选准专项检察活动的项目。法律监督专题的选定，直接关系到监所检察监督的力度、质量和社会效果，关系到监所检察监督权威性的增强和执法公信力的提高。这就需要围绕党委、政府、人大和群众关注的监所检察工作热点、重点和难点确定专项检察的专题。其次，在专项检察活动动员部署前进行必要的调研论证，听取党委、人大意见，听取基层意见，必要时听取被监督单位主管部门的意见，保证专项检察活动决策的民主化、科学化。笔者建议，全国检察长会议可以在全国政法工作会议和全国人大年度会议后召开，这样可以有效贯彻会议精神和人大决议，对是否开展专项检察，以及就什么问题开展专项检察进行研究和部署。遇有重大紧急问题需要开展专项检察的，再另行部署。这样，就可以保证专项检察具有计划性。最后，在专项检察活动专题的选定和运作上，注意克服“专项不专”、“专项过多”和“专项不实”等倾向。一个年度、一个时期开展的专项检察活动不求面面俱到。同时，专项与专项之间也应注意协调，避免一个时期专项过多。对开展的多个专项，可以成立专门的领导和办事机构，抽调有关部门人员组成，统一部署和安排。有的专项检察活动，上级检察机关可下发方案，提出基本的要求和统计项目，由下级检察机关视情自行开展，避免“一刀切”。

二、建立完善专项检察与日常监督工作的良性互动机制

日常监督是检察机关依法履行法律监督职责的常规性工作，强调按既定的程序和规范开展，涉及监所检察工作的方方面面；专项检察是检察机关选择一定的专题开展的法律监督工作，更加注重针对性和实效性，涉及监所检察工作的某个方面，二者需要互相补充，互相促进，形成良性的互动关系，这是充分有效行使监所检察职能的重要保证。其中，日常监督是搞好专项检察的基础，专项检察是日常监督的进一步深化，必须坚持以专项监督深化日常监督，以日常监督保障专

项监督开展。专项检察活动结束后，要把专项检察发现的薄弱环节和尚未彻底解决的问题作为日常监督的重点，把专项检察形成的成功经验及时转化为长效工作机制，提升日常监督的层次和水平。

三、建立完善科学的专项检察活动督察机制

完善督察机制，是保证专项活动深入开展并取得明显成效的重要保障。探索建立专项检察活动督察员制度。加强专题培训和人才培养，选择一批精通相关业务，具有组织协调和督办指导能力的检察干警，开展专项活动督察工作，避免督察流于形式。规范督察的内容和标准，增强规范性和统一性，形成高质量的督察报告。

四、建立完善专项检察活动的内外协调机制

开展的专项检察活动，虽然主要是针对监所检察工作相关问题，但往往涉及检察机关多个部门，事关检察工作全局，不单单是哪一个部门的事，在检察环节上解决好这些问题，需要多个部门通力合作。例如，纠防超期羁押，既是监所检察的重要内容，也是侦查监督、审判监督的相关问题，必须明确分工，加强各部门之间的协调配合，落实责任，整合资源，形成合力。此外，有些专项检察还涉及其他政法部门，需要加强沟通和协调。对于检察中发现的重大问题，需要及时通报、认真解决；对于重大敏感案件的处理，需要共同研究、妥善处置。

五、建立完善专项检察活动成效的评价机制和体系

专项检察活动，着眼于解决问题、完善制度、强化监督、推进工作，增强监督力度和效果，增强监督的权威性和公信力。要使专项检察活动达到这些目的，必须在实施方案和成效评价标准上，体现长远发展兼顾阶段成效的要求。既要追求专项检察的效果，看推进了多少工作，解决了哪些问题，又要切实把专项检察活动与加强基础建设、加强队伍建设、加强制度建设和加强经常性工作结合起来。科学评价专项检察活动成效，离不开准确的数据统计。因此，必须加强和改进专项检察活动统计工作，对于自行布置的专项检察工作或因其他特殊情形需要统计的，应通过统计部门设计相关栏目，汇总有关数据。

六、建立完善专项检察活动接受社会监督机制

深化检务公开，推进检察工作社会化，需要适度公开检察机关专项检察活动的开展情况，包括一些数据和案例，以公开促公正，以公正赢公信，避免把专项检察搞成秘密检察、内部检察。因此，应主动接受党和人民群众的监督，积极争取地方党委、人大的领导和支持。在专项检察活动开始前，主动向当地党委、人

大专题汇报专项检察活动的目的和任务，在专项检察活动中遇到的重大事项尤其是涉及检察机关以外单位、部门的问题，应及时向党委、人大报告，在活动结束后应及时报告专项检察活动的整改情况。必要时，主动邀请人大代表、政协委员、人民监督员参加专项检察。开展专项检察活动过程中，可以就发现的突出问题、重点案件，以召开座谈会、发征求意见函等形式，听取人大代表、政协委员、人民监督员和人民群众的意见和建议。探索建立人大代表视察专项检察工作制度或者人大评议专项检察工作制度。

七、建立完善巩固和发展专项检察成果的长效机制

所谓长效机制，是指能长期保证制度正常运行并发挥预期功能的制度体系。专项检察具有很强的针对性和时限性，需要在专项检察活动开展之初就考虑之后长效机制建设问题。这就需要深入总结、客观评价和充分运用专项检察取得的成果。专项检察是针对刑罚执行和监管活动中的一些突出问题开展的，取得的检察成果往往具有一定的导向性，认真研究、合理利用专项检察成果，将其提炼为指导实践的监督工作机制，有助于扩大监督成效，推动日常监督工作的发展，起到预防违法犯罪的作用。从近年来开展的专项检察活动长效机制建设情况看，监督长效机制主要包括沟通协调、激励表彰、监督约束、创新发展、执法保障、业务考评等方面的工作机制。建设的路径多样化，有的可以通过自行发布一些规范性文件，有的则需会同有关部门联合出台，还有的必须通过推动立法修改。重点是加强理论论证、推进司法改革和推动立法完善。

第十八章　监所检察业务管理制度

监所检察的主要内容是刑罚执行和监管活动监督，是检察机关法律监督职能的重要组成部分。相应地，监所检察业务管理也是检察机关业务管理的重要内容，是检察机关依法正确履行刑罚执行和监管活动监督职责的重要保证。近年来，随着最高人民检察院《关于加强和改进监所检察工作的决定》、《人民检察院监狱检察办法》、《人民检察院看守所检察办法》、《人民检察院劳教检察办法》、《人民检察院监外执行检察办法》等规范性文件的出台，监所检察业务管理工作越来越受到各级检察机关及监所检察部门的重视，监所检察基础性业务管理、流程性业务管理都得到了加强，较好地保证了检察机关开展刑罚执行和监管活动监督的力度和效果。

第一节　监所检察业务管理的内涵和重点

一、监所检察业务管理的内涵

监所检察业务管理，是指根据一定的监所检察工作目标和任务，通过决策、计划、组织、领导、指导、协调和控制，有效地配置和合理地利用检察机关刑罚执行和监管活动监督权以及相关监所检察资源，增强检察机关依法独立、公正、高效和廉洁行使监所检察权的能力，保证监所检察良好的工作秩序，进一步强化刑罚执行和监管活动的监督，更有力地维护司法公正的各项管理活动。监所检察涉及刑事诉讼监督、职务犯罪侦查、审查批捕、审查起诉、出庭支持公诉等许多方面，相应的监所检察业务管理工作较为复杂，包括对监管场所重大事件的报告、刑罚执行和监管活动中职务犯罪案件的线索和立案情况的备案等监所检察基础性管理，派驻监狱、看守所、劳教所等派驻检察和监外执行、社区矫正检察等方面的日常性工作流程管理。

检察机关恢复重建30多年来，为了规范和加强监所检察工作，强化业务管理，最高人民检察院先后制定下发了《人民检察院监所检察工作试行办法》

（1981年1月）、《关于监所检察工作若干问题的规定》（2001年9月）、《关于加强和改进监所检察工作的决定》（2007年3月）等一系列规范性文件，进一步明确了监所检察工作职责、任务和具体要求。其中，最高人民检察院《关于监所检察工作若干问题的规定》设单章专门规定了监所检察业务工作的管理，主要包括：工作程序管理、监所检察部门查办职务犯罪案件管理制度、派驻检察室规范化管理制度、监所检察日常业务管理制度、对下级检察院监所检察业务指导和评价制度等。最高人民检察院《关于加强和改进监所检察工作的决定》又进一步对加强监所检察业务管理工作作出规定，明确提出：在刑罚执行和监管活动监督工作中，应当建立和完善以下工作制度：监所检察业务流程管理制度、工作目标管理责任制和派驻检察岗位责任制、请示报告制度、检务公开制度、工作考评制度；对设立的派出检察院和在监狱、看守所、劳教所、拘役所设置的派驻检察室要加强管理和规范；派驻检察人员每月派驻检察时间不得少于16个工作日；派出检察院内设机构要贯彻精简、统一、效能的原则，体现“小机关、大派驻”的要求；派出检察院的各项业务工作，应当由派出它的人民检察院监所检察部门统一管理和指导；派驻检察室由派出它的人民检察院监所检察部门进行业务管理和指导；派驻检察室实行规范化等级管理，定期开展规范化检察室等级评定工作，对评定的规范化检察室实行动态管理，对不符合条件的应当降低或者撤销规范化等级。

围绕什么目标进行，是加强和改进监所检察业务管理的首要问题。监所检察业务管理的目标主要是：依法独立、公正、高效、廉洁行使监所检察权，深化监所检察业务公开，维护刑罚执行和监管活动监督的权威性。具体来说，主要包括以下几个方面：（1）从内部机制上保障检察机关依法独立行使监所检察权。通过加强和改进监所检察业务管理，加强上级检察机关对下级检察机关的领导，增强“监所检察一体化”程度，发挥检察机关整体优势，尽可能地减少地方党政机关及其他司法机关对监所检察工作的干扰。通过加强检察业务管理，完善内部监督程序，强化上级检察机关对下级院监所检察业务活动的监督、指导，建立完善监督规范。（2）进一步提高检察机关打击犯罪、保障人权的能力和水平，实现刑罚执行和监管监督的价值。在监所检察业务管理中，强化监督程序管理，体现程序正义价值。科学制定监所检察业务考核指标，全面规范监所检察各个业务环节。（3）进一步强化检察机关刑罚执行和监管活动监督职能，树立监督权威。通过完善检察业务管理模式，加强管理信息沟通，强化不同地区监所检察部门之间的信息交流，不断改进监督方式，增强监督实效。通过加强与其他司法机关的管理信息交流和工作协调，及时解决刑罚执行和监管活动监督工作中存在的困难和问题，促进监督工作向深层次发展。（4）进一步提高监督工作效率，降低监督成本。深入探索监所检察业务特别是派驻检察业务的规律性，有针对性地改进管理程序，简化内部审批程序，减少工作环节，提高管理水平，力争在办案效率、监督成本和监督效果等方面取得明显的进展。（5）进一步完善监所检察权监督制约机制，有效遏制自身的腐败行为，保证监所检察权廉洁运行。

二、监所检察业务管理的重点

为了强化监所检察业务管理，必须明确监所检察职责，在此，最高人民检察院《关于加强和改进监所检察工作的决定》第4条明确规定了监所检察的主要职责，即：（1）对监狱、看守所、拘役所执行刑罚和监管活动是否合法实行监督；（2）对人民法院裁定减刑、假释是否合法实行监督；（3）对监狱管理机关、公安机关、人民法院决定暂予监外执行活动是否合法实行监督；（4）对劳动教养机关的执法活动是否合法实行监督；（5）对公安机关、司法行政机关管理监督监外执行罪犯活动是否合法实行监督；（6）对刑罚执行和监管活动中的职务犯罪案件立案侦查，开展职务犯罪预防工作；（7）对罪犯又犯罪案件和劳教人员犯罪案件审查逮捕、审查起诉，对立案、侦查和审判活动是否合法实行监督；（8）受理被监管人及其近亲属、法定代理人的控告、举报和申诉；（9）承办检察长交办的其他事项。监所检察业务管理围绕这些业务的开展而展开。从具体管理内容来讲，重点是监督程序管理、监督行为管理和监督质量管理。

（一）监督程序管理

监所检察业务管理，必须坚持以程序管理和控制为中心。检察业务程序管理的主要依据是《刑事诉讼法》和检察工作制度的有关规定，内容涵盖了监所检察工作的重要环节。近年来，各级检察机关监所检察部门对此进行了积极、有益的探讨，一些地方按照诉讼环节、诉讼职能的不同，加强程序控制和流程管理，推动监所检察信息化建设，推行和应用程序控制和流程管理软件，设定各种羁押期限即将到期提示，实现监所检察业务信息的实时流转、高效协作，以及对派驻检察业务人员、案件办理环节的全方位监控，提高监所检察管理的质量和效率。

（二）监督行为管理

合理、适度的监督行为管理，有利于监所检察部门顺利开展工作，实现监所检察工作目标和任务。监督行为管理同其他管理职能一样，必须讲究方法，注意尺度，否则就会适得其反。因此，监督行为管理的范围应该严格限定在与监所检察业务直接相关的行为上。在行为责任上，需要强化领导监督责任制。目前有执法责任制、错案追究制等，但显然还不完全适应监所检察行为管理的实际需要。必须强化领导监督责任制，一是强化各级院检察长、副检察长和业务部门负责人的监督责任。二是强化市级以上检察机关作为领导机关的监督责任。省、市级检察机关首先要抓好自身的监督工作，特别是在查办职务犯罪案件方面必须带头办案。

（三）监督质量管理

确保监督质量，是监所检察业务管理的重中之重，是依法履行法律监督职责的内在要求，而要达到这一要求，必须加强监督质量控制，制定完善案件质量标准。案件质量标准的制定，需要考虑司法评价和社会认同两个方面的因素，防止监所检察监督权被滥用，防止监督质量不高影响检察机关的权威。建立完善案件质量预警机制，深入分析各项监所检察业务的发展规律和运行要求，准确归纳各项监所检察业务开展情况以及近年来发展变化情况，针对各项检察业务及环节分别设定一定的质量预警程序启动数据，达到这些数据要求，就要求有关部门说明情况，必要时组织人员进行调查，及时发现和解决检察业务质量问题。

三、需要正确认识和把握好的几个重要问题

（一）正确认识和把握好监所检察权的性质、运行规律和要求

加强监所检察业务管理，目的是要使监所检察业务管理机制更加符合监所检察权的运行规律和特点的要求，因此，首先必须正确认识和把握好监所检察权的性质和运作要求。由于权力构成上的复杂性，各项监所检察权又具有不同的运作要求，在设计监所检察业务管理模式时，必须对此予以充分考虑。

（二）正确认识和把握好与监所检察相关的一些定位问题

监所检察由于以派驻检察为主，监所检察人员也大多在派驻检察室工作，由于特定的工作方式、工作环境和工作条件，要求监所检察人员必须准确定位自己的职责，明确工作职能和任务，这是做好监所检察工作的重要前提。监所检察主要职责是对刑罚执行和监管活动实行法律监督。不管是配合还是办案，都应为监督服务。另外，还需要准确定位监所检察部门与派驻检察机构的关系，不能简单地理解为业务指导关系，派出检察院的各项业务工作，应当由派出它的人民检察院监所检察部门统一管理和指导。

（三）准确把握监所检察业务管理与队伍管理的关系

监所检察的特点在于存在一些派出检察院和派驻检察室，监所检察部门不仅要加强业务管理，同时也要加强对派驻检察队伍的管理，只有二者衔接好，才能保证业务管理的效果。目前存在的问题是一些地方监所检察部门没有很好地处理二者之间的关系，也难以很好地履行队伍管理的职责，而一些地方政工部门对派出检察机构的管理不够重视。

（四）更好地发挥监所业务管理对司法公正的促进作用

监所检察监督的力度和效果与检察业务管理密切相关，业务管理上的薄弱，直接影响了刑罚执行和监管活动监督功能在检察工作中的落实。由于现行监所检

察业务管理模式不够科学，致使上级检察机关对下级检察机关监所检察业务工作的领导力度不够。一方面难以有效防止出现执法不严、司法不公现象，难以及时发现和解决工作中存在的问题；另一方面也使得检察一体化进程过于缓慢，整体优势发挥得还不够理想，抗干扰、拒腐蚀的能力较为薄弱，难以做到独立公正地行使监所检察权，难以保证科学管理与决策，影响检察业务深入健康的发展。

（五）积极搭建派驻检察业务管理平台

监所检察以派驻检察为主的工作模式和“小机关、大派驻”的要求，决定了派驻检察业务管理是监所检察业务管理的重点。强化派驻检察业务管理，必须搭建合理的管理平台。派驻检察业务管理平台主要包括：监所派出检察院规范化建设；派驻检察室等级评定。一是推进派出检察院规范化建设。主要包括派驻检察业务建设、派驻检察队伍建设、检务保障和信息化建设、派驻检察制度建设和检察形象建设等五个方面。二是开展派驻检察室等级评定。为促进派驻检察室规范化建设的有效开展，对各级检察院派驻监狱、劳教所、看守所等监管场所检察室实行规范化等级管理。规范化检察室分为三级，根据必备条件和考核记分两方面标准综合衡量确定。必备条件和考核记分主要根据检察室履行法律监督职责、工作实绩、执行工作制度、人员配备、工作条件等情况确定。对人民检察院派驻监狱、看守所、劳教所等不同监管场所的检察室，可以分别根据其法定职责、工作任务确定相应标准，分别评定规范化等级。

第二节　监所检察业务管理制度的主要构成

一、监所检察基础性业务管理制度

监所检察基础性业务管理制度主要包括：监管场所重大事件报告、查办刑罚执行和监管活动中职务犯罪案件线索及立案情况备案审查、监所检察业务数据统计、通报等方面。2006 年，最高人民检察院监所检察厅为了加强监所检察基础性管理，先后制定了监管场所重大事件报告、查办职务犯罪案件线索管理、查办职务犯罪案件备案审查等“三项制度”。

（一）监管场所重大事件报告制度

为了加强对各地监所检察工作的宏观管理和指导，及时掌握监管场所发生重大事件的情况，规范报告监管场所发生重大事件的范围、程序，最高人民检察院监所检察厅2006 年4 月30 日印发了《关于报告监管场所发生重大事件的规定》。该规定中所指的监管场所重大事件，是指监狱、看守所、劳教所等监管场所发生人员伤亡、财产损失或者可能造成重大政治、社会影响的事故和案件。具体来说，主要包括下列情况：（1）监管民警殴打、体罚、虐待被监管人造成死亡的；（2）监管民警玩忽职守，造成被监管人集体（3 人以上）脱逃，或者造成可能判处或已经被判处无期徒刑、死刑（含死刑缓期 2 年执行）、犯有危害国家安全罪、从事非法宗教、非法组织和非法刊物活动，外国籍、无国籍、华侨、港澳台籍、原省部级被监管人脱逃的；（3）监管民警徇私枉法，私放在押人员的；（4）监管场所发生安全生产事故，造成 1 人以上死亡、3 人以上重伤或者直接经济损失 50 万元以上的；（5）监管场所发生重大疫情、食物中毒、交通事故及其他原因，造成 1 人以上死亡或 3 人以上重伤的；（6）监管场所与周围群众发生纠纷处理不当，造成严重经济损失、人员伤亡或重大政治、社会影响的；（7）被监管人暴狱（所）、骚乱的；（8）被监管人聚众闹事、斗殴，造成 1 人以上死亡或 3 人以上重伤的；（9）被监管人行凶，造成被监管人 1 人以上死亡或 3 人以上重伤的；（10）被监管人行凶，杀害警察、武警、职工、群众的；（11）可能判处或已经被判处无期徒刑、死刑（含死刑缓期 2 年执行）、犯有危害国家安全罪、从事非法宗教、非法组织和非法刊物活动，外国籍、无国籍、华侨、港澳台籍、原省部级被监管人自杀的；（12）违反规定使用武器、警械具，造成严重后果的。派驻监管场所的监所派出检察院、派驻检察室发现监管场所发生上述重大事件，应立即将有关情况报告派出它的人民检察院监所检察部门，并于 48 小时内层报至最高人民检察院监所检察厅，详情和查处情况应随时续报。各报送监管场所发生重大事件的材料要准确、及时、保密、安全。在此基础上，进一步改革完善监管场所事故检察制度，主要包括事故报告、调查和责任追究制度。监管场所发生在押人员死亡的，当地检察机关要立即向上一级检察机关报告，由上一级检察机关负责调查。对发生重大事故负有监督不力责任的检察室，依法依纪追究有关人员的责任，撤销检察室的规范化等级。

（二）查办职务犯罪案件线索管理制度

为加强对监所检察部门查办职务犯罪案件线索的管理，规范办案行为和提高办案质量，最高人民检察院监所检察厅 2006 年 4 月 30 日印发了《人民检察院监所检察部门查办职务犯罪案件线索管理办法》。各级人民检察院监所检察部门对案件线索应当统一管理，指定专人逐件登记，并填写《监所检察部门案件线索登记审查表》。对大要案件线索应当及时报告本院分管检察长。案件线索内容详细、事实比较清楚、可查性较强且属于本院监所检察部门管辖范围的案件线索，应当在审查后 7 日以内提出初查意见，报分管检察长审批。初查条件尚不成熟或者暂不具备初查价值的案件线索，经分管检察长批准，可暂存待查。对不属于本院监所检察部门管辖范围需要移送的案件线索，应当填写《监所检察部门案件线索移送表》，经分管检察长批准，在受理后 7 日以内移送有管辖权的人民检察院监所检察部门或其他单位处理。

对案件线索实行分级备案审查。科级以下（含科级）干部的职务犯罪案件线索，层报省级人民检察院监所检察处备案。县处级以上（含县处级）干部的案件线索、涉嫌犯罪金额达50万元以上的案件线索以及重大、复杂、跨地区的案件线索，层报最高人民检察院监所检察厅备案。上级人民检察院监所检察部门对下级人民检察院监所检察部门上报备案的案件线索，应当及时进行审查。如有不同意见，经分管检察长批准后，应当在收到备案材料后10日以内通知下级人民检察院监所检察部门。下级人民检察院监所检察部门应当执行上级人民检察院监所检察部门的意见。

（三）查办职务犯罪案件备案审查制度

为进一步规范人民检察院监所检察部门查办职务犯罪案件的备案审查工作，加强上级人民检察院监所检察部门对下级人民检察院监所检察部门的业务指导，提高办案质量，最高人民检察院监所检察厅2006年5月8日印发了《人民检察院监所检察部门查办职务犯罪案件备案审查规定》。应当上报下列备案材料：提请立案报告和立案决定书、侦查终结报告、撤案决定书、移送起诉意见书、移送不起诉意见书、起诉书、不起诉决定书。市级人民检察院监所检察部门对下级人民检察院上报的备案审查案件，除认真审查外，还应当报省级人民检察院监所检察处备案审查。监所派出院办理的职务犯罪案件，应当向派出它的人民检察院监所检察部门报送备案审查材料。由派出它的人民检察院监所检察部门向省级人民检察院监所检察处层报。发生在刑罚执行和监管活动中的下列职务犯罪大要案件，应当层报最高人民检察院监所检察厅备案审查：（1）徇私舞弊减刑、假释、暂予监外执行，情节恶劣，造成严重后果的案件；（2）虐待被监管人致死的案件；（3）私放在押人员的案件；（4）失职致使在押人员脱逃，造成特别严重后果的案件；（5）贪污受贿数额在10万元以上的案件；（6）挪用公款50万元以上的案件；（7）监狱长、看守所所长、劳教所所长及处级以上人员职务犯罪的案件；（8）与刑罚执行和监管活动有关的其他职务犯罪大要案件。上级人民检察院监所检察部门应当对下级人民检察院监所检察部门备案审查工作定期或不定期进行检查指导。对撤案、不起诉的案件要重点检查，认真剖析，分析原因，提出加强和改进办案工作的意见，切实提高办案质量，以此推动监所检察部门查办职务犯罪案件工作的深入开展。为了加强案件备案审查，目前要求所有监所检察部门立案侦查的刑罚执行和监管活动中的职务犯罪案件都必须层报最高人民检察院监所检察厅备案审查。

二、监所检察业务流程管理制度

2008年2月22日，最高人民检察院第十届检察委员会第94次会议审议通过了《人民检察院监狱检察办法》、《人民检察院看守所检察办法》、《人民检察院劳教检察办法》和《人民检察院监外执行检察办法》，并于同年3月23日印发执行。监所检察"四个办法"主要解决的是监所检察特别是派驻检察的工作内容、方法、程序等流程管理问题。监所检察"四个办法"从2004年9月开始着手起草，到2008年3月正式印发，历时3年半时间。初期是起草"四个工作流程"，并选择3个省市试行，后将文件稿名称修改为监所检察"四个办法"。监所检察"四个办法"通过全面规范监所检察业务特别是业务流程，强化监所检察业务的日常管理。

监所检察"四个办法"改变了1987年两个"细则"、一个"办法"业务分类的局限性，把监外执行检察业务内容从劳改检察工作细则内分出并单独加以规定，从而使监所检察"四个办法"得以各自存在、独立成章，对相关业务管理工作分别作出规定。监所检察"四个办法"根据最高人民检察院《关于加强和改进监所检察工作的决定》中关于监所检察职责的表述，分别规定了各自的任务，表述更加规范、明确，使业务管理更具有针对性。

监所检察业务流程管理，主要是通过规范日常检察的内容、方法、应当提出纠正意见的情形和程序等四个方面，进一步明确监所检察人员的职责定位，切实纠正监督不到位和监督越位的问题。特别是要规范纠正违法通知书和检察建议的适用。对监管场所涉及多人多次的同一性质的违法情况一般只能发一份《纠正违法通知书》。

纠正违法要坚持同级监督、属地监督的原则。对上一级监管机关违法行为需要提出书面纠正的，应在法定时间内层报它的同级人民检察院监所检察部门，由其依法纠正，不能越级、越权管辖行使监督权。纠正违法应当坚持审批制度，对口头纠正轻微违法的，经部门负责人同意后提出纠正或由部门负责人直接提出纠正；书面纠正违法的，应报请检察长批准。

三、监所检察业务登记制度

监所检察"四个办法"分别规定了监狱检察、看守所检察、劳教检察和监外执行检察工作中的业务登记制度，这也是加强监所检察业务管理的重要基础。其中，监狱检察工作中实行"一志八表"的检察业务登记制度。"一志八表"是指《监狱检察日志》、《监外执行罪犯出监告知表》、《监狱提请减刑不当情况登记表》、《监狱提请假释情况登记表》、《监狱呈报暂予监外执行情况登记表》、《重大事故登记表》、《控告、举报和申诉登记表》、《检察纠正违法情况登记表》和《严重违法情况登记表》。看守所检察工作中实行"一志一账六表"的检察业务登记制度。"一志一账六表"是指《看守所检察日志》、《在押人员情况检察台账》、《监外执行罪犯出所告知表》、《看守所办理减刑、假释、暂予监外执行情况登记表》、《重大事故登记表》、《控告、举报和申诉登记表》、《检察纠正违法情况登记表》和《严重违法情况登记表》。劳教检察工作中实行“一志六表”的检察业务登记制度。“一志六表”是指《劳教检察日志》、《劳教所办理延期、减期、提前解教不当情况登记表》、《劳教所办理所外执行、所外就医情况登记表》、《重大事故登记表》、《控告、举报和申诉登记表》、《检察纠正违法情况登记表》和《严重违法情况登记表》。监外执行检察工作中实行“一账三表”的检察业务登记制度。“一账三表”是指《罪犯监外执行情况检察台账》、《检察纠正违法情况登记表》、《严重违法情况登记表》、《监外执行罪犯减刑情况登记表》。

本节以劳教检察为例，探索监所检察业务登记制度。劳教检察“一志六表”是实现驻所检察规范化的重要内容和形式，是检察机关履行法律监督时进行的后续工作，以及对劳教检察工作进行考核的重要依据。填写“一志六表”是劳教检察中一项重要的工作要求，驻所检察人员对此应有充分的认识。通过填写和运用“一志六表”，经常发现驻所检察工作中自身工作的不足和漏洞，及时地加以纠正和完善，促进驻所检察工作规范、深入开展。过去这方面存在的问题是，对劳教检察志表填写的重要性认识不足，忽视了志表的作用，特别是把“检察日志”简单地当做“工作日记”来对待，当做“流水账”来记录，用语不规范、文字书写格式混乱、文件资料管理散乱，使“检察日志”在驻所工作中失去了应有的重要作用。

《人民检察院劳教检察办法》中对“一志六表”从格式到具体内容、写法的要求是非常严格的。最高人民检察院监所检察厅对监狱检察日志、看守所检察日志的填写曾下发过通知，提出具体的要求，在填写劳教检察日志时可以参考。全面、及时、准确是对填写劳教检察“一志六表”的基本要求。全面，就是按照每项内容的要求逐项清楚、完整地把该填写的内容全部填写好，达到监督劳教所执法活动和检查驻所检察工作的目的。对重点工作要写清检察结果及处理情况。及时，就是检察日志的内容原则上应当日完成，周六、周日及节假日遗漏的情况要及时补填。填写的检察情况要以时计算。其他表格也要在开展监督工作时及时填写。准确，就是要将检察情况准确地记载下来，用语、格式要规范、贴切。记载的内容不能仅仅是反映劳教工作的基本情况，而应突出法律监督职能。对于一些表格，要按照要求报送有关单位，以及续报一些情况。

（一）《劳教检察日志》

《人民检察院劳教检察办法》规定，派驻检察人员应当将劳教人员每日变动情况、开展检察工作情况和其他有关情况，全面、及时、准确地填入《劳教检察日志》。《劳教检察日志》对于入所检察工作情况内容应写：劳教所收容劳教人员的时间、姓名、罪错性质、法律文书名称，如果入所人员较多的，有关情况可以概括性地填写；驻所检察人员对劳教所收容管理活动是否合法进行检察的内容。对于出所检察工作情况应填写：劳教人员出所的时间和法律文书是否合法；

劳教人员因何原因办理出所手续及承办单位。其他工作情况，包括变更执行检察、监管活动检察、办理劳教人员犯罪案件、受理控告举报和申诉等情况，主要是围绕落实该办法的相关规定和具体工作开展情况填写。

（二）《劳教所办理延期、减期、提前解教不当情况登记表》

派驻检察机构收到劳教所移送的呈报延期、减期、提前解教材料，经审查认为呈报延期、减期、提前解教不当的，应当提出纠正意见，填写《劳教所办理延期、减期、提前解教不当情况登记表》，不仅包括劳教所呈报不当情况，也包括劳教所自行审批不当情况。派驻检察人员应全面填写呈报单位、被呈报的劳教人员情况、呈报情况和检察意见，重点是发现不当之处、提出的监督意见。其中，呈报情况下面有3个子栏目，分别是规定条件、规定程序和列席会议。规定条件是指被呈报劳教人员具备的具体条件，如有立功应具体写明。法定程序是指公示、研究会议等程序。检察意见栏中要对法定条件和法定程序作出判断并提出意见。属于呈报不当的，要向受理本案的劳教管理机关的同级人民检察院报送此表。一人一次一表，多次减期应在备注栏中注明。

（三）《劳教所办理所外执行、所外就医情况登记表》

派驻检察机构收到劳教所移送的呈报所外执行、所外就医材料，应当将审查情况填入《劳教所办理所外执行、所外就医情况登记表》，报送受理本案的劳教管理机关的同级人民检察院监所检察部门。派驻检察人员应全面填写呈报单位、被呈报的劳教人员情况、呈报情况和检察意见。

（四）《重大事故登记表》

对于劳教所发生的重大事故，派驻检察机构应当及时填写《重大事故登记表》，报送上一级人民检察院和续报有关情况，同时对劳教所是否存在执法过错责任进行检察。派驻检察人员应全面填写发生重大事故的单位、重大事故情况和检察情况。

（五）《控告、举报和申诉登记表》

派驻检察机构应当受理劳教人员及其法定代理人、近亲属向检察机关提出的控告、举报和申诉，根据劳教人员反映的情况，填写《控告、举报和申诉登记表》。派驻检察人员应全面填写收件（接谈）时间、控告举报申诉人情况、控告举报申诉内容和处理情况。身份是指控告举报申诉人的个人身份，而不是指其与劳教人员的关系。

（六）《检察纠正违法情况登记表》

派驻检察人员发现轻微违法情况，当场提出口头纠正意见的，要及时向派驻检察机构负责人报告，并填写《检察纠正违法情况登记表》。派出检察人员应全面填写发生违法的单位、违法情况、提出纠正违法的时间、检察纠正情况、被监督单位反馈意见，要注意续记纠正违法情况。对于严重违法情况，还应填报《严重违法情况登记表》。

（七）《严重违法情况登记表》

派驻检察机构对劳教场所严重违法情况，应当填写《严重违法情况登记表》，向上一级人民检察院监所检察部门报送并续报检察纠正情况。派出检察人员应全面填写发生严重违法的单位、严重违法情况、提出纠正严重违法的时间、检察纠正情况、被监督单位反馈意见等 。

此外，派驻检察人员每月必须及时上报各类劳教检察统计报表。要将向有关单位提出的纠正违法、检察建议、催办案件等情况及时登记入册，注意记载监督意见落实情况。

第三节　监所检察业务管理模式的健全与规范

适应监所检察工作形势发展变化的需要，设计一个合理的监所检察业务管理模式，包括组织结构和领导模式，优化监所检察权力和资源配置，加强监所检察业务管理组织建设等，是加强监所检察业务管理制度建设的重要方面。

一、科学设计监所检察业务管理结构

检察业务组织结构，是指检察机关内部各级业务部门和检察官的权责范围、检察权力和资源配置、业务领导指导和分工协作关系的整体框架，是检察机关高效运转、全面完成检察工作任务的重要基础和组织保障。

首先，科学设置监所检察业务部门。由目前的自上而下设置监所检察业务部门，强调对口设计以有利于下级院接受上级院业务领导，转变为自下而上设置监所检察业务部门，强调有利于上级院领导下级院业务，最终确定检察机关的监所检察业务组织结构，设计出一个完整的监所检察业务结构模式，包括业务决策、执行和管理监督三个层次，充分发挥监所检察业务分工专业化的优势。特别是有的基层检察院辖区内没有监管场所，而监外执行和社区矫正检察任务又不是很多，是否需要设置监所检察部门值得研究。

其次，完善监所检察业务组织单元，即由一名检察员和一名助理检察员或书记员构成基本的“监所检察业务组织单元”，同时根据具体业务开展的特殊需要，作出适当的调整。这集中表现在派驻检察人员构成及对外行使监督权时必须具备的法律职务。只有具有助理检察员以上法律职务的检察人员才能受检察长委托代表检察机关在派驻检察室依法行使监督权，对监管场所的违法问题提出纠正

意见和建议。书记员只能从事一些辅助性的工作。

最后，健全监所检察业务组织形式。主要目的是强化派驻检察官责任意识、监督和办案意识，保证监督和办案力度。健全监所检察业务组织形式，必须处理好派驻检察官与派驻检察室负责人、监所检察业务部门负责人、检察长和检察委员会的关系，增强派驻检察官及时处置监管违法的权力。这是日常派驻检察的特点所决定的。

二、优化监所检察权力和资源配置

“最一般而言，司法制度的职能是分配与维护社会认为是正确的价值的分派。”① 而要有效实现监所检察制度这一职能，首先必须优化配置监所检察权力和资源，必须从三个层面上作出努力。

第一，优化配置监所检察权力。这在前面已经作过专题论述。有四级监所检察部门、有体制还没有完全理顺的 80 多个派出检察院、有 3000 多个不够规范统一的派驻检察室，监所检察权应该下放到哪一级，这三类行使监所检察权的机构分别应当行使哪些权力，多年来一直是困扰检察机关的难题。如果不将权力下放，监所检察业务管理制度改革就难以深入。《中华人民共和国检察官法》对检察官的职权作了原则性规定，还需要《人民检察院组织法》进一步加以明确，对刑罚执行和监管活动中非严重违法问题，应赋予检察官直接处置权。

第二，优化配置监所检察资源。这不仅涉及某一检察机关内部的资源配置问题，还涉及不同区域之间监所检察资源的分配、使用问题。必须突破地域界限，充分、合理地使用现有的监所检察资源，提高使用效益。要根据监所检察业务的不同特点和要求，在基层院、市级院、省级院之间协调配置监所检察资源。如在监所检察部门建设上，要向基层检察院、派出检察院倾斜。

三、加强和改进上级检察机关对下级检察机关监所检察业务工作的领导

加强和改进上级检察机关对下级检察机关监所检察业务工作的领导，应注意做好以下几个方面的工作：

一是建立健全案件领办、督办制度，特别是对被监管人死亡的检察工作，查办刑罚执行和监管活动中的重大职务犯罪案件，要充分发挥上级检察机关的作用，集中力量突破监督和办案阻力。

二是加强监所检察业务指导和考核，上级检察机关对于下级检察机关反映的

① ［美］劳伦斯·M. 弗里德曼著，李琼英、林欣翔译：《法律制度——从社会科学角度观察》，中国政法大学出版社 1994 年版，第 19 页。

监所检察工作中带有普遍性的问题，应及时制定有关制度或提出指导意见，如当前需要如何贯彻落实好修改后的《刑事诉讼法》有关监所检察的内容，如何开展对减刑、假释案件开庭审理的监督等；指导省级检察院制定完善监所检察业务考评标准。

三是规范内部案件请示制度，通过加强领办、督办，逐步减少案件内部请示定性处理。

四是建立完善重大典型案件专报制度，下级检察机关监所检察部门对于在全国或本地区有重大影响、新闻媒体关注的案件等，应将办理情况和结果及时向上级检察机关报告。

五是建立完善年度报告工作和季度办案情况专报制度。完善相关立法规定，将上级检察机关领导下级检察机关的原则性规定进一步具体化，主要是将《人民检察院刑事诉讼规则》的规定精神上升为立法规定，即最高人民检察院可以撤销或变更地方各级人民检察院和专门人民检察院的决定，上级人民检察院可以撤销或变更下级人民检察院的决定。上级人民检察院在必要的时候，可以直接办理下级人民检察院管辖的案件，也可以将自己管辖的案件交由下级人民检察院办理；可以指定下级人民检察院办理管辖不明或者需要改变管辖的案件，将案件移送其他下级人民检察院办理。下级人民检察院对上级人民检察院的决定应当执行，如果认为有错误的，应当在执行的同时向上级人民检察院报告。

四、加强和改进检察机关内部决策机构和行政领导对监所检察业务工作的领导

准确定位检察委员会在检察工作中的角色、功能及相应的要求，在人员组成、工作职责和程序等方面进一步明确和规范，从严控制进入检察委员会讨论程序的案件范围。加强和改进检察机关行政领导对监所检察工作的领导，关键是要完善检察机关内部的请示汇报制度，强化承办人独立办案，适度减少请示汇报事项。“待时机成熟，可以借鉴国外做法，赋予检察官在诉讼法上的独立主体地位，检察官根据法制原则，在受到一定限制符合一定条件的情况下，可以合法对抗检察长的指令。此时检察官的诉讼行为具有程序上的效力，检察长无权代替检察官进行诉讼（除非检察官本身行为违法而符合替换条件），检察长只能在事后追究其组织法上的责任。”①

① 龙宗智：《论检察权的性质与检察机关的改革》，载《法学》1999 年第 10 期。

主要参考文献

1. 袁其国主编:《监所检察工作指导》,中国检察出版社 2011 年版。

2. 何家弘主编:《检察制度比较研究》,中国检察出版社 2008 年版。

3. 王桂五主编:《中华人民共和国检察制度研究》,中国检察出版社 2008 年版。

4. 王桂五著:《王桂五论检察》,中国检察出版社 2008 年版。

5. 白泉民主编:《监所检察“四个办法”》,中国检察出版社 2008 年版。

6. 郭建安、郑霞泽主编:《限制对人身自由的限制——中国行政性限制人身自由法律处分的法治建设》,法律出版社 2005 年版。

7. 孙谦主编:《中国检察制度论纲》,中国检察出版社 2004 年版。

8. 宋英辉主编:《刑事诉讼原理》,法律出版社 2003 年版。

9. 孙谦、刘立宪主编:《检察理论研究综述(1989~1999)》,中国检察出版社 2000 年版。

10. 张永恩主编:《监所检察教程》,中国检察出版社 1991 年版。

11. 李关新、余大伟:《论我国刑罚执行检察监督机制的重构——以日、韩等国检察官指挥监督机制为蓝本》,载《郧阳师范高等专科学校学报》2010 年第 4 期。

12. 张智辉:《刑罚执行监督断想》,载《人民检察》2006 年第 4 期。

13. 万毅:《刑事执行制度之检讨与改造》,载《甘肃政法学院学报》2005 年第 6 期。

14. 冯殿美、侯艳芳:《刑事执行权及其制约》,载《河南社会科学》2005 年第 1 期。

15. 徐显明:《法治的真谛是人权:一种人权史的解释》,载《学习与探索》2001 年第 4 期。

16. 龙宗智:《论检察权的性质与检察机关的改革》,载《法学》1999 年第 10 期。

17. 夏宗素:《狱政管理问题研究》,载《中国监狱学刊》1999 年第 4 期。

18. ［德］克劳思·罗科信著，吴丽琪译：《德国刑事诉讼法》（第 24 版），法律出版社 2003 年版。

19. ［美］劳伦斯·M. 弗里德曼著，李琼英、林欣翔译：《法律制度——从社会科学角度观察》，中国政法大学出版社 1994 年版。